# Darwin vai às compras

# Geoffrey Miller

# Darwin vai às compras
## Sexo, evolução e consumo

Tradução:
Elena Gaidano

3ª edição

RIO DE JANEIRO | 2020

CIP-BRASIL. CATALOGAÇÃO-NA-FONTE
SINDICATO NACIONAL DOS EDITORES DE LIVROS, RJ.

M592d
3ª ed.

Miller, Geoffrey, 1965-
　　Darwin vai às compras: sexo, evolução e consumo / Geoffrey Miller; tradução: Elena Gaidano - 3ª ed. - Rio de Janeiro: BestSeller, 2020.

Tradução de: Spent : sex, evolution, and consumer behavior

ISBN 978-85-7684-422-8

1. Consumo (Economia). 2. Comportamento do consumidor. I. Gaidano, Elena. II. Título.

11-7678

CDD: 339.47
CDU: 330.567.2

Texto revisado segundo o novo Acordo Ortográfico
da Língua Portuguesa.

Título original norte-americano:
SPENT: SEX, EVOLUTION, AND CONSUMER BEHAVIOR
Copyright © 2009 by Geoffrey Miller
Copyright da tradução © 2012 by Editora Best Seller Ltda.

Publicado mediante accord com Brockman, Inc.
5 East 59th Street, New York, NY 10022 USA

Capa: projeto gráfico adaptado do original de Evan Gaffney Design
Editoração eletrônica: editoriarte

Todos os direitos reservados. Proibida a reprodução,
no todo ou em parte, sem autorização prévia por escrito da editora,
sejam quais forem os meios empregados.

Direitos exclusivos de publicação em língua portuguesa para o Brasil
adquiridos pela
**Editora Best Seller Ltda.**
Rua Argentina, 171, parte, São Cristóvão
Rio de Janeiro, RJ – 20921-380
que se reserva a propriedade literária desta tradução.

Impresso no Brasil

ISBN 978-85-7684-422-8

Seja um leitor preferencial Record.
Cadastre-se em www.record.com.br e receba
informações sobre nossos lançamentos
e nossas promoções.

Atendimento ao leitor e vendas diretas:
sac@record.com.br

*Para minha filha, Atalanta Arden-Miller*

## Sumário

1. Darwin vai às compras — 9
2. O gênio do marketing — 33
3. Por que o marketing é elemento central na cultura — 57
4. Este é o seu cérebro quando você usa dinheiro — 77
5. A ilusão consumista fundamental — 101
6. Ostentando aptidões — 127
7. Desperdício, precisão e reputação evidentes — 157
8. Corpos que fazem autobranding, mentes que se autopromovem — 179
9. As Seis Características Centrais — 201
10. Características que consumidores ostentam e marqueteiros ignoram — 237
11. Inteligência geral — 259
12. Abertura — 287
13. Conscienciosidade — 311
14. Afabilidade — 331
15. O espírito centrífugo — 351
16. A vontade de exibir — 381
17. Legalizando a liberdade — 423
    Exercícios para o leitor — 453
    Leituras e consultas — 461
    Agradecimentos — 511
    Índice — 513

# 1
# Darwin vai às compras

CAPITALISMO DE CONSUMO: é o que é, e não devemos fingir que seja outra coisa.

Mas o que é realmente? É difícil descrever o consumismo quando ele é o oceano e nós somos o plâncton.

Ao nos depararmos com o incomensurável, poderíamos começar formulando algumas novas perguntas. Aqui vai uma: por que o primata mais inteligente do mundo compraria um veículo esportivo/utilitário como o Hummer H1 Alpha por 139.771 dólares? Esse carro não é prático como meio de transporte. Sua capacidade é de somente quatro pessoas, precisa de um raio de 15,5 metros para fazer uma curva, faz 4,2 quilômetros por litro de gasolina, demora 13,5 segundos para atingir 96 quilômetros por hora e, de acordo com a *Consumer Reports*, não é muito confiável. Ainda assim, algumas pessoas sentem a necessidade de comprar um — como a propaganda do próprio Hummer diz: "Necessidade é uma palavra muito subjetiva."

Muito embora o bom-senso afirme que compramos coisas porque vamos adorar possuí-las e usá-las, pesquisas mostram que os prazeres da aquisição são, na melhor das hipóteses, de curto tempo. Então, por que insistimos na rotina consumista — trabalhar, comprar, almejar?

A biologia nos oferece uma resposta: os seres humanos evoluíram em pequenos grupos sociais em que a imagem e o status têm importância primordial, não somente para a sobrevivência, mas também para atrair parceiros, impressionar amigos e criar filhos. Hoje em dia, ornamentamo-nos com bens e serviços mais para impressionar os outros do que por curtirmos ter um pedaço de matéria — o que torna "materialismo" uma expressão profundamente enganosa no que diz respeito a grande parte do consumo. Muitos produtos são, primeiramente, sinais, e só em segundo plano assumem o aspecto de objetos materiais. Nosso vasto cérebro socioprimata evoluiu rumo a uma meta social predominante: fazer bonito para os outros. E comprar produtos impressionantes, numa economia baseada em dinheiro, é apenas a maneira mais recente de alcançar esse objetivo.

Muitos grandes pensadores tentaram compreender o consumismo moderno segundo o contexto histórico, perguntando, por exemplo: como passamos do estado de ostentar nosso status por meio de togas bordadas de roxo, na Roma antiga, ao de exibirmos relógios Franck Muller, na moderna Manhattan? Como passamos do Ford Model-T preto de 1908 para o Hummer "Flame Red Pearl" de 2006? Do consumo de atum em lata (a aproximadamente oito dólares o quilo) ao de plâncton mágico ("fitoplâncton marinho, o suprassumo das frequências de energias curativas nutrogenômicas, com uma supercarga escalar de cristais de alta vibração" — a 168 dólares por 50 gramas ou 3.360 dólares o quilo, da ascendedhealth.com) como um alimento de luxo?

Este livro tem uma abordagem que difere da análise histórica, enquadrando o consumismo dentro de um contexto evolucionário e, portanto, lidando com as mudanças numa escala de tempo muito mais extensa. Como é que, dos primatas semissociais de cérebros reduzidos que éramos há quatro milhões de anos, nos transformamos nos seres humanos hiperssociais de cérebros avantajados de hoje? Simultaneamente, o livro aborda as diferenças entre as espécies. Por que pagamos tão caro por plâncton, a forma mais comum de biomassa no planeta? As baleias azuis comem quatro toneladas dele diariamente, o que lhes custaria 12,2 milhões de dólares por dia (fora o frete) na ascendedhealth.com, caso elas quisessem o "supercarregamento nutrogenômico".

Considerar as vidas presentes do ponto de vista de nossos ancestrais pré-históricos pode ser um ótimo início para tentar compreender o capitalismo de consumo. O que eles pensariam de nós? Quando comparada com seus modos descontraídos e familiares, nossa busca frenética por status, assim como a caça aos bens de consumo, realmente deveria parecer desconcertante. Nossa sociedade pareceria barulhenta, confusa e, talvez, até psicótica. Para verificarmos exatamente em que escala, vamos realizar um exercício de reflexão — algo bem exótico, envolvendo viagem no tempo e raios laser.

## De Cro-Magnons a consumidores

Esta é a sua missão, caso deseje aceitá-la: retorne 30 mil anos numa máquina do tempo. Encontre alguns homens Cro-Magnon espertos na França pré-histórica. (Vamos pressupor que, de alguma maneira, você fale a língua deles.) Explique para eles nosso moderno sistema de capitalismo de consumo. Descubra o que eles pensam sobre isso. A perspectiva de crescente prosperidade, lazer e conhecimento os motivaria a inventar a agricultura, a criação de gado, as cidades fortificadas, o dinheiro, as classes sociais e o consumo exagerado? Ou será que eles prefeririam ficar estagnados em seu nível de cultura aurignaciano, lascando pedras e pintando cavernas?

Suponhamos que você aceite essa missão e viaje ao passado em sua máquina do tempo. Certa noite, você encontra alguns

Cro-Mags e consegue atrair a atenção deles ao distribuir uma dúzia de canetinhas laser para brincarem. Depois de uma hora, eles sossegam e você dá o seu recado, explicando que nossa cultura oferece uma vasta cornucópia de bens e serviços para ostentar, em milhares de novas maneiras, as qualidades pessoais de uma pessoa a milhões de indivíduos desconhecidos. É possível adquirir essas manifestações de mérito pessoal "comprando-as" com "dinheiro" adquirido através de "trabalho qualificado". Você promete para eles que, se persistirem em sua obsessão de lascar pedras, então, em apenas alguns milênios, seus descendentes usufruirão de sofisticadas novidades culturais, tais como lavagem intestinal e YouTube.

O discurso está ótimo e é hora de aferir a reação deles. Você abre para as perguntas da plateia. Um dos homens adultos dominantes, Gérard, grita de entusiasmo e parece ter captado bem o espírito da coisa. Contudo, ele tem algumas dúvidas — a maior parte delas soa terrivelmente machista aos seus ouvidos modernos, mas, já que estão sendo expressas com curiosidade genuína, você se sente obrigado a responder honestamente, em prol da objetividade científica. Gérard pergunta:

GÉRARD: Então, Homem do Futuro, com essa coisa de dinheiro, eu poderia comprar vinte jovens inteligentes para parir meus filhos?
VOCÊ: Não, Gérard. Desde a abolição da escravatura, não podemos oferecer genuíno sucesso reprodutivo na forma de companheiras férteis à venda. Existem prostitutas, mas elas tendem a fazer uso de métodos contraceptivos.
GÉRARD: Bem, então terei de seduzir as mulheres para que queiram procriar comigo. Posso comprar mais inteligência e carisma,

maior capacidade para contar histórias e piadas, mais altura e músculos mais fortes?

VOCÊ: Não, mas você pode comprar livros de autoajuda que têm o efeito de placebos e alguns esteroides que irão aumentar sua massa muscular e sua irritabilidade em 30%.

GÉRARD: OK, serei paciente e vou esperar que os meus rivais sexuais morram. Posso comprar mais cem anos de vida?

VOCÊ: Não, mas com o extraordinário nível dos serviços de saúde, sua expectativa de vida pode aumentar de 70 para 78 anos.

GÉRARD: Essas respostas negativas me aborrecem e estou ficando irritado. Posso comprar armas avançadas para matar meus rivais, especialmente aquele desgraçado do Serge e os homens dos outros grupos familiares e clãs, para que possa ficar com suas mulheres?

VOCÊ: Sim. Uma escolha adequada seria o fuzil Auto Assault-12, que pode disparar cinco salvas de projéteis altamente explosivos e fragmentáveis por segundo. Ah, mas eu acho que, provavelmente, seus rivais e os outros grupos familiares também os comprariam.

GÉRARD: Então, acabaríamos apenas num outro nível de disputa entre clãs. E haveria mais brigas letais entre os jovens machos e agressivos dentro do nosso próprio grupo. Dessa forma, vou me contentar com minha parceira atual, Giselle. Será que posso comprar sua devoção eterna e orgasmos múltiplos, para que ela nunca me traia?

VOCÊ: Bem, na realidade, os amantes ainda traem no capitalismo; a incerteza da paternidade subsiste.

GÉRARD: E quanto à mãe e à irmã de Giselle — posso comprar-lhes personalidades mais gentis, para que critiquem menos meus defeitos?

VOCÊ: Infelizmente, não.

Nesse momento, Giselle, a astuta parceira de Gérard, interrompe a conversa com algumas perguntas, respondidas com desalento cada vez maior:

GISELLE: Homem do Futuro, eu posso comprar um amante bonito, charmoso e de status elevado que nunca irá me ignorar, me bater ou me abandonar?
VOCÊ: Não, Giselle, mas podemos lhe oferecer romances que descrevam aventuras ficcionais com esse tipo de homem.
GISELLE: Posso comprar mais irmãs, que cuidarão dos meus filhos mais novos como se fossem seus quando eu tiver de me ausentar para colher groselhas?
VOCÊ: Não, as empregadas que cuidam de crianças tendem a ser garotas mal pagas, mal-educadas e assoberbadas, que preferem mandar mensagens de texto para os amigos do que cuidar dos filhos de pessoas estranhas.
GISELLE: E quanto aos nossos filhos adolescentes, Justine e Phillipe? Posso comprar o respeito e obediência deles, bem como a capacidade para escolherem boas pessoas como parceiros?
VOCÊ: Não, marqueteiros farão lavagens cerebrais para que seus filhos ignorem sua sabedoria social e façam sexo com qualquer indivíduo que use uma roupa da marca Hollister ou beba Red Bull.
GISELLE: *Zut, alors! Mange de la merde et meurs!* Esta coisa de dinheiro parece inútil. Posso, pelo menos, comprar uma carcaça de mamute que nunca apodreça?

Finalmente, você vislumbra uma saída e começa a explicar sobre os freezers que alcançam temperaturas abaixo de zero — mas, então, lembra-se que ainda não existe a Electricité de France, com seus 59 reatores nucleares para fornecer energia para o congelamento, e hesita.

A essa altura, Giselle e Gérard lançam-lhe olhares de desprezo. O resto do público está irrequieto e cético; alguns deles até tentam incendiá-lo com as canetinhas laser. Você tenta recapturar o interesse deles ao explicar todas as conveniências modernas para acampamentos que o consumismo oferece para esses alpinistas sociais do passado: óculos escuros, facas de aço, mochilas e tênis especiais para trilhas, que duram vários meses e que têm um design maneiríssimo nas laterais.

O público se anima um pouco e Juliette, mãe de Giselle, pergunta:

JULIETTE: Então, qual é a parada? O que teríamos de fazer para conseguirmos essas facas e esses sapatos?
VOCÊ: Tudo o que teriam de fazer é ficar sentados em uma sala de aula todos os dias durante 16 anos para desenvolver capacidades contraintuitivas. Depois, é só arranjarem um emprego e se deslocarem de casa para o trabalho (e vice-versa) durante cinquenta horas por semana, por quarenta anos, mantendo funções maçantes em empresas imorais, longe de parentes e amigos, sem ter qualquer sistema decente de creche, senso de comunidade, poder político ou contato com a natureza. Ah, e vocês teriam que tomar remédios especiais para evitar tendências suicidas e ter mais de dois filhos. Na verdade, não é tão ruim assim. Os detalhes dos sapatos são realmente maneiros.

Juliette, a respeitada matriarca Cro-Magnon, olha diretamente em seus olhos e pergunta, com infinita piedade:

— Você está completamente louco?

## Contrastes e escolhas

Espero que esse teste mental tenha abalado sua crença de que a humanidade, desde o período aurignaciano, galgou uma escada rolante de mão única rumo ao progresso e à felicidade crescentes. É verdade, a vida moderna pode ser um mar de rosas, repleta de alegrias e fartura para os 0,01% mais ricos do planeta. Entretanto, uma avaliação mais exata compararia o modo de vida de um ser humano pré-histórico comum ao de um ser humano moderno comum, de níveis médios.

Consideremos uma Cro-Magnon comum de 30 mil anos atrás. Uma saudável mulher de 35 anos de idade, mãe de três filhos, que vive num clã estreitamente unido, formado por parentes e amigos. Ela trabalha somente vinte horas por semana colhendo frutas e legumes orgânicos e flerta com os rapazes que lhe dão carne sem hormônios artificiais. Ela passa a maior parte do dia fofocando com as amigas, amamentando seu bebê mais novo e cuidando dos filhos que brincam com os primos. Quase toda noite, ela curte histórias, se enfeita, dança, bate tambor e canta com pessoas que conhece, de quem gosta e em quem confia. Embora só seja medianamente inteligente, bonita e interessante, a maior parte dos seus parceiros de clã também é assim; portanto, todos se dão muito bem. O namorado dela, da mesma forma, é apenas medíocre, mas eles frequentemente têm excelentes relações sexuais, já que os homens desenvolveram maravilhosas novas formas de preliminares: conversas, humor, criatividade e gentileza. (Aproximadamente uma vez por mês, ela transa com seu amante enigmático, Serge, que matou 11 Neandertais, mas cujo toque é como chuva quente sobre flores alpinas.) Toda manhã, ela acorda suavemente com o sol nascendo sobre os 2.500 hectares da costa verdejante da Riviera Francesa que pertencem ao seu clã. Isso a rejuvenesce. Na medida em que a taxa de mortalidade é muito baixa após a infância, ela tem a expectativa de viver mais uns quarenta anos, durante os quais será cada vez mais valorizada enquanto mulher sábia e detentora de status.

Agora, consideremos a trabalhadora americana comum do século XXI. Ela é uma mulher solteira de 35 anos que trabalha como caixa, dirige um Ford Focus e vive em Rochester. Possui uma inteligência mediana (QI 100) e tirou conceito "regular" em algumas matérias antes de abandonar a faculdade comunitária local. Agora está empregada no comércio, trabalhando quarenta horas por semana na loja Piercing Pagoda, no shopping EastView Mall, localizado a 80 quilômetros de distância dos pais e irmãos. Como ela é apenas medianamente atraente e interessante, tem alguns amigos, mas não um namorado fixo. Toma pílula para evitar engravidar em seus encontros sexuais precários com estranhos que raramente retornam suas ligações. Sua estabilidade emocional é também apenas mediana e, como em Rochester os dias são escuros durante todo o inverno, toma Prozac para evitar entrar em depressão. À noite, assiste à TV sozinha e sonha em ser amada por Johnny Depp e ser amiga de Gwen Stefani. Toda manhã, acorda com o toque do despertador, ao lado de uma planta artificial, em seu apartamento de 55 metros quadrados. Isso acaba com ela. Graças à medicina moderna, sua expectativa é viver por outros 45 anos, durante os quais se tornará cada vez menos valorizada, encarada como um fardo para a previdência social. Mas, pelo menos, ela tem um iPod.

Ao contemplarmos a vida atual através do olhar de nossos ancestrais, percebemos mais claramente o que perdemos e o que ganhamos ao desenvolver essa coisa chamada "civilização", que, hoje em dia, significa capitalismo de consumo. Também distinguimos melhor o que é realmente natural em nossas vidas, daquilo que é historicamente acidental, culturalmente arbitrário ou politicamente repressor.

O capitalismo de consumo, da maneira como os seres humanos o praticam em qualquer cultura, não é um resultado natural ou inevitável da evolução humana ao obter certo nível de sofisticação tecnológica. Portanto, a análise do consumismo através do ponto de vista psicológico-evolucionista não é uma forma de a ciência aprová-lo ou justificá-lo moralmente como a etapa mais elevada possível do progresso biocultural. Muitos pensadores tentaram "naturalizar" o consumismo dessa maneira, inclusive a maior parte dos darwinistas sociais, dos economistas da Escola Austríaca (Ludwig von Mises, Friedrich Hayek, Murray Rothbard), dos economistas da Escola de Chicago (George Stigler, Milton Friedman, Gary Becker), dos darwinistas libertarianistas, dos defensores da globalização, dos gurus da administração e dos marqueteiros. O modelo (que eu chamo de Modelo Conservador Errado, porque acho que está errado e porque normalmente é defendido pelos políticos conservadores) é:

natureza humana + mercados livres = capitalismo de consumo

Para combater essas tentativas de "naturalizar" o consumismo, outros grupos rejeitaram qualquer conceito de "natureza humana" de ligações entre biologia e economia. Entre esses biocéticos se incluem a maioria dos marxistas, anarquistas, hippies, utopistas, sentimentalistas New Age, feministas, antropólogos culturais, sociólogos, pós-modernistas e ativistas antiglobalização. Por enquanto, basta dizer que os radicais desse tipo propõem o Modelo Radical Errado, que é, basicamente, o seguinte:

a tábula rasa + instituições opressoras + ideologias odiosas = capitalismo de consumo

Aqui, a "tábula rasa" significa o cérebro do bebê humano, que supostamente nasce sem instintos evoluídos, preferências ou adaptações, porém com a capacidade de aprender qualquer coisa. (Steven Pinker criticou terminantemente a possibilidade da existência de um cérebro desse tipo em seu livro *Tábula rasa*.) As "instituições opressoras", como são normalmente consideradas, são os governos, as empresas, as escolas e a mídia, na medida em que inevitavelmente representam os interesses de alguma classe dominante. Presume-se que as "ideologias odiosas" incluem religião, patriarcado, conformismo, elitismo, etnocentrismo e a economia dominante. O Modelo Radical Errado também costuma considerar que o darwinismo foi inventado para justificar o capitalismo da Era Vitoriana, incluindo o preconceito com as classes sociais mais baixas, o colonialismo, o machismo e o racismo — e que, se ele faz parte do problema, então não pode fazer parte da solução.

Como alternativa ao Modelo Conservador Errado (consumismo como algo natural) e ao Modelo Radical Errado (consumismo como opressão cultural), este livro propõe uma ideia um pouco mais complicada, porém (assim espero) mais correta. Eu a chamo de Modelo Sensato, porque penso se tratar de algo bastante razoável, tendo em vista o que a ciência descobriu até agora sobre as pessoas e as sociedades. É o seguinte:

instintos humanos de tentar inconscientemente exibir certas características pessoais desejáveis
+ normas sociais atuais para exibir tais características através de determinados tipos de credenciais, empregos, bens e serviços
+ capacidades e limitações tecnológicas atuais
+ certas instituições sociais e ideologias
+ circunstância histórica e inércia cultural
= capitalismo consumista do início do século XXI

Esse modelo mais complexo (porém ainda bastante simplificado) não serve apenas para "desnaturalizar" o consumismo, mas também identifica pontos específicos que poderíamos modificar na sociedade, ao mudar normas sociais, instituições, ideologias, culturas e tecnologias. A última parte deste livro sugere maneiras possíveis para realizar uma reengenharia do capitalismo de consumo, baseadas no Modelo Sensato.

As modificações sugeridas não visam a restauração das condições de vida dos Cro-Magnons, que não seriam possíveis ou desejáveis para os seres humanos modernos. Há 7 bilhões de pessoas na Terra, e não voltaremos a viver como caçadores-coletores. A noção do retorno a um paraíso idealizado, em que se possa viver em pequenos, simples e delicados grupos foi defendida através da história por diversos visionários: Buda, Lao Tsé, Epicuro, Thoreau, Engels, Gandhi, Margaret Mead e Unabomber. Com frequência, esses visionários atraem seguidores que formam movimentos religiosos, políticos e até culturas inteiras, como os taoístas, os quacres, os luddistas, os marxistas, os anarquistas, os hippies e os adolescentes emos. Até mesmo os "burgueses boêmios", pertencentes à classe dominante, apoiam a sustentabilidade, a simplicidade voluntária, o viver consciente, a agricultura orgânica e a responsabilidade social das empresas, e tentam contrabandear alguns aspectos do eco-comuno-primitivismo em suas comunidades segregadas, dentro dos limites permitidos pelo zoneamento local.

Não obstante, cada um desses indivíduos e grupos exagerou tanto os lados positivos da vida primitiva quanto os negativos da vida moderna. Cada um deles intui corretamente que o estilo de vida dos Cro-Magnons constituía um ambiente mais natural para o corpo humano, para mente, família e clã. Contudo, todos esquecem que, despida da idealização romântica, a vida pré-histórica também era ignorante, limitada, violenta e inconcebivelmente chata. Eu não gostaria de viver sem as principais invenções da civilização — comércio, dinheiro, alfabetização, medicina, livros, bicicletas, filmes, fita adesiva, contêineres e computadores. Ao contrário dos muitos descontentes, considero que o dinheiro, os mercados e a mídia são as três melhores invenções de todos os tempos. Cada uma delas aumentou radicalmente os benefícios sociais e materiais da cooperação humana pacífica. Mas, no todo, elas não precisam desembocar necessariamente nas formas atuais do capitalismo de consumo.

Felizmente, não somos forçados a escolher de forma excludente entre (1) o eco-comuno-primitivismo conforme poderia funcionar em alguma utopia ilusória e (2) o capitalismo de consumo como de fato ele acabou se espalhando até agora em algumas sociedades humanas. O Modelo Sensato sugere que há muitas alternativas, e acho que algumas delas combinam as melhores características naturais da vida pré-histórica com as melhores invenções da vida moderna.

## Mães, não deixem que seus filhos se transformem em consultores de marketing

Deixando de lado os Cro-Magnons, a sociedade moderna é também desconcertante para as crianças. Elas nascem com paleocérebros, construídos com paleogenes, e esperam um paleomundo: um ambiente social aconchegante, composto de clãs de caçadores-coletores baseados em elos de parentesco. Uma criança é programada para aprender e participar do jogo normal da vida para a qual evoluir: ser bonita, crescer, encontrar comida, fazer amizades, cuidar dos parentes, evitar perigos, combater inimigos, encontrar parceiros, criar filhos, tornar-se velha e sábia, e morrer. Em vez disso, os infantos se deparam com um bizarro mundo novo, repleto de deveres frustrantes e ideias contraintuitivas: ficar em silêncio, aprender matemática, encontrar um emprego, morar longe dos amigos, ignorar os parentes, dirigir automóveis, largar os filhos em creches e tornar-se um fardo na velhice.

As crianças enfrentam esse novo mundo com orientação mínima. Os pais ficam fora o dia inteiro para ganhar dinheiro, comprar coisas e ficar bonitos e especiais para atrair mais atenção de outros homens e mulheres, a despeito de já terem se acasalado e reproduzido. Os pais não podem explicar por que ainda fingem estar procurando parceiros, já que não querem realmente se divorciar e entrar numa batalha judicial para conseguir a guarda dos filhos. Os professores de ensino médio tampouco elucidam o mundo do consumismo, e na universidade só podem sugerir que leiam discursos bombásticos e perturbadores de sociólogos pós-modernos franceses, tais como Jean Baudrillard. Assim, quase todo mundo cresce de forma confusa, passa pela vida de maneira confusa e morre num estado de confusão.

Somente algumas poucas crianças conseguem captar intuitivamente os princípios do consumismo e, então, elas se tornam consultoras de marketing. Aprendem que as pessoas, em geral, são motivadas (pelo menos do ponto de vista inconsciente) a alardear e fingir méritos e virtudes pessoais umas para as outras. Elas percebem que os consumidores modernos se esforçam um bocado para se autopromoverem, alimentando mutuamente a hipérbole do quanto são saudáveis, espertos e populares através dos bens e serviços que consomem. Os consultores de marketing constroem suas carreiras em torno da visão pós-moderna de que, no fundo, o consumismo não é "materialista", é "semiótico". Ele trata principalmente do mundo psicológico dos sinais, símbolos, imagens e marcas, e não do mundo físico de bens tangíveis. Os marqueteiros entendem que estão vendendo o chiado de fritura, e não o bife, porque uma badalada marca de barulho de fritura garante uma grande margem de lucro, enquanto o bife é meramente um produto com pequena margem de lucro, que qualquer açougueiro poderia vender.

Não obstante, até mesmo os marqueteiros mais espertos ainda não compreendem plenamente quais méritos e virtudes os consumidores estão tentando mostrar através das decisões de consumo. Não entendem realmente o conteúdo dos sinais que as pessoas transmitem umas para as outras. Normalmente, os marqueteiros recebem alguma formação, embora ultrapassada, em pesquisa sobre a psicologia do consumo. Então, ao conseguirem empregos de verdade em empresas de verdade, eles se dão conta de que o treinamento formal é, em grande parte, inútil para vender produtos reais. Consequentemente, passam anos aprendendo por tentativa e erro, esforçando-se para desenvolver uma compreensão intuitiva do comportamento dos consumidores, bem como estratégias de marketing, além de estudar ocasionalmente os livros de Seth Godin ou de Malcolm Gladwell. Ficam ressentidos de não poder contar com os enormes benefícios práticos oriundos de uma teoria coerente e baseada em fatos sobre o comportamento dos consumidores, e isso limita seu sucesso.

Em particular, a maior parte dos marqueteiros ainda usa modelos simplistas, desatualizados em relação aos últimos vinte anos de pesquisas feitas por antropólogos, biólogos e psicólogos evolucionistas da natureza humana. Os marqueteiros ainda acreditam que os produtos mais badalados são comprados para ostentar riqueza, status e gosto, e perdem de vista as características mentais mais profundas que as pessoas são realmente programadas para exibirem — traços como gentileza, inteligência e criatividade. Eles não situam o consumo dentro do contexto evolucionário, não investigam suas raízes pré-históricas ou suas funções adaptativas. Consequentemente, eles não têm acesso a um mapa efetivo da mente humana ou a esse novo e vistoso mundo semiótico em que ela vive. O que esses marqueteiros precisam é de Darwin.

E Darwin, por sua vez, precisa dar um tempo em seu trabalho de campo e visitar um shopping center. A ciência darwinista da natureza humana precisa deslocar um pouco sua atenção da evolução pleistocênica para o comportamento consumista do século XXI. Precisamos compreender, de uma maneira muito mais profunda, como as pessoas exibem e fingem uma aptidão biológica — as perspectivas de sobrevivência e reprodução — umas para as outras. É necessário entender as facetas específicas dessa aptidão, as características físicas e psicológicas mais importantes que as pessoas se esforçam para ostentar através dos seus "indicadores de aptidão", incluindo a maior parte dos produtos que compram.

## Indicadores de aptidão

Indicadores de aptidão são os sinais das características e qualidades de um indivíduo que podem ser percebidos pelos outros. Quase todas as espécies animais possuem os próprios indicadores de aptidão para atrair parceiros sexuais, intimidar rivais, dissuadir predadores e solicitar a ajuda dos progenitores e parentes. Os peixes ciprinídeos machos criam caudas em forma de bandeira, os leões machos ostentam jubas exuberantes, os rouxinóis machos aprendem a cantar, as aves-do-paraíso machos constroem ninhos, os humanos de ambos os sexos adquirem produtos de luxo. Em todos os casos, os indicadores de aptidão anunciam traços biológicos fundamentais, como bons genes, saúde e inteligência social.

Os animais que possuem esses traços não estão conscientes de que essas características evoluíram para promover a aptidão. Eles apenas têm os genes e os instintos para ostentá-los, e a própria evolução se encarrega de enfatizar os benefícios sociais, sexuais e de sobrevivência que decorrem disso. Nós, humanos, podemos não ser mais conscientes das funções biológicas de nossos indicadores de aptidão do que os peixes ciprinídeos têm das funções exercidas por suas caudas em formato bandeira. Com efeito, frequentemente compramos produtos que incrementam nossa aparente boa forma (saúde, beleza, fertilidade, inteligência) em detrimento da verdadeira aptidão biológica (reprodução). Por exemplo, as pílulas anticoncepcionais Ortho Tri-Cyclen tornam a pele das mulheres mais atraente ao reduzir a acne, porém diminuem o sucesso reprodutivo ao eliminar a ovulação. Os cérebros não evoluíram no sentido de buscar conscientemente o sucesso reprodutivo, e sim dicas, experiências, pessoas e coisas que normalmente levam a ele as mesmas condições de vida dos nossos ancestrais.

A reprodução bem-sucedida requer que machos e fêmeas sigam estratégias sexuais diferentes, exibindo os indicadores de aptidão a públicos distintos. Em quase todas as espécies animais, os machos se ostentam principalmente para atrair parceiras fêmeas e, com menos frequência, para intimidar rivais sexuais. É fácil perceber a relação funcional entre a cauda do pavão e os carros Porsche, e muitos estudos recentes confirmaram que os homens aumentam o consumo supérfluo quando estão interessados em encontrar parceiras sexuais. A situação é mais complexa para as fêmeas. Elas, na maior parte das espécies, obtêm poucos benefícios ao alardear indicadores de aptidão para qualquer sexo, com exceção das espécies que competem por recursos e parceiros ou quando os machos são muito seletivos em relação a elas. Entre os macacos de grande porte extremamente sociais, por exemplo, a hierarquia no status das fêmeas é importante para determinar o acesso delas à comida. Assim, as macacas frequentemente competem por status, exibindo entre si indicadores de aptidão — como tamanho, saúde, agressividade e popularidade —, enquanto se enfeitam mutuamente. Provavelmente, essa competição de status também é responsável pela maior parte do consumo notável por parte das fêmeas humanas, especialmente no que diz respeito a produtos como bolsas Prada e sapatos Manolo Blahnik, coisas raramente notadas por homens heterossexuais. Os seres humanos se distinguem ainda pelo fato de os machos serem bastante seletivos em relação às fêmeas com quem estabelecem relações de longo prazo, o que significa que elas também competem para atrair os machos de qualidade mais elevada. Infelizmente, as evidências sugerem, até agora, que os homens prestam muito pouca atenção a esse tipo de consumo exagerado por parte das mulheres.

Contrariamente aos outros animais, os seres humanos desenvolveram capacidades peculiares no sentido de inventar, produzir, ostentar e imitar novos tipos de indicadores de aptidão. Esses novos indicadores são desenvolvidos mais no nível cultural que no genético e incluem muitas das credenciais, dos empregos, de bens e serviços típicos das economias modernas. Jovens humanos possuem uma sede insaciável de aprender sobre indicadores especificamente culturais, fofocando infinitamente sobre o que é "legal", "maneiro", "irado" ou "sinistro". Em outras palavras, tentam discernir "quais produtos promoveriam as minhas características, gostos e habilidades com mais eficácia, tendo em vista as táticas de ostentação atuais preferidas pelo meu grupo de pares, especialmente pelos membros social e sexualmente mais atraentes?" Se o status local for saber de cor passagens mais longas do Torá ou do Alcorão, os jovens aprenderão a fazer isso; se depender de alcançar níveis mais elevados de "interesses" com fotos postadas no Flicker, maior contagem de amigos no Facebook ou maior cota de "hotness" no Hotornot.com, eles optarão por essas modalidades. Da mesma maneira que crianças de colo possuem sistemas cerebrais especiais que evoluíram para aprender qualquer língua falada localmente, os adolescentes desenvolveram sistemas similares para aprender quaisquer indicadores de aptidão culturais que são preferidos em seus eco-nichos, sejam eles sociais ou de mercado. Não somos apenas linguistas intuitivos, mas também "statusistas intuitivos". Em todos os casos, a evolução moldou nossa capacidade inata de adquirir habilidades de comunicação que sejam moduladas culturalmente.

Nos seres humanos, os indicadores de aptidão dificilmente evoluíram no sentido de alardear riqueza monetária, status baseado em carreira ou gosto de vanguarda, pois esses fenômenos surgiram bastante recentemente na escala temporal evolucionária, nos últimos dez mil anos. Em vez disso, os traços que nos esforçamos para exibir são os estáveis, que mais se diferenciam entre os indivíduos e predizem melhor nossas habilidades e preferências sociais. Entre eles estão as características físicas, como saúde, fertilidade e beleza; as de personalidade, como a conscienciosidade, afabilidade e abertura diante de coisas novas; e características cognitivas, tais como a inteligência geral. Essas são as virtudes biológicas que as pessoas tentam alardear, com a função inconsciente de atrair respeito, amor e apoio de amigos, parceiros sexuais e aliados. A exibição desse tipo de característica é o "motivo latente" principal que os marqueteiros se esforçam para compreender. Enquanto os consumidores procuram, num nível semiconsciente, ostentar riqueza, status e gosto, defendo a tese de que agem assim sobretudo para revelar essas virtudes biológicas fundamentais. Certamente, o dinheiro pode funcionar como uma "aptidão efetiva", porém é mais um meio de adquirir outros indicadores visíveis de aptidão. E, enquanto os consumidores se fiam mais em sentimentos do que na razão ao decidirem o que comprar, as emoções humanas não podem ser descritas sem que se compreendam suas origens evolucionárias e funções. E, até que marqueteiros e consumidores não compreendam esses princípios, tintim por tintim, com todos os detalhes e em cores vívidas, mantendo uma ambivalência agridoce em relação à condição humana, teremos poucas esperanças de melhorar e esclarecer a sociedade.

## Descrição e prescrição

Este livro tem dois objetivos. O primeiro é descrever a cultura humana como ela é, dentro de um contexto biológico. O segundo é sugerir algumas maneiras de modificá-la, para que possamos combinar, de forma mais feliz, as melhores características da vida social pré-histórica com as tecnologias modernas.

Inevitavelmente, minhas descrições e prescrições se confundirão no decorrer deste debate. Elas irão se enredar em todas as escalas, desde os temas recorrentes de livros até exemplos específicos de produtos, conforme eu alternar entre a consideração de fatos e valores. Frequentemente, os filósofos sobre-humanamente racionais da área da ciência e da moralidade sentem-se ultrajados por esse tipo de hibridização promíscua do que "é" com o que "deveria ser", e prefeririam que os cientistas comportamentais restringissem suas atividades a relatos objetivos e deixassem a pregação para eles ou para sua contraparte religiosa. Bem, pior para eles. Existe uma tradição ilustre que visa a novos pontos de vista prescritivos sobre a sociedade ao descrever as suas loucuras e injustiças — tradição que inclui nomes como John Locke, Mary Wollstonecraft, Daniel Defoe, William Wilberforce, Henry David Thoreau, Karl Marx, Max Weber, Margaret Sanger, Thorstein Veblen, John Kenneth Galbraith, Alfred Kinsey, Germaine Greer e Peter Singer. Espero poder ir adiante, seguindo os passos desses homens e dessas mulheres.

Se minha análise descritiva for correta, ela será útil para diferentes grupos de leitores, com interesses conflitantes. Indicará aos marqueteiros novas maneiras de explorar a preferência dos consumidores e ganhar mais dinheiro, ao mesmo tempo que oferecerá aos consumidores novas maneiras de resistir à influência dos marqueteiros e poupar dinheiro. Poderá sugerir aos conservadores novas formas de justificar aspectos do *status quo*, tendo em vista a ubiquidade da exibição de consumo notável pela natureza afora. Apontará aos progressistas novos caminhos de minar esse *status quo*, tendo em vista a ineficácia colossal do consumo supérfluo de exibir traços de caráter. Embora eu não possa controlar quem lerá este livro, que noções retirará dele ou como as aplicará em seu modo de vida, espero que uma visão mais exata da natureza humana e da cultura de consumo ocasione um debate mais inteligente em torno das suas questões relevantes.

## Ambivalência do consumismo

Como a maior parte das pessoas sensatas, sinto uma profunda ambivalência em relação ao marketing e ao consumismo. Seu poder impõe respeito. Como deuses, eles inspiram submissão idólatra e terror mortal. O capitalismo de consumo produz quase tudo o que é particularmente encantador na vida moderna, e também quase tudo o que é pavoroso nela. A maioria das pessoas gosta de ter roupas, abrigo, segurança, educação, acesso à medicina e de viajar, e sentiria falta disso caso vivesse numa utopia eco-comuno-primitivista. A maioria dos indivíduos não gosta da exploração, da obsessão pelo trabalho, de dívidas descontroladas, de poluição, do complexo militar-industrial, dos cartéis, da corrupção, da alienação e da depressão em massa, e não sentiria falta de nada disso. Há também as preferências pessoais. As coisas de que mais gosto sobre o capitalismo de consumo incluem: croissants de amêndoas, shows de Tori Amos, esquiar em Telluride, casas projetadas por Bart Prince, a BMW 550i, Provigil, iPods repletos de músicas de Outkast e Radiohead, o teclado ergonômico da Microsoft no qual estou digitando agora. As coisas que acho mais pavorosas são: Las Vegas, o Mall of America, fast-food, televisão a cabo, Hummers e fitoplâncton a preços excessivos. E também há as coisas que me atraem ao mesmo tempo que me apavoram: frappuccinos, escolas de administração, a revista *In Style*, pistolas Glock, filmes de Jerry Bruckheimer, as lojas duty-free do aeroporto de Dubai, Diet Code Red Mountain Dew, o mercado de arte contemporânea e Bangkok. Você pode elaborar listas e contemplar suas próprias fontes de ambivalência de consumo.

Infelizmente, a maior parte das coisas escritas sobre o consumismo mostra puro amor ou puro ódio, sem estabelecer distinção ou equilíbrio. De um lado, temos os defensores do consumismo: a Organização Mundial do Comércio, o Banco Mundial e o Fórum Econômico Mundial; a revista *Economist* e o *Wall Street Journal*; os marqueteiros, os lobbistas corporativos e os partidários da doutrina do livre-arbítrio. Do outro, há o ativismo anticonsumista: o Greenpeace, Earth First, o livro *No Logo* (de Naomi Klein), a revista *Adbusters*, o New Urbanism, o movimento de simplicidade voluntária, o movimento Slow Food, o movimento do Comércio Justo, o Dia Não Compre Nada e Economia de Custo Real.

O extremismo em ambos os casos é... extremo. Os dois lados gritam um contra o outro há décadas. Meu objetivo aqui não é conduzir uma análise do custo-benefício do consumismo nem emitir um julgamento simplista do tipo bom *versus* mau. Minha primeira esperança é que, ao alicerçar nosso entendimento do consumismo sobre as realidades biológicas da natureza humana e das diferenças individuais, os defensores e detratores do consumismo possam encontrar um denominador comum mais elevado e que esteja mais próximo de ambos. Não basta reconhecermos que os dois lados têm bons argumentos e boas intenções. Precisamos nos distanciar do debate contemporâneo e repensá-lo a partir da perspectiva mais ampla e profunda possível — não somente do ponto de vista intercultural e histórico, mas também do evolucionista entre as espécies.

# 2
# O gênio do marketing

A LENDA DE ALADIM, de *As mil e uma noites*, apresenta uma metáfora útil para o consumismo. O pobre garoto Aladim descobre uma lâmpada mágica numa caverna secreta. Quando ele esfrega a lâmpada, liberta um gênio aterrorizante, porém muito poderoso. Esse gênio da lâmpada realiza muitos dos desejos de Aladim — comida deliciosa servida em bandejas de prata, roupas bordadas, cavalos valiosos, a intimidação de um rival sexual (o filho do grão-vizir), quarenta bacias de ouro e um palácio de mármore incrustado com esmeraldas, ouro e rubis. No caso do rapaz, as recompensas reprodutivas por ter libertado e se tornado amo do gênio são reais: ele conquista o amor de uma princesa e cria uma longa linhagem de reis.

No mundo moderno, o mercado é o gênio, e seus produtos encarnam nossos caprichos, embora as recompensas biológicas sejam menos evidentes nesse caso. O mercado reflete os desejos, criando manifestações públicas de nossas preferências pessoais. Como o gênio da lâmpada, o mercado parece ser ao mesmo tempo mágico e maníaco em sua potência e ingenuidade, e também empreende esforços enormes para realizar nossos desejos, expressos através de muitos ciclos de pesquisa, do *feedback* de diversos consumidores e da competição econômica. Porém, frequentemente, como acontece com o gênio, ele obedece a essas vontades ao pé da letra e não percebe o espírito da coisa, criando consequências frustrantes.

O marketing transformou nosso mundo de forma mais dramática do que o gênio transformou o de Aladim. Trinta mil anos atrás, muito pouco seria descoberto a nosso respeito se alguém olhasse para o meio ambiente onde vivíamos. Havia pedras, árvores, insetos e estrelas — uma realidade intratável contra a qual tínhamos de lutar para extrair meios de vida. Entretanto, no século XXI, pelo menos no que diz respeito às elites educadas dos países ricos, o capitalismo de consumo remodelou profundamente o ambiente para refletir nossos caprichos. Assim, para compreender a natureza desses desejos, precisamos olhar à nossa volta para ver o que o mundo diz sobre nós. O universo dos bens, serviços, propaganda, mídia e diversão é uma rica fonte que fornece evidências sobre o que as pessoas querem — ou, no mínimo, sobre os produtos que as pessoas acham que querem.

Os produtos se encaixam aproximadamente em duas categorias que se sobrepõem: (1) as coisas que exibem nossas características desejáveis e nos trazem "status" quando outros veem que as temos, e (2) aquelas que nos dão prazer e satisfação mesmo que ninguém mais saiba que as temos. Este livro está centrado na primeira categoria, os produtos ligados ao status, que revelam o instinto humano de querer exibir várias características aos outros. A análise de produtos desse tipo pode até nos ajudar a discernir a natureza das características humanas que eles foram projetados para exibir. Por exemplo, para compreender melhor o traço da inteligência humana, nós podemos ir além dos tradicionais testes de QI e analisar as maneiras como os consumidores inteligentes adquirem credenciais no campo da educação (mestrados em Oxford, MBAs em Harvard) como forma de exibir sua inteligência. Para compreendermos melhor o traço do altruísmo, podemos ir além dos estudos econômicos experimentais dos conhecidos jogos *O dilema do prisioneiro* e *Jogo do ultimato* e analisar a maneira como alguns consumidores exibem, inconscientemente, sua gentileza ao dirigir carros Toyota Camry híbridos até cooperativas de alimentos orgânicos locais para buscar o café vendido com práticas comerciais justas, plantado corretamente na sombra. Para cada aspecto da natureza humana, cada dimensão e variação de personalidade, inteligência, virtudes e valores, existe um amplo mercado de produtos do qual podemos nos servir para divulgar nossas características pessoais aos outros.

O mesmo raciocínio se aplica aos produtos que proporcionam prazer. Para compreender nossas preferências estéticas, podemos ir além das pesquisas laboratoriais sobre preferência visual e examinar as roupas e os automóveis projetados para atrair o olho humano. Para entender a psicologia sexual masculina, podemos fazer mais que simplesmente perguntar aos homens o que eles estão dispostos a dizer que querem; em vez disso, podemos analisar como as profissionais do sexo aprenderam a maximizar seus rendimentos ao parecer ou agir de determinada maneira. Muitos psicólogos evolucionistas trabalham há anos na análise do tipo de produto que dá prazer, para compreender melhor os gostos e as preferências humanas, e os produtos que denotam status continuam a ser os mais misteriosos.

Para entender o papel que a busca por status desempenha no capitalismo de consumo, necessitamos de uma nova maneira de pensar sobre a condição humana, uma maneira que vá além da ciência e das ideias convencionais do consumismo. A maioria dos escritos sobre esse assunto parte do pressuposto de que a cultura molda a natureza humana, de modo que nossos desejos se submetem aos ditames da propaganda através da socialização e do aprendizado. Esse é o cerne da teoria cultural pós-moderna. Grande parte da psicologia evolucionista tende a trabalhar no mesmo sentido, de fora para dentro, da mesma maneira que os darwinistas consideram que os desafios externos da vida pré-histórica moldaram pensamentos e sentimentos através da evolução genética. Os dois grupos concordam que nossas mentes se conformam ao ambiente, por meio da adaptação, seja ela cultural ou biológica. Eu procuro trabalhar numa direção complementar, de dentro para fora. Meu argumento é que herdamos de nossos ancestrais uma natureza humana rica, repleta de desejos e preferências para buscar status e impressionar os outros. Reconheço que possuímos algumas dimensões-chave de variação em inteligência e personalidade, que são herdadas geneticamente, atraentes do ponto de vista sexual e valorizadas em nosso meio social, e que dirigem a maior parte das exibições consumistas. Tento rastrear como nossos instintos de busca por status são refratados através da cultura consumista para gerar os produtos, mercados e estilos de vida que constituem nosso ambiente moderno.

Uma compreensão mais profunda da natureza humana ajuda a todos, independentemente de sermos consumidores tentando viver uma vida mais realizada, marqueteiros procurando aumentar a percepção de marcas e a participação destas no mercado, cientistas que querem entender o mundo ou ativistas que desejam melhorar a sociedade. De maneira efetiva, novas percepções da natureza humana provocaram muitas das principais revoluções na tradição liberal clássica de se basear em evidências: a Reforma protestante, a Revolução Americana, a abolição da escravatura, o movimento feminista. Essas revoluções democráticas reformularam as relações entre governantes e cidadãos. Porém, com a expansão do capitalismo de livre mercado, os elos entre as empresas e os consumidores tornaram-se muito mais importantes. A demanda dos consumidores está para os negócios como a democracia está para a política: é o ponto de apoio através do qual as pessoas normais exercem maior influência no que diz respeito ao modo como o mundo está organizado. Este livro não é, portanto, apenas um estudo sobre negócios ou psicologia; trata também da questão mais importante com a qual uma sociedade de livre-mercado se vê confrontada: como é possível fazer a economia trabalhar a nosso favor, e não contra nós?

## Além de Maslow

Se quisermos entender nosso comportamento enquanto consumidores, pode ser útil lembrarmos que evoluímos como primatas sociais competindo por parceiros sexuais, amigos, sustento para a família e status. Durante a maior parte do século XX, os psicólogos acreditavam que esse legado biológico nos fornecia apenas alguns instintos simples para nossa sobrevivência e reprodução, e que todo o resto se devia ao aprendizado e à cultura. Sigmund Freud, Jean Piaget e B. F. Skinner tiveram ideias brilhantes, mas não integraram o legado de Darwin à psicologia humana. Isso aconteceu somente a partir de, aproximadamente, 1990, no campo da psicologia evolucionista, e produziu uma imagem da natureza humana muito mais rica do que uma lista sucinta de instintos primários.

A psicologia evolucionista alcança nossas capacidades e aspirações mais apreciadas, explicando o motivo pelo qual nos preocupamos tanto com amizade, amor, família, status social, respeito próprio, virtude moral e autenticidade. Ela vai muito além de "por que o sexo vende". Também explica o motivo pelo qual a empatia e extroversão são sexualmente atraentes e por que somos motivados a comprar telefones celulares que revelam nossa popularidade ou bichos de estimação que demonstram nossa gentileza e consciência. Ela nos mostrou um conjunto de causas e aspirações muito mais detalhado, matizado e baseado em princípios do que a "hierarquia das necessidades" postulada por Abraham Maslow nos anos 1950, e que continua como modelo dominante da motivação humana apresentado nos livros didáticos sobre o comportamento dos consumidores.

A hierarquia de Maslow inclui apenas sete tipos de necessidades humanas, divididos em duas categorias. As "necessidades básicas" são impulsos para reduzir estados de deficiência ou desconforto, que seguimos apenas quando nos vemos nessas situações. Elas incluem:

- Necessidades fisiológicas: respirar, beber, comer, evacuar, regular a temperatura e fazer sexo.
- Necessidades de segurança: saúde, bem-estar, familiaridade, previsibilidade, segurança pessoal, segurança financeira, segurança em geral.
- Necessidades sociais: família, amizade, intimidade, amor sexual, participação, aceitação.
- Necessidades de estima: reconhecimento, status, fama, glória, respeito próprio, autoestima.

As "necessidades de desenvolvimento" são impulsos direcionados para a "transcendência" e executados sempre que o indivíduo tem liberdade para tanto. Elas incluem:

- Necessidades cognitivas: aprender, explorar, descobrir, criar, adquirir conhecimento e aumentar a inteligência.
- Necessidades estéticas: gozar da beleza encontrada na natureza, nas pessoas ou em artefatos.
- Necessidades de autorrealização: atingir o próprio potencial e tirar o maior proveito possível das capacidades que tem.

Do ponto de vista evolucionário, a hierarquia de Maslow é irremediavelmente confusa. Ela mistura impulsos inatos (respirar, comer, buscar status, adquirir conhecimentos) e interesses adquiridos (buscar segurança financeira, autoestima e aumento da inteligência). Não resolve a questão quanto às principais pressões de seleção que moldaram o comportamento humano: sobrevivência e reprodução. A primeira inclui a maior parte das necessidades fisiológicas de Maslow (respirar, comer), mas também algumas das necessidades de segurança mais concretas (evitar danos por parte de predadores, parasitas, rivais sexuais e tribos hostis), necessidades sociais (construir relações com a família, amigos e parceiros sexuais que possam ajudar a alimentar, proteger e curar você em condições adversas), necessidades cognitivas (aprender sobre oportunidades que aumentam a sobrevivência e perigos que possam reduzi-la), e até as necessidades estéticas (encontrar uma paisagem propícia para o clã viver, produzir armas simétricas, fortes e afiadas). Os desafios reprodutivos, inclusive os de encontrar bons parceiros sexuais e criar descendentes de alta qualidade, abrangem uma das principais necessidades fisiológicas (fazer sexo) e a maior parte das carências sociais, de estima, cognitivas, estéticas e de autorrealização. Por exemplo, a preferência por parceiros sexuais em função da gentileza pode explicar nossas necessidades sociais de intimidade, participação e aceitação. A preferência por parceiros sexuais em função do status pode explicar necessidades de estima, reconhecimento, fama e glória. A por parceiros sexuais em função de inteligência, conhecimento, habilidades e virtudes morais pode explicar nossas necessidades cognitivas para aprender, descobrir e criar, e também necessidades de autorrealização para atingir o próprio potencial (por exemplo, exibir o maior valor possível para o acasalamento, levando em consideração nossa qualidade genética).

Além disso, uma vertente da teoria evolucionista (chamada "Teoria da história da vida") ressalta que, frequentemente, acontecem permutas drásticas entre essas prioridades de sobrevivência e reprodução. As necessidades de nível mais baixo não obtêm sempre prioridade. Por exemplo, é comum que elefantes-marinhos machos morram de fome durante a estação da reprodução, enquanto guardam seus haréns. Se um elefante-marinho pudesse falar e você o recrutasse para participar de um grupo de estudo específico do seu instituto de pesquisa de mercado, ele provavelmente explicaria que abre mão de uma necessidade fisiológica (comer) em troca de três carências de nível mais elevado: uma social (sentir intimidade com cada uma de suas muitas fêmeas, a de ter um lugar que lhe pertence), outra estética (estar circundado por belas — isto é, agradáveis, aptas, gordas e férteis — fêmeas) e finalmente a de autorrealização (ser o melhor elefante-marinho possível, conforme demonstrado ao morder, maltratar, ferir e excluir todos os rivais sexuais do seu harém localizado de frente para a praia). Contudo, essas três necessidades maslovianas podem ser reduzidas, na prática, a benefícios reprodutivos. A seleção natural favoreceu as motivações sociais, estéticas e de autorrealização, pois elas obtiveram um sucesso reprodutivo mais elevado no curso de milhares de gerações que se sucederam na linha de evolução dos elefantes-marinhos. Os elefantes-marinhos machos que eram "frouxos" e se contentavam em preencher suas necessidades de sobrevivência e segurança sem conflito evitariam os trechos sangrentos da praia, onde os mais ambiciosos lutavam para "conquistar status", copulavam, passavam fome e morriam. Os elefantes-marinhos frouxos podem ter sido perfeitamente felizes e até ter se tornado vegetarianos e passado a comer plâncton, mas não deixaram nenhum descendente para herdar o seu temperamento jovial. Somente os elefantes-marinhos machos que estavam dispostos a competir pela dominância, pelo status e pelos haréns, até mesmo em troca das próprias vidas, é que procriaram.

Embora os machos humanos não tenham se desenvolvido, durante a pré-história, no sentido de competir por grandes haréns, ambos os gêneros humanos evoluíram no sentido de competir por parceiros sexuais, amigos e aliados de alta qualidade, deixando-nos com muitos dos mesmos impulsos, instintos, preferências e aspirações que o elefante-marinho poderia ter explicitado no seu grupo de pesquisa específico.

Por fim, a hierarquia de Maslow negligencia a maior parte das preferências, emoções, motivações e aspirações adaptativas que a psicologia evolucionista demonstrou existir na natureza humana. Ela confunde diferentes formas de amor — solicitude parental diante da cria, solicitude familiar para com os parentes, vínculo social com amigos do mesmo sexo, vínculo romântico com parceiros sexuais, ligação cultural com a própria tribo. E também ignora as funções particulares de gratidão, culpa, vergonha, constrangimento, afronta moral e perdão para manter a cooperação no interior de grupos.

Enquanto o trabalho de Maslow foi útil como um primeiro passo na categorização da diversidade das motivações humanas, ele nunca integrou os princípios darwinistas e, hoje, está extremamente ultrapassado. Sua contínua popularidade nos livros didáticos de marketing e de comportamento de consumo causa estranheza, especialmente ao considerarmos que os profissionais de marketing não o utilizam muito em seu pensamento diário sobre o comportamento dos consumidores — mas talvez não tenha surgido nada melhor para tomar seu lugar. Na medida em que o nosso entendimento sobre a natureza humana se tornou mais amplo, profundo e sutil durante os últimos anos, deveríamos ter adquirido a capacidade de compreender uma gama ainda maior de padrões de comportamento dos consumidores, produtos e problemas de marketing. Por que isso não aconteceu?

## Por que a psicologia evolucionista do consumo só está começando

Durante as últimas duas décadas, a psicologia evolucionista tem oferecido novas concepções no que diz respeito às motivações, emoções, preferências, relações e até mesmo gostos estéticos dos seres humanos. Os estudantes universitários aprenderam sobre essa nova ciência através de centenas de cursos de psicologia evolucionista que estão surgindo na América do Norte, Europa e Ásia. O público familiarizou-se com ela através de excelentes livros populares sob autoria de pessoas como Richard Dawkins, Steven Pinker, David Buss, Matt Ridley, E. O. Wilson e outros, e através de documentários televisivos fascinantes, divulgados pela PBS e pelo Discovery Channel nos Estados Unidos, e pela BBC e a rede Channel 4 na Grã-Bretanha.

Durante esse mesmo período, os princípios evolucionistas também revolucionaram muitas disciplinas tradicionais. Centenas de artigos e dúzias de livros discutiram a medicina e psiquiatria darwinistas, a análise evolucionista no direito, a economia evolucionista, a ciência política darwinista, a estética darwinista e a teoria moral darwinista. A popularidade dos princípios da Teoria da Evolução não deveria causar espanto, já que eles promovem uma compreensão mais coerente da natureza do ser humano, e que esta é o fundamento de todas as ciências sociais e humanas. Entretanto, o mundo dos negócios tem se destacado notavelmente por não compartilhar dessa popularidade. O marketing, a propaganda, a pesquisa dos consumidores e o desenvolvimento de produtos dependem igualmente de uma compreensão exata da natureza humana, porém as ideias evolucionistas exerceram pouca influência nessas áreas até agora.

Os executivos ainda são treinados em programas de MBA, e os pesquisadores de mercado, em programas de doutorado, como se os seres humanos tivessem sido criados diretamente do barro oito mil anos atrás e fossem projetados a partir de uma lista arbitrária de "motivações manifestas" e "motivações latentes". Virtualmente, nenhum curso que abranja as origens evolucionistas do comportamento e das preferências humanas está incluído em qualquer uma das melhores escolas de negócios do mundo — IMD (Lausanne), INSEAD (Paris) ESADE (Barcelona), London Business School, Rotterdam School of Management, Indian Institute of Management (Bangalore), Queens School of Business (Toronto), Harvard, Stanford, MIT (Sloan), U. Penn (Wharton), New York University (Stern) ou Northwestern (Kellogg). Até hoje, são poucos os pesquisadores que usam os conceitos darwinistas de forma sistemática para compreender o comportamento dos consumidores.

Desde o fim da década de 1990, o professor de marketing Gad Saad, da Concordia Business School, em Montreal, vem desenvolvendo o novo campo da psicologia evolucionista do consumo praticamente sozinho. Ele publicou os primeiros artigos sobre psicologia evolucionista que apareceram em revistas de marketing ou de comportamento do consumidor, e também o primeiro livro sobre o assunto, *The Evolutionary Bases of Consumption*, em 2007.

Desde meados dos anos 1980, o economista Robert H. Frank, de Cornell, tem utilizado os princípios evolucionistas da competição social e sexual para entender os problemas mais específicos da busca desenfreada pelo status econômico e o consumo desenfreado. Seus livros — por exemplo, *Choosing the Right Pond*, *The Winner-Take-All Society* e *Luxury Fever* — não somente correlacionaram Darwin e Veblen (e situaram o comportamento econômico humano dentro do seu contexto biológico), como também foram pioneiros ao adotar novas maneiras empíricas de analisar dados econômicos para demonstrar os efeitos penetrantes da busca por status através das escolhas profissionais e de consumo. (Robert H. Frank não deve ser confundido com o jornalista Robert L. Frank, autor de *Riquistão*.) Tenho uma grande dívida para com Gad Saad e Robert Frank, por seus trabalhos pioneiros.

Mais recentemente, alguns outros pesquisadores, tais como o professor de marketing Vladas Griskevicius, da Universidade de Minnesota, e a professora Jill Sundie, da Universidade de Houston, têm desenvolvido a psicologia evolucionista de consumo em novas direções ao integrá-la mais intimamente à psicologia social. Alguns outros psicólogos evolucionistas refletiram sobre a natureza humana, relacionando-a a tipos específicos de produtos, como alimentos, animais de estimação, paisagismo, anúncios em classificados pessoais de relacionamento, drogas, pornografia e romances. Em cada caso, ao compreender melhor as origens evolucionárias, as funções biológicas e as características inatas das nossas adaptações psicológicas (tais como as percepções, emoções e preferências), os pesquisadores puderam ter um entendimento maior da "hedonística" — a característica de dar prazer — de vários bens e serviços.

Atualmente, porém, os darwinistas somente arranharam a superfície do comportamento do consumidor. A mais poderosa teoria de todas as ciências biológicas e comportamentais, que explica as origens e funções das complexas adaptações psicológicas que constituem a natureza humana, raramente foi utilizada para iluminar os pântanos e a selva do consumismo moderno em que todos vivemos hoje em dia. Por exemplo, devido ao viés antibiológico da maioria dos pesquisadores e editores de revistas sobre o comportamento consumista, até meados de 2008 havia apenas um único artigo mencionando a psicologia evolucionista em uma das quatro principais publicações acadêmicas na área de marketing — *Journal of Consumer Research, Journal of Marketing, Journal of Marketing Rese-*

*arch* e *Marketing Science*. Nenhuma delas jamais publicou algo sobre a evolução biológica, a natureza humana, o darwinismo ou o comportamento primata.

A pesquisa sobre os consumidores praticamente se esqueceu do extraordinário e recente progresso no âmbito do estudo das diferenças pessoais — as maneiras como as mentes dos indivíduos se diferenciam umas das outras. Esta pesquisa forneceu alguns modelos maravilhosamente sólidos e úteis sobre a personalidade e a inteligência humanas, bem como a virtude moral. Esses modelos são muito mais simples do que se poderia esperar. A personalidade humana, por exemplo, pode ser representada de forma bastante exata apenas pelas "cinco grandes" dimensões de variação entre as pessoas: abertura à experiências, conscienciosidade, extroversão, afabilidade e estabilidade emocional. A inteligência humana pode ser representada com espantosa eficiência e exatidão por apenas uma dimensão, chamada de fator $g$ (também conhecido como inteligência geral, capacidade cognitiva geral, QI). Conforme veremos mais adiante, se soubermos como um indivíduo se posiciona nessas seis dimensões centrais (as cinco grandes características da personalidade e a inteligência geral), poderemos prever muito sobre seus hábitos, suas preferências, seus valores e suas atitudes — e também sobre os produtos que ele pode querer adquirir para exibir essas características aos demais. Todas essas seis dimensões também podem ser geneticamente hereditárias: estudos com gêmeos e pessoas adotadas mostram que as diferenças individuais são prognosticadas (pelo menos moderadamente) por diferenças genéticas, e não apenas pela criação ou por efeitos aleatórios durante o desenvolvimento. Todas elas são bastante estáveis no decorrer da vida, o que faz com que, portanto, o número de garotas que um cara pega na adolescência será razoavelmente o mesmo numa idade mais avançada. Todas essas características se tornam evidentes para as outras pessoas durante a interação social e podem ser avaliadas de forma relativamente exata, embora inconsciente, até mesmo dentro dos primeiros minutos de conversa com um estranho. Muito embora alguns livros didáticos recentes sobre o comportamento dos consumidores e marketing tenham começado a defender da boca para fora as Cinco Grandes Características em um ou outro parágrafo, elas continuam praticamente não mencionadas nos livros populares sobre marketing ou usadas na prática. As discussões sobre a inteligência geral permanecem como tabus em toda teoria e prática de marketing.

Os avanços na psicologia evolucionista e na pesquisa das diferenças individuais raramente foram usados para compreender o consumismo, porque poucos pesquisadores do comportamento de consumo entendem essa nova psicologia e poucos psicólogos sabem algo sobre marketing, propaganda ou desenvolvimento de produtos. É reconhecidamente difícil penetrar nos mundos da ciência e dos negócios. A primeira se esforça para obter um progresso cumulativo por meio do respeito humildemente autoritário para com seus antecessores (através de citações) e colegas (através de colaborações e revisões dos seus pares), enquanto a maioria dos novos livros de negócios pretende oferecer 100% de conceitos inéditos, radicais e sem precedentes, possibilitando que os autores destes se beneficiem com palestras corporativas e com trabalhos como consultores. A ciência tenta construir teorias coerentes, matizadas, que possam ser testadas e pareçam fortemente intimidadoras, ao passo que os livros de negócios oferecem listas sucintas com marcadores chamativos e gráficos enormes que parecem encantadoramente simples. Os cientistas tentam usar termos técnicos consistentes, compreensíveis para eles e mais ninguém, enquanto os livros de negócios inventam novos slogans loucos que soam ótimos, porém que nenhuma pessoa consegue entender realmente (*Gung ho! A mente milionária! Quem mexeu no meu queijo? Lead like Jesus!* [*Lidere como Jesus!*] *Eat that frog!* [*Engula esse sapo!*] *Purple cow!* [*Vaca roxa!*]). Se você estiver acostumado a ler livros de negócios populares, que imitam o ritmo hiperativo dos filmes de ação de Jerry Bruckheimer, vai precisar adotar um modo de leitura mais calmo aqui — o que irá lhe propiciar, assim espero, algum espaço para pensar, avaliar e refletir. Por outro lado, se estiver acostumado a ler artigos de revistas científicas, simplesmente terá de respirar fundo e seguir em frente, já que minha escrita pula de um assunto para outro no estilo fliperama. Mas, pelo menos, você pode buscar alguma tranquilidade nas notas e referências presentes no site do livro.

## Este livro

*Darwin vai às compras* versa sobre onde estamos hoje — como vivemos dentro deste extraordinário e horrendo mundo do capitalismo de consumo, que causa tanta perplexidade e que construímos durante as últimas gerações — e para onde poderíamos ir no futuro. Meu primeiro livro, *The Mating Mind*, versava sobre de onde viemos — como nossos ancestrais viviam na pré-história e como a natureza humana evoluiu durante esses milhões de anos. Nele, argumentei que algumas das capacidades mentais humanas mais maravilhosas e distintivas — arte, música, linguagem, gentileza, inteligência e criatividade — evoluíram não apenas com a finalidade da sobrevivência, mas também para a reprodução. Sendo mais específico, elas evoluíram em ambos os sexos como indicadores de aptidão, para atrair parceiros sexuais de alta qualidade.

Para explicar como o processo da seleção sexual pode ter moldado a evolução mental dos seres humanos através da escolha de parceiros sexuais em *The Mating Mind* utilizei muitas metáforas de marketing. Os animais procuram parceiros num mercado de acasalamento muito competitivo. Seus corpos e comportamentos desenvolvem-se, em grande parte, como uma forma de fazer propaganda de seus genes. Os machos humanos desenvolveram novas e poderosas táticas de vendas — galanteios verbais, música rítmica, preliminares carinhosas, copulação prolongada — para seduzir as céticas clientes femininas a aceitarem amostras grátis do seu produto de consumo de maior motilidade (esperma). As fêmeas humanas desenvolveram novas e poderosas táticas de marketing de relacionamento para construir uma lealdade de longo prazo entre os clientes masculinos de maior valor e para promover um investimento contínuo deles em suas novas subsidiárias (filhos). A criatividade humana desenvolveu-se para manter nossos parceiros sexuais fascinados, lançando produtos comportamentais sempre novos — novas expressões, histórias, piadas, observações, ideias, artefatos, músicas e presentes — planejados para parecerem inicialmente modernos, mas que, rapidamente, se tornam obsoletos. A ideologia de cada indivíduo (crenças religiosas, políticas e filosóficas) pode até mesmo ser considerada não como seu conteúdo editorial, mas como sua campanha de publicidade — projetada não para transmitir notícias verificáveis sobre o mundo, mas para criar associações emocionais positivas entre o indivíduo como produto e as aspirações estéticas, sociais e morais do cliente.

Essas metáforas de marketing parecem funcionar tão bem porque a maior parte dos leitores sabe mais sobre compras do que sobre a teoria da seleção sexual e, assim, é possível explicar esta fazendo referência àquela atividade. Este livro procura reverter o direcionamento da explicação ao analisar o comportamento consumista baseando-se no que sabemos a respeito da evolução humana e das diferenças individuais. Essa tarefa pode se revelar mais árdua do que parece, tendo em vista que ela envolve a explicação do que é aparentemente familiar através do que não o é. Seria como se disséssemos: "Olhe, desenhar um cachorro é realmente muito simples; você só tem de visualizar a estrutura molecular do etanol e imaginar o átomo de oxigênio no crânio do bicho. Daí, dois átomos de carbono formam o tronco do cão..." Não obstante, vale a pena tentar, porque realmente precisamos compreender como o capitalismo de consumo emergiu da natureza humana e como ele poderia ser aperfeiçoado.

Para seguir meu raciocínio, você precisará reconsiderar a maior parte do que pensava saber acerca de suas motivações, preferências e aspirações. Terá de olhar para sua vida adulta da mesma maneira que uma criança esperta ou uma matriarca Cro-Magnon faria. Será necessário deixar de lado algumas distinções tradicionais entre biologia e cultura, animais e consumidores, evolução e economia, psicologia e marketing. E também precisará de alguma coragem existencial para aceitar que anos de obsessão total com trabalho e consumo em busca de status podem ter sido mal orientados.

Essa é a parte difícil. A parte fácil é que *Darwin vai às compras* exige pouca experiência e bagagem intelectual. Você não precisa saber muito sobre psicologia, além daquilo que já sabe sobre pessoas em geral. Não tem de saber muito sobre o capitalismo de consumo, além do que já sabe sobre fazer compras. Na verdade, quanto menos você souber sobre economia e marketing tradicional, menos concepções errôneas terá de superar.

Também será mais fácil acompanhar minhas ideias se você não tiver aprendido muito sobre teoria da cultura, filosofia pós-moderna, feminismo, antropologia cultural, estudos de mídia ou sociologia. Enquanto esses campos produziram a maior parte do pensamento e da escrita incisiva sobre o consumismo, eles normalmente pregam que a biologia humana nada tem a ver com a cultura, o consumo ou a ideologia. Normalmente, essas áreas de estudo advogam que os cientistas trabalham para manter o *status quo* e que os psicólogos evolucionistas, como eu, são especialmente perigosos e conservadores. Até mesmo muitos marqueteiros foram convencidos e aceitaram essa posição. Porém, conforme você verá, essas premissas são falsas. A psicologia evolucionista pode oferecer uma crítica mais profunda e radical da cultura consumista do que qualquer outra desenvolvida por Marx, Nietzsche, Veblen, Adorno, Marcuse ou Baudrillard. Podemos respeitar os pontos de vista deles, mas o fato é que suas teorias não foram tão profundas quanto as de Darwin. Podemos combinar seu sentimento de afronta moral, sua irreverência brincalhona e sua imaginação utópica com o melhor da ciência do século XXI e ver aonde conseguimos chegar.

Do ponto de vista prático, considerarei principalmente bens e serviços de empresas com marcas, websites e propagandas reconhecíveis pelo grande público, que os leitores possam adquirir no varejo por um preço relativamente padrão, que interessem pessoas de uma ampla gama de sexos, idades, culturas e países, e que possam ser iluminados pela psicologia evolucionista e pela pesquisa das diferenças individuais. A maioria das especificações e preços de determinados produtos provém dos sites das empresas ou de propagandas impressas, no período de 2007 e 2008. Dou menos atenção a muitas categorias de produtos economicamente importantes, porém menos interessantes, tais como *commodities* e matérias-primas (aço, petróleo, plástico, madeira, grãos), serviços públicos básicos (água, gás, energia, calefação, ar-condicionado, iluminação pública), bens duráveis (equipamentos, móveis, artigos de cama, mesa e banho) e produtos financeiros (bancos, créditos, hipotecas, seguros, ações ordinárias, títulos, apólices). Em muitas dessas categorias, o consumismo espalhafatoso e a exibição de status são menos importantes, exatamente como quando se está procurando o melhor preço no mercado futuro de óleo de soja, ou o melhor cirurgião cardíaco, ou a melhor companhia de seguros de vida. Não restam dúvidas de que a psicologia evolucionista do comportamento do consumidor eventualmente abrangerá todas as categorias de produtos, entretanto não farei isso aqui.

**Este autor**

Os teóricos da cultura elaboraram uma concepção válida: os livros são mais fáceis de compreender quando seus autores são francos no que diz respeito à sua formação e motivações, e fazem críticas em relação à sua possível parcialidade e falta de discernimento. Na medida em que os psicólogos evolucionistas foram frequentemente caricaturizados como racistas, machistas e reducionistas conservadores, é especialmente importante desfazer esses falsos juízos. Só para constar, direi que sou um humanista secular, um antibélico em âmbito internacional, um ambientalista que defende os direitos dos animais, um feminista a favor do movimento gay, liberal na maior parte das questões sociais, sexuais e culturais e um afiliado ao Partido Democrata — em outras palavras, um típico professor de psicologia.

Trabalho na Universidade do Novo México com quase meia dúzia de doutorandos, fazendo pesquisas sobre a escolha de parceiros sexuais, inteligência, criatividade, personalidade, doenças mentais, humor e emoções humanas. Minha esposa e eu temos uma filha de 12 anos, um Toyota de 13 anos e uma casa de 54 anos em Albuquerque. Procuro compreender a pobreza avassaladora e o desespero impotente que ainda aflige metade da nossa espécie (a maior parte das pessoas que vivem na América do Sul, África, Ásia e dos estudantes universitários), embora meu salário modesto, porém estável, seja um sinal de que esses problemas não são muito evidentes para mim. Nasci na década de 1960, no século XX, portanto sou velho demais para me importar com a moda dos telefones celulares, mas jovem demais para me preocupar com os custos dos asilos. Como 1,47% da população humana na Terra, sou um homem americano branco e heterossexual. Dessa forma, tento ser um bom feminista darwinista, mas meu sexo e minha orientação sexual fazem com que eu escorregue de vez em quando. Morei no exterior durante nove anos, mas somente na Inglaterra e Alemanha. Procuro ter uma consciência global, porém minha raça, nacionalidade e experiência limitada de expatriado me levam a apresentar a tendência de negligenciar diversas questões.

Culturalmente, sou eclético e ambivalente. Gosto dos livros anticonsumistas de Thomas Franke e Juliet Schor, mas também assino a *Economist* e a *Wired*. Gosto da música esquerdista-radical-feminista de Ani DiFranco e Tori Amos, porém tenho imenso respeito pelo mundo dos negócios e gratidão para com seus trabalhadores, administradores e investidores, que suprem nossas necessidades, nossos luxos e nossas diversões. Sei que o Prius existe, mas dirijo um Land Cruiser parecido com um tanque (e você faria o mesmo se visse como as pessoas dirigem em Albuquerque). Tenho aversão a shopping centers, mas respeito o livre mercado como o sistema mais engenhoso já concebido para que as pessoas possam usufruir de ganhos mútuos no comércio, em condições de paz, liberdade e autonomia. Detesto a maneira como os lobbistas corporativos corrompem a democracia, mas reconheço que nossa qualidade de vida no mundo desenvolvido é uma exceção frágil e feliz à norma global histórica de trabalho pesado, opressão, pobreza, doenças e morte.

Meu interesse nesse assunto foi despertado por dois acontecimentos intelectuais — um por volta de 1990, relativo ao poder que a psicologia evolucionista tem para explicar a natureza humana, e outro por volta de 2000, sobre a grande influência do marketing na cultura moderna. Em 1988, eu era um doutorando em psicologia em Stanford, depois de ter feito um mestrado na Columbia University, em Nova York, e ter passado a infância em Cincinnati, Ohio. Naquele ano, alguns dos principais fundadores da psicologia evolucionista — Leda Cosmides, John Tooby, David Buss, Martin Daly e Margo Wilson — estavam visitando Stanford para um ano sabático. Meu amigo Peter Todd e eu ficamos empolgados com as ideias deles e passamos a nos encontrar com esses pensadores aproximadamente uma vez por semana. Por fim, descobrimos o potencial extraordinário que a teoria darwinista tinha para revolucionar a psicologia. Tudo o que dizia respeito ao comportamento humano ficou repentinamente mais fácil de entender — mais claro, simples, funcional e embasado na saga de 3 bilhões de anos de vida na Terra. Na psicologia, tudo parecia bastante unificado — mais vinculado não somente às outras ciências exatas, como também às ciências humanas e à vida cotidiana. Fiquei obcecado pela ideia de que o comportamento humano podia ser melhor compreendido ao considerarmos os desafios de sobrevivência e reprodução que nossos ancestrais pré-históricos enfrentavam. Essa mudança paradigmática parecia singularmente satisfatória e completa — era como se eu tivesse encontrado minha praia intelectual de uma vez por todas e que nada mais poderia afetar minha mente da mesma maneira.

Felizmente, eu estava enganado. Aproximadamente dez anos mais tarde, consegui um emprego de pesquisador no novo Centro para Aprendizagem Econômica e Evolução Social, na University College de Londres. Meu desafio era conseguir que os psicólogos evolucionistas e os economistas da Teoria do Jogo trabalhassem juntos. Passei meses conversando com pesquisadores, seja individualmente, em grupos ou em conferências. Foi a experiência mais frustrante de toda minha vida profissional, pois nós, psicólogos, simplesmente não entendíamos os economistas, e eles não nos entendiam de volta. Estávamos interessados em pessoas reais; eles, em mercados idealizados. Gostávamos de experimentos; eles, de provar teoremas matemáticos. Publicávamos ideias sobre a natureza humana; eles, sobre a seleção pareto-dominante de equilíbrio em jogos de motivações mistas (nem me pergunte o que é isso).

Meu momento de crise chegou em 1999, durante um simpósio que organizei em Londres sobre as origens das preferências econômicas dos indivíduos. Nós, psicólogos, pensávamos que os economistas gostariam de ouvir sobre nossos experimentos envolvendo preferências, para que pudessem desenvolver modelos do comportamento econômico humano mais exatos e sofisticados. Como estávamos enganados! Ficou claro que os economistas ainda seguiam uma doutrina de "preferências reveladas", que sustenta que os gostos dos consumidores são abstrações psicológicas — estados ocultos e hipotéticos que não podem ser medidos ou explicados, a não ser pelas compras que causam. Se as preferências são reveladas apenas através de compras, e não de questionários, entrevistas ou discussões em grupos específicos, então é redundante estudar preferências que não sejam os padrões reais de gastos feitos pelos consumidores, ou especular sobre as origens dessas preferências, ou conduzir pesquisas de mercado sobre as preferências por produtos hipotéticos. Em suma, a doutrina das preferências reveladas sugere que a psicologia é irrelevante para a economia. (Isso foi antes de o psicólogo Daniel Kahneman receber o Nobel em economia por seu trabalho sobre decisões e preferências, em 2002.) Assim, pouco a pouco, os economistas foram embora da conferência, deixando que os psicólogos cuidassem de nossos egos feridos, na companhia de um pessoal de aspecto estranho que nunca havíamos visto antes.

Esse pessoal não era como os acadêmicos da conferência. Eles tinham uns 45 anos, mas aparentavam 25; usavam roupas e cabelos esquisitos; falavam com um entusiasmo torrencial; distribuíam cartões comerciais exibindo títulos profissionais desconcertantes (Caçador do Maneiro, Mestra do Frenesi, Vice-Presidente do Alô, Semeadora de Memes). Eram marqueteiros e estavam ávidos por psicologia. Eles realmente se importavam com as preferências das pessoas — de onde elas vinham, como trabalhavam e como tirar proveito delas. Conversei com eles durante horas, e um mundo novo se abriu para mim.

Durante vários anos, a partir daí, li tudo o que pude sobre marketing, publicidade, relações públicas, pesquisa de mercado, design de produtos, varejo, lançamento de marcas, localização e comportamento de consumo. Pareceu a mim que meus genes latentes de interesse em negócios tivessem finalmente despertado. (Meu avô materno, Henry G. Baker, fora professor de administração e marketing na Universidade de Cincinnati e a maioria dos seus cinco filhos administra hoje fundos privados de ações.) Dei aulas sobre psicologia evolucionista do comportamento de consumo, inicialmente em cursos de graduação da UCLA, como professor convidado, em 2000, e então na UNM, na pós-graduação. Fiquei fascinado pela representação incisiva do estilo de vida consumista em filmes como *Matrix, Existenz, Beleza americana* e *Idiocracia,* bem como em romances de Chuck Palahniuk, Douglas Coupland, Nicholson Baker e J. G. Ballard. Conversei sobre marketing com todas as pessoas que eu sabia estarem envolvidas nisso — velhos amigos do colégio, parentes, vizinhos, os docentes da escola de administração local. Durante os últimos sete anos, assinei repetidas vezes qualquer periódico que poderia me revelar alguma coisa nova sobre o consumismo: *Architectural Digest, AutoWeek, Baffler, Chronicle of Higher Education, Consumer Reports,*

*Economist, Gourmet, Harper's, Maxim, Men's Fitness, Money, PC Gamer, Premiere, Rolling Stone, Stuff, Wired, Worth, Utne Reader* e *Vanity Fair*. Também pegava artigos e anúncios de edições ocasionais de *Action Pursuit Games, Adult Video News, All About Beer, Atomic Ranch, Christian Music Planet, Cosmetic Surgery Times, Frozen Food Age, Guns & Ammo, Hooked on Crochet! Hot Boat, Log Home Living, Luxury SpaFinder, Meat Processing, Modern Bride, Modern Dog, Monster Muscle, New Age Retailer, Packaging Digest, Pet Product News, Sport Compact Car* e *Tropical Fish Hobbyist*. Não era sempre tão divertido quanto parece. Também li algumas centenas de livros sobre consumismo e negócios, em busca de boas ideias.

Comecei a perceber que o marketing está na base de tudo que envolve a cultura humana moderna, da mesma forma que a evolução está na base de tudo que envolve a natureza humana. Escritores têm agentes; filmes têm marqueteiros de entretenimento; políticos têm assessores de imprensa. As revistas são publicadas não para informar os leitores, mas para vender um segmento de mercado — ou seja, a atenção do leitor — para anunciantes. Quase nada chega à cultura popular por sorte ou fofoca, pela simples disseminação não supervisionada de memes de uma mente a outra. Tudo é posto no radar do público de forma deliberada por algum tipo de profissional de marketing.

Enfim, percebi que, se você não estivesse ligado no marketing, não enxergaria o óbvio na sala de estar da cultura.

# 3
## Por que o marketing é elemento central na cultura

O MARKETING NÃO é apenas uma das ideias mais importantes nos negócios, ele se tornou a força mais dominante da cultura humana. Se isso soa como uma afirmação excessivamente contundente, em que ninguém verdadeiramente racional possa crer, considere que grande parte desta descrença origina-se na interpretação equivocada de "marketing" como uma forma pretensiosa de publicidade. Porém, marketing é muito mais que isso. Do ponto de vista ideal, é uma tentativa sistemática de satisfazer os desejos humanos ao produzir bens e serviços que as pessoas irão comprar. É o lugar em que as fronteiras desenfreadas da natureza humana se encontram com os poderes desenfreados da tecnologia. Como amantes gentis, as empresas com melhor orientação de marketing nos ajudam a descobrir desejos que nunca soubemos ter e modos de satisfazê-los jamais imaginados antes.

Quase tudo o que podemos comprar foi bolado pelo pessoal de marketing de alguma empresa, que pensou arduamente sobre como nos vender coisas que, na nossa opinião, nos tornarão mais felizes. A "mão invisível" de Adam Smith gerou o olho invisível. A produção já não é mais guiada pelo acanhado feedback fornecido pelas margens de lucro do trimestre anterior, mas por uma pesquisa empírica das preferências e personalidades humanas: grupos selecionados, questionários, testes, levantamentos sociais e demográficos. A psicologia cedeu seu lugar de mais importante investigador da natureza humana à pesquisa de mercado. Por exemplo, no que diz respeito a 2004, aproximadamente 212 mil americanos trabalharam pesquisando o mercado e fazendo levantamentos, enquanto apenas cerca de 37 mil trabalharam como professores de psicologia.

Os mercados em si são antigos, porém o conceito de marketing em sua forma moderna surgiu somente no século XX. Nas sociedades agrícolas e mercantis, havia os produtores, as corporações, os comerciantes, os banqueiros e os varejistas, mas a consciência econômica concentrava-se em ganhar dinheiro, e não em pesquisar e realizar os desejos de consumo de maneira sistemática. Foi somente através de tentativa e erro que Albrecht Dürer aprendeu que tipos de gravuras venderiam, ou que Thomas Chippendale descobriu quais de suas cadeiras ficariam na moda. Com a Revolução Industrial, a produção em massa acarretou uma ênfase maior na eficiência de custo da produção, em vez de na satisfação do cliente. Quando os mercados amadureceram, no início do século XX, as empresas precisaram competir de forma mais dura para participar do mercado, mas o fizeram através de campanhas publicitárias e promoções de vendas que visavam empurrar seus produtos para os clientes recalcitrantes.

Foi somente de forma gradual que as empresas compreenderam a relevância da psicologia nas vendas. Uma figura-chave nesse sentido foi Edward Bernays (1891-1995), um dos teóricos fundadores da propaganda, das relações públicas e da publicidade. Bernays era sobrinho de Sigmund Freud e usou os conceitos da psicanálise para abordar o que ele chamava de problema de "construir o consenso" numa sociedade democrática. Ele foi consultor de campanhas publicitárias para Dodge, Procter and Gamble, General Electric e Cartier, e ajudou a United Fruit Company (conhecida agora como Chiquita) a derrubar o governo da Guatemala em 1954. Em seu livro *Propaganda*, de 1928, Bernays argumenta:

> A manipulação consciente e inteligente das opiniões e dos hábitos organizados das massas é um elemento importante na sociedade democrática. Aqueles que manipulam esse mecanismo imperceptível constituem um governo invisível que é o verdadeiro poder governante de nosso país.

Contudo, até mesmo Bernays se dava conta de que a manipulação eficaz da opinião pública exigia que as crenças e desejos dos consumidores e cidadãos fossem ouvidos. Os governos e as empresas precisam xeretar os confessionários, e não apenas gritar do púlpito. Boas relações exigem boas pesquisas de opinião, e não apenas boa propaganda.

Na época em que Willie Loman lamentava o fim dos tradicionais vendedores ambulantes em *A morte de um caixeiro-viajante*, de 1949, várias empresas produtoras de bens de consumo já haviam desenvolvido uma atitude mais respeitosa e inquiridora em relação ao consumidor. A revolução de marketing que elas lançaram parecia ter o mesmo sentido de inevitabilidade que costuma estar associado a todas as revoluções científicas. O fato de que uma empresa devesse produzir o que as pessoas desejavam, em vez de tentar convencê-las a comprarem o que fabricavam, era uma ideia radical, e somente passou a parecer óbvia retrospectivamente. Essas empresas estabeleceram departamentos de marketing dedicados a descobrir o que as pessoas queriam de seus detergentes, sabonetes e lâmpadas elétricas. O sucesso incentivou imitadores e, hoje em dia, quase todas as grandes empresas possuem setores de marketing cuja função é coordenar os aspectos de pesquisa e desenvolvimento de produtos, publicidade, promoção e distribuição.

Por volta da década de 1960, conforme mais e mais executivos da área de marketing foram sendo promovidos para posições de CEO, algumas firmas adotaram a "orientação de marketing" moderna, segundo a qual tudo que uma empresa faz é gerar lucros através da satisfação dos consumidores. Isso constituiu uma revolução invisível e, apesar de não conseguir o mesmo espaço na imprensa que a revolução sexual, o movimento hippie ou a Nova Esquerda (e, na verdade, indo na direção contrária às tendências dessa contracultura), a revolução do marketing mudou radicalmente a maneira como os negócios funcionam. (Com certeza, ela foi amplamente responsável pela disseminação popular dos valores da contracultura, por meio de novos produtos "maneiros", como a Kombi da Volkswagen, a pílula anticoncepcional Enovid e os discos de Jimi Hendrix, sendo que, frequentemente, todos eles eram combinados de forma prazerosa.)

Ao passo que a orientação de marketing se tornou lugar comum nas empresas que produzem produtos para clientes individuais (tais como vestuário, carros, televisão e cinema), ela continua rara nas indústrias pesadas (aço, carvão, petróleo e papel), onde os consumidores imediatos são constituídos por outras empresas e em que o consumo supérfluo e o enaltecimento da marca são menos importantes. A orientação de marketing também está precariamente desenvolvida na maior parte das indústrias de serviços, tais como bancos, direito, governo, polícia, força militar, medicina, caridade e ciência. De fato, a maioria dos líderes desses setores não se considera um trabalhador da indústria de serviços. Mas, até que o façam, eles não se darão o trabalho de usar a pesquisa de mercado para moldar seus serviços de acordo com os desejos dos clientes, e suas instituições perderão participação no mercado para as que já atuam desse jeito.

A mudança da orientação de produção para a de marketing ainda acontece, e continua a ser uma das mais importantes, porém a menos compreendida das revoluções da história humana, marcando uma transferência decisiva de poder das instituições para os indivíduos. A produção transformou os trabalhadores em servidores da tecnologia; o marketing, do ponto de vista ideal, transforma os consumidores em mestres da tecnologia. Os fanáticos pelo marketing podem até mesmo defender a opinião de que a revolução do marketing tornou a maior parte da obra de Marx irrelevante: que significado poderiam ter as palavras "alienação" e "exploração" quando as empresas trabalham tão duro para realizar nossos desejos enquanto consumidores?

De modo geral, os intelectuais ainda não compreendem o marketing. Ele é amplamente invisível aos economistas de direita, que pensam que os preços trazem todas as informações relativas à oferta e à demanda de que os mercados precisam para produzir os bens e serviços que as pessoas querem. A pesquisa de mercado não desempenhava nenhum papel relevante na visão dos economistas Adam Smith, Friedrich Hayek, Milton Friedman e Gary Becker. Em contrapartida, para os roteiristas de cinema, jornalistas e cientistas sociais de esquerda, o marketing não significa nada mais que campanhas publicitárias manipuladoras exercidas por empresas gananciosas. Já que raramente se dignam a conversar com empresários, eles acreditam que o moderno mundo dos negócios funciona como a malvada empresa Omni Consumer Products de *Robocop*. Os poucos professores que adquiriram alguns parcos conhecimentos tendem a saber muito mais sobre investimentos do que sobre marketing, porque, ao passo que as informações sobre investimentos estão em toda parte (CNBC, Fox Business Network, revistas de finanças pessoais), o conhecimento sobre marketing ronda como uma espécie de mágica oculta por detrás dessa propaganda de produtos financeiros.

Um dos problemas é que os marqueteiros, como todos os profissionais e acadêmicos, tendem a exibir seu conhecimento através de termos e conceitos específicos que soam desconcertantes para outros ouvintes. Quando membros de subculturas desprovidas de poder utilizam um jargão privado, soa bonitinho. Mas, quando marqueteiros que têm um pesado poder de fogo econômico agem dessa maneira, pode soar ao mesmo tempo hilário e necromântico, como os acrônimos do Pentágono. Consideremos essas expressões, ouvidas na Intelligent Printing and Packaging Conference, de 2006, postada num dos blogs de Bruce Sterling:

- "É a nossa abordagem metalo-orgânica em contraste com as tecnologias incumbentes"
- "A tinta termocrômica é a tinta Pet Rock do novo milênio"
- "Precisamos de uma taxonomia para o imprimir-que-já-não-é-mais-imprimir"
- "O papelão eletrônico encobre a linha entre os objetos impressos e o mundo virtual"
- "É bubble, bubble, toil and trouble nos polímeros condutores"*

Observações sagazes como essas devem, sem dúvida, significar alguma coisa, embora não seja claro o quê.

Embora a maior parte dos executivos mais jovens compreenda marketing a nível prático, mesmo dentro das empresas eles não sabem tratá-lo como uma revolução cultural, econômica, social e psicológica, já que o assunto não lhes é apresentado dessa maneira nas escolas de administração. Os jornalistas da área econômica tampouco trouxeram

---

*Trocadilho sobre o verso "double, double toil and trouble" em *Macbeth*, de Shakespeare. Trata-se do refrão proferido pelas bruxas escocesas para fazer um encantamento que duplicasse o trabalho e os problemas do personagem. O trocadilho, em português, seria: "bolha, bolha, trabalho e problemas nos polímeros condutores." (*N. da T.*)

a revolução do marketing para a esfera da discussão pública, como fizeram com a "Nova Economia" da internet, para a qual chamaram a atenção do público. Os entendidos ainda falam como se nós estivéssemos passando de uma era industrial (baseada na produção em massa) para uma era da informação (baseada na diversão das massas).

Como os peixes que não percebem a presença da água, não nos damos conta de que vivemos na Era do Marketing. E não faz muita diferença se os produtos são materiais ou culturais, se são vendidos em lojas ou on-line. O que importa é que os produtos são concebidos, projetados, testados, produzidos e distribuídos sistematicamente, tomando como base as preferências dos consumidores, em vez de a conveniência dos produtores. A New Economy, "Web 2.0" e o "marketing de rede social" são apenas as etapas mais recentes dessa revolução.

Mas como podemos compreender a revolução? Existem duas analogias históricas que nos ajudam a refletir sobre isso. A democracia pode ser considerada como o conceito de marketing aplicado ao governo. As revoluções americana e francesa impuseram o conceito de marketing na política, muito antes que este surgisse nos negócios. O estado orientado para a produção pergunta o que os contribuintes podiam fazer para ele; já o estado orientado para o marketing pergunta o que ele pode fazer para os eleitores. Os cidadãos exigiram o direito de voto para que pudessem dizer ao governo quais serviços estatais queriam muito antes de grupos específicos de consumidores dizerem aos fabricantes quais eram os produtos que desejavam. O slogan "Nenhuma taxação sem representação" precedeu em muito o "Nenhum lucro sem pesquisa de mercado".

A Reforma Protestante, inclusive, aplicou a visão do marketing à religião muito antes dessas revoluções políticas. Martinho Lutero e João Calvino organizaram igrejas para atender às necessidades emocionais dos fiéis, e não aos interesses fiscais dos sacerdotes. Eles estavam insatisfeitos com um papado orientado para a produção, que realizava continuamente rituais dispendiosos numa língua morta, dentro de catedrais opulentas. Eles construíram uma nova forma de cristianismo, baseada em línguas locais, igrejas simples e música gloriosa. As 30 mil denominações atuais da fé cristã são exatamente o que poderíamos esperar de uma segmentação eficiente do mercado, tendo em vista os diversos consumidores de serviços religiosos. Mudanças similares ocorreram na passagem do budismo hinayana, orientado para a produção, ao budismo mahayana, norteado para o mercado, e do judaísmo ortodoxo para o reformado. O denominador comum no marketing empresarial, na democracia política ou na reforma religiosa é a transferência de poder dos fornecedores de serviços para os consumidores de serviços.

A revolução do marketing é uma coisa positiva? Analisando seu lado favorável, ela promete uma era de ouro, em que as instituições sociais e os mercados serão sistematicamente organizados tendo como base uma forte pesquisa empírica para maximizar a felicidade humana. O marketing promete ser para a produção o que a ciência foi para a percepção: ele testará a intuição e o discernimento em relação aos dados empíricos. Acima de tudo, a pesquisa de mercado utiliza as mesmas ferramentas empíricas que a psicologia experimental, mas com orçamentos maiores para pesquisa, questões melhor definidas, amostragens mais representativas de pessoas e um impacto social mais profundo. Do ponto de vista ideal, o empirismo do marketing funciona como a psicoterapia rogeriana, na qual o terapeuta reafirma e reflete as preocupações do paciente. O marketing oferece um espelho para nossas personalidades, refletindo as crenças e os desejos de maneira que possamos reconhecê-los, lembrá-los, avaliá-los e transformá-los. A invenção dos verdadeiros espelhos possibilitou às pessoas aceitarem ou rejeitarem potenciais modificações do seu aspecto com maior precisão e objetividade, permitindo-lhes experimentar maquiagens, penteados e modas diferentes, para poderem julgar o que lhes cai bem. A revolução do marketing nos confere poder de forma similar, porém numa escala temporal mais longa. Ela permite que aceitemos ou rejeitemos potenciais maneiras de exibirmos características através de escolhas de produtos. Podemos provar diferentes estilos de vida, experimentando os resultados e, talvez, até mudar nossas preferências de consumo caso fiquemos insatisfeitos.

Pelo lado negativo, o marketing é o pior pesadelo de Buda. É a grande ilusão, o Véu de Maya pseudocientífico, sustentado por campanhas de publicidade bilionárias. Ele perpetua a ilusão de que o desejo leva à realização. É o inimigo da consciência humana plena, porque esta está contente com sua própria companhia e pouco precisa do mundo.

O problema não é que o marketing promova o materialismo. Pelo contrário. Na medida em que as associações mentais de um produto se tornam mais importantes que suas qualidades físicas reais, ele promove um pseudoespiritualismo narcisista embasado em prazer, status social, romance e estilo de vida subjetivos. Este é o verdadeiro objetivo da publicidade e do lançamento de marcas — criar associações entre um produto e as aspirações do consumidor, de tal maneira que o produto pareça ter mais valor do que sua mera forma física poderia possivelmente justificar. Na verdade, o marketing evita o materialismo a todo custo, porque se os consumidores comprassem somente na base das características materiais objetivas e dos custos, os próprios produtos seriam reduzidos a mercadorias — e estas não podem ser vendidas com grandes lucros num mercado competitivo.

Por exemplo, água de torneira (aproximadamente 2 centavos de dólar por litro em Albuquerque) é uma mercadoria pouco lucrativa, ao passo que Glacéau SmartWater (a 1,39 dólares a garrafa de um litro) é um produto de marca altamente lucrativo. SmartWater soa como um elixir mágico proveniente dos Alpes franceses que aumenta sua inteligência e, portanto, pode ser vendida por um preço 870 vezes superior pelo mesmo volume que água de torneira, embora na realidade seja apenas água destilada com acréscimo de eletrólitos (um pouco de cloreto de cálcio de rochas calcárias e cloreto de magnésio de água do mar). Entretanto, logo após a Coca-Cola adquirir a Glacéau por 4,1 bilhões de dólares, em 2007, a SmartWater começou a ser anunciada com a imagem de Jennifer Aniston praticamente nua. Assim, água de torneira com rochas calcárias, água marinha e uma garrafa bonita, mais a beleza e a fama de Aniston resultam numa marca lucrativa.

Portanto, um mundo governado pelo marketing e que vise lucrar com os desejos do consumidor jamais se deixará "mercadorizar" como um mundo "materialista". Pelo contrário, ele poderia facilmente transformar-se numa realidade virtual em que nem os produtos e nem os consumidores necessitassem de quaisquer qualidades físicas. O ápice lógico do marketing não seria o materialismo puro e simples, porém a imaterialidade sedutora de *Matrix* ou *Second Life*.

O marketing também cria certos problemas imediatos. A exemplo da democracia, ele força as elites intelectuais e culturais a se confrontarem com suas atitudes paternalistas em relação às massas. As elites nem sempre gostam de empresas e estados que atendem aos desejos do povo. Os consumidores podem querer doces, gorduras e açúcares; cigarros, cerveja e maconha; motocicletas e revólveres; filmes pornôs e prostitutas; silicone nos seios e Viagra; reality shows e animes clichês na TV. De maneira parecida, caso todas as pessoas votassem nesse sentido, elas poderiam querer a pena de morte, orações nas escolas, fogueiras de livros, limpeza étnica, fascismo e *American Idol*. Platão via claramente a diferença entre uma democracia de massa baseada no voto universal e uma república baseada nas visões utópicas das elites. Para a elite, o populismo do marketing pode ser uma perspectiva alarmante. Assim, Platão rejeitava essa orientação — incluindo a democracia, que é o marketing aplicado à política — como uma base para a organização social. O ditador benévolo ideal de Platão, o rei-filósofo, não organiza grupos específicos, não realiza pesquisas de mercado, não faz plebiscitos para decidir sobre suas políticas. Não se pode esperar que o povão compreenda seus verdadeiros interesses de longo prazo, pois a discrepância entre seus instintos primitivos e as exigências de comportamento da vida civilizada é tão intensa que a minoria iluminada precisa controlar a maioria ignorante, para o bem maior. Confúcio tinha opiniões parecidas: o patriarca deve governar a família, da mesma forma que o imperador deve governar a nação, para impor a ordem civilizada à anarquia natural.

Essa tradição platônica-confucionista dominou a teoria política da Europa e da Ásia durante milênios. Ela ainda pode ser percebida nos dias de hoje, em especial quando as elites procuram argumentar que o Estado deveria recolher impostos para providenciar certos serviços que o povo não pode (ou não quer) comprar como indivíduos. Às vezes, esses serviços organizados pelo Estado podem parecer razoáveis (estradas, o Corpo de Bombeiros, assistência médica, televisão aberta), outras vezes, não (subsídios agrícolas, guerras fraudulentas, pontes que não levam a lugar algum). O ideal platônico-confucionista, portanto, também comparece quando as elites argumentam que algum produto ou comportamento deve ser vetado. (Às vezes, elas têm razão: mesmo entre os extremistas da Segunda Emenda, poucos defenderiam que as lojas de conveniência de bairros fossem autorizadas a vender mísseis terra-ar FIM-92 Stinger.)

O marketing, como a democracia, possui o potencial (frequentemente não utilizado) de ser contrário à arrogância, ao poder e ao idealismo. Em princípio, ele pode substituir as visões progressistas e elitistas baseadas na ilusão do consenso popular pela realidade de um mundo configurado para realizar os desejos humanos comuns. Pode parecer tentador minimizar a revolução do marketing, propor ingenuamente que as metamorfoses mais significativas do último milênio foram as invenções tecnológicas que expandiram as capacidades da produção ou as inovações científicas que denunciam os ideais das elites. Quando escolhemos ignorar a revolução do marketing, é porque temos pavor de um mundo no qual nossos ideais elitistas perdem o poder que têm de controlar os frutos da tecnologia. (Se você dispõe do tempo, da educação e da inclinação necessárias para ler este livro, é evidente que faz parte da elite.) O marketing ameaça pôr as infinitas capacidades da produção ao serviço da luxúria, gula, preguiça, ira, avareza, inveja e soberba infinitas do ser humano. Ele preconiza um mundo de *Idiocracia*, de Starbucks e Super Bowls, e ameaça atomizar a sociedade humana em 7 bilhões de blogueiros que só enxergam o próprio umbigo.

Ou será que o medo da elite diante dessa perspectiva não passa de outra racionalização ilusória para manter o poder na marra? A exemplo do medo que Platão sentia de uma democracia baseada no voto universal, o medo de uma economia baseada em pesquisas de mercado está embasado no desrespeito aos demais membros de nossa espécie. As elites odeiam reconhecer a revolução do marketing porque detestam reconhecer esse desrespeito. O marketing é a invenção mais importante dos últimos dois milênios, pois é a única que conseguiu conferir um poder econômico real ao povo. Não se trata apenas de redistribuir a riqueza, de repartir o bolo social em vários pedaços; mas do poder de fazer com que nossos meios de produção transformem o mundo natural num playground das paixões humanas.

Os ecologistas estimam que, hoje, os seres humanos consomem mais da metade da "produtividade primária líquida" do planeta

— ou seja, mais de metade da biomassa produzida por ano na Terra. Uma espécie afortunada, entre outras 20 milhões, consome metade da produção anual da biosfera e a transforma em funções de trabalho e atividades de lazer, estruturadas principalmente através do marketing. Este não domina apenas a cultura humana; na medida em que tal cultura domina o fluxo de matéria e energia que constitui a vida terrestre, no presente momento histórico, ele também domina a vida no planeta.

## Marketing *versus* memes

Essa cegueira diante do papel cultural do marketing tornou-se particularmente evidente quando participei de um debate sobre memes, moderado por Richard Dawkins, na Universidade de Oxford, em maio de 1999. Minha colega debatedora, a psicóloga britânica Susan Blackmore, havia acabado de publicar o livro *The Meme Machine*. Ela argumentava, seguindo a linha de Dawkins, que grande parte da cultura humana reflete uma competição evolucionista entre memes: unidades de informação tais como histórias, anedotas, ideias, slogans ou jingles memorizáveis e repetidos para outras pessoas. Os memes que se destacam e podem ser memorizados e comunicados (como fofocas sobre celebridades e histórias de cunho humano) têm probabilidades de se proliferarem e difundirem. Os memes irrelevantes e que podem ser facilmente esquecidos (como o fato de que um próton possui aproximadamente 1.836 vezes a massa de um elétron) apagam-se rapidamente da consciência popular (a despeito dos árduos esforços dos professores de física). Segundo Blackmore, a cultura popular humana consiste de memes bem-sucedidos que refletem os interesses e as preferências de seres humanos individuais.

A ideia de meme sempre pareceu fascinante e provocadora, especialmente da maneira como aparece no livro de Blackmore. Contudo, defendi uma linha um pouco diferente: os memes mais bem-sucedidos são impostos de cima para baixo pelo marketing, de acordo com os interesses de determinados indivíduos, grupos e instituições poderosas. Parece evidente que os memes mais bem-sucedidos — religiões, ideologias políticas, linguagens, normas culturais, tecnologias — foram disseminados pelas igrejas, Estados, sistemas educacionais e empresas detentores de imensa riqueza e poder. Em princípio, o marketing responde a preferências de consumo pré-existentes. Na realidade, os marqueteiros às vezes se referem ao seu trabalho como "engenharia cultural" — criação e disseminação intencionais de novas unidades de cultura (memes) através da publicidade, da invenção de marcas e das relações públicas.

Até mesmo a proliferação de memes comuns (tais como fofocas sobre filmes, novos assuntos sociais e políticos, quais países devemos temer este ano) é dominada pelos seis conglomerados globais de mídia.

- TimeWarner (45 bilhões de dólares em lucro, 87 mil empregados em 2006), incluindo Warner Bros., New Line Cinema, OAL, CompuServe, Atlantic Records, HBO, CNN, Time Warner Cable, Turner Broadcasting, Time-Life Books e as revistas *Time, Life, Money* e *People.*
- Disney (34 bilhões de dólares em lucro, 133 mil empregados), incluindo Touchstone, Miramax, Buena Vista, ABC TV, ESPN TV, Hyperion Books, a revista *Discover* e a ABC Radio Networks.
- NewsCorp (25 bilhões de dólares em lucro, 47 mil empregados), incluindo Twentieth Century Fox, Fox TV, Sky Satellite TV, Sky Radio, HarperCollins Books, *TV Guide* e 175 jornais.

## Por que o marketing é elemento central na cultura 71

- Vivendi Universal (20 bilhões de dólares em lucro, 34 mil empregados), incluindo Universal Studios, Geffen Records, Polygram, Universal Music Group, Canal + TV e Universal Television Group.
- Bertelsmann (20 bilhões de dólares em lucro, 97 mil empregados), incluindo UFA Film and TV, Barnes and Noble, BMG Music Publishing, RCA Records, AOL Europe e as editoras Ballantine, Bantam, Crown, Doubleday, Dell, Fodors, Knopf e Random House.
- Viacom (10 bilhões de dólares em lucro, 9.500 empregados), incluindo Paramount, United Cinemas, CBS TV, MTV, Showtime TV, Simons & Schuster, Infinity Radio e Viacom Outdoor advertising.

Esses conglomerados fazem propaganda cruzada e implacável em seus canais de TV, filmes, revistas e livros através de toda a mídia disponível. Por exemplo, se a Warner Bros. lançar um filme de orçamento vultoso, tal como *O Cavaleiro das Trevas*, ele provavelmente ganhará as capas das revistas *Time* e *People*, receberá uma crítica favorável na CNN e será bem anunciado na AOL. Esta não é uma teoria da conspiração; é apenas o bom-senso dos negócios e o procedimento de operação padrão dos grandes grupos da mídia.

Além desses seis grandes conglomerados, há as quatro grandes sociedades controladoras de publicidade:

- Omnicon (13 bilhões de dólares, 61 mil empregados).
- WPP (12 bilhões de dólares em lucro, 100 mil empregados em 106 países, em 2007).
- Interpublic (7 bilhões de dólares, 43 mil empregados).
- Publicis (6 bilhões de dólares, 44 mil empregados).

A maior parte dos acadêmicos jamais ouviu falar dessas empresas, embora elas estejam no centro da engenharia cultural, já que estão envolvidas não somente na publicidade, mas também na concepção, marketing, compra de mídia, relações públicas e realização de lobbies. Elas concebem os memes, compram o espaço da mídia em que serão distribuídos e medem a maneira como eles estão alcançando seu propósito de promover o consumo, investimento e reconhecimento político para seus clientes. No total, aproximadamente 400 bilhões de dólares são gastos por ano no mercado global de publicidade, dinheiro este que é gasto especificamente para promover alguns memes, marcas, produtos e pessoas às custas de outros.

Consideremos outro exemplo de engenharia cultural: preferências alimentares. Todos os livros didáticos de psicologia evolucionista sugerem que os desejos descontrolados por gordura, sal e açúcar contidos no fast-food são preferências inatas que desenvolvemos. A teoria é que, como esses nutrientes eram raros e valiosos durante a pré-história, teríamos herdado um desejo insaciável por eles — atualmente contraprodutivo, na medida em que ficamos gordos e doentes. Mel era tão difícil de conseguir no Pleistocênico que, agora, não podemos evitar comer rosquinhas Krispy Kreme, de duzentas calorias cada. Essa visão evolucionista explica alguns itens universais relacionados a preferências alimentares em diversas culturas.

A teoria dos memes oferece um ponto de vista diferente: talvez consumamos carne, rosquinhas e refrigerantes porque vimos outros fazendo isso e imitamos seus hábitos alimentares. Poderíamos perfeitamente ter privilegiado tofu com picles e repolho crespo siberiano, mas a dinâmica aleatória da evolução dos memes nos levou em outra direção. Esta visão do meme explicaria algumas diferenças nas preferências alimentares de várias culturas, como o motivo pelo qual os americanos tendem a transformar todos os alimentos naturalmente saborosos em sobremesas doces, ao adotar procedimentos tais como adicionar molho de churrasco à carne, ketchup às batatas fritas, molho de mostarda e mel à salada, açúcar ao pão e melado de milho à água ("refresco").

Ao passo que esses conceitos são valiosos, seria útil que tanto os psicólogos evolucionistas quanto os teóricos dos memes reconhecessem também o poder econômico, político e de marketing da indústria global de alimentos. Nos Estados Unidos, encontramos muita gordura, sal e açúcar nos alimentos processados. Em parte, isso ocorre porque existem poderosas organizações de comércio que fazem lobby junto aos políticos (de forma muito eficiente) para obter subsídios e contratos, abrandar a regulamentação e prejudicar reformas para minimizar suas responsabilidades, entre elas o National Council of Chain Restaurants, National Grocers Association, Food Products Association, Food Marketing Institute e Grocery Manufacturers of America. A National Restaurant Association representa os 900 mil restaurantes dos Estados Unidos, que empregam 12,2 milhões de trabalhadores e lucram 476 bilhões de dólares ao ano. A National Cattlemen's Beef Association representa 800 mil fazendeiros que "colhem" cerca de 11 bilhões de quilos de carne por ano de 35 milhões de cabeças de gado. O National Chicken Council representa empresas importantes como Tyson, Gold Kist, Pilgrim's Pride e ConAgra, que vendem aproximadamente 272 milhões de quilos de frango por semana nos Estados Unidos, abatendo cerca de 8 bilhões deles por ano. O American Meat Institute, National Pork Board, National Turkey Federation, International Dairy Foods Association e National Milk Producers Federation promovem ulteriormente o consumo de gorduras e proteínas. Para promover o consumo de sal, contamos com a Snack Food Association e a National Association of Convenience Stores. Para promover o consumo de açúcar, dispomos da Sugar Association, Association for Dressings and Sauces, e a International Jelly and Preserves Association. A Corn Refiners Association é especialmente importante, já que ela representa a "indústria de moagem a úmido de milho" dos Estados Unidos, que produz aproximadamente 11 bilhões de quilos de melado de milho com elevado teor de frutose por ano. O melado de milho é o principal ingrediente dos refrigerantes (além da água), e cada americano consome uma média de 45 gramas dele por dia.

Assim, não restam dúvidas de que temos algum gosto inato por gorduras, sal e açúcar. Os lobbistas e as organizações de comércio não criam a demanda por esses gostos do nada — caso contrário, o Pickled Tofu Marketing Institute e a U.S. Kale Association teriam maiores recursos financeiros, influência e sucesso. Não obstante, os grupos industriais mais poderosos amplificam enormemente as preferências alimentares que desenvolvemos através de esquemas políticos e orçamentos de marketing maciços para os grupos de comida.

A formação de tais ideias, gostos, normas, hábitos e memes pelos sistemas de poder é exatamente o objeto de estudo das ciências sociais. Trata-se da própria força vital da ciência política, sociologia e estudos da mídia. Essas ciências perceberam, através de décadas de pesquisas, que não podem pular diretamente da psicologia individual para a cultura de massas por meio de um simples modelo de evolução do meme; isso seria tão ingênuo quanto os fanáticos do mercado pensarem que a anarquia política, somada à economia de oferta e procura, poderia alcançar a utopia. Levemos também em consideração as instituições e os interesses sociais. Milhões de pessoas são pagas justamente para perpetrar memes todos os dias — elaborar estratégias conscientes, deliberadas e institucionalizadas para formar as opiniões e preferências populares — ao trabalharem como marqueteiros, publicitários, varejistas ou especialistas em relações públicas.

Os fanáticos do mercado têm razão num aspecto: o poder do marketing é bastante descentralizado. Não existe uma conspiração unificada e nem um templo maçônico secreto para perpetuar o capitalismo, o consumismo, o patriarcado, a heterossexualidade, o racismo ou a estupidez e apatia geral das massas. A Organização Mundial do Comércio se resume a apenas 630 pessoas que trabalham num prédio comercial de cinco andares localizado no número 154 da Rue de Lausanne, em Genebra. Em sua maioria, os marqueteiros não tentam perpetuar os sistemas de poder conforme os cientistas sociais analisam; eles apenas procuram aumentar a participação de suas empresas no mercado. Frequentemente, os marqueteiros são descritos como gênios do mal, mas, na realidade, andam a esmo por aí — como todo mundo. Procuram manter-se atualizados com as últimas tendências da psicologia do consumo lendo os livros populares de negócios mais fáceis de encontrar, escritos por autores excêntricos que apresentam quantidades enormes ou bastante reduzidas de cabelos.

Assim, nenhuma das visões extremistas apresentadas pela ciência moderna funciona para compreender o marketing corretamente. A teoria das preferências inatas e a teoria dos memes negligenciam inteiramente seu poder; as teorias de conspiração das ciências sociais negligenciam a competição descentralizada e canibalesca entre marqueteiros malformados. Consequentemente, a maior parte das ciências comportamentais — psicologia, antropologia, sociologia, economia e ciência política — raramente levou o marketing a sério, o que a fez ignorar solenemente a mola principal da cultura moderna, a força central que amplifica, atenua, distorce, frustra ou realiza a natureza humana.

# 4
# Este é o seu cérebro quando você usa dinheiro

ENQUANTO O MARKETING é central para a cultura moderna, a disposição consumista é igualmente central para o marketing. Para compreender objetivamente essa disposição, temos de acumular velocidade para escapar da força de sua gravidade, a fim de virar para trás e examiná-la à distância. Isso é difícil quando o ego e a autoestima estão envolvidos em nossa identidade como consumidores. Para um melhor distanciamento do consumismo, é útil nos sentirmos constrangidos, alienados e traídos por ele. Seguindo o exemplo de um beberrão com cirrose em sua primeira reunião dos Alcoólicos Anônimos, podemos descobrir que o fato de admitir que nossas escolhas de vida têm um quê de insanidade talvez seja bom.

Dentro dessa perspectiva, que tipo de doença mental é mais parecida com o consumismo? Seria, por exemplo, a depressão, a esquizofrenia ou o transtorno de estresse pós-traumático? Acredito que a comparação relevante, aqui, é relativa ao narcisismo, tecnicamente chamado de transtorno de personalidade narcisista. De modo geral, os transtornos de personalidade são problemas vitalícios, penetrantes e profundamente enraizados de desajuste no convívio e relacionamento com o próximo. O narcisismo, especificamente, é um padrão de comportamento egoísta e centrado em si, que normalmente começa por volta do início da idade adulta e combina uma necessidade intensa de admiração dos outros com a falta de empatia pelos mesmos.

## Narcisismo e consumismo

Freud introduziu o conceito de narcisismo em 1914, tomando como base o mito grego de Narciso — um jovem bonito e atraente que rejeitou o amor da ninfa Eco e, em vez disso, apaixonou-se pelo próprio reflexo numa poça de água, acabando por definhar e tornar-se a flor que leva seu nome. Assim, o narcisismo é o amor à própria imagem somado ao desprezo pelos que realmente sentem amor pelas qualidades interiores dessa pessoa. O melhor arquétipo do narcisismo consumista é provavelmente o perfume cuja marca Paris Hilton criou, Just Me [Apenas Eu] (isto é, Não Você e Não Nós). É a essência do solipsismo.

As características-chave para diagnosticar o narcisismo (segundo a bíblia da psiquiatria, enfadonhamente denominada *Diagnostic and Statistical Manual of Mental Disorders*, quarta edição com revisão de textos) são:

- Egoísmo (tirar vantagens dos outros, falta de empatia).
- Arrogância (atitudes altivas e desdenhosas, mais raiva ao ser frustrado ou contradito).
- Excepcionalismo (crença de que se é especial e só se pode ser apreciado por outras pessoas de alto nível).
- Noção de ter direito a tudo (esperar um tratamento especial e obediência automática aos seus desejos).
- Buscar admiração (precisar de atenção, afirmação, elogios e deferência excessivos).

- Fantasiar sucesso (ambições obsessivas em torno de sucesso, poder, brilho, beleza, potência sexual ilimitada ou amor ideal).
- Grandiosidade (exagerar os próprios talentos, realizações e status).
- Mentalidade de vítima (colocar a culpa no mundo exterior pelos próprios fracassos e desilusões).
- Anedonia (incapacidade de ter prazeres simples).
- Instabilidade emocional (quando afastado do "suprimento narcisista" da bajulação dos outros, os narcisistas se sentem tristes, desesperançosos e até suicidas).

Esses sintomas centrais levam os narcisistas a se considerarem estrelas nas próprias histórias de vida, protagonistas de épicos, sendo que os outros são vistos como personagens secundários. (Nesse aspecto, eles são como os blogueiros.) Falam sobre suas vidas, carreiras e famílias como se ninguém mais estivesse envolvido. São insensíveis, por isso buscam estímulos cada vez mais intensos. Ficam irritadiços e apresentam baixa tolerância à frustração. Às vezes, se autorrecompensam com atitudes hedonistas impulsivas, como fazer uso de drogas ou álcool, comer compulsivamente, jogar, fazer compras a crédito ou sexo promíscuo. Por vezes, percebem a existência de um "hiato de grandiosidade" entre a autoestima inflada e as realizações efetivas, acarretando um sentido instável de autovalorização, bem como autoquestionamentos e depressão periódicos. Os narcisistas não tendem a buscar prazer através da interação social informal com pessoas de status semelhante ao seu, mas através da autoestimulação (ler ficção, assistir TV, tomar drogas, masturbar-se) e ostentação (exibir-se de forma ritualizada para admiradores de status inferior, como vestir roupas absurdamente impraticáveis ou organizar festas extravagantes e destrutivas). Os narcisistas ligados em tecnologia também estão propensos a realizar muito "ego surfing" (procurando seus próprios nomes no Google para ver o que aparece) e revelar abertamente detalhes pessoais em seus blogs.

Esta descrição lhe lembra alguém? Se você for um adulto na casa dos 40, ela pode se encaixar a todos os jovens adultos. Se você vive num país pobre, pode lembrar-lhe de todos os americanos. Se for mulher, pode soar como própria a todos os homens. A maioria de nós pode parecer narcisista para algumas pessoas em determinados momentos. Entretanto, estima-se que o verdadeiro transtorno de personalidade narcisista — narcisismo extremo, inexorável e explícito — só afete aproximadamente 1% da população. Não obstante, a capacidade de ser narcisista, sob determinadas circunstâncias, parece estar presente na maior parte dos seres humanos normais. O consumismo desenfreado funciona principalmente ao criar essas circunstâncias e estimular essa capacidade.

Os narcisistas raramente acreditam que alguma coisa está errada com eles e, portanto, não procuram tratamento. Quando buscam ajuda através da terapia, é normalmente porque seu cônjuge impôs um ultimato, após longos anos de sofrimento. Receitar-lhes Prozac, livros de autoajuda ou exercícios para elevar a autoestima tende apenas a aumentar sua grandiosidade, sua noção de direito e sua mentalidade de vítima. A terapia alimenta os egos deles e, frequentemente, torna-se meramente outra fonte de "suprimento narcisista" (elogio e atenção autocentrados). De maneira análoga, os consumistas que não têm consciência de si raramente acham que há algo de errado neles. Provavelmente, estão casados com outros consumistas inconscientes de si e, portanto, não dispõem da pressão do cônjuge para buscar tratamento, conselhos ou mudanças.

Ainda não sabemos quais genes, causas provenientes do ambiente e eventos durante o crescimento do cérebro podem levar ao verdadeiro narcisismo. Mas, quando os descobrirmos, é bem capaz que coincidam com os que promovem o consumismo desenfreado. Em ambos, as causas provenientes do ambiente provavelmente incluem as mensagens que estimulam inexoravelmente a autoestima, transmitidas às crianças de determinados países pelos seus pais e professores. As crianças que ouvem cinquenta vezes por dia que "se saíram maravilhosamente bem", independentemente de seus talentos e virtudes, parecem ser mais propensas a adquirir um sentimento grandioso de direito e uma queda para a autoindulgência egoísta — além da incapacidade de usar os advérbios corretamente.

## As duas faces do narcisismo consumista

Os narcisistas tendem a alternar entre a busca pública por status e a por prazeres privados. Acredito que essas duas faces do transtorno também constituam dois elementos-chave da atitude consumista. Compramos coisas por status ou por hedonismo, para ostentá-las aos outros ou para agradar a nós mesmos, para enviar falsos indicadores de aptidão aos outros ou para simulá-los para nós. Lembre-se de que esses indicadores são sinais das características e qualidades de um indivíduo (bons genes, boa saúde, bom nível de inteligência social, e assim por diante) que podem ser percebidos pelas outras pessoas — sinais como a cauda do pavão, os ninhos das aves-do-paraíso ou o iPod do consumidor. De maneira geral, os animais não têm consciência de que, ao exibir indicadores de aptidão, atrairão parceiros sexuais, amigos e ajuda de parentes; eles simplesmente sentem o ímpeto de se exibir sob determinadas condições e colhem os benefícios evolucionários consequentes.

Os indícios de aptidão, em contrapartida, são características do ambiente de um indivíduo que conferem informações úteis sobre as oportunidades locais — formas de aumentar as chances de sobrevivência ou o sucesso reprodutivo da pessoa. A escuridão é um indício de perigo (redução das chances de sobrevivência) e, assim, ela induz ao medo e à procura por um abrigo. Para os predadores, o cheiro da presa é uma pista para o alimento (aumento das chances de sobrevivência) e, portanto, ela motiva a perseguição, o ataque e a ingestão. Para os machos, os indícios que identificam as fêmeas férteis de sua própria espécie contêm informações sobre as oportunidades de acasalamento (aumento do sucesso reprodutivo), logo, motivam a perseguição, o galanteio e a cópula. Os sistemas perceptivos desenvolveram-se de forma a prestar o máximo de atenção nesses indicadores de aptidão, pois, em termos evolucionários, são as únicas coisas importantes para notar em seu próprio ambiente. (A seleção natural não pode favorecer animais que respondem a indícios nos quais não há oportunidade para promover a sobrevivência ou reprodução.) Ademais, os animais desenvolvem sistemas de motivação para se cercarem dos indícios positivos que promovam a aptidão (que evoluíram no sentido de "estar bem"), e para evitar indicadores negativos que a ameacem (e que evoluíram no sentido de "sentir-se mal"). No nível evolucionário, os animais estão sempre submetidos à lei da seleção, que é sobreviver e reproduzir-se. Contudo, num nível subjetivo, estão sempre motivados para perseguir os indícios de aptidão que os fazem sentir-se bem — não porque percebam conscientemente que os prazeres naturais estão associados ao sucesso evolucionário, mas porque foram formados para agir como se compreendessem essa associação de maneira inconsciente.

Assim, existe um paralelo entre animais não humanos que exibem indicadores de aptidão e vão atrás destes, e humanos que buscam status e prazer, independentemente do seu narcisismo ou consumismo. Isso não significa que todos os consumistas devam ser clinicamente diagnosticados como narcisistas, mas, antes, que todos os cérebros humanos possuem um interesse profundo e permanente em duas grandes categorias de objetivos evolucionários: exibir indicadores de aptidão associados na pré-história a um status social e sexual mais elevado, e ir atrás de indícios de aptidão associados nessa mesma era a perspectivas mais elevadas de sobrevivência, bem como do ponto de vista social, sexual e parental. Esses dois ramos da natureza humana universal crescem espontaneamente e tornam-se malignos em somente 1% da população, que vem a ser os verdadeiros narcisistas. Esses dois ramos também são regados, adubados e acalentados pelo capitalismo de consumo. Assim, o narcisismo e o consumismo são maneiras convergentes com que os impulsos de exibir indicadores de aptidão e persegui-los podem governar nossas vidas — frequentemente, resultando na exclusão de empatia, intimidade, amizade, ligações de parentesco, responsabilidade com os próximos e espírito comunitário.

## As duas faces do iPod

Quase todas as propagandas apelam para a busca por status ou a busca pelo prazer, ou ambas. Um excelente exemplo disso é o iPod Classic de sexta geração, lançado em 2007. É uma "central de mídia portátil" que cabe na palma da mão; seu tamanho é de 10x6cm, com aproximadamente 1,30cm de espessura, e peso de, aproximadamente, 185g. Contudo, seu corpo de alumínio tem a capacidade de armazenar 160GB, o que significa 40 mil músicas, 25 mil fotos ou 200 horas de vídeo. A tela de 2,5 polegadas, a cores e com uma resolução de 640 x 480 pixels é compatível com filmes MPEG-4, shows de TV e jogos. Ele pode tocar música, podcast ou audiobooks durante cerca de 40 horas com uma única carga de sua bateria de íon-lítio. Encontra-se disponível no varejo por mais ou menos 350 dólares. Contudo, se você fosse realmente encher completamente o seu hard drive com músicas baixadas a 99 centavos de dólar do iTunes, o custo total do iPod ficaria em 40 mil dólares.

O iPod não é um exemplo típico de "consumo supérfluo" nos termos da expressão de Thorstein Veblen, já que se trata de um pequeno dispositivo acessível que vende aos milhões. Porém, serve para demonstrar que os dois aspectos do narcisismo consumista atuam frequentemente até em produtos que não são ostentosos ou exclusivos. Em primeiro lugar, os iPods demonstram refinamento, status e riqueza através do seu design requintado, do reconhecimento de sua marca e custo moderadamente elevado (em relação a uma mesada típica de um adolescente). É possível customizar seu aspecto baixando novos papéis de parede para as telas, cobrindo a interface clickwheel com "wheel art" e cobrindo todo o envoltório com "wraps", "bands" ou "skins" de qualquer cor ou textura de silicone, e também com estojos de couro. Os fones de ouvido característicos do iPod podem ser trocados pelos mais exóticos Earpollution D33 Earbuds (que apresentam o símbolo de radiação, a 13 dólares), SkullCandy Full Metal Jackets (que apresentam um crânio, 50 dólares), ou pelos Heyerdahl iDiamond Ears (em que cada fone é recoberto por 204 diamantes, a 6.400 dólares).

Simultaneamente, os iPods incorporam o aspecto de autoestimulação do narcisismo. Tocam músicas que ninguém mais pode ouvir ou vídeos que ninguém mais pode ver. São sistemas que fornecem prazer, paisagens midiáticas particulares. Encorajam uma visão de mundo narcisista, em que os usuários de iPods são os astros de seu próprio épico de ação/romance, com a própria trilha sonora subjetiva para afogar as vozes irritantes dos personagens secundários que se encontram ao seu redor. (O fato de que essas personagens menores tenham que aturar os baques surdos do baixo que vazam pelos Earpollution Earbuds não figura entre as preocupações típicas deles.)

A tabela a seguir explora os dois principais aspectos do narcisismo consumista de forma mais detalhada.

## AS DUAS FACES DO NARCISISMO CONSUMISTA

| | Exibicionismo | Autoestimulação |
|---|---|---|
| *Funções básicas* | exibir características | obtenção de prazer |
| *Público-alvo* | outros | si mesmo |
| *Objetivos de vida* | sucesso, fama, riqueza | felicidade, diversão, realização |
| *Sintomas narcisistas* | grandiosidade, busca de admiração, fantasias obsessivas relativas ao status, arrogância, ambição, falta de humildade | solipsismo, busca de prazer, autoestimulação obsessiva, perfeccionismo, irritabilidade, falta de empatia |
| *Pecados capitais associados* | soberba, avareza, inveja | luxúria, gula, preguiça, ira |
| *Atividade típica* | trabalho, socialização | lazer, sonhos |
| *Comida típica* | kobe beef, foie gras | vindaloo de cordeiro, kulfi de manga |
| *Bebida típica* | vinho de Borgonha raro, Red Bull | chocolate quente, margarita |
| *Roupas típicas* | terno executivo | lingerie |
| *Características típica da casa* | hall de entrada, sala de jantar | sala de mídia, suíte |
| *Software típico* | web page pessoal | jogo de computador |
| *Formação superior típica* | finanças, biologia pré-médica | literatura, psicologia |
| *Leituras típicas* | não ficção citável | ficção escapista |
| *Gênero de filme típico* | estrangeiro, clássico | ação, pornografia |
| *Características de iPod* | design requintado, marca da apple | tamanho do hard drive, qualidade do som e da tela, duração da bateria, leveza, cover customizado |

## Exibicionismo

Este livro concentra-se nas formas de exibicionismo do narcisismo consumista apresentadas na coluna da esquerda. (O livro *The Evolutionary Bases of Consumption*, lançado por Gad Saad em 2007, lidava mais com a coluna da direita.) Conforme veremos, uma proporção surpreendentemente elevada de produtos é criada e anunciada para ser exibida como projeções narcisísticas: amplificadores de características, indicadores de aptidão, sinais de saúde, riqueza ou virtude. Esse fato é bem compreendido por todos os observadores inteligentes do capitalismo desde Adam Smith, inclusive por Thorstein Veblen, Vance Packard e Robert H. Frank.

Não obstante, nós optamos rotineiramente por considerar o narcisismo consumista como algo que outras pessoas faziam no passado histórico ou que indivíduos de outras culturas e subculturas fazem. Raramente temos uma visão clara de nossas próprias formas de narcisismo consumista, sobretudo no que diz respeito aos cidadãos educados das economias desenvolvidas — tais como a maior parte dos leitores deste livro. Podemos sentir desprezo pelas formas de consumo supérfluo que julgamos grosseiras, extravagantes e surreais: botox, Hummers e as mansões de mau gosto dos novos ricos esteticamente perdidos. Ao mesmo tempo, classificamos nossas próprias variedades menos claras de narcisismo consumista como naturais, respeitáveis, e formas iluminadas de autêntica expressão, realizações merecidas e virtudes cívicas. Podemos pendurar um diploma de Hampshire College (sinal de abertura contracultural liberal que custou 171.540 dólares para um curso de quatro anos, mais alojamento e alimentação) num humilde bangalô de 90 metros quadrados em Santa Monica (que custou 800 mil dólares), nos autointitularmos como roteiristas de cinema e nos sentirmos moralmente superiores a esses caras formados em direito no Estado de Iowa e que trabalham para Monsanto para que possam comprar supermansões bregas de 500 metros quadrados em Des Moines.

Não estou dizendo que o proprietário do bangalô formado em Hampshire seja hipócrita — hoje em dia, somos todos hipócritas de um jeito ou de outro — mas, ao contrário, quero dizer que não podemos rastrear nossas formas de narcisismo consumista, que mudam constantemente, se não compreendermos claramente como os antigos instintos humanos interagem com a economia moderna e como as pessoas exibem antigas características psicológicas por meio dos novos produtos badalados do momento.

## A recompensa narcisista para os produtos de elevada densidade de custo

Se realizarmos um pequeno exercício de comparação de preços, poderemos apreciar melhor as duas faces ostentadoras de aptidão do narcisismo consumista. Vamos considerar o consumismo com seu valor real: uma forma de materialismo, uma maneira de comprar matéria-prima que foi transformada e moldada para uso humano. Como podemos comparar preços e densidades de valor de produtos tão diferentes, cujo leque se estende desde maçãs a sutiãs, passando por carros e cocaína? É possível medi-los usando duas escalas fundamentais: o custo no varejo e a quantidade de matéria que eles contêm. Aplicando a economia à física, podemos perguntar quantos dólares custa uma variedade de diferentes produtos por quilo, e verificar se surge qualquer padrão notável. A tabela abaixo fornece estimativas para uma série de produtos.

| Produto | Preço no varejo em dólar por 500g (em 2008) |
|---|---|
| Ar | Grátis |
| Água de torneira (Albuquerque) | 0,0000633 |
| Arroz | 0,29 |
| Açúcar | 0,34 |
| Gasolina (normal e sem chumbo) | 0,7 |
| Lata de refrigerante | 0,8 |
| Maçãs | 1,6 |
| Casa (típica de subúrbio) | 2 |
| Televisor (Sony HDTV) | 6 |
| Carro (Toyota Camry LE) | 7 |
| Equipamento de ginástica (elíptico) | 7,5 |
| Vinho (Shiraz decente) | 9 |
| Cachorro de estimação (border collie) | 10 |
| Cadeira (Levenger) | 11,7 |
| Café (grãos do Starbucks) | 12 |
| Carne (parte posterior da alcatra) | 12 |
| Livro (capa dura) | 12,5 |
| Bicicleta (Fuji) | 17 |
| Carro de luxo (Lexus LS 660) | 20 |
| Calças jeans (Levi's) | 22 |
| Motoserra (Husqvarna) | 37 |
| Sangue humano | 45 |
| Faca militar (Ka-Bar) | 103 |
| Relógio (Timex) | 167 |
| Laptop (Dell) | 204 |
| Lingote de prata | 225 |

| Produto | Preço no varejo em dólar por 500g (em 2008) |
|---|---|
| Telescópio (TEC) | 238 |
| Sutiã (Victoria's Secret) | 240 |
| Pistola (Glock) | 440 |
| Avião particular (Learjet) | 460 |
| CD de música | 480 |
| Perfume (Samsara) | 930 |
| iPod Classic (sem músicas) | 980 |
| Falso diploma da Universidade de Columbia | 1.090 |
| Telefone celular (Motorola) | 1.390 |
| DVD pornográfico | 1.510 |
| Implante de seios | 1.930 |
| Batom (MAC) | 2.600 |
| Maconha | 4.900 |
| Notas de 20 dólares (dinheiro) | 9.100 |
| Relógio de luxo (Rolex) | 10.100 |
| Diamantes falsos (zircônia) | 13.600 |
| Lingote de ouro | 14.000 |
| Rim humano (mercado negro) | 16.200 |
| Cocaína | 36.200 |
| Sêmen humano (de doador) | 52.900 |
| Viagra | 53.000 |
| Prozac | 63.000 |
| Heroína | 68.000 |
| Ecstasy | 75.600 |
| iPod Classic (cheio de músicas) | 106.700 |
| Injeção de Botox | 141.600 |

| Produto | Preço no varejo em dólar por 500g (em 2008) |
|---|---|
| Diploma verdadeiro da Universidade de Columbia | 1,25 milhões |
| Diamantes verdadeiros | 15 milhões |
| Quadro de Van Gogh | 28 milhões |
| LSD (líquido puro) | 30 milhões |
| Óvulo humano (de doadora) | 4,5 trilhões |

Essa tabela revela algumas verdades surpreendentes. Em primeiro lugar, há uma gama bastante ampla de densidades de custo — um óvulo humano implantado custa aproximadamente 144 quatrilhões de vezes mais por quilo do que água de torneira, embora ele seja constituído principalmente de água e alguns cromossomos, membranas e organelas. O óvulo implantado representa aptidão evolucionária legítima — a própria reprodução bem-sucedida —, o padrão mais elevado nos valores humanos. Ele carrega o bem que os homens mais desejam: genes de alta qualidade, provenientes de uma mulher bonita e inteligente. Há pouca oferta e muita demanda para isso, daí o preço elevado. Do ponto de vista masculino, essas pressões de mercado se aplicam de forma igual, independentemente de o óvulo ser obtido através de uma doadora e pago em cheque, ou de uma esposa que deva ser cortejada, exibindo com afabilidade, inteligência e riqueza. Por exemplo, as primeiras três ex-mulheres do bilionário Ron Perelman custaram vários milhões de dólares por filho produzido, apenas em acordos de divórcio, sem contar o galanteio e os custos de manutenção: Faith Golding (casada por 18 anos, quatro filhos, acordo estimado em 8 milhões de dólares), Claudia Cohen (casada por nove anos, um filho, aproximadamente 80 milhões de dólares), Patrícia Duff (casada por 18 meses, um filho, cerca de 30 milhões de dólares). Porém, é mais difícil quantificar o quanto aturar Perelman e seus descendentes tenha custado para essas mulheres.

Outra revelação chocante da tabela é quão pouco custam as exigências básicas para a sobrevivência. Conforme Adam Smith observou, os dois produtos absolutamente necessários para a sobrevivência humana de curto prazo — ar e água — são, virtualmente, gratuitos. Sem eles, morreríamos em três minutos ou seis dias, respectivamente. O terceiro bem de consumo necessário para viver algumas semanas — comida vegetariana básica (cereais, grãos, frutas, legumes) — é também muito barato, menos de 4 dólares o quilo. Do ponto de vista da sobrevivência, então, tudo além do ar, da água e da comida pode ser considerado produto de luxo. Evidentemente, evolução significa muito mais do que a mera sobrevivência dos mais aptos, motivo pelo qual há produtos com densidade de custo superior.

Os confortos básicos da vida moderna — moradia, transporte, vestuário, diversão básica — são os segundos bens mais baratos, custando cerca de alguns dólares por quilo, como a casa suburbana, o Toyota Camry, as calças jeans Levi's ou o televisor Sony de alta definição. Se você for um carnívoro que se alimenta de carne de boi (24 dólares por quilo) ou um vampiro que bebe sangue humano (90 dólares por quilo), terá de pagar um pouco mais pelo próprio alimento. Até a boa forma (no sentido de resistência aeróbica) custa apenas 15 dólares por quilo, por um Vision Fitness X6100 Elliptical Trainer, como o que uso.

Alcançamos o patamar mágico do narcisismo consumista quando a densidade de custo excede a de um lingote de prata (450 dólares por quilo). Aqui encontramos os primeiros produtos projetados principalmente para ostentar ou para simular aptidão. Podemos exagerar nossa beleza física (sutiã Victoria's Secret, implante nos seios, perfume Guerlain, batom MAC), inteligência (telescópio

TEC, CDs de música alternativa), agressividade (pistola Glock) ou status social (falso diploma da Universidade de Columbia, telefone celular, Learjet).

Quando a densidade de custo se aproxima da do lingote de ouro (28 dólares por quilo), deparamo-nos com um narcisismo ainda mais refinado: símbolos de status de luxo (relógios Rolex, iPods cheios de músicas do iTunes, diamantes, diplomas verdadeiros da Universidade de Columbia, quadros de Van Gogh), drogas de luxo para melhorar o aspecto e o desempenho (Viagra, Prozac, Botox) e drogas de luxo para o prazer (cocaína, heroína, Ecstasy, LSD). Curiosamente, as drogas-padrão prescritas para a aparência apresentam aproximadamente a mesma densidade de custo que as drogas ilegais para o prazer. O que essas três classes de produtos têm em comum? Sua natureza é fundamentalmente psicológica, não material. Todas elas têm um efeito bastante direto no cérebro do proprietário, ou no cérebro dos observadores. Elas entretêm nossas mentes ou impressionam as dos demais. Alcançam diretamente o sistema nervoso central, se apossam da atenção, dão um tranco nas emoções e nos fazem exclamar: "Maneiro, radical, super!" São poucos produtos da categoria de elevada densidade de custo que estão diretamente relacionados à sobrevivência (transplantes de rins) ou à reprodução (esperma, óvulo). Mesmo nas alturas termosféricas de custos, muito acima da estratosfera do ouro puro, parecemos estar dispostos a pagar a mesma quantidade por quilo por falsa aptidão do que pela verdadeira. (Um indicador de aptidão falso exibe para os outros informações inexatas acerca de nossas características biológicas subjacentes, ao passo que um indício de aptidão falso transmite uma informação inexata para nós mesmos sobre os nossos prováveis benefícios de sobrevivência ou reprodutivos.)

Notemos que, no que tange a muitos símbolos luxuosos de status, existem versões falsas muito mais baratas. Diamantes verdadeiros apresentam uma densidade de custo 1.100 vezes mais elevada que diamantes falsificados de alta qualidade (zircônia cúbica, CZ). Diplomas universitários verdadeiros têm uma densidade de custo 1.150 vezes maior que os falsos. Por um lado, os itens falsos parecem impossivelmente baratos e espalhafatosos, porém, por outro, temos a impressão que os bens "verdadeiros" são absurdamente inflados. Pode-se argumentar que o comprador de diamantes está pagando ao cartel de De Beers um valor mil vezes mais elevado para uma pedra praticamente indistinguível, quando comparado ao comprador de CZ. De modo análogo, o automóvel de luxo Lexus LS 660h L apresenta uma densidade de custo três vezes maior que o Toyota Camry — o que pode implicar que o automóvel Camry, confiável e quase de luxo, tem um terço do valor do Lexus, também fabricado pela Toyota Motor Corporation.

Evidentemente, a densidade de custo não é a única maneira possível de distinguir entre luxo e necessidade, ou comparar as funções de diferentes produtos. Poderíamos tê-lo feito em termos de custo por unidade de tempo (hora de curtição), ter levado em consideração não apenas produtos (tal como o custo de um laptop Dell dividido pelas horas de uso estimadas antes que ele se torne obsoleto), como também por serviços (custos por hora de serviço de babá, psicoterapia, prostituição, palestras em universidades ou parques de diversão). Também poderíamos ter comparado a proporção do preço final de varejo (como o de um automóvel Lexus) ao custo das matérias-primas investidas nele (tais como aço, vidro, borracha, couro). De qualquer maneira, encontraríamos praticamente o mesmo padrão: os itens básicos de sobrevivência são baratos, enquanto os produtos de autoestimulação narcisística e ostentação social são dispendiosos. Viver não custa caro, mas exibir-se, sim.

O peso, entretanto, passa uma ideia especialmente errada quanto a produtos de informação, tais como os CDs de música e os DVDs pornográficos, cujos conteúdos poderiam ser baixados digitalmente como padrões extremamente leves de elétrons. A maior parte desses produtos de informação também pertence claramente aos casos de autoestimulação ou ostentação social, já que não podem ter quaisquer efeitos no mundo real a não ser através dos sentidos do próprio indivíduo ou de outrem. É por essas razões que esses produtos são propensos a terem custos extravagantes que não podem ser atribuídos a sua utilidade material.

Finalmente, muitas coisas importantes notabilizam-se pela sua ausência na tabela de custo-densidade. Mesmo no século XXI, ainda não podemos comprar amor verdadeiro, respeito ou realização. Na falta deles, não podemos comprar pais sensatos, irmãos bem-sucedidos ou filhos ajuizados. Não podemos sequer comprar reposições decentes para adaptações biológicas que funcionam mal — olhos, cérebros, mãos ou úteros artificiais. Os órgãos de nossos corpos são os itens de maior valor que podemos realmente chamar de "nossos". Eles não têm preço, mas não lhes atribuímos nenhum valor até que os percamos num acidente ou com a idade. Se você estivesse ficando cego por causa de degeneração macular, quanto pagaria para ter mais dez anos de visão? Se estivesse sufocando com um enfisema, quanto pagaria para respirar outras cem vezes tranquilamente? Se fosse estéril e quisesse ter filhos, quando pagaria para conseguir obter esperma ou óvulos próprios — e não apenas o DNA de um doador desconhecido?

Nossa herança proveniente da adaptação é literalmente preciosa. Mesmo os pais mais pobres doam grandes riquezas aos filhos, sob a forma de sentidos, emoções e faculdades mentais, otimizadas durante milhões de anos de desenvolvimento de produto. Eles são confiáveis, eficientes, complexos, crescem por si mesmos e se autorregeneram de tal maneira que nenhuma tecnologia consegue sequer elaborar algo que possa se equiparar a eles, mesmo remotamente. O genoma humano é a caixa forte ancestral, repleta de riquezas, a conta corrente secreta na Suíça. Para o capitalismo de consumo, é muito importante fazer com que esqueçamos disso e assumamos como corriqueiros os dons que devemos à própria vida. Para além das verdadeiras necessidades e luxos — a adaptação biológica — só obtemos um reduzido valor agregado dos produtos comercializados no mercado.

Finalmente, a diferença fundamental na nossa existência não está entre ser rico ou pobre, porém entre estar vivo ou morto, respirar ou não. Esse é o motivo pelo qual as pessoas se concentram na respiração quando meditam: recordar que a inspiração e a expiração superam amplamente o palácio de Aladim em matéria de dons pelos quais todos devemos ser gratos. Esta é uma verdade literal, que transcende o besteirol sentimental New Age: se você transferir o palácio para a lua, onde não há ar, você não poderá aproveitar por muito tempo suas paredes de ágata e janelas de rubis. Um dos meus objetivos é precisamente revelar como a natureza humana evoluída se encaixa na nossa economia de mercado, para que possamos atribuir valores verdadeiros às adaptações orgânicas quando comparados aos dos produtos artificiais. Os tolos brindam às riquezas uns dos outros; os sábios, brindam à saúde.

## O que o *The Sims 2* não entendeu sobre o narcisismo consumista

O comportamento consumista é tão fundamental à existência moderna que os atuais jogos de simulação da vida real são, na verdade, simuladores de consumo. Já não jogamos mais o *Jogo da Vida*, criado por Milton Bradley em 1960, em que as pessoas-pinos se locomoviam em pequenos carros de plástico, parando nos espaços "Conseguir emprego" e "Casar", e tentavam alcançar o fim da jornada (aposentadoria) com a maior quantidade de dinheiro possível. Em vez disso, jogamos *The Sims*, lançado em 2000 pela Electronic Arts, tornando-se o jogo de computador mais popular da história, vendendo 6 milhões de cópias até hoje. A sequência, *The Sims 2*, foi lançada em 2004 e vendeu mais de um milhão de cópias nos primeiros dez dias, a um custo de 50 dólares cada.

Em *The Sims 2*, o jogador controla o comportamento de seres humanos simulados (Sims) que vivem juntos em casas representadas na tela com detalhes impressionantes. Os Sims podem ser iniciados do zero, com uma ampla variedade de personalidades, aparências físicas e estilos de roupas. Os Sims podem conseguir trabalhos simulados (tais como médico, ator, ladrão ou policial) e ganhar dinheiro simulado, usando-o para comprar móveis, utensílios, equipamentos eletrônicos, itens de decoração e outros objetos para aperfeiçoar suas habilidades (livros, tabuleiros de xadrez ou equipamentos de ginástica). Os Sims podem ser guiados por movimentos do mouse para realizar tarefas mundanas (como cozinhar, comer, dormir, tomar banho ou ir trabalhar) e táticas sociais mais arriscadas (como fazer cócegas nos vizinhos, esbofetear inimigos, apalpar coabitantes da casa ou saudar extraterrestres). O jogo é bastante aberto, sem objetivos predeterminados, e não é preciso galgar vários níveis ou acumular pontos. Contudo, existem alguns critérios de sucesso implícitos: a maioria dos jogadores se esforça para tornar seus Sims felizes, ricos, bem empregados e bem relacionados, e faz de tudo para evitar que eles morram de fome, se afoguem, se machuquem ou se eletrocutem. Tecnicamente, *The Sims 2* é muito sofisticado — uma simulação de vida artificial totalmente em 3D que requer mais espaço em disco (3,5 gigabytes) do que o contido em qualquer PC em 1995.

Hoje em dia, os lucros dos jogos de computador superam os dos filmes de Hollywood, e a franquia *The Sims* é responsável por uma parte substancial deste lucro. O jogo *The Sims* constitui um fenômeno cultural importante. É o primeiro simulador a romper a barreira do gênero e agradar ao público feminino. Também apresenta enorme repercussão em vários grupos etários (abrangem de pré-adolescentes a aposentados) e em diversas culturas (sendo especialmente popular na América do Norte, Europa e Ásia Oriental). Os jogos base (*The Sims*, *The Sims 2*) resultaram na criação de spin-offs ("pacotes de expansão") mais bem-sucedidos que qualquer outro jogo de computador — spin-offs que permitem, por exemplo, encontros românticos (*The Sims: Encontro Marcado*, 2001), animais de estimação (*The Sims: O Bicho vai Pegar*, 2002), férias (*The Sims: Em Férias*, 2002), interação on-line com múltiplos jogadores (*The Sims Online*, 2002), status de celebridade (*The Sims: Superstar*, 2003), a vida em alojamentos universitários (*The Sims 2: Vida de Universitário*, 2005), paqueras em bares e boates (*The Sims 2: Vida Noturna*, 2005), administrar pequenos negócios (*The Sims 2: Aberto para Negócios*, 2006) e curtir produtos sazonais (*The Sims 2: Quatro Estações*, 2007).

Esses jogos são também poderosas ferramentas de educação, através das quais os jovens podem apreender modelos mentais de vida adulta que o ensino formal nunca oferece. Para ser bem-sucedido nesses jogos, deve-se aprender como fazer e manter amizades, como sustentar a paz doméstica entre os habitantes da casa, pagar contas em dia, distribuir o tempo de forma eficiente, conseguir promoções no trabalho através de habilidades e relações sociais e realizar reformas e melhorias no domicílio. Até aí, tudo bem — fico feliz de ver minha filha jogar *The Sims 2* e aprender como navegar pelos desafios da vida contemporânea.

Não obstante, a maneira como a natureza humana é retratada nesses jogos é preocupante. Em vez de um único objetivo de felicidade global, os Sims possuem oito necessidades específicas a serem supridas comprando e usando produtos de consumo. Cinco delas são exigências de sobrevivência razoáveis para primatas sociais: fome (satisfeita ingerindo comida), energia (satisfeita dormindo), fisiologia (satisfeita indo ao banheiro), higiene (satisfeita tomando banho) e social (satisfeita conversando pessoalmente ou pelo telefone). Três, contudo, são um pouco mais nebulosas: conforto (satisfeita relaxando, cochilando, dormindo), diversão (satisfeita socializando, brincando ou usando jogos eletrônicos) e ambiente (satisfeita decorando a casa com produtos de luxo e arte). Toda a base lógica para estudar, trabalhar e comprar, no jogo *The Sims 2*, é satisfazer essas necessidades de forma mais eficiente e em menos tempo. Uma cama de preço elevado recupera as energias mais rapidamente durante o sono do que sua contraparte barata; uma poltrona reclinável mais cara confere conforto mais rapidamente; um chuveiro mais caro realiza a higiene mais rapidamente. Na medida em que o tempo é o recurso estratégico crucial para os Sims, o aperfeiçoamento dos produtos está sempre relacionado à economia dos minutos, e não à promoção da aptidão.

Estranhamente, *The Sims 2* não simula status social, prestígio ou atração sexual, e nem permite que a aquisição de produtos influencie essas qualidades. Comprar uma cama, uma poltrona reclinável ou um chuveiro mais imponente não vai atrair mais amigos ou parceiros sexuais. Assim, o aspecto de exibição social do narcisismo está completamente ausente do jogo. O aspecto subjetivo de prazer do narcisismo, entretanto, está oculto por trás destas necessidades nebulosas: conforto, diversão e ambiente. Móveis de luxo suprem níveis de conforto mais rapidamente; TVs, equipamentos de som e computadores de luxo garantem diversão mais rapidamente; quadros, esculturas, luminárias e decoração de luxo fornecem níveis melhores de ambiente mais rapidamente. Ao apresentar essas três formas de narcisismo autoestimulador como necessidades humanas básicas no mesmo nível que fome e higiene, *The Sims 2* retrata o consumismo desenfreado como um comportamento humano natural. A exemplo da hierarquia de necessidades de Maslow, os instintos para a ostentação social estão escondidos por trás de vagos impulsos de ambição.

Assim, os jogos de computador mais populares da história ensinam que o carreirismo burguês e o consumo ilimitado são os pilares gêmeos de uma vida feliz e realizada. Os Sims estudam, trabalham e compram, mas não votam, protestam ou formam sindicatos, não fazem trabalho voluntário nem caridade, nem vão à igreja. São economicamente poderosos, porém politicamente neutros. Marx consideraria *The Sims 2* como a forma mais avançada de superestrutura cultural já desenvolvida — 3,5 gigabytes de propaganda interativa, de alta resolução e autoinfligida para defender a ideologia capitalista e a apatia política. Não há necessidade de nenhuma tropa de choque fascista apontando armas para as crianças das escolas públicas para obrigá-las a jogar; elas fazem voluntariamente, acreditando tratar-se de uma fuga da doutrinação educacional que chamam de dever de casa.

Jogos simulando a vida de forma psicologicamente mais realista incluiriam as duas faces do narcisismo consumista. Sims carreiristas e gananciosos sairiam em busca da autoestimulação através de produtos dispendiosos que prometessem conforto, diversão e estética ambiental, mas que nem sempre cumprissem suas promessas. Eles iriam atrás de indicadores de status que prometessem alardear para os outros Sims a sua inteligência, afabilidade e popularidade de forma mais eficaz do que qualquer forma comum de interação social. Por outro lado, também existiriam Sims anticonsumistas, que sobreviveriam, socializariam, arrumariam parceiros sexuais e se reproduziriam em pequenas casas com utilidades básicas, com mínimo de trabalho e muito lazer. Eles poderiam usufruir da vida sem comprar muitas coisas, além de, ocasionalmente, a revista *Adbusters* ou um livro de Noam Chomsky. Esses Sims poderiam construir suas próprias casas e fabricar seus móveis. Em vez de comprar tudo ao preço de varejo sugerido pelo fabricante, poderiam comprar coisas em liquidação, já usadas ou provenientes de lojas populares. Em vez de comprar um equipamento caseiro de ginástica ou uma piscina para se exercitarem, eles poderiam correr por aí brincando de pique ou fazer um sexo divertido, de graça. Em vez de buscar transcender diante de HDTVs de telas grandes, poderiam meditar, rezar ou se drogar. Poderiam subverter o estilo de vida suburbano ao morarem em condomínios com creches comunais. Eles poderiam até votar a favor de um zoneamento de densidade mais elevada e uso misto que combinasse as funções residenciais, comerciais e de lazer, formando uma comunidade utópica de tipo New Urbanism. Infelizmente, essas opções radicais, porém sensatas, ainda não apareceram na visão de vida bem-sucedida do jogo.

Não estou dizendo que a Electronic Arts faça parte de uma conspiração global de doutrinação consumista. É apenas uma empresa de médio porte que teve um lucro de 3 bilhões de dólares em 2006, que emprega 7.200 criadores de jogos e pessoal de apoio, todos orgulhosos de projetar games fabulosos e avançados. Não obstante, esses empregados são, em sua maioria, homens brancos, americanos e de classe média, engenheiros de softwares que vivem em plácidos subúrbios perto de Redwood City, na Califórnia, e que estão mais interessados em receber as participações oferecidas aos funcionários nas ações da empresa e na megaloja Best Buy do que no Dia Não Compre Nada. Eles tendem a canalizar seus próprios valores de obsessão pelo trabalho e compras, à moda do Vale do Silício, nas necessidades e aspirações dos seus Sims, o que não causa surpresa. E, quando jogamos esses jogos, tendemos a interiorizar esses mesmos valores para que nossos Sims possam prosperar.

# 5
# A ilusão consumista fundamental

ENTÃO, O QUE realmente tentamos ostentar com nossos produtos? Superficialmente, o narcisismo consumista permite que as pessoas exibam riqueza, status e gosto. Contudo, essas expressões são muito vagas. "Riqueza" não engloba somente ativos e renda, mas também o poder de obter empréstimos para adquirir casa, automóvel e empréstimos empresariais. Isso depende de um pequeno número de três dígitos chamado "perfil de crédito", que reflete o histórico de um indivíduo como tomador de empréstimos dissoluto, que paga os mesmos com escrúpulos suficientes para ser confiável, mas com considerável demora para garantir lucros aos credores. As principais companhias de crédito americanas (Equifax, Experian, TransUnion) também consideram fatores pessoais como o histórico de emprego, estabilidade residencial e a proporção entre a dívida e a renda. Assim, a riqueza enquanto capacidade de obter empréstimos depende amplamente dos traços mentais de conscienciosidade elevada (o que prognostica emprego lucrativo, menos pagamentos atrasados e riscos mais reduzidos de falência) e inteligência elevada (o que se traduz em educação, renda e conhecimento suficiente sobre o sistema de crédito para possuir um bom número de cartões de crédito).

Ademais, nem toda riqueza é considerada como moralmente igual. Efetuamos uma discriminação certeira entre aquela adquirida "legitimamente" através dos ideais meritocráticos e pró-sociais de árduo trabalho individual que beneficia terceiros, e a adquirida através de herança, casamento, sorte, jogo ou crime. A riqueza assume certa conotação quando é ostentada por um fazendeiro de produtos orgânicos ou um neurocirurgião, e outra quando é exibida por um comerciante de armas, uma supermodelo, um ganhador da loteria, um executivo da Enron, um chefe de guerrilha afegão, um líder religioso, um garimpeiro ou um garoto de programa. Atribuímos valores distintos à personalidade, inteligência e aos traços morais de pessoas ricas tomando como base a fonte de sua riqueza, porém a pura exibição de elevados ganhos monetários geralmente não traz informação alguma sobre essas particularidades. Para superar essa ambiguidade relativa a todas as características subjacentes à riqueza, muitos bens de luxo são "marcados" para assinalar aspectos mais específicos da identidade do proprietário (isto é, traços da personalidade). Por aproximadamente 50 mil dólares, é possível comprar qualquer um entre estes novos sedãs: um novo BMW M3, um Cadillac CTS-V, um Jaguar S-type, um Lexus GS 460 ou um Lincoln Town Car. Esses cinco modelos foram projetados (e suas marcas, anunciadas) para transmitir impressões muito diferentes quanto às características dos donos e suas prováveis fontes de riqueza, as quais não me envergonho de estereotipar:

- BMW M3: homem divorciado de 40 anos, assistente de promotor de justiça, que necessita de pouco espaço no banco traseiro para a visita dos filhos nos fins de semana e de um intimidador poder de aceleração para encontros com advogadas criminalistas de pernas compridas.
- Cadillac CTS-V: astro de rap solteiro, de 19 anos, recentemente contratado pela gravadora Interscope Records, e que logo perderá a carteira de motorista por dirigir sob efeito de drogas.

- Jaguar S-type: mulher separada de 50 anos, corretora imobiliária e ex-dançarina erótica; orgulhosa por não ter usado OxyContin durante as últimas seis semanas.
- Lexus GS 460: lésbica de 35 anos, professora de estudos culturais, recentemente contratada para escrever um livro sobre a história das embalagens de camisinhas, mora com uma instrutora de krav-magá (que, por sua vez, tem um Subaru Outback).
- Lincoln Town Car: casal de 75 anos de idade que administrava uma revendedora de tratores John Deere em Plano, Texas, sendo modestamente bem-sucedido; ambos têm orgulho de sua nacionalidade americana.

Não obstante, toda marcação desse tipo requer um esforço de publicidade adicional para criar associações simbólicas entre a marca e as características e aspirações que ela incorpora, inclusive a fonte específica e a forma de riqueza dos compradores potenciais.

"Status" é um conceito ainda mais difícil de definir. Basicamente, significa qualquer coisa que provoque interesse social, atração ou deferência. Em qualquer espécie primata social, um animal que goza de maior status é simplesmente aquele que constantemente é mais bem tratado pelos outros, que pode desalojá-los de recursos desejados, tais como comida, e que é solicitado com mais frequência como amigo, aliado ou parceiro sexual. (Robin Dunbar mostrou que nós, humanos, usamos a bajulação verbal — a conversa — em vez da física para conquistarmos as graças de indivíduos de status mais elevado.) A questão é: o que confere status? Certamente, produtos podem ter o objetivo de alardear o próprio status e agir como símbolos deste, mas eles não conferem status de verdade. Isso é feito pelas outras pessoas: o status de uma pessoa mora na mente dos indivíduos que a observam. Os políticos não possuem mais status do que aquele que lhes é conferido pelos eleitores, pelos magos da mídia e pelas empresas que fazem doações para suas campanhas. Os cientistas não detêm mais status do que o que outros cientistas lhes atribuem através de citações, convites para palestras e contratos. "Status" é um substantivo que soa equivocadamente concreto e é formado por muitos verbos sociais distribuídos entre diversos observadores. Status é o que nós conferimos mutuamente uns aos outros — normalmente, através da avaliação de terceiros no que diz respeito a características físicas, mentais, pessoais e morais. A beleza aumenta o status. A criatividade eleva o status. A estabilidade emocional e a liderança articulada durante emergências coletivas também elevam o status.

Existem tantos tipos de status quanto de diferenças individuais entre os seres humanos. Existem variações em status intelectual porque as diferenças individuais no campo da inteligência são substanciais, estáveis e prognosticam competência comportamental em muitas áreas. Já as diferenças em status moral existem na medida em que as variações individuais em matéria de gentileza e afabilidade são substanciais, estáveis e prognosticam um comportamento altruísta em muitas áreas. Assim, novamente, quando falamos em comprar produtos para exibir nosso status, o que realmente queremos é comprar produtos que demonstrem o fato de que nossas características físicas, mentais ou morais são superiores às de outras pessoas dentro de um grupo comparativo. A exemplo da "riqueza", o "status" se resume a um tipo de superioridade em relação a algum conjunto de medidas de diferenças individuais já observadas, julgadas e validadas por outras pessoas.

"Gosto" admite uma diversidade ainda maior de interpretações, já que a elegância de uma pessoa é frequentemente considerada kitsch por outra. Não é fácil "exibir seu gosto" e agradar todos, conforme as publicidades do conhaque Hannessy sugerem. Isto não significa que o gosto viva apenas nos olhos do observador. Antes, quer dizer que é uma maneira de nos distinguirmos uns dos outros, de escolher amigos e parceiros sexuais tomando como base critérios estéticos e morais que reflitam traços similares em termos de inteligência, personalidade e ideologia. Uma base comum no que diz respeito à estética, moral e características pessoais faz com que se torne mais fácil para as pessoas coordenarem seu comportamento umas em relação às outras, resultando em benefício mútuo. Gostos similares fazem com que estímulos, ideias e táticas comportamentais similares fiquem mais evidentes para cada indivíduo. Em termos da teoria de jogos, fazem com que os indivíduos se coordenem mais facilmente em determinados "pontos focais" em "jogos de coordenação". Por exemplo, se eu combinar de encontrar um velho amigo em Londres numa data determinada, porém esquecer de especificar uma hora e um lugar exatos para o encontro, o fato de podermos antecipar os gostos e as maneiras de pensar um do outro constituiria uma enorme ajuda. A maior parte das pessoas sabe que o meio-dia representa um ponto focal mais evidente para encontrar alguém que qualquer outro horário, como 2h41. As pessoas almoçam por volta do meio-dia, portanto pode fazer sentido encontrar-se num restaurante. Se eu e meu amigo soubermos que temos preferências similares quanto a comida, preços e localização, e conhecermos essas preferências, ficará muito mais fácil: nos encontraríamos no restaurante de massas Wagamama, perto do British Museum.

O gosto estético claramente visível é uma maneira conveniente para as pessoas exibirem os traços mais profundos de sua personalidade. Por exemplo, se eu fosse rico, colecionaria quadros do artista contemporâneo Fred Tomaselli, em vez dos pós-impressionistas ou expressionistas abstratos normalmente colecionados pelos administradores de fundos de investimentos do Upper East Side. Por quê?

Porque acho o trabalho de Tomaselli visual e intelectualmente mais rico, e aprecio os materiais biológicos, suas habilidades de composição e seus temas psicodélicos. Em outros termos, gostaria que minha coleção de arte refletisse meu gosto pessoal, o que significa, neste caso, que gostaria (inconscientemente) de proclamar minha abertura (diante de uma estranha arte inspirada em alucinógenos e imagens da assustadora transitoriedade da vida), conscienciosidade (estima por artistas que dão uma atenção obsessivo-compulsiva aos detalhes) e inteligência (apreciar arte quase-conceitual e conhecer artistas semiobscuros do século XXI).

O gosto pessoal não deveria apenas atrair indivíduos com opiniões parecidas, mas repelir os que pensam de forma diferente. Para que seja totalmente eficaz, tem de ser uma maneira "tudo-ou-nada" de sinalizar o gosto, e não meramente um reconhecimento submisso do menor denominador comum. Os quadros de Tomaselli seriam eficazes para meus propósitos de filtros sociais, porque raras pessoas de pouca abertura conseguiriam suportar um jantar inteiro vendo trabalhos tão desorientadores pendurados nas paredes. Sentiriam náusea existencial e nunca mais colocariam os pés na minha casa. Por outro lado, as visitas que admirassem o trabalho de maneira articulada, sem gaguejar, sinalizariam uma abertura maior de maneira confiável. Em contrapartida, cristãos podem repelir intelectuais ateus (como eu) ao pendurar enjoativos quadros de Jesus em suas paredes, como Van Helsing repelindo os vampiros com alho.

Assim, embora dizer que produtos exibem nossa riqueza, status e gosto constitua uma verdade superficial, esses termos não fazem nada senão apontar para a superficialidade do pensamento científico. A verdadeira compreensão de como transmitimos características através do nosso comportamento de consumo deve, na minha opinião, estar ancorada em alguns elementos-chave:

- Somos primatas sociais que sobrevivem e se reproduzem principalmente ao atrair apoio de parentes, amigos e parceiros sexuais.
- Conseguimos esse apoio na medida em que os outros consideram que apresentamos características desejáveis que preencham suas necessidades.
- Durante os últimos milhões de anos, desenvolvemos muitas capacidades mentais e morais para exibir essas características desejáveis.
- Durante os últimos milhares de anos, aprendemos que essas características desejáveis também podem ser exibidas ao comprar e ostentar diversos bens e serviços em economias de mercado.

As características mais desejáveis não são riqueza, status e gosto — estas são apenas vagas pseudocaracterísticas obtidas e exibidas de modo amplamente diversificado em culturas diferentes, e não demonstram muita estabilidade nas vidas dos indivíduos, nem grande hereditariedade entre gerações. Elas existem num nível de descrição inadequado para serem cientificamente úteis no sentido de relacionar a psicologia de consumo à psicologia evolucionista. Antes, as características mais desejáveis são aquelas universais, estáveis e hereditárias, intimamente relacionadas à aptidão biológica — características como capacidade de atração, saúde física e mental, inteligência e personalidade. Quando realmente queremos descobrir quem é uma pessoa — enquanto potencial amigo, parceiro sexual, colaborador, mentor ou líder político —, são essas as características que nos sentimos mais motivados a avaliar de forma acurada. O que o consumismo tenta esconder de forma traiçoeira é que costumamos nos sair muito bem na avaliação dessas características através da conversação normal, de tal maneira que os bens e serviços que nos esforçamos tanto para adquirir, a fim de exibir essas características, são amplamente redundantes e, às vezes, contraproducentes. Isso levanta outra questão: por que desperdiçamos tanto tempo, energia e dinheiro na exibição consumista?

## A psicologia social do narcisismo consumista

Toda a estrutura do narcisismo consumista repousa sobre a premissa questionável de que as outras pessoas realmente notam e se importam com os produtos que compramos e ostentamos. Às vezes, elas realmente agem assim, mas, com frequência, não, e superestimamos o grau em que o fazem. Essa é uma falha profunda na psicologia social humana. Em condições naturais, somos geralmente bastante competentes em assumir outras perspectivas — imaginar as opiniões das outras pessoas e entender o que elas notam e com o que se importam. Embora nós, seres humanos, sejamos melhores que qualquer animal em adotar outras perspectivas, estamos longe da perfeição, especialmente desde que vivemos sob o signo da novidade evolucionistas e em condições não naturais, tais como estarmos atolados no consumismo e mimados com a escolha de produtos de marcas.

A propaganda da maior parte dos produtos converge para uma mensagem-chave: os outros irão se importar profundamente com os produtos que compramos, exibimos e usamos. À primeira vista, essa mensagem soa absurda — é socialmente implausível e facilmente refutável ao conversar com outras pessoas. Não obstante, considerando que somos expostos diariamente a três mil tipos diferentes de propaganda que repetem alguma versão dessa mesma mensagem, é difícil permanecermos céticos diante dela. O resultado é que superestimamos muito a quantidade de atenção que os outros prestam à nossa exibição de produtos, através dos quais nos esforçamos inconscientemente para ostentar características-chave do ponto de vista físico e mental. Também subestimamos quanta atenção os outros prestam a formas mais naturais de exibirmos nossas características, que podem ser julgadas facilmente e com precisão ao nos observarem e conversarem conosco durante poucos minutos.

Honestamente, você consegue se lembrar de qualquer coisa específica que seu cônjuge ou melhor amigo usou anteontem? Você lembra que tipo de relógio seu chefe usa? A marca da mesa de jantar de seu vizinho mais próximo? O rosto da última pessoa que você viu dirigindo uma Ferrari? Provavelmente não, a não ser que sofra do mesmo fetichismo consumista obsessivo que o protagonista de *Psicopata americano*. Na maior parte das vezes, nós realmente não nos importamos com que tipos de produtos as pessoas estranhas exibem, a não ser em algumas poucas áreas nas quais temos um interesse profissional ou pessoal: dentistas reparam nos dentes dos outros, designers de joias reparam nos brincos que você usa. (Sabemos que tipos de automóveis e roupas nossos amigos e parceiros sexuais possuem, mas já conhecemos suas características mais profundas de qualquer maneira e, portanto, a escolha de produtos não nos fornece maiores informações.)

Na realidade, décadas de pesquisa em psicologia social sugerem que, quando vemos outras pessoas, reparamos automaticamente em apenas algumas características básicas: altura, forma, idade, sexo, raça, intimidade, parentesco e atratividade. Também notamos estados especiais fisiológicos (sono, ferimentos, doença, gravidez) e emocionais (raiva, medo, repulsa, tristeza, felicidade). Durante toda a evolução humana, essas têm sido as coisas mais significativas a serem observadas nas pessoas, porque nos fornecem implicações cruciais de como devemos interagir com elas para promover nossas próprias perspectivas de sobrevivência e reprodução. Sempre foi importante para as mulheres observarem essas características entre os bebês, as irmãs, os namorados e os tarados que as perseguem. Não era tão importante reparar que tipos de peles, miçangas ou pintura corporal eram usadas por cada indivíduo, a não ser quando isso era útil para avaliar o status social de um estranho.

De fato, as características mais marcantes e relevantes para as pessoas são precisamente aquelas que continuam sendo as mais difíceis de serem exibidas de forma confiável através de produtos comprados ou de serem fingidas de forma verossímil. É muito difícil adquirir bens e serviços que possam alterar notavelmente a idade, o sexo ou a raça que a pessoa apresenta, ou que possam disfarçar uma perna quebrada, herpes labial ou as emoções básicas. Um lifting facial de 15 mil dólares pode fazer uma mulher de 55 anos de idade aparentar vinte anos a menos do ponto de vista das rugas e dobras faciais, mas não pode ocultar outros indícios de idade no pescoço e nas mãos. Uma mudança de sexo através de terapia hormonal e cirurgia (também girando em torno de 15 mil dólares) pode mudar a aparência do sexo de alguma maneira, mas terá pouco efeito no que diz respeito à altura, forma do tronco, estrutura óssea da face ou ao cérebro sexualmente diferenciado que se desenvolveu no útero — e muito menos sobre a capacidade de se reproduzir enquanto membro do sexo oposto. Em cada uma dessas situações, nossos sistemas sócio-perceptivos para o reconhecimento das características e principais emoções humanas chave são difíceis de serem enganados. Sua longa evolução os tornou muito apurados e eficientes em levantar todas as informações possíveis de serem obtidas através dos diferentes indicadores que podem ser percebidos a partir do corpo, rosto, linguagem e comportamento de um indivíduo.

Depois de percebermos as características físicas e demográficas básicas das pessoas, procuramos informações sobre seus traços mentais. Queremos descobrir alguns dos fundamentos sobre os quais seu cérebro funciona. Em que medida eles são inteligentes e mentalmente saudáveis? Que tipo de personalidade apresentam? Que virtudes morais sinalizam através das crenças políticas e religiosas a que aderem? Aqui, novamente, essas características são as que carregam as informações mais concretas quanto à maneira de interagir com alguém. São também os traços que aprendemos a avaliar mais rapidamente e de forma mais confiável através dos modos pré-históricos normais de interação: saudar, comer junto e conversar. E, mais uma vez, essas são as características mais difíceis de fingir através da aquisição de produtos — muito embora o restante deste livro busque detalhar os modos como procuramos fazê-lo de várias maneiras, todas ineficazes e funcionais apenas para iludir a nós mesmos.

Pesquisas recentes sobre a "percepção das pessoas" sugerem que somos realmente bons em julgar a inteligência, sanidade e personalidade dos outros ao observar seu comportamento ou conversar com eles durante poucos minutos. A precisão pode ser aferida determinando o grau de consistência que diferentes indicadores de personalidade demonstram ter uns com os outros ("solidez convergente"), o grau em que as pessoas concordam ao julgar uma determinada característica ("confiança inter-avaliadores") e a medida em que os julgamentos de características antecipam o comportamento futuro de um indivíduo ("validade de antecipação"). A precisão tende a ser maior no que tange a traços mais visíveis, como extroversão (comunicatividade e expansividade), e menor no que diz respeito às características interiores, tal como neurotização (tendência a preocupar-se, ruminar, sentir ansiedade). A precisão também é mais elevada quando julgamos uma pessoa que se comporta numa situação livre e não prescritiva na qual as diferenças individuais podem ser reveladas (como quando batemos papo em festas ou vivendo num pequeno grupo de caçadores-coletores) do que numa situação altamente estruturada por normas sociais que suprimem as diferenças individuais (como quando fazemos fila diante de um terminal eletrônico de banco ou marchamos numa parada militar). O comportamento observado também carrega informações mais confiáveis quando as pessoas em questão acreditam estarem sozinhas e não constroem uma falsa persona para obter aceitação pública. Esse é o motivo pelo qual ver homens ajudando idosos ou resgatando gatinhos é tão atraente para as mulheres, especialmente quando eles não sabem que estão sendo observados.

O psicólogo da personalidade David Funder resumiu diversos desses efeitos de forma realista em seu modelo de precisão da percepção pessoal. Esse modelo preconiza que muitos indícios comportamentais confiáveis, mais ou menos objetivos, estão disponíveis para nos informar acerca da maioria das características de personalidade. Nossa exatidão para julgar essas características depende simplesmente do fato de as pessoas estarem fazendo ou dizendo coisas que expressam essas pistas relevantes e informativas, e de observarmos, percebermos e julgarmos os indícios de forma apropriada. Os indícios podem incluir os aspectos de como as pessoas falam, se movem e se vestem — tudo, desde a maneira como pronunciam "Goethe" até as maneiras como discutem as *graphic novels* de Neil Gaiman; tudo, desde sua velocidade ao andar até sua eloquência erótica ao dançar um *tango nuevo*.

O modelo de Funder também implica que, quando as informações relevantes sobre a personalidade de alguém que desejamos avaliar não estão prontamente disponíveis, frequentemente podemos criar ocasiões sociais durante as quais as informações se tornem mais perceptíveis. Por exemplo, pode ser difícil julgar a afabilidade (gentileza, cordialidade, generosidade) do namorado de sua filha se você encontrá-lo num restaurante tranquilo, com ar-condicionado. É muito melhor convidá-lo para um churrasco prolongado em família no meio do verão, em que ele será encorajado a beber várias cervejas e abordado de maneira caótica por crianças, cachorros, bolas de futebol e insetos. Se, sob essas condições de diagnóstico mais difíceis e desinibidas, ele ficar irritado ao ponto de lançar as bolas de futebol sobre os cachorros e esguichar mostarda nas crianças, você saberá que o nível de afabilidade dele é bastante baixo (e que ele pode ficar irritadiço com seus futuros netos). Inversamente, se o rapaz permanecer calmo, alegre e prestativo enquanto o suor escorrer por sua face rubra pelo consumo de cerveja, picada pelos mosquitos e lambida pelos cachorros, você descobrirá que o nível de afabilidade dele é bastante elevado. A evolução cultural desse tipo de ocasião — que permite avaliar com precisão as personalidades — pode explicar o motivo pelo qual os principais rituais sociais (encontros amorosos, entrevistas de emprego, festas, banquetes, férias, casamentos e luas de mel) apresentam duração tão longa, níveis de estresse tão altos e uso de drogas desinibidoras, como o álcool. Essas condições fazem emergir o que há de melhor e pior em nós.

Muitos desequilíbrios mentais também são bastante fáceis de serem detectados em poucos minutos, tomando como base o aspecto exterior, o comportamento e a conversação. Pessoas que sofrem de depressão grave tendem a permanecer encurvadas e parecerem tristes; falam de forma mansa, lenta e monótona; depreciam as próprias vidas e perspectivas. As pessoas esquizofrênicas tendem a estar sujas, desarrumadas e vestidas com demasiadas camadas de roupas; apresentam modos de andar e maneirismos esquisitos; a fala, às vezes, é incoerente, desconexa e delirante. Outros indícios facilmente observáveis caracterizam pessoas que sofrem de distúrbios de ansiedade, transtornos obsessivo-compulsivos, autismo, anorexia, narcolepsia e a maior parte dos distúrbios de personalidade. Somente poucos transtornos mentais são realmente difíceis de identificar através da interação superficial: psicopatias, fobias específicas, transtornos e disfunções sexuais, bem como alguns vícios. No que diz respeito a julgar a sanidade dos outros, a maior parte dos adultos experientes é bastante precisa. Podemos não ser capazes de diagnosticar cada peculiaridade utilizando os termos psiquiátricos correntes, mas a diferença básica entre o comportamento normal e anormal é evidente. Isso se aplica especialmente ao avaliarmos pessoas que podem vir a desempenhar papéis centrais em nossas vidas: potenciais parceiros sexuais, amigos, sócios e parentes por afinidade. Até mesmo a psicopatia — o distúrbio mais difícil de ser detectado através da interação individual de curto prazo — pode ser descoberta, às vezes, por meio de fofocas sobre crimes e más condutas anteriores do psicopata.

## A fetichização da juventude e o menosprezo da sabedoria no julgamento social consumista

A exatidão da percepção sobre as pessoas tende a melhorar com a idade, conforme aprendemos, gradual e dolorosamente, quais indícios comportamentais são os indicadores mais confiáveis da personalidade, inteligência e virtudes morais. Aprendemos quais situações revelam o máximo de informações diagnósticas sobre a verdadeira personalidade de alguém. Aprendemos como ver além das primeiras impressões.

Razão pela qual as escolhas de namorados feitas por adolescentes sempre pareceram absurdamente estúpidas aos seus pais. Os adolescentes são demasiadamente influenciados pelas características mais fáceis de avaliar (atração física e status entre os pares). Em contrapartida, os pais possuem décadas de experiência na avaliação das características mais difíceis de serem distinguidas, tais como conscienciosidade, afabilidade, estabilidade emocional e inteligência, e na apreciação dos benefícios de longo prazo que essas características podem trazer para qualquer relacionamento humano. A habilidade de julgar o caráter era considerada a parte mais importante da sabedoria e uma virtude cardeal, antes de o capitalismo de consumo transformar conceitos como caráter, sabedoria e virtude em coisas fora de moda.

Por que a evolução foi tão negligente, falhando em armar os adolescentes humanos com preferências razoáveis relativas à escolha de parceiros sexuais? Uma resposta possível é que essas preferências podem ser muito bem adaptadas para conseguir bons genes dentro do contexto de acasalamento de curto prazo, embora não sejam tão eficazes em encontrar bons parceiros para um relacionamento de longo prazo que garanta benefícios econômicos e sociais mais elevados nas condições modernas. Uma segunda resposta é que os adolescentes alcançam a puberdade bem mais cedo hoje em dia (provavelmente devido a dietas contendo mais gordura) do que nas condições pré-históricas, quando a psicologia sexual tinha mais tempo para equiparar-se à fisiologia sexual. Uma terceira resposta pode ser que os pais sempre tiveram uma forte influência sobre as escolhas de parceiros sexuais feitas pelas suas proles adolescentes, e então a evolução concentrou-se em formar as preferências dos pais em vez da dos filhos.

De qualquer maneira, lá pela metade do século XX, tornou-se crucial para os marqueteiros convencer os jovens de que eles podiam julgar a individualidade uns dos outros com mais eficiência através da exibição de características de consumo, do que os mais velhos eram capazes através da observação sensata. Os julgamentos dos seus próprios pares e dos namorados emitidos pela geração mais velha passariam por antiquados, ridículos, irrelevantes, tendenciosos e preconceituosos. Nesse aspecto, os marqueteiros foram espetacularmente bem-sucedidos, sendo auxiliados por duas ideologias-chave do século XX: (1) a rejeição igualitária da ideia de que a personalidade, inteligência, saúde mental e virtudes morais de um indivíduo são conceitos úteis que merecem avaliação precisa e discussão social e (2) a rejeição ambientalista da ideia de que essas características demonstram estabilidade dentro dos indivíduos (em todas as situações, relações e idades) e dentro das famílias (através da herança genética).

Nos últimos anos, o capitalismo de consumo tornou-se dependente de a juventude adotar essas ideologias de tábula rasa, que lhe foram vendidas como excitantemente rebeldes e profundamente progressistas. Através da maior parte do último século, elas pareciam ser validadas pela psicologia, pelas ciências sociais, pela política progressista e pelo movimento de autoajuda. Na cultura popular, a ideologia da tábula rasa convenceu os jovens de que a aquisição de qualquer novo produto concebido para exibir algum traço de personalidade era uma rebelião heroica contra a crença ultrapassada das gerações mais velhas na existência, estabilidade e hereditariedade das características pessoais. Nas ciências comportamentais, a ideologia da tábula rasa influenciou gerações de cientistas contra a psicologia baseada em características, a pesquisa da personalidade, a pesquisa da inteligência, da genética comportamental e qualquer outra área envolvida com as diferenças individuais. Em vez disso, o foco voltou-se para os processos psicológicos que eram alegadamente similares em todos os seres humanos: o desenvolvimento infantil, a cognição social e o processamento de informação neural.

Na medida em que a publicidade nunca utilizou realmente os termos ultrapassados para se referir às características de personalidade (caráter, inteligência, virtude), os jovens podiam comprar, ostentar e admirar os produtos que exibiam esses traços, formar opiniões sociais sobre si mesmos e os outros conforme precisavam e fingir que viviam num novo mundo radical pós-características. Todo o discurso sobre os traços de personalidade foi abafado, escondendo-se discretamente sob a retórica e semiótica da criação de marcas e do marketing. Permaneceu apenas suficientemente visível para que os jovens pudessem reconhecer, de maneira inconsciente, quais produtos exibiriam as próprias características, porém suficientemente indefinido para que sua ideologia anticaracterização jamais fosse ameaçada, e para que a sabedoria de percepção pessoal de seus pais nunca parecesse relevante em suas vidas. Por exemplo, produtores de música rap como o Dr. Dre perceberam, na década de 1990, que podiam faturar muito se convencessem os garotos suburbanos da classe média branca de que, ao comprar e tocar rap, eles exibiriam sagacidade, atitude e reconhecimento na rua (isto é, suas aspirações a um baixo nível de conscienciosidade, afabilidade reduzida e alta promiscuidade). Os garotos brancos atenderam ao chamado e verteram bilhões de dólares dos pais nas seções de hip-hop das lojas de música locais, desdenhando solenemente dos seus conselhos de que garotas brancas iriam preferir namorar garotos que demonstrassem conscienciosidade, afabilidade e castidade elevadas. Contudo, se os pais não sabiam distinguir entre DJ Spooky, DJ Spinna e DJ Qualls, como é que eles podiam alegar que toda a indústria do rap não passava de outro conjunto de ostentação dispendiosa de características duvidosas, impulsionado pelo marketing, ou que a exibição de características que seus filhos consideravam maneiras eram, na verdade, repulsivas aos potenciais amigos, empregadores e às parceiras sexuais?

Assim, o modelo de tábula rasa da natureza humana, longe de desafiar os princípios do capitalismo de consumo, alicerçou a ideologia do consumismo. Ele faz com que a sabedoria das gerações mais velhas, no que diz respeito ao reconhecimento dos traços das pessoas, pareça suplantado e irrelevante, e faz com que as aspirações de exibir características por parte das gerações mais novas envolvam necessariamente a aquisição dos bens e serviços apropriados, ao passo em que permite que elas finjam viver num belo e novo mundo pós-caracterização. E, o que é mais importante, mina a confiança de todos de que as próprias características sejam suficientemente verdadeiras e visíveis para serem apreciadas sem amplificação e exteriorização através do carreirismo e do consumismo.

## A ilusão consumista fundamental

O consumismo depende de que esqueçamos uma verdade e acreditemos numa impostura. A verdade a ser esquecida é que nós, seres humanos, já gastamos milhões de anos desenvolvendo maneiras admiravelmente eficazes para exibir nossas características mentais e morais uns para os outros, através de comportamentos sociais naturais como a linguagem, arte, música, generosidade, criatividade e ideologia. Todos nós podemos fazer isso sem credenciais, carreiras, avaliações de crédito ou enxurradas de produtos. Os bens e serviços mais requintados e impressionantes nos foram legados pelo DNA, na forma de adaptações físicas e psicológicas que exibem naturalmente nossas virtudes e impressionam nossos pares. Inconscientemente, nossos ancestrais fizeram esforços enormes para desenvolver esse legado genético de apuradas características, por meio de bilhões de tentativas durante milhões de anos, para fazer amigos, influenciar pessoas, cortejar e escolher parceiros sexuais, criar filhos e mostrar magnanimidade uns com os outros. Esta é a mensagem fundamental da psicologia evolucionista: as coisas mais preciosas, complexas, intricadas e maravilhosas da vida são as adaptações biológicas comuns a todos os seres humanos — especialmente as que sinalizam nossas diferenças individuais de forma tão evidente. Já possuímos tudo o que poderíamos precisar para impressionar companheiros e, não obstante, todas as principais ideologias humanas conspiram no sentido de nos fazer esquecer esse fato — porque todas elas almejam conquistar poder ao nos convencer de que necessitamos de algo mais que corpos nus e mentes para nos tornarmos socialmente aceitáveis e sexualmente atraentes. O consumismo se tornou a ideologia mais poderosa porque ele descarta — com desprezo — nossos modos naturais humanos de exibirmos características e nos mantém atarefados demais — trabalhando, comprando e ostentando produtos — para nos lembrarmos de que podemos fazer isso sem nenhum produto.

Na verdade, o consumismo promove duas grandes falácias. A primeira é que produtos acima da média podem compensar características abaixo da média quando se tenta construir relacionamentos sérios de longo prazo com parceiros sexuais, amigos ou família. É verdade, alguns produtos podem mascarar defeitos pessoais a curto prazo. No caso de uma mulher solteira de 47 anos em busca de um parceiro sexual, o Botox pode ocultar alguns sinais do tempo ao paralisar os músculos faciais e reduzir rugas. O tratamento pode levar um homem solteiro de 31 anos a convidá-la para sair uma segunda vez, coisa que provavelmente não faria caso a verdadeira idade dela estivesse mais aparente durante o primeiro encontro à luz de velas. No entanto, a idade ficará patente cedo ou tarde, através de outras pistas confiáveis: o aspecto das mãos e do pescoço à luz do dia, a apresentação de sua filha de 25 anos ou de uma irmã de 52, o convite para a festa de trinta anos de formatura, e assim por diante. O mesmo princípio se aplica a quase todos os outros produtos que procuram incrementar o aspecto físico, a inteligência aparente, a personalidade ou as virtudes morais. Produtos que turbinam as características das pessoas podem ludibriar os outros num período de tempo curto, mas não enganá-los a longo prazo. Este é o motivo pelo qual recém-casados ficam mais frequentemente desapontados do que deleitados ao descobrir o verdadeiro caráter de seu cônjuge durante estressantes luas de mel em países estrangeiros.

A segunda grande falácia promovida pelo consumismo é que os produtos oferecem modos mais legais e impressionantes para exibirmos características desejáveis do que qualquer comportamento natural. Mais especificamente, o consumismo parte do princípio de que produtos melhores constituem sinais mais eficazes. Qualquer aperfeiçoamento técnico no design ou nas características de um produto e qualquer inovação de marketing na promoção de sua marca são alardeados como uma melhora na eficácia de sinalização. De fato, se comprarmos produtos como uma forma de sinalizar nossas características biológicas subjacentes, logicamente sua eficácia de sinalização — especialmente a transmitida através do reconhecimento da marca — terá mais importância, ao passo que a eficiência em atender ao propósito nominal (como uma peça de vestuário, aparelho ou veículo) apresentará apenas um interesse secundário. Este fato está perfeitamente claro para todos os profissionais de marketing, mas deve permanecer perfeitamente obscuro para a maioria dos consumidores. Portanto, a publicidade deve jogar sutil e recatadamente com o consumidor: enquanto acena para as funções sinalizadoras do consumo notório, ela não deve jamais fazer declarações quantitativas sobre a relativa eficiência sinalizadora de diferentes produtos, nem de produtos artificiais *versus* comportamentos humanos naturais.

Esse tipo de declaração explícita sobre o poder de sinalização de características por parte de um produto poderia facilmente ser contestado. Por exemplo, uma campanha publicitária de carros esportivos dirigida a homens solteiros deve implicar que dirigir esse automóvel resultará em atrair mais atenção por parte de mulheres jovens e bonitas. Contudo, a propaganda não deve declarar isso explicitamente, já que seria bastante fácil para os órgãos reguladores de propaganda ou para os fabricantes concorrentes demonstrarem empiricamente que os motoristas de carros esportivos não gozam de um aumento suficiente de atenção para justificar o preço elevado, e que um senso de humor refinado aumentaria a atenção das mulheres de forma mais eficaz do que a potência excessiva do motor.

Portanto, o capitalismo de consumo deve manter as funções sinalizadoras dos produtos à margem da visibilidade, num submundo irreal de fumaça, espelhos, cortinas, véus e garotos gays. Declarações diretas no sentido de que um determinado produto aumentaria a popularidade social ou a atração sexual de alguém não poderiam resistir à luz da verdade, onde a qualidade do desempenho das pessoas é julgada com demasiada severidade. Em vez disso, as funções, características, especificações, novidades e popularidade dos produtos, bem como a divulgação de suas marcas, devem ocupar a atenção consciente do consumidor, enquanto a promessa de sinalizar status e *sex appeal* deve penetrar no subconsciente tão silenciosa e inadvertidamente quanto um homem-bomba. Os consumidores devem sentir que apenas eles reconhecem o potencial de sinalização do produto a partir do subtexto da publicidade, que seu desejo por status social e *sex appeal* é subjetivamente legítimo, porém publicamente constrangedor, e que somente eles podem converter a excelência técnica do produto em exibição da atitude pessoal maneiríssima que angaria resultados sociais e sexuais positivos. Os consumidores devem se sentir como numa conspiração de sinalização entre eles, o produto e algum hipotético público de admiradores; uma conspiração vigorosa, transgressora, engenhosa e, de algum modo, subversiva ao próprio capitalismo.

Até os movimentos de defesa, de educação e proteção dos consumidores conspiram para promover essa ilusão. Enquanto a revista *Consumer Reports* se esforça bastante para avaliar empiricamente as características, funções, a segurança e confiabilidade dos produtos, ela nunca avalia a eficácia de sinalização para promover a reputação social ou o sucesso sexual do consumidor. Tendo em vista o progresso das ciências sociais e dos métodos de pesquisa do consumidor, isso seria realmente muito fácil de fazer, através de entrevistas e questionários de grupos selecionados, nos quais as pessoas avaliariam como reagiriam diante de determinados indivíduos que compram, usam e ostentam diferentes produtos, comparados com os produtos concorrentes e com outros comportamentos possíveis.

Por exemplo, os leitores de *Consumer Reports* poderiam preencher questionários anuais que perguntassem não apenas quantas vezes seu Corvette Z06 precisou de reparos nos freios, mas se o automóvel realmente resultou em quaisquer novas amizades, parcerias comerciais, convites para jantar por parte de vizinhos ou encontros sexuais espontâneos com mulheres que passaram na rua e viram seu carro. Mesmo que os motoristas de Corvettes consigam realmente atrair um pouco mais de atenção feminina, os números não funcionam tão bem a seu favor. Suponhamos que um motorista tenha uma média de uma relação de curto prazo extra por ano devido à sua escolha de veículo. O Corvette Z06 da Chevrolet (70 mil dólares) custa 50 mil a mais que o sedã Malibu da Chevrolet (20 mil dólares), de tamanho parecido e igualmente projetado para se tornar obsoleto dentro de, aproximadamente, cinco anos. Compradores racionais poderiam, então, calcular que os 50 mil dólares excedentes no preço do Corvette, caso se concretizassem os cinco supostos encontros sexuais extras durante os cinco anos de vida útil do produto, representariam 10 mil dólares para cada encontro. Em contrapartida, um programa típico com uma profissional do sexo custa mais ou menos 200 dólares, ou seja, cinquenta vezes menos. Em vez de pagar o excedente num Corvette, o qual pode vir a resultar num encontro por ano, o motorista compraria o Malibu e, com o dinheiro economizado, bancaria um programa por semana. Consequentemente, o eventual comprador de Corvette supervaloriza loucamente a atração que um carro exerce sobre as mulheres, é muito ruim de matemática, ou definitivamente prefere fazer programas sexuais com amadoras que com profissionais.

Alternativamente, a pessoa que deseja comprar um Corvette pode ser um marido buscando uma forma plausível de negar o papel fantasioso que o carro viria a ter em aventuras sexuais extraconjugais — situação esta, provavelmente, muito corriqueira. Na medida em que a maioria dos consumidores passa a maior parte de sua vida casada, a única maneira de vender produtos que prometem ampliar a atratividade sexual é elaborar essas propostas de forma a não serem detectadas pelo radar do ciúme conjugal. Portanto, a propaganda do Corvette na *Sports Illustrated* não deve dizer "isto vai aumentar suas oportunidades de copulação de curto prazo" (ou "isto vai descolar programas para você"), mas listar algumas especificações técnicas e mostrar uma mulher, no banco do carona, que levanta ambas as mãos num gesto de entrega extasiada diante do motor de 505 cavalos e seu dono. As esposas crédulas ficarão menos preocupadas, e os maridos crédulos poderão fantasiar mais.

Subtextos similares aparecem nas propagandas que visam as consumidoras. Numa *Vogue* recente, um anúncio de um batom da L'Oréal chamado Glam Shine Dazzling Plumping Lipcolour apregoava sua "exclusiva tecnologia de microcristais", alegando que sua "fórmula hidratante e de textura aderente garante lábios carnudos e saudáveis, com um efeito deslumbrante e brilho incrível". Esta tecno-sensualidade de tirar o fôlego poderia ser transmitida mais honestamente assim: "Este batom vai sinalizar sua fúria libidinosa e iminente ovulação não apenas para o seu marido sexualmente apagado, mas também para os homens vizinhos." Não obstante, já que esse tipo de linguagem direta poderia alarmar maridos e adolescentes que casualmente lessem a *Vogue*, os anúncios "de bom gosto" nos principais meios de comunicação costumam ocultar, em prol da harmonia conjugal e familiar, a busca de status e o oferecimento sexual por trás da maior parte da propaganda de produtos. Os consumidores casados podem, assim, iludir uns aos outros de que estão comprando produtos badalados pelo seu aspecto utilitário (505 cavalos de potência ou tecnologia de microcristais) e não pelo seu poder de sinalização (para atrair vizinhos e vizinhas em busca de aventuras). Como sempre, a possibilidade da negação plausível e a autoilusão adaptativa permitem que a vida social humana siga adiante como um bonde suspenso sobre os desfiladeiros e fendas do egoísmo tático; assim, as coisas mais importantes passam sem ser ditas, porém não sem ser imaginadas.

Na minha opinião como psicólogo evolucionista, esta é a maneira com que o capitalismo de consumo realmente atua: ele nos faz esquecer as adaptações naturais voltadas a exibir características desejáveis relacionadas à aptidão. Ele nos ludibria, levando-nos a pensar que os produtos artificiais funcionam muito melhor para exibir esses traços. Confunde-nos no que diz respeito às características que tentamos exibir — insistindo em termos imprecisos e com descrições erradas (riqueza, status, gosto) — e obscurecendo aquelas mais estáveis, hereditárias e previsíveis segundo pesquisas de diferenças individuais. Ele acena timidamente para as possíveis vantagens sexuais e de status resultantes da compra e da exibição de produtos badalados, porém se recusa a explicitar essas alegações para não correr o risco de os órgãos de defesa dos consumidores as determinarem como empiricamente falsas, e de outras pessoas não menos significativas se chatearem pelas inclinações pessoais que elas revelam. O resultado final poderia ser chamado de ilusão consumista fundamental — que outras pessoas se importam mais com os produtos artificiais que você exibe através do gasto consumista do que com as características naturais demonstradas em conversas normais, através da cooperação e do carinho.

O fato de que essa visão é errônea deveria ser óbvio para qualquer adulto que já tenha mantido relações de longo prazo com parentes, amigos, amantes, parceiros, colaboradores, mentores e estudantes. As relações de longo prazo crescem e perduram através de conjuntos de interesses complexos — em parte conflitantes, em outra, convergentes — que mudam constantemente. Constituem o que os economistas chamam de jogos de interação repetida e motivações mistas. Normalmente incluem repetidos ciclos de cooperação e conflito, confiança e traição, intimidade e alienação. Esses ciclos raramente são influenciados pela aquisição de produtos, mas pelos tipos de argumentos, explicações, desculpas, resoluções e fofocas que governam a vida social desde que a linguagem evoluiu, algumas centenas de milhares de anos atrás. Nos primeiros minutos após conhecer alguém, todos os cenários, adereços e figurinos do consumo podem saltar aos olhos, e as baladas e elogios daquele coro de três vozes — riqueza, status, gosto — podem parecer significativas. Contudo, depois que as relações foram estabelecidas, elas se esfumam na parte mais recôndita da consciência, e nossa atenção se foca sobre o caráter, as ações, palavras e relações que realmente importam. Reconhecemos nossos papéis de protagonistas recíprocos que perambulam ao vivo e a cores pelos palcos e cenários uns dos outros. Com os amigos e a família, vivemos as dimensões da alegria e do dever. Despertamos vivamente para a dimensão social da existência humana. Nesse estado de espírito naturalmente social — típico de todos os momentos da vida de nossos ancestrais —, a ilusão consumista fundamental de que os produtos e as marcas têm importância, de que eles constituem um conjunto razoável de aspirações de vida, parece autista, infantil, desumana e especialmente, tóxica.

# 6
# Ostentando aptidões

DESDE MAIS OU menos 1990, ocorreram duas revoluções significativas nos assuntos humanos (sem derramamento de sangue): o colapso do comunismo na política e o surgimento da teoria da sinalização na biologia. Ambas partiram da mesma abordagem: os indivíduos trabalham duro sobretudo porque querem se exibir para os outros, e não pelo bem do grupo. Essa tendência se aplica tanto na evolução orgânica quanto na economia humana. As aves-do-paraíso constroem ninhos elaborados para atrair parceiros sexuais, e não para incrementar a estética pública de seu habitat na Nova Guiné. De maneira análoga, os fazendeiros ucranianos estão dispostos a trabalhar mais para adquirir símbolos de status para si mesmos, não para alimentar vizinhos famintos.

O conceito básico da teoria da sinalização é que os animais fazem muito barulho em torno de si, mas não comunicam muitas novidades sobre o mundo. Desde Darwin, sabemos que eles são, basicamente, máquinas feitas para sobreviver e se reproduzir; agora, também sabemos que os animais obtêm muito do seu sucesso na sobrevivência e reprodução por meio da autopromoção, automarketing e autopropaganda. O narcisismo não é algo novo; trata-se da norma evolucionária, na medida em que todo pavão se esforça para ser o preferido das pavoas.

Quase todas as sinalizações animais — o canto dos pássaros, a luz dos vaga-lumes, feromônios, danças de acasalamento — transmitem informações de autopromoção acerca do sinalizador, e não dados úteis sobre o meio ao redor. Quase todas as sinalizações animais transmitem mais que o tipo do indivíduo (espécie, sexo, idade) e suas qualidades (aptidão, saúde, status, fertilidade). Não incluem especificações detalhadas sobre o produto, conforme era de praxe nos anúncios de carros na década de 1950. Dizem apenas que tipo de animal você é e quão bom você é em sê-lo. Os animais enviam esses sinais para alguns públicos diferentes por algumas razões — principalmente para solicitar cuidados ou comida aos pais, ameaçar rivais e atrair parceiros sexuais. Isso não ocorre numa conversa sobre interesses mútuos, mas através de alegações críveis sobre as próprias necessidades ("Quero comida!") ou qualidades ("Tenho ótimos genes, portanto você deveria acasalar comigo").

É fácil alegar que se está desamparado e faminto, ou maravilhosamente em boa forma; o desafio é dar credibilidade a essas alegações. Esse é precisamente o assunto que a teoria da sinalização trata: como os animais podem respaldar suas alegações ao enviar sinais confiáveis e difíceis de serem simulados, que serão levados a sério. Em 1975, o biólogo israelense Amotz Zahavi propôs que o custo elevado garantiria a confiabilidade da qualidade dos sinais. Seu "princípio de *handicap*" sugeria que somente os animais de elevada qualidade poderiam se dar ao luxo de gastar muito tempo, energia e recursos emitindo sinais dispendiosos (que ele denominou *handicaps*). Um pombo adoentado, faminto, repleto de parasitas e com problemas cerebrais não pode repetir o canto "acasale comigo" milhares de vezes por hora; portanto, qualquer pombo que possa repetir o canto não pode estar adoentado, faminto ou debilitado de maneira alguma. O custo do canto garante a qualidade dele. Essa teoria permaneceu controversa até aproximadamente 1990, quando os biólogos a compreenderam de forma suficientemente clara para desenvolverem modelos matemáticos demonstrando seu funcionamento. Desde então, o princípio do *handicap* de Zahavi expandiu-se até assumir a forma moderna da "teoria da sinalização custosa", que constitui o fundamento da pesquisa moderna sobre a comunicação, seleção sexual, interação social animal, bem como sobre o comportamento humano.

Quando animais utilizam traços físicos ou comportamentos para se exibirem, podemos chamar isso de *handicap*, ou sinalização custosa, ou ornamentos sexuais, ou indicadores de aptidão, que é a expressão que eu prefiro. Conforme vimos no Capítulo 5, esses indicadores de aptidão funcionam tanto como propaganda quanto como garantias: não somente proclamam a qualidade — também a garantem. Conseguem atrair a atenção caso sejam dispendiosos, difíceis de produzir e fingidos. São ignorados se forem baratos, simples demais ou facilmente falsificados.

A cauda do pavão é um exemplo clássico de indicador de aptidão. Ela não possui função de sobrevivência e não desempenha qualquer papel necessário na fertilização. Simplesmente atrai as pavoas ao ostentar a saúde e boa forma do animal, a qualidade de seus genes e sua habilidade em encontrar sementes e insetos e escapar de tigres. Outros indicadores de aptidão evidentes incluem a juba do leão, os chifres do alce e o canto da baleia megáptera. Os corpos humanos também estão repletos de indicadores de aptidão que revelam informações confiáveis sobre saúde e fertilidade, e que foram parcialmente formados pela seleção sexual para atrair parceiros. Esses sinais corporais de qualidade incluem rostos, vozes, cabelos, peles, portes e alturas — e mais especificamente os seios, as nádegas e as cinturas femininas, e as barbas, pênis e massa muscular dos troncos masculinos. Muitas características mentais humanas também se desenvolveram como indicadores de aptidão, inclusive nossas capacidades para a linguagem, humor, arte, música, criatividade, inteligência e afabilidade.

A teoria da sinalização se aplica igualmente à natureza e à cultura. A natureza produziu as caudas dos pavões: indicadores grandes, simétricos, coloridos, dispendiosos, difíceis de simular e manejar, necessitando de manutenção intensa. A cultura humana produz bens de luxo como o Hummer H1, que também é grande, simétrico, colorido, dispendioso, difícil de manejar e exige manutenção intensa. Essas qualidades o tornam difícil de ser falsificado enquanto indicador de riqueza — mesmo que você possa roubar um H1, provavelmente, não poderia bancar seu combustível ou seguro.

## Falsificação

A teoria da sinalização fica mais clara quando pensamos na falsificação de dinheiro. A falsificação tornou-se muito mais fácil nos anos 1990, devido às fotocopiadoras digitais em cores, impressoras, scanners e aos softwares de computação gráfica — tecnologias que representaram um desafio para o US Bureau of Printing and Engraving, a Casa da Moeda dos Estados Unidos, no sentido de incluir maiores características antifalsificação ao redesenhar a geração seguinte de cédulas de dólar. A nota de 20 é um alvo particularmente popular dos falsificadores, já que é a de maior valor aceita normalmente pelos caixas sem ser submetida a uma inspeção mais detalhada. Assim, a nota de 20 dólares da série de 2004 sofreu aperfeiçoamentos que incluíram diversas novas características de segurança, tais como uma gama mais ampla de cores de tinta, marcas d'água muito difíceis de copiar ou escanear, tinta que muda de cor, filigranas de segurança com microimpressões que emitem diferentes cores quando expostas a raios UV e retratos ampliados, altamente detalhados e descentralizados, facilmente reconhecíveis, porém dificílimos de serem imitados.

Os denominadores comuns desses dispositivos de segurança são custo e precisão conspícuos. As máquinas de impressão Intaglio, rotativas de alta velocidade, são simplesmente caras demais para o falsário típico — embora o custo marginal de impressão unitário de 20 dólares seja apenas de 4 centavos no equipamento do Bureau. No que diz respeito à precisão notável, as microimpressões, as filigranas de segurança, as marcas d'água e os retratos são muito complexos, detalhados e difíceis de serem imitados de forma precisa. Quando o Banco Central Europeu emitiu 14,5 bilhões de novas notas de euros, no dia 1 de janeiro de 2002, foram incluídas nelas características similares de antifalsificação, além de uma tinta iridescente ainda mais difícil de imitar e uma tira de ouropel com holograma.

Torna-se mais fácil compreender a teoria de sinalização custosa que explica grande parte do consumo, quando consideramos como distinguimos entre produtos "verdadeiros" e "falsos" — e porque nos importamos com a diferença. O custo e precisão notáveis são as duas características básicas dos sinais difíceis de imitar. O princípio do *handicap* de Zahavi era centrado no custo de produção, e a impressão de dinheiro, na precisão, mas os sinais mais confiáveis — e os bens de luxo — incluem elevados níveis de ambas as coisas, as quais os imitadores baratos tentam falsificar.

Consideremos colares de ouro, por exemplo: o valor depende do peso, da pureza do metal e da qualidade de seu trabalho. Colares folheados a ouro ou de ouro vazado parecem falsos quando comparados aos de ouro maciço, simplesmente porque contêm um número menor de átomos de ouro. De modo análogo, colares de 10 quilates (41,7% de ouro — o mínimo permitido para ser classificado como "ouro legítimo" nos Estados Unidos) parecem falsos quando comparados com colares de 18 quilates (75%, o mínimo permitido na França e na Itália). E, também, colares fundidos com falhas, bolhas, asperezas nas bordas, cor desigual e soldas fracas parecem falsos quando comparados com colares bem feitos. Em todos esses casos, a falsificação pode ser facilmente detectada por profissionais. O teor de ouro é verificável pelo teste magnético (o ouro não é magnético; mas muitos metais comuns, como o ferro, são), o teste de peso (o ouro é denso, aproximadamente duas vezes mais pesado que os metais comuns) e o teste do ácido (o ouro não reage ao ácido nítrico puro, porém reage à água régia — uma mistura de ácido nítrico e ácido clorídrico). Falhas de fundição são facilmente discernidas através de uma lupa tripla de 10x. Só de curtição, vá até a joalheria do shopping mais perto de sua casa com um ímã, uma lupa e garrafas de ácido nítrico e de água régia e peça para testar as pseudojoias de 14 quilates. Esse é exatamente o tipo de teste que realizamos quando tentamos perceber se um parceiro sexual ou potencial amigo é, metaforicamente, de ouro puro ou folheado a ouro. Não utilizamos ímãs e lupas, porém inconscientemente lançamos mão de meios ainda mais poderosos para determinar seu valor: nossas capacidades desenvolvidas para conversar, perceber o semblante e tirar conclusões quanto à personalidade.

À guisa de outro exemplo, consideremos falsos relógios Rolex. Máquinas-ferramentas controladas por computadores, mecanismos suíços e cristais de safira baratos possibilitaram a pequenos fabricantes asiáticos invadir o mercado on-line com imitações cada vez melhores e mais baratas de relógios de marcas de luxo. Isto se transformou numa verdadeira corrida armamentista de sinalização: a Rolex adiciona cada vez mais características antifalsificação, e os imitadores de Rolex aprendem maneiras cada vez melhores de fazer réplicas. Por exemplo, uma réplica de alta qualidade, no valor de 1.200 dólares, de um relógio Rolex President da replicagod.com é bastante difícil de distinguir do original (que custa aproximadamente 30 mil dólares), porque ambos incluem um mecanismo-joia suíço ETA-25 a prova d'água e resistente a choques, uma coroa gravada a microlaser no mostrador, uma caixa quádrupla fundida em ouro de 18 quilates, um cristal de safira resistente a arranhões, um visor que amplifica a data 2,5 vezes, números exclusivos de série e modelo inseridos entre as alças, ponteiros em Luminox, selo circular estanque preto Triplock no tubo da coroa da corda e um adesivo com holograma da marca Rolex. A não ser que você leia os guias de identificação de relógios Rolex para peritos de Richard Brown ou John Brozek, será muito difícil distinguir um Rolex verdadeiro de um falso — ou, evidentemente, justificar gastar os 28 mil dólares adicionais para ter o legítimo. Problemas similares com réplicas afligem todas as outras marcas de relógios de luxo, inclusive Breitling, IWC, Omega, Patek Phillipe e TAG Heuer. (Surpreendentemente, um problema similar está surgindo na indústria automobilística: a Shuanghuan Automobile, na China, foi capaz de produzir e vender veículos mais baratos que apresentam similaridades muito grandes com o Honda CR-V, o Smart-Car e o BMW X5.) Da mesma maneira, durante a evolução humana, conforme nossas capacidades para julgar os outros se aprimoraram, as de enganar melhoraram também, numa corrida infindável de julgamentos e fingimentos sociais.

A corrida entre o verdadeiro e o falso também vem minando o cartel de diamantes De Beers por mais de um século, ao desenvolver imitações de diamantes cada vez melhores: o dióxido de titânio (rutilo sintético) na década de 1940, o titanato de estrôncio sintético (Fabulite) na década de 1950, a granada de alumínio de ítrio (YAG) na década de 1960, a granada de gálio gadolínio (GGG) na década de 1970, zircônias cúbicas (CZ) na década de 1980 e o carboneto de silício (moissanite) na década de 1990. CZ dá uma excelente imitação de diamante; mandei fazer um colar para minha filha com um

CZ perfeito de três quilates, cortado em forma de brilhante, que comprei por 4 dólares de uma loja de pedras e minerais. A moissanita, introduzida no mercado em 1998, aproxima-se ainda mais do diamante, com uma dureza, densidade e lustre semelhantes, porém com mais brilho (índice de refração maior) e mais "fogo" (índice de dispersão maior). Os fabricantes de moissanita, Charles & Colvard, anunciam o produto como "não um substituto de diamante", e sim "uma opção inteiramente nova em termos de luxo acessível", que "oferece o valor, a qualidade e elegância que as mulheres demandam para presentearem a si mesmas, sem a carga emocional de um diamante". Isto é, as mulheres podem comprar anéis de moissanita para si sem precisar arcar com noivos "emocionalmente pesados". Observadores casuais não conseguem distinguir entre eles, como tampouco a maior parte dos proprietários de casas de penhores, que utilizam testes-padrão de condutividade térmica para distinguir CZ de diamantes. Somente os peritos conseguem perceber as sutis refrações duplas (birrefringência) causadas pela estrutura de cristal hexagonal da moissanita. O coríndon sintético é ainda mais complicado para os joalheiros, já que apresenta exatamente o mesmo óxido de alumínio que os verdadeiros rubis e safiras, podendo, porém, ser fabricado em tamanhos maiores, ser mais puro (isento de "inclusões", também conhecidas como impurezas) e ter uma cor mais uniforme. Assim, rubis "verdadeiros" são inferiores aos rubis sintéticos do ponto de vista de qualquer medida racional, embora custem mil vezes mais, já que sua raridade os torna mais desejáveis para algumas pessoas. Esses avanços na produção de gemas levantam a hipótese de que, na evolução biológica, características que começaram como alternativas falsas em relação a certos sinais de qualidade podem ter evoluído para se tornarem mais úteis e até mais desejáveis que as originais. Por exemplo, o humor verbal pode ter se originado como uma maneira de os jovens subordinados imitarem e zombarem dos rivais sexuais mais velhos e fisicamente dominantes — até que, eventualmente, o humor tornou-se mais atraente que a prevalência, exatamente como a moissanita alcançou maior brilho e fogo que os diamantes.

Por fim, consideremos o problema da origem na história da arte. Rembrandt pintou aproximadamente 700 quadros, dos quais somente três mil ainda existem... Misteriosamente, quadros de Rembrandt continuam a proliferar como coelhos, muito depois de sua morte. Suponhamos que você compre um quadro hipoteticamente original de Rembrandt por alguns milhões de dólares e que tenha muito prazer em ostentá-lo durante jantares e em discutir as sutilezas de forma e tons. Então, os peritos de sua seguradora determinam que ele foi produzido por um talentoso falsário do século XIX. O quadro não mudou enquanto objeto físico — suas sutilezas de forma e tons continuariam igualmente louváveis —, mas seu valor pode ser mil vezes mais baixo. Por quê? Porque já não é "verdadeiro", não pertence mais à pequena categoria de telas-realmente-pintadas-por-Rembrandt-van-Rijn, nascido em 1606. O valor depende da oferta e da procura; há uma oferta muito mais ampla de quadros falsos do que de verdadeiros pintados pelos Velhos Mestres holandeses, e uma procura ainda menor. (A origem também se reveste de importância no que diz respeito à escolha de parceiros sexuais: no caso de haver dois possíveis cônjuges de qualidade aparentemente igual, geralmente preferimos o que provém de uma família de qualidade mais elevada, o que significa uma família cheia de parentes sanguíneos mais bem-sucedidos e desejáveis. Esses parentes carregam alguns dos mesmos genes que o potencial parceiro e, portanto, nós os avaliamos inconscientemente como uma garantia genética de verdadeira qualidade.)

Para todos os tipos de produtos de elevado valor — cédulas de dinheiro, cordões de ouro, relógios de luxo, diamantes, quadros de Rembrandt — há uma luta interminável entre o verdadeiro e o falso, o genuinamente valioso e a falsificação. Os produtos verdadeiros tendem a incorporar cada vez mais custos consideráveis (em matérias-primas, equipamentos, tempo, energia e inovação) e cada vez mais precisão notável (simetria, regularidade, complexidade, ajuste e acabamento). Como resposta, os fabricantes de produtos falsos encontram maneiras de substituir materiais e equipamentos por outros mais baratos, de minimizar o tempo de produção e os custos de energia, e de emular a precisão e a marca dos produtos de alta qualidade. Por fim, o falso ilumina e desafia o verdadeiro, na medida em que os consumidores começam a questionar o motivo pelo qual eles deveriam pagar a diferença para ter o produto "verdadeiro". Por que se incomodar em comprar um anel de noivado com um diamante verdadeiro de 3 quilates por 8 mil dólares, se a maior parte das pessoas não consegue distingui-lo de uma pedra de CZ de 4 dólares? Por que se incomodar em comprar um Rembrandt verdadeiro por 10 milhões de dólares, se é possível baixar uma imagem digital de alta resolução de um deles e encomendar uma cópia giclê, em tamanho real e visualmente indistinguível, na loja FedEx mais próxima de sua casa (com impressão computadorizada em cores sobre tela de verdade) por aproximadamente 200 dólares? O falso revela a elevada proporção do custo dos produtos verdadeiros: o aumento do preço de uma marca de luxo, um excedente de preço de puro lucro, um abuso. A ironia é que, no que diz respeito ao valor puramente pragmático, a versão "verdadeira" do produto constitui um roubo maior que a "falsa".

É mais fácil compreender a teoria de sinalização ao refletir sobre esses problemas de falsificação, custo, precisão e lançamentos de marcas de luxo. Quando você examinar qualquer sinal custoso, qualquer indicador de aptidão, sempre verá um retrato da presente coevolução entre o verdadeiro e o falso. A cauda do pavão, a juba do leão, a cédula de 20 dólares e o Rolex não apresentam designs estáticos. Tornam-se sempre mais custosos, precisos e elaborados com o passar do tempo, conforme os imitadores tentam se apossar dos benefícios sociais, sexuais e de status desse tipo de exibições, sem que elas possuam as qualidades subjacentes que estão sendo exibidas (aptidão, saúde, riqueza ou gosto).

## Sinalização, lançamento de marcas e lucro

Se você quiser ter um lucro decente, seu produto deve ter um valor de sinalização especial, além de função nominal. Se um produto atrair a todos, não sinalizará nada sobre o consumidor; então, os consumidores o comprarão simplesmente baseando-se na comparação de suas características e/ou preço. A economia neoclássica parte do princípio de que é isso que os consumidores fazem, mas essa é a última coisa que os verdadeiros homens de negócio querem dos consumidores, já que tende a arrastar os lucros em direção ao zero.

No capitalismo real, as empresas esforçam-se muito para evitar a competição baseada meramente no desempenho objetivo do produto. Em vez disso, usam a propaganda para criar sistemas de sinalização — vínculos psicológicos entre as marcas e as características que os consumidores aspiram exibir. Embora essas relações de sinalização tenham de ser comumente compreendidas pelo grupo de semelhantes socialmente relevante ao consumidor, elas não precisam de modo algum envolver o produto em questão. Os anúncios típicos da revista *Vogue* mostram apenas duas coisas: o nome da marca e uma pessoa atraente. O fato de a pessoa usar qualquer peça de vestuário da marca é irrelevante. Qualquer roupa pode ser copiada dentro de poucas semanas em qualquer fábrica empregando imigrantes chineses clandestinos.

Frequentemente, o anúncio não contém nenhum outro texto além do nome da marca — nenhuma informação sobre preços, características do produto ou localização dos pontos de venda — aparentemente, nada que poderia guiar uma decisão racional de consumo.

Não obstante, há uma racionalidade oculta em ação — a da sinalização custosa. O que importa na maioria das propagandas é a associação conhecida entre a característica a que o consumidor aspira e o nome registrado da marca da empresa — manancial de toda a lucratividade.

Com frequência, o endossamento por celebridades é a maneira mais fácil de criar esse tipo de associação: as características da celebridade podem ser relacionadas à marca do produto sem que as características em si precisem ser identificadas explicitamente. Por exemplo, as propagandas das canetas Mont Blanc que mostram Johnny Depp ou Julianne Moore podem criar uma relação mental entre as canetas Mont Blanc e as características amplamente reconhecidas e admiradas desses artistas (descolados, atraentes, inteligentes, com senso de humor e autenticidade emocional) — sem ter de citá-las. Essas propagandas também mencionam o apoio da Mont Blanc à Iniciativa Nacional de Educação nas Artes da Fundação da Indústria do Entretenimento e, portanto, também estabelecem uma associação ulterior com a generosidade e a criatividade. Uma lógica semelhante leva as propagandas de Burberry a mostrar Kate Moss e as suas contribuições para a Fundação de Pesquisa contra o Câncer da Mama. Resumindo, as celebridades são mostradas nas propagandas não somente pelo reconhecimento de seus nomes, mas pelas características distintivas que parecem possuir, e estas são associadas ao próprio produto através da mágica simbólica do condicionamento clássico. Já que as celebridades não são amplamente conhecidas pela sua generosidade, o reforço da sinalização de status feito por meio do esteio da filantropia empresarial ajuda os consumidores a se sentirem melhor com o consumo exagerado.

A pessoa que vê a propaganda não precisa acreditar que a marca tenha qualquer vínculo lógico ou estatístico com as características desejáveis que quer exibir. Deve simplesmente acreditar que outras pessoas do seu círculo social que veem a propaganda perceberão essa relação. Se eu quero parecer durão, não preciso acreditar que o Hummer H1 realmente pareça durão; só preciso acreditar que mais observadores ingênuos pensarão que o carro parece durão e irão me dar o crédito de ser durão por possuir um deles. Assim, todas as propagandas possuem, na realidade, dois públicos: os potenciais compradores do produto e os potenciais observadores do produto que atribuirão aos proprietários do produto as várias características desejáveis. Quanto mais dispendioso e exclusivo o produto for, mais o segundo tipo excederá o primeiro em número. Assim, a maior parte das propagandas de BMW não visa tanto aos potenciais compradores quanto aos potenciais admiradores da BMW, para induzir o respeito pela pequena minoria que tem condições de comprar os carros. Isso explica o motivo pelo qual a BMW às vezes anuncia em revistas de grande circulação: trata-se de uma maneira ineficiente de alcançar seu público-alvo de potenciais compradores de BMW, porém é um modo muito eficiente de alcançar os admiradores da BMW que respeitarão os compradores. O verdadeiro público-alvo reconhece esse fato, porque também lê, por vezes, as revistas de grande circulação e percebe que seus pares menos bem-sucedidos estão sendo educados para compreender o poder semiótico do BMW 550i. Essa é a maneira como qualquer sinalização galga o caminho que leva da associação arbitrária ao senso comum.

Os anunciantes podem cometer erros quando não compreendem essa lógica da sinalização. Recentemente, a De Beers começou a anunciar anéis de diamantes para as profissionais solteiras, tentando introduzir uma nova convenção social: ao passo que os anéis tradicionais de noivado são usados na mão esquerda, esses seriam "anéis para a mão direita". A princípio, soa ótimo: os homens costumavam comprar anéis de diamantes para as noivas, mas hoje existem muitas mulheres ricas que trabalham e não se casaram, e que, não obstante, gostam de anéis de diamantes. Contudo, a teoria da sinalização sugere que essa campanha pode se tornar contraproducente. Se as mulheres não comprometidas começarem a comprar anéis de diamantes para si e os observadores não fizerem a distinção entre os anulares das mãos esquerda e direita, então os anéis de diamantes já não atestarão de maneira confiável que um homem apaixonado gastou dois meses de salário com uma mulher. O poder sinalizador do diamante irá evaporar; já não alardeará a beleza, afabilidade, felicidade e fidelidade de uma mulher, apenas seu poder de compra. E pior, a nova gema sintética moissanita também está sendo anunciada às mulheres solteiras como uma alternativa barata e indetectável ao diamante, e os marqueteiros da moissanita não estão sequer encorajando as mulheres a usarem seus anéis somente na mão direita. E se mulheres não comprometidas andarem por aí com anéis de moissanita de 300 dólares indistinguíveis de anéis de diamantes de 30 mil dólares, então os casais comprometidos começarão a questionar o valor de sinalização do anel de diamante. E podem acabar trocando-os por piercings de opala no nariz.

## Por que se preocupar em sinalizar?

A teoria da sinalização custosa tornou-se importante na biologia não somente porque resolve alguns problemas técnicos sobre a maneira como os sinais podem permanecer confiáveis no decorrer do tempo de evolução. Também se tornou significativa porque esclareceu os diversos e profundos benefícios resultantes da sinalização em muitas espécies. Mostrou não somente como esta podia funcionar, mas o que é mais importante: sua validade. Se um animal sinalizar suas qualidades individuais aos outros com credibilidade, isso lhe trará benefícios fundamentais.

Em primeiro lugar, os sinais de qualidade de uma pessoa angariam o cuidado dos pais. Jovens animais que sinalizam de forma crível suas intenções de sobreviver e reproduzir-se podem solicitar mais cuidados, alimentação e proteção por parte dos pais. Isso beneficia o animal, reduzindo suas chances de morrer jovem e promovendo seu desenvolvimento sadio e seguro, e também traz benefícios aos pais ao permitir-lhes alocar seu tempo, energia e alimento limitados a uma prole mais propensa a passar os genes adiante. O padrão, chamado "solicitude parental discriminadora", possui um lado sombrio, já que os pais tendem a negligenciar — ou até mesmo matar — jovens animais que apresentem indícios evidentes de procriação consanguínea, defeitos de nascimento, crescimento limitado, saúde fraca ou incompetência comportamental. Talvez seja esse o motivo pelo qual as crianças humanas tendem a exibir suas competências mentais e físicas fazendo coisas difíceis e gritando: "Ei, mãe, olha o que eu sei fazer!" Elas se desenvolveram no sentido de agir como se soubessem que essas demonstrações podem ser recompensadas por formas de investimento parental para promover a aptidão, tais como biscoitos. As crianças cujos defeitos físicos ou mentais impedem esse tipo de sinalização evidente de qualidade — por exemplo, as que sofrem de síndrome de Down, autismo ou cegueira congênita — estão sujeitas a níveis muito mais elevados de abuso, negligência e homicídio por parte dos pais. Na medida em que a maturação humana é especialmente lenta e os pais têm uma vida particularmente longa, o investimento parental frequentemente continua a ser importante através de toda a juventude e até a metade da idade adulta. Assim, as proles continuam a exibir inconscientemente as qualidades aos seus progenitores, formando-se na universidade, casando-se bem, tornando-se sócios de escritórios de advocacia, tendo seus próprios filhos bonitinhos e saudáveis e fazendo biscoitos para eles. As crianças que de início pareciam promissoras, mas que subsequentemente traíram as expectativas de reprodução ao se tornarem candidatas prematuras à morte, frequentemente provocam alguma retração do investimento e da afeição parental, por mais que essas decisões possam ser injustas e discriminatórias.

A sinalização de qualidade também pode ser usada para solicitar cuidados e investimento por parte de outros parentes genéticos. Na medida em que parentes compartilham conjuntos de genes que se sobrepõem, o processo de evolução os molda para agirem da mesma forma. Isto é chamado de seleção parental e, da mesma maneira que os pais têm incentivos para alocar sua solicitude à prole mais "merecedora" (aquela que tem chances maiores de converter o cuidado dos pais num futuro sucesso de reprodução), os parentes alocam sua solicitude familiar naquele que é mais merecedor. (Com efeito, para os biólogos teóricos, o investimento discriminador parental é apenas um caso especial de seleção parental.) Assim, os indivíduos mais saudáveis e atraentes de um clã ampliado tendem a angariar maior atenção e carinho por parte dos parentes. Recebem mais biscoitos das avós e ofertas de emprego dos tios. Desse ponto de vista, as reuniões de família podem ser consideradas rituais periódicos para a exibição mútua de qualidades entre os parentes genéticos: cada indivíduo tenta ostentar características mentais e físicas da melhor maneira possível aos potenciais benfeitores da família e, ao mesmo tempo, tenta avaliar quais são os parentes dignos de receber sua generosidade. As famílias pobres podem promover churrascos em parques públicos enquanto as ricas se reúnem em propriedades fundiárias em Kennenbunkport ou Balmoral, mas, em todos os casos, funções sociais similares são preservadas. Os privilégios, esperanças, expectativas e recursos são redistribuídos de acordo com as inspeções de qualidade dos recém-nascidos, as avaliações de expectativa de casamento dos jovens, as avaliações de longevidade dos mais velhos. Todos queremos parecer merecedores para nossos parentes, na medida em que eles possam fazer alguma coisa por nós.

Ademais, a sinalização de qualidade também pode ser usada para solicitar apoio social, alianças e amizades por parte de pessoas não aparentadas. Essa é uma tática importante para todos os animais que vivem em grupos sociais maiores que o grupo de familiares, que podem reconhecer indivíduos e apoiar ou ignorá-los discriminatoriamente com base em interações e avaliações de qualidade anteriores. Entre os primatas sociais como nós, esse tipo de relações são críticas para a sobrevivência e reprodução individual. Macacos populares vivem muito e prosperam; macacos condenados ao ostracismo acabam morrendo e sem filhos. Assim, desenvolvemos instintos irreprimíveis no sentido de exibir qualidades individuais para quaisquer potenciais patrocinadores, aliados ou amigos que possam nos oferecer benefícios. É a forma mais antiga de política baseada em carisma, além de ser a raiz da formação de grupos e clãs. Às vezes, os benefícios são abstratos, remotos e indiretos: a popularidade de jovens adultos rende contatos profissionais na meia-idade. Mas, com frequência, especialmente durante a pré-história, seus benefícios eram dramáticos, imediatos e diretos: celebridades locais são as primeiras a serem protegidas e as últimas a serem abandonadas quando há guerra, fome ou doença. Até mesmo Aquiles foi defendido melhor pelos seus bravos mirmidões do que pela sua pele alegadamente invulnerável.

Por fim, a sinalização de qualidade pode atrair e reter parceiros sexuais — a primeira fase para o sucesso reprodutivo. Este é um fato-chave em todas as espécies em que as fêmeas ou os machos possuam algum poder de escolha de parceiros. A escolha de parceiros sexuais pode ter tido efeitos profundos na formação dos sinais de qualidade, mas, por enquanto, basta dizer que, se o sexo oposto for cuidadoso na escolha, então isso funcionará como incentivo extremo para exibir suas qualidades tanto aos potenciais parceiros sexuais quanto aos rivais do mesmo sexo. Aqueles que se exibem de forma mais impressionante atrairão maior quantidade e qualidade de parceiros sexuais e dificultarão uma maior qualidade e quantidade de rivais. Esse processo de sinalização de qualidade é absolutamente central na evolução da maior parte das espécies que se reproduzem sexualmente, inclusive na nossa. Mesmo que possamos sobreviver até uma idade bem avançada através da sinalização da nossa excelência para os pais, parentes e amigos, constituiremos um impasse evolucionário caso não consigamos atrair pelo menos um parceiro sexual.

Frequentemente, esses quatro modos de sinalização se sobrepõem: as mesmas características que exibem nossa saúde mental e física para os pais e parentes podem também atrair amigos e parceiros sexuais. Beleza e saúde mental são amplamente valorizadas. Além desses quatro modos de sinalização, um animal solitário também pode se beneficiar de exibições de qualidade ao usá-las para dissuadir potenciais predadores de persegui-lo, impedir parasitas de atacá-lo e intimidar grupos rivais que querem atacar o seu. Em todos estes casos, não é preciso convencer o predador, parasita ou grupo hostil de que jamais seria possível ser vencido por eles, mas apenas que alguma outra vítima seria um alvo mais fácil. A sinalização de qualidade para predadores e parasitas não constitui uma preocupação central para os seres humanos modernos das nações desenvolvidas, já que raramente nos deparamos com bandos de hienas selvagens, babuínos ou pernilongos. Contudo, a sinalização coletiva de qualidade para grupos potencialmente hostis representa a essência da guerra de gangues, da rivalidade interétnica e da política internacional. O consumo desenfreado, nesse nível coletivo, desempenha um papel central na sinalização de qualidade entre grupos humanos. As nações competem na exibição de seu poderio socioeconômico por meio de pródigos "investimentos" públicos em estruturas olímpicas, porta-aviões, voos espaciais tripulados ou arranha-céus. Ao passo que tais itens prestigiosos podem, às vezes, funcionar para atrair investimentos estrangeiros e turistas, bem como para dissuadir invasões militares, também podem tornar-se irracionais. Por exemplo, a determinação dos Estados Unidos a sinalizar superioridade militar e econômica através de uma guerra de 3 trilhões de dólares no Iraque parece ter induzido uma recessão maciça que ameaça a longo prazo seu status como superpotência.

As quatro principais razões para exibir qualidades individuais — solicitar cuidados parentais, investimentos familiares, amigos sociais e parceiros sexuais — seguem muitas dessas mesmas características. Seus pais, parentes, amigos e parceiros cuidam de sua saúde física e mental porque isso influencia a probabilidade de que você sobreviverá no futuro para colher os benefícios de aptidão resultantes de sua atenção. Todos eles se importam com sua atratividade física, porque inconscientemente percebem que isso influencia a probabilidade de atrair bons parceiros sexuais para passar adiante os genes (no caso de pais e parentes) ou fazer com que eles fiquem bem por associação (no caso de amigos) ou transmitir sua atratividade para a descendência conjunta (no caso de parceiros sexuais). Todos eles se importam com a sua inteligência, porque isso influencia suas perspectivas tanto de sobrevivência, quanto de reprodução;

seu valor social enquanto parente, amigo ou parceiro sexual; e seu valor genético enquanto mãe ou pai. Todos eles se importam com as características de sua personalidade e suas virtudes morais, porque elas influenciam sua probabilidade de ser gentil, justo e consciencioso em qualquer papel social que você venha a desempenhar. Assim, a maior parte das características valorizadas num tipo de relação social também o é nos outros tipos, e este é o motivo pelo qual nos esforçamos constantemente para exibir essas características para diferentes públicos sociais.

## Sinalização do corpo e da mente

Minha análise está centrada nos produtos que sinalizam as características-chave dos seres humanos — traços corporais de saúde, aptidão, fertilidade, juventude e atratividade, e as características mentais da inteligência e personalidade. De alguma maneira, essas duas categorias representam diferentes níveis de descrição para o mesmo fenótipo humano, o mesmo organismo individual. O corpo é o fenótipo físico como aparece aos outros ao nível da percepção — através da visão, audição, toque, paladar e olfato. Usamos alternativas como vestuário, maquiagem, cirurgia plástica e equipamentos para exercícios para modificar a aparência do corpo para que ele possa parecer mais saudável, mais jovem, mais apto, mais fértil e mais desejável. Num nível elevado de abstração, a mente é apenas o que o corpo faz consigo mesmo — o fenótipo comportamental como aparece para os outros, que emitirão julgamentos sobre sua inteligência e personalidade. Agimos em relação ao nosso fenótipo comportamental (mente, personalidade) da mesma forma como aspiramos fazer para que nosso fenótipo físico (corpo) tenha um aspecto melhor, gastando dinheiro em educação, caridade, viagens, atividades de lazer e adesivos para os parachoques dos nossos carros, para parecermos mais inteligentes, gentis, extrovertidos e liberais do que realmente somos. Num nível de descrição ainda mais elevado, o status, prestígio, posição, popularidade, fama e riqueza de um indivíduo constituem o seu fenótipo social como é percebido pelos outros e como emerge através de uma vida inteira gasta em socializar, conversar, negociar, fazer amigos, construindo coalizões e buscando status. Gastamos dinheiro em luxos e símbolos de status para parecermos mais respeitáveis, populares e ricos, porém na medida em que essas características sociais emergem de forma bastante direta das nossas características físicas e mentais, este livro as considerará no contexto dos primeiros dois níveis.

No que diz respeito às características físicas e mentais, temos interesse em ostentar a aptidão — exagerando verdadeiras qualidades pessoais estáveis — para que os outros nos tratem melhor como amigos, amantes, parentes ou colegas. Raramente admitimos esse fato, embora quase sempre percebamos quando os outros fazem isso. Se você tiver se formado em Columbia, como eu, pode considerar-se um intelectual urbano sério, esforçado e socialmente consciente. Mas, se seu rival sexual possuir um diploma de Harvard, você poderá taxá-lo de presunçoso, arrivista, hipócrita e narcisista. E vice-versa. Quando exibimos nossas próprias características, apenas fazemos o jogo da autoapresentação de forma eficiente. Não obstante, quando nos percebemos ludibriados pela falsa sinalização de outros — possíveis amantes, amigos, políticos —, passamos a considerá-los como trapaceiros e mentirosos. Nossa autoilusão sobre a sinalização é profunda, ampla e opaca.

Essa autoilusão faz com que seja difícil ser um consumidor plenamente consciente. Raramente somos honestos conosco sobre o motivo pelo qual compramos coisas, e os eufemismos da propaganda não ajudam. Qual slogan soa melhor: "L'Oréal. Porque você merece" ou "L'Oréal. Porque você quer parecer mais nova que aquela atendente vagabunda do Starbucks que está sempre paquerando o seu marido"? Ou esses: "BMW 2006 550i — equilibrado para o desempenho" ou "BMW 2006 550i — equilibrado para jogar fumaça de pneus queimados nas caras espinhentas daqueles adolescentes rebeldes que dirigem Subarus WRX e ameaçam sua masculinidade enquanto ortodontista divorciado de 47 anos de idade"? As verdadeiras emoções e aspirações por trás dessas compras não devem ser reveladas, sob pena de percebermos que tentamos comprar coisas que não podem ser compradas — ou que não valem o custo. Consideremos: a BMW 2006 550i acelera de 0 a 100 km/h em 5,4 segundos e seu preço no varejo é de 57.400 dólares; a Subaru WRX STI vai de 0 a 100 km/h em 4,7 segundos e o seu preço é de 32.445 dólares. O emblema da BMW realmente vale 25 mil dólares? Você poderia comprar um emblema avulso por 16 pratas na autopartswarehouse.com, colá-lo na sua Subaro, vencer a competição contra os outros ortodontistas e ainda cobrir a despesa com os honorários do advogado que cuida do divórcio. Ou, então, poderia cobrir os custos de três anos de psicoterapia semanal para problemas de autoestima e de controle de raiva.

A essa altura, já deveria ter ficado claro que você se sentirá mais confortável com meus argumentos caso se aceite plenamente como consumidor narcisista que visa a ostentar aptidão e que durante toda a vida foi iludido pelos eufemismos da propaganda e cedeu à pressão dos seus pares para assumir o hábito de gastar irracionalmente. Em outras palavras, você provavelmente se sentirá pouco à vontade durante a maior parte do tempo em que lerá este livro. A verdade é que, às vezes, a ciência dói.

## Consumo notável como sinalização de aptidão

As pessoas têm respostas radicalmente diferentes no que diz respeito ao próprio conceito de consumo típico. Algumas consideram absolutamente óbvio que a maior parte dos comportamentos econômicos do ser humano seja condicionada pela busca de status, sinalização social e sexual. Neste grupo estão incluídos a maioria dos marxistas, marqueteiros, fundamentalistas da classe trabalhadora e mulheres divorciadas. Outras consideram isso um ponto de vista ultrajantemente cínico, e argumentam que a maior parte do consumo é feita pelo prazer individual ("utilidade") e pela prosperidade da família ("segurança"). Neste último grupo estão incluídos a maioria dos capitalistas, economistas, fundamentalistas de classe alta e homens prestes a se divorciar. Essas diferenças de opinião raramente podem ser resolvidas por exemplos comerciais ou anedotas, ou pela argumentação de princípios. Entretanto, aplicar um pouco de psicologia demonstra ser útil. Assim, inspirados pela teoria da sinalização custosa, meus colegas Vladas Griskevicius, Josh Tybur e outros realizaram uma série de quatro experimentos, cujo objetivo era perceber como as decisões de consumo das pessoas poderiam mudar caso os benefícios potenciais para encontrar parceiros sexuais acenados pela sinalização custosa ficassem mais ou menos evidentes.

No primeiro experimento, estudantes universitários foram ao laboratório em pequenos grupos. A cada estudante era atribuída uma de duas condições, aleatoriamente: "procurando parceiro sexual" ou "não procurando parceiro sexual". Os sujeitos que procuravam parceiros sexuais olhavam para três fotografias de pessoas atraentes do sexo oposto numa tela de computador, escolhiam a mais desejável e gastavam alguns minutos escrevendo sobre um primeiro encontro ideal com essa pessoa. Os sujeitos que não procuravam parceiros sexuais olhavam para uma fotografia mostrando uma rua e gastavam os mesmos minutos escrevendo sobre o tempo ideal para percorrê-la e olhar para os prédios ali representados. Então, foi pedido a todos que imaginassem ter recebido inesperadamente uma modesta quantia de dinheiro (tal como um prêmio de loteria de alguns milhares de dólares) e que escolhessem quais de vários produtos de luxo conspícuo eles gostariam de comprar (tal como um novo relógio, férias na Europa ou um carro novo), em vez de depositar o dinheiro numa poupança. Então, pediu-se para que imaginassem dispor de algum tempo disponível por semana e perguntou-se quantas horas eles dedicariam a trabalhos voluntários (tal como trabalhar num abrigo de sem-teto ou ajudar num hospital infantil). Os resultados foram dramáticos: os homens que procuravam parceiros sexuais disseram que gastariam muito mais dinheiro do que os que não procuravam (por exemplo, eles ficariam com as férias na Europa em vez de guardar o dinheiro), mas esse efeito não ocorreu nas decisões de consumo das mulheres. Por outro lado, as mulheres que se encontravam na condição de busca por parceiros sexuais disseram que gastariam muito mais tempo com trabalho voluntário do que aquelas que não os buscavam, enquanto esse efeito não foi verificado com os homens. Esse estudo confirmou que o consumo visível (para os homens) e a caridade visível (para as mulheres) podem ser ampliados ao pensar em termos de oportunidades de encontrar parceiros sexuais e, assim, funcionar estrategicamente como forma de se exibir para parceiros sexuais em potencial.

Na medida em que a teoria da sinalização custosa sugere que a sinalização deva ser notável e publicamente observável para atrair amigos ou parceiros sexuais, meus colegas queriam ver se esse efeito de procurar parceiros sexuais se aplicava mais especificamente ao consumo e ao voluntariado evidentes do que ao consumo e voluntariado não evidentes. Num segundo experimento, atribui-se a outro grupo de estudantes universitários condições similares de procura ou não procura de parceiros sexuais, aleatoriamente. Então, os sujeitos indicavam quanto dinheiro gostariam de gastar nos mesmos produtos de consumo supérfluo (relógio novo, férias na Europa) do primeiro estudo ou em novas necessidades "básicas" (tais como roupas, itens de cozinha, produtos de limpeza para a casa). Por fim, eles indicavam quanto tempo gostariam de gastar nos mesmos itens de voluntariado notável oferecidos no primeiro estudo ou em algumas atividades não visíveis, porém socialmente úteis (tais como recolher sozinho lixo num parque ou tomar banhos mais rápidos para economizar água). Os resultados também foram muito claros: os homens na condição de procura de parceiras sexuais, quando comparados com os que não estavam procurando, disseram que gastariam mais dinheiro nos luxos evidentes, e realmente menos nas necessidades básicas (produtos de limpeza para casa); enquanto não foi observado nenhum efeito nas decisões femininas de consumo. Em contrapartida, as mulheres na condição de procura por parceiros sexuais, quando comparadas com as que não os procuravam, disseram que gastariam mais tempo em voluntariado pró-social evidente (tal como trabalhar num hospital infantil), mas não mais tempo em atividades pró-sociais não conspícuas (tais como tomar banhos mais rápidos); e não se observou nenhum efeito no voluntariado masculino. Assim, o fato de procurar parceiros sexuais não aumenta simplesmente de forma genérica o gasto do consumidor ou o voluntariado pró-social; somente incrementa o consumo evidente ou a caridade evidente — os comportamentos que melhor funcionam como exibição pública e dispendiosa.

O que foi um pouco surpreendente é que, em ambos os estudos, os homens intencionados a achar uma parceira sexual não agiram de modo mais conspicuamente benevolente, e as mulheres intencionadas a achar um parceiro sexual não gastaram mais em consumo evidente. É possível que esses homens prefiram somente formas notavelmente heroicas de benevolência (tais como salvar estranhos de afogamentos) e essas mulheres prefiram somente formas evidentemente generosas de gastar dinheiro (tais como fazer lances mais altos em leilões de caridade). Assim, no terceiro estudo, um outro grupo de universitários seguiu a mesma rotina do segundo estudo, só que eles podiam optar por gastar dinheiro nas formas originais de consumo notável (tais como um relógio ou um carro novo) ou em formas mais generosas de gasto (tais como doações para vítimas de desastres naturais ou lances elevados num leilão público a fim de levantar dinheiro para crianças doentes). Eles também podiam optar por gastar tempo e energia nas formas originais de caridade conspícua (tais como trabalhar num abrigo para os sem-teto) ou em algumas atividades mais heroicas (tais como correr para dentro de um edifício em chamas para salvar alguém que ficou preso ou distrair um urso pardo prestes a atacar um estranho). Conforme previsto, as mulheres intencionadas a procurar parceiros sexuais, quando comparadas com as do grupo de controle, disseram que gastariam mais na modalidade de gasto evidente como sinalização de generosidade; os homens intencionados a procurar parceiras sexuais fizeram o mesmo. Por outro lado, os homens intencionados a encontrar parceiras sexuais, quando comparados com os rapazes do grupo de controle, afirmaram que realizariam ações de ajuda mais heroicas, porém não de outro tipo; não se detectou nenhum efeito da condição de querer encontrar um parceiro sexual na disposição das mulheres para prestar ajuda heroica. Ademais, os homens mais interessados em relações sexuais promíscuas de curto prazo tiveram o maior aumento tanto no gasto conspícuo para sinalizar generosidade quanto na incidência de benevolência heroica.

Isso fornece uma evidência particularmente sólida de que os homens usam esses comportamentos como sinalização custosa para encontrar parceiras sexuais.

Se o fato de pensar em acasalar pode aumentar a benevolência heroica dos homens, talvez outros tipos de benevolência masculina possam ser ampliados por motivos de acasalamento — não somente atos heroicos, porém atividades caridosas que também lhes possibilitem exibir dominância ou liderança. No quarto estudo, um último grupo de estudantes, aos quais se atribuiu ou não a intenção de procurar parceiros sexuais, indicaram o quanto estariam dispostos a fazer coisas úteis, seja de baixo status (as cinco atividades originais do primeiro estudo), seja socialmente prestigiosas (voluntariado junto com celebridades de Hollywood na Make a Wish Foundation para crianças com doenças terminais ou coordenando encontros entre obras de caridade e funcionários da Casa Branca), seja socialmente (fazer um discurso por uma boa causa diante de uma multidão hostil ou liderar um protesto público arriscado). Ambos os sexos mostraram ter um interesse marginalmente superior em comportamentos pró-sociais que fossem prestigiosos quando interessados em procurar parceiros sexuais. Entretanto, somente os homens demonstraram um interesse maior nos comportamentos pró-sociais socialmente dominantes quando intencionados a buscar parceiras sexuais, efeito constatado principalmente nos rapazes altamente promíscuos que são mais motivados pelo esforço de procurar parceiras sexuais.

Um trabalho fascinante, elaborado recentemente por Jill Sundie, Vladas Griskevicius e seus colegas, replicou esses efeitos em outros quatro estudos. Buscando inspiração na descoberta de que os homens extremamente promíscuos são mais influenciados pela intenção de procurar parceiras sexuais, eles mediram o interesse em relações de curto prazo, utilizando uma escala chamada de "inventário de sociossexualidade". O primeiro estudo mostrou que homens extremamente promíscuos estavam mais propensos a pedir roupas chiques emprestadas a um amigo para impressionar uma parceira sexual em potencial do que um novo chefe, enquanto homens de baixos níveis de promiscuidade preferiam impressionar o chefe, e as mulheres não demonstravam diferença alguma. O segundo estudo mostrou que os homens extremamente promíscuos que olhavam para fotos de oito mulheres atraentes, quando comparados a outros que olhavam para fotos de oito prédios bonitos, afirmaram que eles gastariam mais dinheiro em itens avaliados por outros estudantes como exemplos de consumo supérfluos (tais como óculos de grife ou um aparelho de som automotivo sofisticado) do que em produtos não supérfluos (tais como calças jeans de preço baixo ou torradeiras). Não houve alterações devido à intenção de procurar parceiros sexuais tanto para os homens de baixa promiscuidade quanto para as mulheres, e o questionário-padrão para medir o "materialismo" não detectou consumo desenfreado. O terceiro estudo mostrou o efeito que a intenção de procurar parceiros sexuais exerce sobre o consumo conspícuo. Este somente funciona quando a situação de potencial acasalamento é um caso de curto prazo ao invés de longo — e, mesmo então, só funciona para os homens de promiscuidade extrema. O quarto estudo mostrou que as mulheres avaliavam um homem dirigindo um Porsche Boxster como sendo mais atraente para uma relação sexual de curto prazo do que um homem dirigindo um Honda Civic, mas que o Porsche não tornava o homem mais atraente como possível parceiro para casar. Os homens que avaliaram mulheres não foram influenciados pelo tipo de carro que elas dirigiam. Esse último estudo é especialmente intrigante, já que ele sugere que as mulheres são atraídas pelos homens que praticam consumo supérfluos pelos seus bons genes (que podem ser obtidos através de uma única cópula) em vez de pelos seus bons recursos (riqueza que poderia ser relevante num casamento de longo prazo).

Um estudo final realizado pelos psicólogos evolucionistas Margo Wilson e Martin Daly confirmou que a intenção de procurar um parceiro sexual influencia o comportamento econômico mais drasticamente entre os homens do que entre as mulheres. Eles estavam interessados nas "taxas de desconto" das pessoas, que determinam o grau de paciência das pessoas ao lhes oferecer a escolha entre receber certo número de dólares amanhã ou uma quantia maior de dólares num prazo mais extenso no futuro. Primeiramente, eles mediram a taxa de desconto de aproximadamente duzentas pessoas, usando medidas-padrão de escolha econômica. Então, pediram às pessoas para olharem fotografias de potenciais parceiros ou carros previamente avaliados como altamente atraentes ou não atraentes. Por fim, voltaram a medir a taxa de desconto de cada indivíduo, para ver se ela havia se modificado depois de olhar para as fotografias. Descobriram que os homens que haviam visto as fotografias altamente atraentes de mulheres (do Hotornot.com) mudaram para uma taxa de desconto muito mais elevada — tornaram-se muito menos pacientes no que diz respeito ao dinheiro. Olhar para carros não teve nenhum efeito nas taxas de desconto dos homens, e olhar para homens não demonstrou ter efeito nas taxas de desconto de mulheres. (Entretanto, as mulheres que olharam para carros atraentes realmente desenvolveram uma taxa de desconto mais baixa — uma atitude economicamente mais racional, mais apta a economizar o dinheiro para comprar esse tipo de carro.) Resumindo, os homens que viram mulheres atraentes tornaram-se muito mais motivados a conseguir qualquer soma de dinheiro possível num prazo curto, presumivelmente para que pudessem gastá-lo para atrair parceiras sexuais.

Esses nove estudos corroboram efetivamente minha afirmação central: grande parte do comportamento econômico humano, independentemente de se tratar de consumo ou caridade, é engendrado pela motivação que constitui a sinalização custosa para exibir nossas qualidades pessoais para parceiros sexuais em potencial e outros parceiros sociais. Essas motivações são extremamente afinadas e muito específicas. Revelam diferenças sistemáticas entre os sexos e são influenciadas por aparentes oportunidades de conseguir um parceiro sexual. Entre as pessoas intencionadas a conseguir um parceiro sexual, elas provocam principalmente comportamentos exagerados, em oposição aos não exagerados. Entre as mulheres intencionadas a encontrar um parceiro sexual, provocam principalmente gastos com caridade em vez de gastos com artigos de luxo. Entre os homens intencionados a encontrar parceiras sexuais, especialmente os promíscuos, elas provocam formas heroicas, socialmente prestigiosas e dominantes de comportamento pró-social. Parece improvável que comportamentos tão sutilmente padronizados surjam como efeito colateral de excitação geral ou sexual. Eles revelam uma psicologia da exibição humana que possui características intricadas, formadas durante milhares de anos de evolução, para atrair parceiros sexuais e amigos através de certos tipos de comportamentos dispendiosos e arriscados que sinalizam certas características desejáveis, de forma confiável.

# 7
# Desperdício, precisão e reputação evidentes

A TEORIA DA sinalização custosa lança uma perspectiva paranoica sobre o comportamento humano, já que nos leva, inevitavelmente, a duvidar. Ela induz um vívido ceticismo em relação às reivindicações de outros organismos no que diz respeito à superioridade física, mental e social. Torna a vida mais inquietante — menos como uma comédia romântica e mais como uma combinação de filme *noir*, thriller de espionagem e ficção científica. No fim das contas, ela provoca mais que um gesto de concordância com a observação feita por Elias Root Beadle, ministro americano do século XIX, de que "metade do trabalho que é realizado no mundo é para fazer as coisas parecerem o que não são".

Temos instintos para a autoexibição ostensiva, mas também possuímos instintos para a frugalidade e otimização, sendo que essas qualidades guiaram as escolhas dos nossos ancestrais para caçar e colher com eficiência, negociar com proveito e fazer ferramentas com destreza. Enquanto Thorstein Veblen analisou notoriamente instintos de autoexibição em *A teoria da classe ociosa* (1899), ele também examinou instintos de busca de eficiência em sua obra menos conhecida, *O estado de produção e o estado das artes industriais* (1914). Esses instintos de busca da eficiência também podem ser aplicados para avaliar diferentes sistemas de sinalização. Eles nos levam a pensar que gostaríamos de ser capazes de julgar as outras pessoas com precisão, sem que elas tenham de se onerar e gastar tanta matéria, energia, tempo e riscos em sinalização. Existe alguma forma de escapar desse pesadelo da sinalização custosa, na qual a única alternativa à ilusão universal é o desperdício colossal?

Durante alguns anos, no início da década de 1990, os biólogos acreditaram que a teoria dos "índices" poderia fornecer uma resposta a esse dilema. Os índices eram, teoricamente, sinais perfeitamente confiáveis sem serem dispendiosos: a qualidade da característica subjacente de um organismo corresponderia 100% à qualidade aparente de um indicador que poderia ser observado por outros organismos, de tal maneira que o indicador seria um índice confiável da característica. Os índices poderiam ser confiáveis caso fossem de encontro a alguma limitação fundamental da física newtoniana ou da biologia desenvolvimentista. Por exemplo, o tamanho corporal de um animal adulto parecia ser um possível índice de sua qualidade genética, condição física e idade, já que animais alterados, doentios ou recém-nascidos simplesmente não podem comer bastante e suficientemente rápido para desenvolverem corpos maiores que a média. A partir desse ponto de vista, um peixe da espécie barrigudinho de quatro centímetros de comprimento deve ser melhor em comparação aos outros barrigudinhos, que costumam ter, em média, três centímetros; um braquiossauro de 25 metros de comprimento deve ter sido um braquiossauro bastante bom, já que esses dinossauros mediam cerda de 20 metros.

Contudo, a teoria dos índices foi eventualmente superada pela teoria da história de vida — o estudo de como os organismos alocam recursos, energia e tempo a diferentes padrões de crescimento e comportamento no decorrer de suas vidas. A teoria da história de vida sugere que sempre existiu muito espaço para o fingimento, mesmo no que diz respeito aos índices supostamente confiáveis. Suponhamos que os animais se desenvolvam no sentido de prestar mais atenção ao comprimento físico uns dos outros, compreendido como uma deixa de qualidade subjacente na hora de escolher os melhores parceiros sexuais ou de investir recursos na prole mais apta. Haverá, então, uma seleção de parceiros sexuais e proles que alocam mais energia no desenvolvimento de partes mais longas do corpo, para conseguirem um número maior de cópulas ou cuidados parentais do que seria esperado. As partes do corpo que custam menos para ficar mais longas, por terem uma seção transversal menor (pescoços e caudas), serão as que crescerão mais rapidamente durante o processo evolucionário. Assim, haverá uma redução gradual na correlação entre o tamanho corporal aparente (comprimento) e a qualidade genética, condição física e idade verdadeiras. O resultado será o surgimento de peixes barrigudinhos com longas caudas e braquiossauros de pescoço e cauda compridos. Testes empíricos realizados pela teoria da história de vida sugerem que essas realocações de energia evolucionárias de um padrão de crescimento a outro são bastante fáceis de serem realizadas. Não há, na realidade, muitas "limitações de desenvolvimento" rígidas nos organismos, que garantam a confiabilidade de qualquer índice específico. A evolução é simplesmente poderosa e esperta demais em contornar limitações e transformar índices confiáveis em propagandas não confiáveis. Essa mesma forma inexorável de minar a confiabilidade dos índices também acontece no nível cultural, conforme fica ilustrado pela falsificação de cédulas de dinheiro, relógios de luxo e quadros de Rembrandt.

Seria conveniente viver num mundo de índices confiáveis e emblemas indicando méritos. Poderíamos julgar livros pelas capas, pessoas pelos rostos e produtos pelas referências visíveis mais simples. Nossos filhos poderiam prosperar aprendendo alguns provérbios básicos: quanto maior, melhor; não se tem ganho sem trabalho; tal pai, tal filho; o poder é tudo; a prática faz o mestre. Não precisariam aprender que nem tudo o que reluz é ouro ou que as ações falam mais alto que as palavras. Eles poderiam manter sua inocência e ingenuidade para sempre, no mundo da verdade eterna e onipresente.

A teoria da sinalização custosa representa, basicamente, a má notícia de que não vivemos num mundo assim, porque a sobrevivência e a reprodução se transformam em incentivos à fraude demasiadamente grandes, e os processos adaptativos que inventam novas formas de logro — evolução genética, invenção cultural, improvisação individual — são demasiadamente rápidos e difusos. A boa notícia é que é possível existir alguma confiabilidade na sinalização, sob determinadas circunstâncias de custo.

O custo da sinalização pode certamente incluir aqueles em termos da provisão geral de energia de um animal (calorias ingeridas na alimentação) ou dos recursos ecológicos (tais como territórios para acasalar adquiridos por meio de brigas e ameaças), similares ao dinheiro em alguns aspectos. Quando tais custos análogos ao capital são exorbitantes, a teoria da sinalização custosa mais se parece com a teoria do consumo conspícuo de Thorstein Veblen. Em *A teoria da classe ociosa*, Veblen argumentava que os bens e serviços de luxo são adquiridos pelos ricos principalmente para exibir sua riqueza, e não para aumentar sua felicidade. Os compradores de produtos de níveis mais elevados compreendem que o preço alto é um benefício, não um custo. Isso impede que os compradores mais pobres possam possuir o mesmo bem, garantindo assim a confiabilidade do produto enquanto indicador da riqueza e do gosto de seu proprietário. Os ricos desejam ardentemente o novo iPod não pelo som que ele reproduz em suas cabeças, mas pelas impressões que ele causa na mente alheia. Veblen aplicava a expressão "consumo conspícuo" a todas essas exibições dispendiosas, em que a função principal da aquisição, uso e exibição do produto é a de sinalizar as características individuais, a riqueza e o status aos observadores. A teoria da sinalização custosa simplesmente generaliza a visão de Veblen, aplicando-a ao mundo biológico. Ela constata que os animais, inclusive os seres humanos, frequentemente exibem os sinais mais caros de que dispõem, independentemente de serem caudas de pavão ou Hummers H1. Em todos os casos, a sinalização confiável exige algum tipo de "desperdício conspícuo" — um dispêndio extremamente visível de recursos que não aporta benefício material, mas que simplesmente assinala a habilidade e a vontade do sujeito de desperdiçar aqueles recursos.

Não obstante, a expressão "custo" é enganadora e não está limitada aos análogos biológicos do custo monetário. Os custos do sinal também podem incluir dispêndios em termos do tempo de um animal (minutos gastos fazendo alguma coisa), atenção (proporção de consciência alocada em alguma tarefa executada), diligência (proporção de sistema de controle de qualidade investida em desenvolver ou produzir um sinal bem-formado), risco físico (probabilidade de ferimento ou morte) ou risco social (probabilidade de constrangimento ou punição, caso a fraude seja descoberta). Nesses casos, os sinais dispendiosos podem não exigir desperdício conspícuo; em vez disso, podem exigir precisão conspícua (que é alcançada somente por meio de tempo, atenção e diligência) ou reputação conspícua (vulnerabilidade diante das sanções sociais).

Os sinais que garantem sua confiabilidade por meio do desperdício ou da precisão visíveis podem ser chamados de indicadores. Quando revelam a qualidade genética ou a condição fenotípica de um animal, estamos diante de indicadores de aptidão — revelam a boa forma daquele animal e sua propensão estatística a sobreviver e se reproduzir com sucesso nas condições ecológicas naturais de uma espécie. A cauda do pavão é um indicador de aptidão que depende parcialmente de desperdício conspícuo (é larga e pesada) e parcialmente de precisão conspícua (suas penas delicadamente desenvolvidas são radialmente simétricas no nível da macroestrutura, apresentam olhos espaçados regularmente no nível da meso-estrutura e exibem iridescência ao nível da microestrutura).

A maior parte dos produtos elaborados pelos seres humanos comporta alguma combinação de desperdício e precisão visíveis. O Hummer H1 SUV pega pesado em matéria de desperdício (pesa 3.560 quilos e consegue fazer aproximadamente 4,2 quilômetros por litro de gasolina), mas apresenta muito pouca precisão — possui apenas precisão suficiente de design e de fabricação para funcionar pouco tempo antes de precisar de reparos (o que acontece com bastante frequência, de acordo com as avaliações de confiabilidade da revista *Consumer Reports*). O sedã Lexus LS 460 é um pouco mais leve no que diz respeito ao desperdício conspícuo (pesa 1.923 quilos e faz 8,4 quilômetros por litro), porém apresenta um investimento muito mais pesado em precisão (ajuste, acabamento, características, confiabilidade e luxo).

Além dos indicadores, muitos animais desenvolvem "emblemas" para mostrar aptidão ou status. Estes não se apoiam no gasto ou na precisão, mas na reputação conspícua. Emblemas podem ser facilmente desenvolvidos e mantidos por aqueles socialmente reconhecidos como merecedores deles. Contudo, caso indivíduos os usem sem merecê-los, estarão sujeitos à condenação social dos demais, variando entre ser evitado e cair no ostracismo à agressão física e à violência da multidão. Por exemplo, marcas faciais atuam como emblemas de status entre as vespas fêmeas. Vespas de status mais elevado possuem um número maior de manchas escuras sobre a boca, e o número de manchas está relacionado de maneira confiável à largura da cabeça, o tamanho do corpo e a habilidade de luta. Os biólogos Elizabeth Tibbetts (Universidade de Michigan) e James Dale (Universidade Simon Fraser) descobriram que, quando pintavam manchas escuras suplementares em vespas de status inferior, aquelas vespas eram atacadas de forma muito mais agressiva pelas vespas dominantes. Assim, pode ser barato produzir manchas escuras do ponto de vista metabólico, porém isso leva a uma pesada punição social, caso a vespa não tenha a capacidade de luta suficiente para garantir o emblema de status. Emblemas humanos análogos incluem as gravatas das escolas britânicas, medalhas militares e tatuagens de gangues — em todos esses casos, sua exibição desmerecida provoca sanções que variam entre o ostracismo e a morte.

Para que os emblemas funcionem como sinais confiáveis, devem ser verificados periodicamente pelos outros animais para determinar se o portador realmente o merece. Isso pode ser qualificado de "custo de manutenção" do emblema, porém trata-se de um custo arcado não tanto pelo portador, mas pelo público. Os outros é que têm o trabalho de checar a existência de fraudes, falsificações e trapaças, e devem impor aos trapaceiros uma punição severa o suficiente para que os indivíduos de status inferior tenham certeza de pagar um preço proibitivo por tentar usar um emblema de status superior — o que leva a outro problema de confiabilidade: detectar e punir trapaceiros é inconveniente para o indivíduo (já que custa tempo, energia e riscos), mas é bom para o grupo (já que conserva a confiabilidade do emblema); portanto, tecnicamente, trata-se de um ato de altruísmo. Altruísmo pró-social estimulado nas populações, desde que os indivíduos que verificam os emblemas e os que punem os trapaceiros ganhem benefícios sociais e reprodutivos por policiar o sistema de sinalização. Contudo, o sistema inteiro depende de um equilíbrio complexo de poder e interesse entre os usuários de emblemas honestos, os trapaceiros, a polícia, os admiradores da polícia e os fãs dos policiais. Quando a população consegue estabelecer esse equilíbrio corretamente, os emblemas podem funcionar como sinais de aptidão, de status ou de qualquer outra coisa, extremamente confiáveis, eficientes e baratos. Porém, se os indivíduos esquecem de recompensar as pessoas que verificam os emblemas e as que punem os trapaceiros, com status social suplementar, mais amizades e oportunidades de encontrar parceiros sexuais, o sistema poderá facilmente ruir.

A maior parte dos produtos elaborados pelos seres humanos também depende até certo ponto de emblemas sociais, chamados de marcas. Nomes de marcas e logos são normalmente leves em termos de gasto (pequenos e achatados) e apenas moderados em termos de precisão (utilizam fontes e desenhos relativamente simples), mas são ferozmente protegidos como emblemas pela lei de marcas e patentes, por advogados empresariais e inspetores de produtos. Até mesmo na China, a maior parte dos falsários aprendeu a alterar o nome da marca imitada o suficiente para evitar violações escancaradas das oficiais; assim, eles produzem roupas Paradi (em vez de Prada), pilhas PenesemiG (em vez de Panasonic) e calçados Pmua (em vez de Puma). A exemplo das manchas pretas de padrão aleatório nas cabeças das vespas, a forma e o significado precisos do nome da marca e do logo são imateriais. Até nomes estúpidos de marcas (Accenture, Babolat, Bong Vodka, Intellocity Kork-Ease e Pht Farm) podem ser bem-sucedidos, desde que ativamente promovidos e policiados. Tudo o que importa é que a marca seja reconhecível para os consumidores, positivamente vinculada a algum aspecto de qualidade de produto e garantida por sanções legais e sociais. Isso ocorre de maneira análoga à evolução, que constrói emblemas como sistemas de sinalização ao espalhar os genes para desenvolvê-los e reconhecê-los, e garantindo a sua precisão, as empresas constroem o valor de uma marca ao promover o reconhecimento dela por parte do consumidor, uma associação positiva para com ela e a intolerância diante da falsificação da mesma. As mesmas considerações de reconhecimento, associação e confiabilidade se aplicam aos nomes de empresas e grupos empresariais acima do nível da marca (Toyota Motor Corporation) e a nomes de produtos dentro de cada marca (Camry).

A tabela a seguir ilustra as diferenças entre desperdício, precisão e reputação conspícuos enquanto princípios de sinalização.

| Base de comparação | Gasto conspícuo | Precisão conspícua | Reputação conspícua |
|---|---|---|---|
| *forma de custo* | matéria, energia | atenção, habilidade | trapaceiro, punição |
| *forma de quantidade de sinal* | qualidade de massa | informação, marca | reconhecimento |
| *indicadores típicos* | tamanho grande, materiais caros, área superficial, pouca durabilidade, escala | pequenas tolerâncias, design apurado, simetria, confiabilidade, complexidade | grandes vendas, design distintivo, prototipicalidade, estar na moda, popularidade |
| *emoções do exibidor* | liberalidade | orgulho | vaidade, presunção |
| *emoções da audiência* | admiração | fascínio | familiaridade, inveja |
| *expressões de elogio* | chique, divertido | bom, adequado | famoso, na moda |
| *elementos* | ouro (relógio) | silício (chip) | néon (letreiro) |
| *comidas* | patê de foie gras | sushi | costela |
| *marcas de relógio* | Franck Muller | Skagen | Rolex |
| *roupas* | casaco de zibelina | vestido Issey Miyake | terno Armani |
| *marcas de carro* | Hummer | Lexus | BMW |
| *itens de casa* | sala de estar grande, hall de entrada | cozinha, jardim | fachada, código de endereçamento postal |
| *diplomas* | Mestrado em Oxford | Doutorado em física no MIT | MBA em Harvard |
| *cidades* | Los Angeles | Cingapura | Paris |

Cada um desses exemplos pode ser contestado, porque a maioria dos produtos de verdade depende de todos os três princípios em proporções variáveis. Particularmente, os produtos mais bem-sucedidos devem exibir um nível mínimo de precisão para funcionar, de forma eficiente, segura e confiável, para seu propósito nominal. O Hummer deve funcionar ao menos pelo tempo de duração do test-drive; Los Angeles deve ter ruas suficientemente bem organizadas para que a viagem diária para o trabalho não dure mais que 24 horas. Não obstante, essa precisão não necessita de ser exagerada — não precisa ir além do nível de necessidade pragmática. Por outro lado, a maior parte dos produtos deve trazer alguma marca reconhecível, sob pena de não justificar qualquer excedente de preço em relação ao de um artigo genérico e não render lucro para seus fabricantes, distribuidores e vendedores. O desperdício conspícuo também é opcional caso existam outros princípios de sinalização. Alguns produtos asseguram sua qualidade por meio de uma mistura quase exclusivamente constituída de precisão e exposição da marca, sem extravagâncias de escala ou materiais. Por exemplo, a maioria dos relógios da marca Skagen usa caixas muito finas e simples de aço inoxidável, mecanismos de quartzo precisos e apresenta um posicionamento discreto da marca.

Evidentemente, o gasto, a precisão e a reputação não esgotam todas as formas possíveis de confiabilidade da sinalização. Existe também a raridade conspícua: diamantes cor de rosa, quadros de Rembrandt, pó lunar, vestidos da princesa Diana. A raridade é tão valorizada por entusiastas de animais exóticos que sempre que uma nova espécie é descrita na literatura científica, o risco de extinção dessa espécie aumenta em função dos colecionadores em busca do suprassumo do exótico — conforme aconteceu com a tartaruga *Chelodina mccordi*, da ilha indonésia de Roti, que alcançou os 2 mil dólares no mercado internacional de animais e, então, quase entrou em extinção. Também existe a antiguidade conspícua (frequentemente relacionada à raridade): moedas romanas Duplo Aureus de ouro, espadas samurais do período Muromachi, Bíblias de Gutenberg. No entanto, essas formas mais exóticas de confiabilidade da sinalização se aplicam principalmente nos mercados de leilões especializados em itens de luxo raros, e não no design e marketing de produtos de consumo.

## A eficiência e moralidade relativas dos diferentes sistemas de sinalização

Cada princípio de sinalização tem aspectos positivos e negativos distintos do ponto de vista do sinalizador e do público, bem como da população e ecologia de forma geral. Essas distinções são significativas, porém frequentemente negligenciadas. Por exemplo, as críticas socialistas e ambientalistas ao consumismo desenfreado são dirigidas mais violentamente contra as formas mais brutas de desperdício conspícuo, que sequestram materiais e energia para os ricos em detrimento dos pobres e que impõem a maior pegada ecológica (exigências de recursos e energia). É muito mais difícil levantar objeções de cunho socioecológico contra um iPod minúsculo do que contra um Hummer H1. Os aristocratas distinguem-se dos novos ricos não por estarem livres do consumismo, mas por sua preferência pela precisão e reputação notáveis ("as coisas mais finas da vida") em relação ao desperdício conspícuo ("o grosseiro e vulgar"). Os vegetarianos ecologistas exibindo penteado rastafari diferenciam-se de mães bem penteadas dirigindo minivans não por sua indiferença em relação ao capitalismo, porém pelas formas de reputação conspícua que preferem: Organic Ginger Zing Granola Cereal da Nature's Path com leite de soja Silk Plus Omega 3 DHA, em vez de Frosted Flakes da Kellogg's com leite de vaca da fazenda, cheio de hormônios do crescimento e pus proveniente de mastite do úbere. Um cientologista que gasta 280 mil dólares em "intensivos" do culto e em cursos para atingir o status de "Operating Thetan Level VIII" pode se considerar espiritualmente superior a um psiquiatra de Beverly Hills que gasta a mesma quantia no relógio suíço Magistral Tourbillon de Girard-Perregaux, embora ambos busquem a reputação visível, só que de maneiras um pouco diferentes. Assim, as discussões em torno do capitalismo de consumo podem ir muito longe quando não reconhecemos que existem muitas formas diferentes de sinalização confiável — e que nossas próprias táticas preferidas de sinalização são as que menos reconhecemos enquanto tais.

Em muitos aspectos, o desperdício conspícuo é a forma de sinalização mais simples, popular e (surpresa!) que mais desperdiça. Os peixes barrigudinhos e os braquiossauros conseguiram desenvolver sinais esbanjadores, bem como os sentidos e o cérebro para distinguir entre eles; os seres humanos também o fizeram. Efetivamente, o desperdício conspícuo é uma extensão metabólica da própria vida. Os biólogos definem a vida como um conjunto de processos que podem sustentar a reprodução (autorreplicação) e o metabolismo (controle sobre fluxos locais de matéria e energia para preservar nossas adaptações físicas diante da entropia). O desperdício conspícuo é simplesmente uma forma de exibir o escopo do nosso controle sobre aqueles fluxos locais de matéria e energia, ao monopolizar mais recursos do que o necessário para a autopreservação de curto prazo. A vantagem desse tipo de sinalização é que ele confere sucesso na autopreservação do indivíduo a um prazo mais longo (através de status social elevado) e dos seus genes (por ter maior sucesso no acasalamento). Por exemplo, um homem adulto ativo precisa de aproximadamente três mil calorias por dia. Um bilionário que está ativamente buscando status e mantém trinta convidados e vinte funcionários em seu megaiate de trezentos pés pode controlar o fluxo de 150 mil calorias adicionais por dia para alimentar seus dependentes, e mais 8 mil galões de combustível por dia caso esteja navegando a 15 nós. Um galão de combustível contém aproximadamente 30 mil calorias de energia, portanto o gasto total de energia do megaiate é de cerca de 240 milhões de calorias por dia — igual a 90 mil quilos de carne de vaca de primeira ou 80 mil vezes mais calorias que o bilionário necessita para sustentar o próprio corpo. Um caçador pré-histórico habilidoso consideraria estar com muita sorte se trouxesse para casa 20 quilos de carne por dia e, portanto, o bilionário está demonstrando controlar uma quantidade mais de cinco mil vezes superior aos recursos metabólicos que qualquer ser humano normal poderia comandar durante todo o processo da evolução humana. Assim, o gasto de alimentação e combustível do iate é uma extensão prodigiosa do metabolismo do bilionário.

Thomas Malthus observou que as populações humanas normalmente se expandem para equiparar a capacidade de sustentação do meio ambiente. Levando-se em consideração o mundo malthusiano de recursos limitados, a monopolização de fluxos tão maciços de energia por um único homem através de um iate significa que outras pessoas terão de passar sem ela. Assim, quando pessoas pobres e famintas veem megaiates e outros gastos conspícuos, tendem a ficar tensas e a exigirem uma revolução socialista (no século XIX) ou antidepressivos mais eficazes (no século XXI). *A teoria da classe ociosa* de Veblen foi uma tirada satírica contra o desperdício conspícuo, mas ela não explorou o lado psicológico do motivo pelo qual julgamos esse desperdício esteticamente tão ofensivo. *O estado da produção e o estado das artes industriais*, seu livro publicado em 1914, preencheu essa lacuna ao postular que, ao longo de milênios fabricando ferramentas e fazendo inovações técnicas, os seres humanos desenvolveram uma profunda preferência instintiva por ferramentas, projetos e estilos de vida eficientes. Na opinião de Veblen, a repulsa estética contra o desperdício conspícuo reflete esse instinto da produção manual, que valoriza a precisão do design e a eficiência do funcionamento. Veblen conjecturou uma utopia tecnocrática na qual engenheiros virtuosos afastavam os marqueteiros e investidores corruptos do poder e entregavam produtos de tamanho certo e gasto mínimo para o público agradecido.

Contudo, nos termos da teoria da sinalização, esse instinto de artesanato poderia ser classificado simplesmente como um conjunto diferente de preferências de sinalização — as que aplicamos quando julgamos a precisão conspícua em relação ao desperdício conspícuo. Em grande parte, a utopia tecnocrática de Veblen concretizou-se em todo mundo desenvolvido durante boa parte do século XX, através da estética do modernismo internacional, do minimalismo e do tecnofetichismo. Esses movimentos abandonaram o desperdício conspícuo do ornamento vitoriano em prol da precisão conspícua do design, da forma e da funcionalidade — exemplificadas pelas casas de Frank Lloyd Wright, os móveis Knoll, os relógios Movado e os computadores Apple. Os ricos continuaram a comprar móveis dispendiosos, porém estes encareceram porque os designers passavam horas tentando desenvolver novas formas de cadeiras que exigiam dos especialistas em ferramentas mecânicas novos métodos de fabricação para cada novo design, e não porque os entalhadores de madeira passavam horas entalhando o mogno com motivos florais numa renovação do estilo rococó.

A mudança do desperdício conspícuo para a precisão conspícua operada durante o século XX foi benéfica em muitas maneiras. Permitiu que os designers explorassem de modo mais criativo o espaço possível para o design de produtos. Minimizou, por um tempo, a respeitabilidade da extravagância grotesca da Era do Ouro. Pavimentou o caminho para a estética ecológica segundo a qual "tamanho não é documento". Modificou o status dos engenheiros de grandíssima escala (trens, navios de guerra, arranha-céus) para os de pequeníssima escala (eletrônica, biotecnologia, nanotecnologia). Ampliou a apreciação do público pelo ajuste, acabamento, confiabilidade, funcionalidade e novidade. Enquanto o desperdício continua a ser popular em alguns países (Estados Unidos, Rússia, Arábia Saudita), a precisão tornou-se mais fetichizada em outros lugares (Japão, Coreia, Hong Kong, Europa).

Contudo, a precisão conspícua pode levar a formas igualmente absurdas de consumismo desenfreado. Se as funções básicas dos bens de consumo permanecessem estáveis e se a forma seguisse a função, então o design modernista teria conseguido fixar rapidamente a forma perfeita para cada categoria de produto — independentemente de se tratar da cadeira, do carro ou da casa ideais. Ademais, já que os consumidores exigem precisão conspícua, conforme fica manifesto no trabalho perfeito, na qualidade e na confiabilidade, então todos os produtos deveriam operar eficientemente durante muitas décadas, se não por toda vida, sendo transmitidos de uma geração para outra como legados importantes, semelhantes aos legados biológicos dos nossos genes. Um sistema desse tipo, entretanto, resultaria numa catástrofe econômica, já que eventualmente ninguém teria de produzir ou comprar mais nada. Esse era o pesadelo dos empresários da década de 1950, e o problema foi solucionado — com a elaboração de uma estratégia explícita entre os investidores, os marqueteiros e os políticos — com a invenção de várias formas de obsolescência planejada e pseudoprogresso tecnológico que o jornalista Vance Packard examinou de forma memorável em livros como *Os persuasores ocultos* (1957), *A busca por posição* (1959) e *O fabricante de desperdício* (1960).

As empresas se deram conta de que, caso quisessem continuar a vender carros novos, sendo que a estética modernista ditava que cada uma das funções de um automóvel podia ser desempenhada apenas por uma gama de formas de design otimizadas, a única maneira de "aperfeiçoar" o novo modelo de carro do ano era incorporar novas funções que surgiam através da perpétua inovação técnica. Todos nós conhecemos a série de aperfeiçoamentos que tornaram cada modelo de carro "obsoleto" dentro de poucos anos. Surgiram, entre outros: o ar-condicionado (1941), janelas elétricas (1948), direção hidráulica (1951), controle de velocidade (1958), cintos de segurança de três pontos (1959) e assim por diante. Mais recentemente, motoristas ansiosos que costumavam estar satisfeitos como o airbag do lado do motorista (introduzido em 1980), sentiram-se obrigados a adquirir sucessivos upgrades, como os airbags do lado do passageiro (1987), airbags laterais (1995), airbags para os joelhos (1996), windowbags (1998) e airbags de segunda geração (1998). Meu Toyota Land Cruiser, de 1997, só possui dois airbags e, portanto, sinto-me irracionalmente vulnerável quando comparado ao motorista de uma BMW 750Li de 2007, que tem oito airbags — embora meu Land Cruiser seja mais alto e mais pesado.

Assim, a sinalização consumista realizada através da precisão exagerada acarreta uma proliferação muito rápida de novas características e funções dos produtos, frequentemente por meio de inovações técnicas mínimas e pseudoinovações. O desperdício resultante não costuma ficar tão óbvio em qualquer produto individual, porém se torna grave quando somamos todos os produtos sucessivamente obsoletos que um consumidor compra durante toda a vida. Se você adquirir um Toyota Prius (cujo peso total é de 1.300 quilos) a cada três anos em vez de um Land Cruiser (2.600 quilos) a cada dez anos, durante os 50 anos de duração da vida de um motorista, você terá consumido um total de 20 mil quilos em vez de 13 mil quilos de massa de carro. Upgrades contínuos nem sempre fazem sentido, mesmo que o novo produto tenha um custo ambiental inferior para cada quilômetro rodado. De forma análoga, um consumidor da minha geração terá consumido (até agora) alguns toca-discos, um toca-fitas de oito canais, vários tape decks para fitas-cassette, muitos CD players e vários iPods — sendo que cada um desses itens foi fabricado com precisão suficiente para ainda estar funcionando, caso fosse possível encontrá-los.

A mudança do desperdício exagerado para a precisão exagerada reflete gradual desmaterialização do consumo, na qual sinalizamos superioridade através do design e não da massa, e através da complexidade e não do tamanho. Os telefones celulares já estão se tornando demasiadamente minúsculos para que homens adultos os usem sem se sentirem como mamutes gigantes de patas lerdas. A décima terceira geração de nano-iPod de 2045 poderá consistir de um milímetro cúbico de pura nanotecnologia colada no lobo da orelha do indivíduo. Caso caia, teremos de tomar cuidado para não inalá-lo ou deixar que nosso animal de estimação Shih Tzu o lamba do chão. A precisão está rapidamente atingindo os limites de nossa acuidade visual e controle motor fino.

Não obstante, essa desmaterialização dos produtos é um tanto ilusória, na medida em que a alocação do capital simplesmente deslocou-se dos próprios produtos para os estabelecimentos de engenharia e produção. Um microchip para computador de 100 milhões de transistores pode medir apenas um centímetro quadrado, mas somente se for produzido numa fábrica que custa bilhões de dólares e possuir uma área de 93 mil metros quadrados, sendo 9 mil metros quadrados de área ultralimpa de "classe 1". Para alcançar a precisão conspícua em nossos produtos, pagamos às empresas para cobrir os investimentos de capital alocados na capacidade e excelência de produção implícitas na qualidade de um produto, em vez de pagá-las para investir um capital extravagante em cada produto específico. O resultado pode traduzir-se em economias maravilhosas em grande escala, já que a produção centralizada apresenta capacidade para fabricar rapidamente muitos produtos a um custo marginal extremamente baixo, depois que as instalações estejam estabelecidas e operantes.

A reputação visível representa uma desmaterialização ainda mais extrema do consumo. Nessa área, a confiabilidade de sinalização de um produto já não depende do capital investido nele (como ocorre no desperdício exagerado) ou em seu design e produção (como ocorre na precisão conspícua), mas no marketing e na divulgação da marca. A respeitabilidade do produto e o *brands equity* não existem na forma material, mas no cérebro dos consumidores e observadores. Esses cérebros são tão reais quanto aço ou silicone, porém, como não são tão manipuláveis quanto materiais ordinários, devem ser atingidos através dos sentidos: por meio da propaganda, colocação do produto, formadores de opinião, imitação, divulgação boca a boca e todas as outras armas do marketing moderno.

Em 2006, a Interbrand relatou que a Coca-Cola tinha 67 bilhões de dólares em "brand equity" Global — mais que qualquer outra empresa. Para as pessoas que não trabalham em marketing, o conceito de *brand equity* (o valor total do reconhecimento do nome de uma marca por parte dos consumidores) costuma soar tão abstrato que não faz nenhum sentido. Para os marqueteiros, entretanto, a expressão tem um significado empírico muito real — a saber, que 94% das pessoas na Terra reconhecem "Coca-Cola" e à maioria delas "responde positivamente" aos seus produtos, o que significa que elas pagarão um preço superior por um produto da Coca-Cola comparado com uma bebida genérica fisicamente equivalente. Considerando a população global de 6,5 bilhões de pessoas, a ação mental da Coca-Cola vale, em média, aproximadamente 10 dólares por pessoa; isto é, os 2 bilhões de dólares que a empresa gastou anualmente em propaganda durante tantas décadas geraram esse reconhecimento do produto que vale aproximadamente 10 dólares por cérebro humano. As outras dez maiores marcas — Microsoft, IBM, GE, Intel, Nokia, Toyota, Disney, McDonald's e Mercedes — tinham, cada uma, uma *brand equity* maior que 21 bilhões de dólares em 2006, ou mais que 3 dólares por cérebro humano. Essas propensões podem parecer ilusórias, imateriais ou até místicas, mas são suficientemente reais para sustentar a carreira de centenas de milhares de profissionais de marketing e propaganda. Não resta dúvida que, à medida que a nova ciência da neuroeconomia progredir e usar métodos de mapeamento cerebral mais sofisticados para identificar quais partes do cérebro do consumidor respondem a marcas e produtos, conceitos como *brand equity* parecerão cada vez menos místicos.

A teoria da sinalização custosa salienta o fato de que a *brand equity* existe principalmente nas mentes dos receptores de sinal (observadores do consumo de produtos de outras pessoas), não nas dos próprios sinalizadores (os reais consumidores de um produto). As marcas de luxo com a *brand equity* mais elevada (Louis Vuitton, Gucci, Chanel, Rolex, Hermes, Tiffany, Cartier, Bulgari, Prada e Armani) o compreendem perfeitamente. Elas anunciam na *Vogue* e *GQ* não para informar sua existência aos ricos consumidores potenciais, mas para assegurar aos ricos consumidores potenciais que os leitores mais pobres da *Vogue* e de *GQ* vão reconhecer e respeitar essas marcas quando as virem exibidas por outros. Esse é o motivo pelo qual o típico anúncio de produtos de luxo inclui uma modelo extremamente atraente, vestida como uma herdeira de status elevado, ostentando uma expressão de desdém e desprezo pelo observador.

O anúncio não diz "Compre isto!"; ele diz "Tenha certeza de que, se você comprar e exibir este produto, os outros estão bem treinados para se sentirem feios e inferiores em sua presença, exatamente como você se sente feia e inferior quando se compara a esta deusa".

A reputação notável enquanto princípio sinalizador provoca objeções estéticas e morais distintivas. Os críticos do branding apontam não tanto para o desperdício material de cada produto ou para a proliferação tecno-fetichista de características e funções inúteis que ele acarreta, mas para seus efeitos de comparação social invejosa. Os produtos de marca levam o consumidor a se considerarem com status mais elevado, sexy e sofisticado — sentimentos que, em última análise, são opressores (caso os observadores reconheçam um status mais elevado na pessoa que exibe o produto e, assim, se sintam inferiores), ou autoilusórios (caso os observadores não reconheçam realmente um status mais elevado). De qualquer maneira, o branding parece perverso — um desperdício de esforços, atenção e vaidade humanos no jogo inútil do status social.

Entretanto, em outros aspectos, a reputação conspícua é maravilhosamente eficiente como princípio de sinalização. Deixa uma pegada ecológica muito modesta, porque depende de tecnologias leves de informação e mídia para influenciar as mentes das pessoas. A propaganda compõe-se meramente de fótons visando aos olhos, e ondas sonoras, aos ouvidos. E elas podem ser produzidas através de meios muito eficientes — imprensa, rádio, televisão, internet — que não consomem muito combustível fóssil nem mata focas a pancadas. O princípio da reputação conspícua reconhece honestamente a função central do capitalismo de consumo — a exibição odiosa das qualidades pessoais de um indivíduo para um público — e, assim, ele possibilita que os marqueteiros e consumidores realizem essa função com menos danos colaterais a outras pessoas e ao meio ambiente.

Parece improvável que as pessoas algum dia evitem a busca compulsiva por autoexibição, conforme os fracassos do comunismo e da utopia hippie demonstraram claramente. (Observe que, agora, tanto Mikhail Gorbachev, da URSS, quanto Keith Richards, do Rolling Stones, aparecem em anúncios de bagagens da Louis Vuitton.) Contudo, os modos de autoexibição das pessoas são muito flexíveis, como demonstrado pelo desenvolvimento de diferentes normas de exibição em variadas épocas históricas e culturas. Assim, a autoexibição poderia, um dia, ser deslocada das nossas atuais formas antissociais, irresponsáveis e não confiáveis de desperdício, precisão e reputação conspícuos para formas mais pró-sociais, conscienciosas e confiáveis, que continuem a deixar as pessoas ganharem seu sustento.

# 8
# Corpos que fazem autobranding, mentes que se autopromovem

O CORPO É uma ferramenta prática para sobreviver e se reproduzir, mas também é a embalagem e a propaganda dos nossos genes. Os observadores do corpo compreenderam há séculos que a forma humana, como a de todos os animais, é uma vitrine de indicadores de aptidão. Ao perceber como exibimos bons genes, boa saúde e boa fertilidade através de nossos traços, podemos entender melhor como nossas mentes, ao se autopromoverem, se exibem através do comportamento de consumo.

A sabedoria popular considera a beleza como sinônimo de saúde e fertilidade. Publilius Syrus, o antigo mímico romano, escreveu: "Um belo exterior é uma indicação silenciosa." Oscar Wilde, o gênio gay irlandês, escreveu: "Somente as pessoas superficiais não julgam pelas aparências." Martha Graham, a ossuda bailarina moderna, observou: "O corpo nunca mente." Os pavões têm caudas; os leões, jubas; e os seres humanos, exuberantes cabelos que ficam compridos se não cortados, olhos semelhantes a gemas com grandes escleróticas brancas, rostos expressivos, lábios sensualmente virados para fora, pele suave e sem pelos e mãos graciosamente habilidosas. Darwin se deu conta de que todas essas características humanas são resultado da seleção sexual — gerações inteiras dos nossos ancestrais que escolheram indícios confiáveis de juventude, saúde, aptidão e fertilidade em seus parceiros. Ademais, cada sexo tem os próprios indicadores luxuosos de aptidão. Os homens apresentam barbas, queixos grandes, músculos fortes no tronco e pênis mais longos e grossos que os dos outros grandes macacos. As mulheres têm seios e nádegas avantajadas e cinturas relativamente mais finas quando comparadas às de outros grandes macacos. Os indicadores específicos do sexo amadurecem somente na puberdade, na hora certa para que os indivíduos possam ir apregoando sua aptidão no mercado de parceiros sexuais.

Nos últimos 15 anos, os psicólogos evolucionistas confirmaram que muitas dessas características do corpo humano funcionam mesmo como indicadores de aptidão. (Isso pode soar óbvio, mas não é sempre fácil encontrar fatos empíricos de peso que corroborem o supostamente óbvio.) Agora, existem fortes evidências de que essas características físicas são singularmente ampliadas nos seres humanos, valorizadas como sinais sexuais, e exibidas mais proeminentemente durante o cortejo. Elas apresentam grandes diferenças por sexo e desenvolvem-se sob a influência de hormônios sexuais, especialmente em torno da puberdade. Algumas dessas partes (lábios, seios, nádegas e pênis), inclusive, incham de sangue durante a excitação sexual. São salientes e sensuais, custosas e complexas e constituem sinais da capacidade para a sobrevivência e a reprodução difíceis de serem fingidos. Constituem o foco da pornografia visual para os homens e da pornografia narrativa para as mulheres. Quando ficamos velhos, doentes ou passamos fome, nossos cabelos perdem o brilho, o rosto murcha, os lábios afinam, a pele fica flácida e as mãos tremem. Nos homens, o pênis, os músculos e queixos encolhem; nas mulheres, os seios e nádegas encolhem e ficam flácidos. Caso os genitores sejam irmãos ou primos, sua consanguinidade genética reduz a saúde, fertilidade e o encanto dos descendentes. Quando gravemente feridos, a simetria e a graça dos nossos movimentos se reduzem.

Essas características são tão indicadores de aptidão física quanto de boa forma física.

Esses indicadores são mais confiáveis no centro e na extremidade inferior da escala de aptidão. Astros de cinema superatraentes como Anne Hathaway e Will Smith não são necessariamente mais saudáveis ou férteis que os 20% das pessoas mais atraentes da sua turma de colégio. Contudo, ambos os grupos são, muito provavelmente, mais saudáveis e férteis do que os 20% das pessoas menos atraentes da sua turma do colégio. A atração pela beleza física é o lado inverso da repulsa pela feiúra física, pela assimetria, doença, deformações, lesões e feridas. Quando compramos produtos para realçar a beleza, estamos principalmente tentando ocultar imperfeições — o tipo de questões discutidas no site embarassingproblems.co.uk: acne, mau hálito, gases abdominais, frieiras, caspa, infecções genitais, piolhos, impotência, incontinência, micose da virilha, problemas penianos, ronco, tiques, varizes e verrugas.

Quando pensamos na variedade fenomenal que existe em matéria de corpos humanos, fica muito difícil lembrarmos o que temos em comum, já que somente os indicadores de boa forma são evidentes. Se você comparar a atriz Elizabeth Hurley com sua parente mais feia ou o craque de futebol David Beckham com seu parente mais feio, é difícil imaginar que os rins, cólons, línguas, glóbulos oculares e testículos ou ovários sejam virtualmente idênticos em termos de estrutura, função e fisiologia. Se você for uma das oito milhões de pessoas que viram a exposição de Dr. Gunther von Hagens "Body Worlds", de cadáveres humanos plastinados, você talvez se lembrará de que não era realmente possível dizer qual corpo havia sido sexualmente atraente antes de ser esfolado, ter os músculos dissecados e os órgãos desmontados. Se você fosse uma das 3.400 pessoas executadas na China em 2004, sua sensualidade teria pouca influência sobre o preço que seus rins, suas córneas, seu fígado e seu coração teriam no mercado negro. Provavelmente, algum rico empresário de Cingapura está atualmente vendo, feliz da vida, através dessas córneas condenadas, sem nenhum preconceito.

No comércio de cadáveres (para escolas de medicina e seminários de treinamento cirúrgico), as grandes empresas como Innovations in Medical Education and Training (IMET) pouco se importam em saber se você era bonito antes do seu corpo entrar na linha de fornecimento do "banco de tecidos". Elas apenas pagarão o valor padrão de 550 dólares por uma cabeça, 815 dólares por uma perna inteira, 1.500 dólares por uma coluna dorsal ou 375 dólares por cada seio — mais o frete aéreo. Quando ocasionalmente uma embalagem se abre numa instalação de triagem da FedEx, os trabalhadores não exclamam "Oh, que linha do queixo encantadoramente bela, e que fronte nobre tem essa cabeça humana desarticulada!"; para eles, trata-se apenas de uma bola repulsiva de carne, gordura e ossos que está descongelando. Como Augie Perna, diretor do IMET, disse certa vez numa entrevista à revista *Harper's*: "O tórax no qual você está vivendo neste momento é apenas carne e osso. Para mim, é um produto." Ou, como o filósofo estoico Epicteto escreveu mil e novecentos anos atrás: "Você é uma pequena alma carregando um cadáver por aí."

Não estou querendo balançar seu coreto existencial com pensamentos tão mórbidos; só quero lembrar a você que os corpos humanos genéricos são bastante similares e que fazemos um caso enorme em relação a coisas que são essencialmente diferenças sem importância. Aos olhos de um camponês medieval baixinho, mal alimentado, raquítico e infestado de piolhos, todos nós pareceríamos anjos esplêndidos. Para um chimpanzé excitado, todos nós pareceríamos pacientes de quimioterapia anêmicos, de braços curtos e faces encovadas. Para um tigre-dentes-de-sabre, todos nós pareceríamos bem saborosos. Os membros da International Biometric Industry Association têm de trabalhar muito para encontrar maneiras automatizadas confiáveis para diferenciar as pessoas. Tipicamente, esse trabalho exige medir padrões precisos, complexos e semialeatórios de superfícies da pele (impressões digitais, escaneamento das mãos, perfis de fator de reflexão espectral), da face, da íris ou da voz. Para outras espécies e para as máquinas biométricas, as diferenças humanas são realmente sutis.

Contudo, as consequências evolucionárias daquelas diferenças tornam-se enormes quando se efetua a média dentro de populações inteiras e elas são compiladas por milhares de gerações. Minúsculas diferenças nas sequências de DNA levam a diferenças sutis de proteínas, células, tecidos, órgãos e corpos, o que, por sua vez, acarreta diferentes níveis médios de sucesso reprodutivo. Evoluímos no sentido de notar essas diferenças aparentemente triviais, porque, a longo prazo evolucionário, elas têm uma importância enorme.

Obviamente, muitos bens e serviços são lançados no mercado para melhorar o aspecto físico das pessoas. Os exemplos mais populares e mais dramáticos — vestuário, cirurgia plástica, a indústria do fitness — foram analisados por milhares de pesquisadores. Somente as esquisitices mais extremas ainda causam surpresa e nos fazem lembrar da quantidade de narcisismo que há por trás do consumismo. Um desses exemplos é a goma de mascar Bust-Up, apregoada às colegiais japonesas pela B2Up, uma empresa de Tóquio. Ela contém fitoestrogênios que alegadamente aumentam o tamanho, a forma e a firmeza dos seios (veja bustgum.com). Outro exemplo é do *Extreme Makeover*, um reality show nos quais voluntários são filmados enquanto fazem lipoaspiração, implantes de seios, plásticas de nariz, plásticas na barriga, programas de exercícios e upgrade no guarda-roupa.

## O surgimento do Triatlon

Quando a moda da corrida varreu o mundo desenvolvido, na década de 1970, os corredores começaram a competir em maratonas. Ao passo que a maratona de Boston tem sido disputada desde 1897, novas grandes maratonas anuais começaram a pipocar em toda parte: Nova York (1970), Berlim (1974), Chicago (1977), Londres (1981). A de Nova York, a mais disputada do mundo, agora tem de limitar os corredores a 37 mil por ano.

Entretanto, do ponto de vista da sinalização da aptidão, o fato de correr uma maratona gerou um problema: demonstrou ser fácil demais. Logo ficou evidente que quase qualquer pessoa entre os 15 e os 55 anos de idade podia completar uma maratona caso treinasse de maneira consciensiosa durante aproximadamente seis meses. Completar uma maratona de 43 quilômetros já não era mais uma realização especial o suficiente para provocar bastante respeito, e tornou-se impossível ao corredor amador vencer uma maratona. E, o que é ainda pior, o treinamento para a maratona não torna o corpo das pessoas impressionante. Os corredores de longas distâncias se tornam magros e fibrosos: os homens perdem os músculos do tronco, enquanto as mulheres perdem os seios, as nádegas e a fertilidade. Ambos os sexos desenvolvem níveis mais baixos de hormônios sexuais e libido. Por fim, correr maratonas era barato demais para servir como um bom indicador de riqueza: tudo o que você precisava para competir era um par de tênis de corrida de 80 dólares.

Outra forma de competição atlética tornou-se necessária para os amadores — uma que favoreceria corpos mais fortes, maiores, mais atraentes sexualmente e mais férteis, e que exigisse um equipamento muito mais dispendioso. Voilà — o Ironman Triatlon havaiano foi inventado em 1977. Exigia nadar 3,86 quilômetros para, em seguida, pedalar 180 quilômetros e então terminar com uma maratona de 42 quilômetros. Essa competição favorecia os atletas amadores que apresentavam mais força no tronco (para nadar), mais força nos membros inferiores (para pedalar) e maiores reservas de gordura (para evitar congelar na água e providenciar energia a longo prazo). Hoje em dia, triatletas sérios também precisam gastar pelo menos 5 mil dólares em equipamentos — por exemplo, 550 dólares por um neoprene especial para triatlon Blue Seventy Helix Full, 3.800 dólares por uma bicicleta de triatlon Scott CR1 Plasma Pro, mais barras energéticas especiais e bebidas isotônicas (um triatlon, em oposição à maratona, exige reposição de energias no caminho). Assim, os triatlons passaram rapidamente a garantir mais reputação do que as maratonas: por serem mais longos, duros e competitivos, exigindo mais músculos, treinamento e dinheiro. Na medida em que a vida humana dos nossos ancestrais também requeria equilíbrio entre a capacidade aeróbica para caminhar e correr por longas distâncias e a força para carregar a carne caçada, os alimentos coletados de plantas e ainda levar consigo bebês pesados, o corpo do triatleta também corresponde melhor às preferências sexuais que desenvolvemos em relação ao aspecto que um ser humano fértil e saudável deveria ter.

O triatlon é um exemplo clássico de ostentação desenfreada de características. Não somente requer nível elevado de boa forma física, como também níveis maiores de riqueza, esforço de treinamento e conscienciosidade. Quando comparado à maratona, resultava num corpo mais adequado às preferências sexuais humanas por saúde, força e fertilidade. O deslocamento que o triatlon impôs à maratona exemplifica um princípio-chave na sinalização: os sinais fortes desbancam os fracos.

## Os indicadores faciais de fertilidade e a cosmética

Uma das minhas teses centrais é que compramos muitos produtos numa tentativa semiconsciente de aumentar o poder de atração sexual e social de certos traços pessoais. Não há muito mistério no que tange às características físicas (seios, nádegas e cabelo) que funcionam como indicadores de aptidão e que as mulheres exibem para parecerem sexualmente atraentes. Não obstante, muitos outros traços físicos funcionam como indicadores de aptidão mais sutis em cada sexo e são exibidos em público mais frequentemente e incrementados por meio da compra de produtos. Os cosméticos usados pelas mulheres, por exemplo, podem nos ensinar muito sobre a natureza da beleza, ao esclarecer como certos traços faciais femininos funcionam como indicadores de aptidão, juventude e fertilidade.

O fundamento evolucionário da cosmética é que, na maior parte das espécies de primatas, a seleção sexual está bastante centrada no aspecto da face. Isso porque a maioria dos primatas é extremamente social (eles se importam com o lugar onde os outros fixam o olhar e com que tipo de expressão facial transmitem) e altamente visual (importam-se com o aspecto dos olhos e das faces dos outros). Tipicamente, esse fato leva as fêmeas primatas a selecionarem faces de machos que apresentem características absurdamente exageradas do ponto de vista da atração sexual. A própria face como um todo pode evoluir no sentido de se tornar visualmente mais proeminente, como nos fortes contrastes de claro-escuro que emolduram os focinhos dos macacos cólobo de pelagem preta e branca, os saguis de duas cores e os macacos De Brazza. Os olhos podem evoluir para ficarem mais salientes, com fortes contrastes similares os emoldurando, como no macaco de nariz branco, no mangabei de topete vermelho e no langur de óculos. A pele ou a pelagem facial evolui para apresentar cores altamente saturadas, como no focinho vermelho vivo do uacari vermelho e no focinho azul vivo do macaco de bigode. Essas cores podem evoluir para ficarem ligeiramente mais sutis, como no azul pastel do macaco dourado de nariz arrebitado ou no rosa pastel do macaco de nariz arrebitado do Yunnan — ou, então, as cores podem evoluir e ficar ainda mais extravagantes, como no nariz azul e vermelho vivo do mandril. Outros primatas desenvolveram notáveis estilos de pelagem, como o bigode do tamarim imperador ou o topete de estilo moicano do tamarim do algodão. Os traços faciais podem ser exagerados para formar narizes enormes (o macaco proboscis), bolsos faciais (orangotango) ou crânio pontudo (gorila).

Em todos os casos, os primatas machos têm um aspecto mais distintivo e exacerbado, refletindo a história evolucionária de uma escolha feminina mais dirigida para os indicadores faciais de aptidão. Nos seres humanos, em contrapartida, a seleção sexual afetou as características faciais de ambos os sexos de modo quase igual, resultando em características masculinas "testosteronizadas" (testas, mandíbulas, queixos e narizes mais proeminentes; olhos menores e mais fundos; barbas) visivelmente diferentes das características "estrogenizadas" femininas (olhos maiores e mais proeminentes; lábios mais carnudos; pele mais clara e mais macia).

Muitas deixas de beleza facial feminina não funcionam apenas como indicadores gerais de aptidão, que revelam de modo confiável a qualidade genética estável de uma mulher, mas também como indicadores de fertilidade, que revelam se uma mulher está no pico da curva de fertilidade em sua vida e em seu ciclo ovulatório. As mulheres humanas são singulares pelo fato de se tornarem sexualmente ativas no meio da sua adolescência, vários anos antes de estarem fisiologicamente férteis (o que, devido às dietas ancestrais de baixo teor de gorduras, acontecia normalmente no fim da adolescência); e elas permanecem sexualmente ativas muito tempo depois de terem deixado de ser fisiologicamente férteis (depois da menopausa). Também são singulares por permanecerem sexualmente ativas durante todo o ciclo menstrual, em vez de acasalar somente quando se encontram no pico da fertilidade, antes da ovulação. Por fazerem sexo quando não estão realmente férteis, as mulheres humanas podem solicitar ajuda, cuidados e investimentos maiores e mais consistentes por parte dos homens, tanto para si mesmas quanto para os filhos. Isso, porém, cria um problema para os homens: se eles detêm recursos limitados para investir em si mesmos e nas possíveis diferentes namoradas e supostas proles, como é que escolherão as oportunidades de investimento que representem a maior probabilidade de promover o sucesso reprodutivo? Isto é, como eles distinguem as mulheres realmente férteis que podem ficar grávidas das jovens, pós-menopausa, menstruadas ou que já estão grávidas?

Ao avaliar a idade das mulheres, os homens aparentemente evoluíram no sentido de prestar muita atenção às deixas faciais e corporais que revelam se a mulher está na inicial fase adulta, correspondendo ao pico da fertilidade. Esta aumenta rapidamente no fim da adolescência, alcança o seu pico aos vinte e poucos anos e declina suavemente durante os trinta, alcançando, na maioria das mulheres, níveis quase negligenciáveis no início dos quarenta. Assim, os homens pré-históricos sexualmente atraídos por garotas pré-férteis ou mulheres pós-férteis podem ter tido relacionamentos maravilhosos e amorosos, porém deixaram poucos descendentes para herdar suas preferências mal-adaptadas. Os homens pré-históricos que se sentiam atraídos principalmente por mulheres no pico da fertilidade — do fim da adolescência até os trinta e poucos anos de idade — deixaram mais descendentes para herdar suas preferências por indícios de fertilidade jovem, porém sexualmente madura.

Como contraestratégia evolucionária, as mulheres progrediram no sentido de desenvolver indícios de fertilidade em etapas da vida juvenil, e conservá-los em idades mais maduras pós-menopausa, para atrair mais atenção e investimentos por parte dos parceiros sexuais. Na pré-história, não havia certidões de nascimento, carteiras de motorista ou festas de aniversário que fornecessem índices objetivos quanto à idade real de uma mulher. Os homens não tinham nenhuma maneira de avaliar a idade ou a fertilidade; dispunham meramente de pistas visuais e comportamentais de maturidade sexual, juventude e fertilidade. Assim, as mulheres evoluíram no sentido de fingir fertilidade desde aproximadamente os 12 até aproximadamente os 60 anos — e não apenas fisicamente, mas também do ponto de vista comportamental. À guisa de contraestratégia, os homens, por sua vez, desenvolveram maneiras mais perceptivas para distinguir o pico de fertilidade genuíno da pseudofertilidade — e reagir com impulsividade sexual às indicações de fertilidade genuína. Por exemplo, quando Bill Clinton supostamente teve um caso com Monica Lewinsky, em 1995, Monica (nascida em 1973) estava com 22 anos de idade, perto do pico da fertilidade, enquanto a mulher de Bill, Hillary Clinton (nascida em 1947), estava com 48 anos, apresentando fertilidade negligenciável.

Um modo de fingir fertilidade de parte da faixa etária maior é aplicar cosméticos que amplifiquem os sinais faciais que se encontram em seu pico nos primeiros anos da idade adulta, tais como lábios carnudos, olhos grandes, maçãs do rosto proeminentes, tez macia e luminosa, cabelos cheios e brilhosos e o mínimo possível de pelos faciais. (Cada uma dessas características classifica não somente mulheres no pico da fertilidade em categorias de mulheres mais jovens ou velhas, mas também distingue as fêmeas humanas das de outros macacos antropoides.) Em quase todas as culturas, as mulheres usam cosméticos para tornar suas características faciais mais similares às de mulheres de vinte e poucos anos de idade e no pico da fertilidade.

Por exemplo, o tamanho dos olhos, sua brancura e contraste tendem a declinar depois do pico de fertilidade, então as mulheres usam lápis de olho e sobrancelha, sombra, rímel e Visine para tornar os olhos maiores e mais claros, e aumentar o contraste claro/escuro entre a pupila, a íris, a esclerótica, os cílios, a pele e as sobrancelhas. (Virtualmente, todas as capas de revistas, anúncios e fotos pornográficas também manipulam as imagens por meio do Photoshop para branquear as escleróticas das modelos femininas.) A espessura, o colorido e a protuberância dos lábios tendem a alcançar o pico aos vinte e poucos anos como indicador de fertilidade, então as mulheres usam lápis de contorno dos lábios, batom, brilho labial e *lip plumper* para fazer os lábios parecerem maiores e mais brilhantes. A proeminência e o arredondamento das "maçãs do rosto" — na realidade, camadas de gordura estrogenizada sobre os ossos zigomáticos — tendem a diminuir com a idade, e a pele que se encontra por cima perde a vasodilatação que lhe confere a cor rosada, por isso as mulheres usam blush e corretores para salientar as maçãs do rosto. (Muitas modelos e atrizes também mandam implantar pequenas próteses de silicone na parte superior de suas bochechas, bem como gordura extraída da parte inferior das faces, para tornar suas maçãs mais proeminentes.) A translucidez, o brilho, a uniformidade e a maciez da pele do rosto das mulheres declinam depois dos vinte e poucos anos, portanto as mulheres usam base e pó compacto para fazer com que sua tez pareça mais uniforme, tanto na pigmentação quanto na textura, e também para esconderem rugas. A espessura, comprimento, saturação de cor e brilho dos cabelos atingem seu pico aos vinte e poucos anos, e por isso as mulheres mais velhas usam xampus para dar volume, condicionadores que reforçam o brilho, tinturas para esconder os cabelos brancos; fazem luzes; usam apliques e perucas para fingir ter cabelos compatíveis com o pico da fertilidade. Em contrapartida, usam depiladores para minimizar os pelos faciais, que tendem a crescer quando os níveis de estrogênio caem e os de androgênio aumentam, depois da menopausa.

Excelentes artistas da maquiagem, tais como Pat McGrath, da CoverGirl, demonstram grandes habilidades para conseguir esses efeitos que reforçam a juventude e fertilidade, e o fazem com tamanha sutileza que observadores casuais não percebem o uso dos cosméticos. O resultado é que, quando Molli Sims ou Queen Latifah aparecem em anúncios da CoverGirl, parecem tão jovens, radiantes e férteis, e apresentam aspecto tão natural e indetectável, que a maior parte das leitoras se sente instantaneamente excluída e desesperada para conseguir o mesmo look hiperfértil. (Normalmente, a relação beleza-fertilidade não é consciente na mente das mulheres que procuram ficar mais bonitas, nem na dos homens que procuram mulheres mais bonitas. Simplesmente evoluímos para agir como se compreendêssemos essa relação.)

As escolhas cosméticas são muito menos arbitrárias do ponto de vista cultural do que parecem à primeira vista. As antigas mulheres egípcias podem ter usado kohl em vez de delineador líquido para aumentar o tamanho aparente dos olhos, ocra vermelha em vez de blush para incrementar a vermelhidão das faces e mesdemet (minério de chumbo ou cobre moído) em vez de base para fazer a sua tez parecer mais uniforme. Contudo, em todos os casos, buscavam aumentar — e não diminuir — as indicações faciais de estrogenização, juventude, maturidade sexual e fertilidade. Em todas as culturas, as pessoas têm usado diferentes ingredientes cosméticos, pigmentos, cores e bases, e diferentes métodos, estilos e padrões de aplicação de cosméticos. Contudo, não consegui encontrar nenhum caso em que os cosméticos tenham sido utilizados amplamente por mulheres de qualquer cultura para transmitir a impressão de olhos pequenos e amarelados, lábios finos e pálidos, ou pele enrugada e marcada por cavidades.

O fato de todos os cosméticos visarem a ressaltar a juventude e a fertilidade torna muito difícil ser marqueteiro ou desenvolvedor de produtos nessa área, porque é muito complicado capitalizar na inovação funcional genuína dos próprios cosméticos. Os fármacos que verdadeiramente "curam doenças" podem ser patenteados e gerar lucros depois de aprovados pelo FDA, mas os cosméticos que meramente "melhoram a aparência" não estão sujeitos aos mesmos padrões de evidência ou proteção legal. Em vez disso, as marcas de cosméticos devem diferenciar-se principalmente por meio de embalagens e preços, para atingir mulheres distintas em idade, riqueza e aparente disponibilidade sexual (senão verdadeira promiscuidade). Por exemplo, a marca Wet'n'Wild se dirige às adolescentes de baixo status e sexualidade centrada em si mesmos, enquanto a marca Shiseido visa a atingir jovens mulheres profissionais de status elevado, que procuram passar imagem casta que dissuadirá o assédio sexual no trabalho. Recentemente, as marcas de cosméticos também começaram a diferenciar-se de acordo com dimensões mais sutis do estilo de vida: romantismo convencional (Chanel, L'Oréal, Lancôme) *versus* castidade clínica (Clinique, Olay, Neutrogena, Prescriptives), *versus* naturalismo ecológico (Body Shop, Aveda, Ecco Bella), *versus* urbanismo metrossexual (DuWop, NYX, Smashbox, Urban Decay). As mulheres estão dispostas a pagar uma grande diferença de preço para adquirir a marca que acreditam expressar melhor sua personalidade — muito embora as diferenças químicas entre os produtos sejam negligenciáveis, e apesar do fato de que a maioria dos potenciais parceiros sexuais não tenha a menor ideia de que os tubos curtos, grossos, pretos, quase quadrados e recicláveis dos batons da Ecco Bella supostamente conotam conscienciosidade ambiental, ao passo que os tubos cilíndricos de metal do batom Urban Decay supostamente conotam o máximo do glamour pós-gótico.

## Dos sinais de aptidão corporal aos sinais de aptidão mental

A análise dos cosméticos feita acima poderia ser mal interpretada, como se sugerisse que as mulheres exibem mais indícios fictícios de boa forma física do que os homens. Na verdade, uma análise desse tipo poderia ser feita no que diz respeito aos modelos homens, dançarinos de Chippendale, atletas, fisioculturistas, soldados, policiais, hirsutos antropólogos que trabalham em campo e usuários de esteroides anabolizantes, Viagra e Rogaine. A vaidade relativa à aparência física é um vício comum a ambos os sexos, só que eles escolhem exibir e ampliar diferentes traços físicos, utilizando produtos diferentes. Por exemplo, eles tentam desenvolver massa muscular comprando pós com proteínas ultrapremium de liberação gradual, tais como Syntha-6, anunciadas com closes de troncos masculinos musculosos mais sensuais que os encontrados em filmes pornô gays. Ambos os sexos apelam para os princípios de sinalização custosa do desperdício conspícuo (maçãs do rosto, volume de cabelos, seios e nádegas aumentados nas mulheres; altura, volume muscular e desempenho sexual ampliados para os homens) e da precisão conspícua (simetria facial e corporal, regularidade e maciez; um mínimo de rugas, protuberâncias e lesões na pele; vestir-se e arrumar-se cuidadosamente).

Não obstante, muitos consumidores se desapontam com os produtos que prometem melhorar seu aspecto físico. Eles se dão conta de que juventude, saúde, fertilidade e boa forma são realmente muito difíceis de serem imitadas, porque as pessoas evoluíram durante milhares de anos no sentido de aperfeiçoar suas capacidades de discernimento. Os sistemas perceptivos desenvolveram extrema sensibilidade e precisão nas tarefas importantes para o sucesso social e reprodutivo, e avaliar as qualidades físicas alheias era uma das principais tarefas. Podemos não ter a capacidade de perceber, à primeira vista, qual melão está maduro (e, portanto, mais nutritivo e com menos fitotoxinas), mas seguramente veremos qual potencial parceiro sexual está "apto" numa boate (e, portanto, mais fértil e com menor número de mutações genéticas).

Os adultos inteligentes acabam por compreender isso tudo, num certo nível. Eles param de se autoiludirem de que produtos para exibir o corpo realmente aumentam a atratividade física e, em vez disso, aprendem que conservar a própria aparência física é uma maneira eficaz de divulgar os próprios traços de personalidade. O uso adequado e habilidoso de cosméticos, lâminas de barbear, produtos para os cabelos e artigos da moda demonstra a inteligência, a saúde mental, a conscienciosidade e a autoestima das pessoas. As esposas (com quarenta e poucos anos) de produtores de cinema (de sessenta e poucos) sabem que não parecerão melhor, num nível puramente visual e sexual, do que as jovens atrizes aspirantes de vinte e poucos anos. Contudo, inconscientemente, sabem que, ao manter uma silhueta esbelta, um rosto sutilmente maquiado e uma boa noção de moda, podem levar os maridos a perceberem que elas ainda possuem inteligência e respeito próprio suficientes para serem aliadas na criação dos filhos, no estabelecimento de redes de contatos sociais ou para se tornarem adversárias temíveis em processos de divórcio. De forma análoga, um ex-zagueiro de time universitário que se mantém disposto e em forma depois de vinte anos de casamento não está exibindo tanto o físico quanto a moral para conter-se diante das tentações da preguiça e da gula. Assim, até mesmo o uso à primeira vista superficial de produtos concebidos para realçar a aparência pode sinalizar, nos consumidores maduros, um amplo leque de traços mentais e morais, e não apenas as características físicas da saúde, fertilidade ou boa forma.

## Parecer durão no World of Warcraft

O narcisismo consumista pode ser observado mais nitidamente nos mundos virtuais dos games on-line, em que uma grande massa de jogadores compete simultaneamente e que constituem grandes experimentos naturais para investigar o comportamento humano. Por exemplo, aproximadamente 9 milhões de pessoas jogam globalmente um jogo chamado World of Warcraft (WoW), comercializado pela Blizzard Entertainment. No WoW, os jogadores criam uma personagem virtual que pertence a uma de dez raças (tais como humanos, anões, gnomos, ogros ou elfos sangrentos), e a uma entre nove classes (tais como guerreiro, xamã, ladino ou caçador). As personagens movimentam-se num mundo virtual tridimensional formando equipes, lutando contra monstros, trocando itens entre si e acumulando níveis de caráter (que variam entre 1 e 70), dependendo da quantidade de experiência adquirida no jogo. Os jogadores on-line podem ver as personagens uns dos outros com muitos detalhes e em cores vívidas e, portanto, o aspecto visual de cada personagem — e os itens que ela possui (especialmente suas armas e armadura) — são uma fonte importante de orgulho e status social dentro da comunidade do game.

Meu colega Zack Mendenhall analisou o consumo conspícuo no WoW ao verificar os preços das diferentes armas no mercado de leilões. Cada arma apresenta um conjunto de atributos relevantes no jogo, determinados pelos designers do game, tal como o "prejuízo por segundo" que ela inflige normalmente, a "durabilidade" (o tempo que dura antes de quebrar) e o "bônus para golpe crítico" (sua possibilidade de infligir um ataque superprejudicial). Ao passo que esses atributos quantitativos determinam completamente a utilidade real de cada arma no jogo, algumas delas têm um aspecto muito mais legal e impressionante que outras. Essas características baseadas na aparência das armas são indexadas pela sua "raridade" no nível de cor, que pode ser branca (comum), verde (incomum), azul (rara) ou roxa ("épica" ou muito rara). Por exemplo, as espadas roxas parecem maiores, mais exóticas e distintivas que as verdes. Também são armas melhores do ponto de vista objetivo (apresentando maior dano por segundo, durabilidade e outras qualidades úteis), mas nos perguntamos se a raridade de uma arma em si podia ser uma fonte de status social para os jogadores e se eles pagariam um suplemento de preço para armas raras.

Num chat on-line associado ao jogo, os jogadores frequentemente discutem sobre as armas raras de elevado status que possuem, desejam adquirir ou observaram. Por exemplo, usando o jargão do WoW, poderiam dizer:

— Whodi, 411 flash. Vc viu aquele pala L70 no SM com Cataclysm's Edge?

— É ruim. Se bem me lembro, faz 138 dps. WEG. Melhor que meu vendor trash.

— =:-D. Xii, arma irada, guerreiro irado! Se ele partisse pra cima, ia me borrar todo. Rs.

* * *

Tradução para linguagem-padrão:

— Amigo, veja só que interessante. Você viu aquele paladino de nível 70 andando pelo Scarlet Monastery com aquela famosa espada de nível roxo, a Cataclysmo's Edge?

— Não pode ser. Se bem me lembro, aquela espada faz 138 pontos de prejuízo por segundo. (Carinha com risinho maldoso.) É melhor que minha arma barata e comum.

— (Carinha com risinho assustado.) Meu deus, que arma legal, e que guerreiro maneiro e fisicamente intimidador! Se ele avançasse em mim, ficaria extremamente aflito. (Risadas.)

Mendenhall e eu nos concentramos nas armas "melee" mais simples (espadas, machados e adagas) que causam prejuízos a curta distância, nos níveis de raridade verde, azul e roxo, preferidos por quase todos os jogadores. Analisamos apenas as que podiam ser leiloadas a outros jogadores através do mercado WoW on-line, por valores determinados pela oferta e procura, e também revendidas para uma personagem que não participa do jogo, por um preço de varejo determinado pelos designers do jogo. Isso resultou numa amostra de 309 modelos específicos de armas, sendo que milhares de diferentes jogadores pelo mundo possuem um desses exemplares. (Excluímos duas superarmas com poderes especiais difíceis de serem quantificados e preços de leilão astronômicos — a adaga Night Blade e a espada Blinkstrike.) Acreditávamos que os efeitos do consumo conspícuo fariam com que a raridade de uma arma tivesse um efeito muito maior em seu preço de leilão (que reflete a sobretaxa que os jogadores estão dispostos a pagar por armas maneiras) do que no seu preço de varejo (que reflete os atributos objetivos de uma arma).

E é exatamente isso que observamos: a raridade tem efeito muito maior sobre o preço de leilão de armas do WoW que quaisquer atributos relevantes ao jogo, o que representa uma variação de preço na ordem de 33%. Os preços médios de leilão foram 157 moedas de prata para armas verdes, 2.923 pelas azuis e 11.099 pelas roxas. Em contrapartida, o preço de varejo de uma arma está relacionado, em 95% dos casos, ao prejuízo por segundo e não absolutamente à raridade (os preços médios no varejo foram 90 para as verdes, 120 para as azuis e 467 para as roxas — diferenças que se tornam insignificantes quando verificado o prejuízo por segundo). Portanto, os jogadores do WoW se dispõem a pagar um excedente de aproximadamente dez mil moedas de prata pelas raras armas de cor roxa que pareçam grandes, maneiras e exóticas, e que igualmente dominem atributos quantitativos superiores. Esse tipo de exibição de requinte funciona porque a maior parte das armas raras não é adquirida em leilões, mas através de um jogador exímio de status elevado, que gasta centenas de horas em expedições bem-sucedidas, juntamente com amplas e competentes corporações de amigos.

A vantagem de analisar o consumo supérfluo em mundos virtuais desse tipo é que não existe espaço de manobra para argumentar que o artigo de luxo possui alguma qualidade oculta ou algum benefício em seu desempenho que justifique a diferença excessiva do seu preço. A BMW pode alegar que o sobrepreço do seu carro de luxo reflete aspectos de dirigibilidade e manejo difíceis de quantificar. Nenhuma alegação desse tipo pode explicar o sobrepreço da arma roxa no jogo World of Warcraft, porque os atributos quantitativos da arma, disponibilizados publicamente pela Blizzard Entertainment, explicam perfeitamente a utilidade objetiva da arma dentro do jogo. Nesse jogo on-line, flagramos as pessoas com a boca na botija, arcando com custos gigantescos apenas para impressionar uns aos outros. A minha tese é que tais efeitos estão presentes em toda parte no mundo real também, e que a alegada qualidade oculta e os benefícios de desempenho dos produtos de luxo são tipicamente ilusórios — apenas formas vagas com as quais os consumidores racionalizam o seu narcisismo consumista.

## O corpo torna-se mental

A maior parte dos animais possui muito pouco controle comportamental sobre seu aspecto físico. Eles podem se arrumar para manter as plumas ou a pelagem limpas, mas não selecionar diferentes espécies, sexo, idade, forma, cor ou textura corporal. Não obstante, desde que os seres humanos inventaram a ornamentação do corpo, pelo menos cem mil anos atrás, nós adquirimos a capacidade de transformá-lo de maneira cada vez mais drástica. Os membros de tribos usam máscaras de animais; funcionários públicos britânicos se travestem; as crianças brincam de vestir-se a rigor; os idosos da Flórida vestem cores chamativas e brilhantes. Na medida em que as pessoas têm socializado mais através de mundos de realidade virtual, tais como World of Warcraft e Second Life, seu aspecto visual fica menos preso às suas verdadeiras características físicas e mais aos seus traços psicológicos, tais como as preferências estéticas e autoimagens idealizadas. Os usuários da realidade virtual logo serão capazes de criar avatares que pareçam mini-Maos, seringas de Botox, melões com patas de louva-a-deus, colares de pérolas, Nigella Lawson ou o malvado arquimandrite Luseferous do romance *O algebrista*, de Iain M. Banks. Avatares customizados dessa maneira não revelarão nada sobre a aparência física dos usuários, mas muito sobre a psicologia. Eles demonstrarão da forma mais vigorosa vista até agora que o consumismo não tem nada a ver com possuir objetos materiais, mas com exibir o tipo de qualidades pessoais que serão analisadas no capítulo seguinte.

# 9
# As Seis Características Centrais

NORMALMENTE, OS SERES humanos compartilham os mesmos vinte e três pares de cromossomos em cada uma de suas aproximadamente 50 trilhões de células. Todos nós temos cerca de 206 ossos e 640 músculos. Todos nós temos mais ou menos 1,5 quilo de cérebro e 3 quilos de pele. Todos nós chegamos a respirar aproximadamente 600 milhões de vezes, e então morremos. Todos nós formamos uma espécie, porém as diferenças individuais entre nós são grandes. Podemos perceber não apenas diferenças físicas uns dos outros, conforme discutimos no capítulo precedente, porém diferenças psicológicas. Isso ocorre porque, conforme William James observou, "há muito pouca diferença entre um homem e outro, mas a que existe é *muito importante*".

Um século de psicologia identificou seis grandes dimensões de variação que prognosticam o comportamento humano e são evidentes em todos nós. Essas são as diferenças individuais-chave que distinguem as mentes humanas. São as características mentais que podem ser medidas de maneira bastante confiável e válida, que podem ser geneticamente herdadas e se mantêm estáveis durante toda a vida do indivíduo, que prognosticam o comportamento em diferentes cenários e contextos (escola, trabalho, lazer, consumo e vida familiar), e que parecem universais em todas as culturas e, até mesmo, em muitas espécies animais. Se você souber como alguém está situado em cada uma dessas "seis características centrais", deduzirá muito sobre o caráter, as capacidades, as virtudes e os vícios dessa pessoa.

E, conforme veremos nos capítulos seguintes, essas seis características são também absolutamente centrais na compreensão do consumismo, porque constituem os traços fundamentais que tentamos exibir uns aos outros através dos bens e serviços que compramos.

"G" representa a inteligência geral, a primeira das Seis Características Centrais. Também é conhecida como cérebro, miolo, habilidade cognitiva geral ou QI. Pouco depois do trabalho-chave realizado por Charles Spearman em 1904, a inteligência tornou-se o traço melhor estudado e estabelecido na psicologia. Uma inteligência mais elevada prognostica um sucesso médio mais alto em todos os campos da vida: escola, trabalho, dinheiro, obtenção de parceiros sexuais, criação de filhos, saúde física e mental. Prognostica que muitos infortúnios serão evitados, como acidentes de automóvel, cadeia, dependência de drogas, doenças sexualmente transmissíveis, divórcio e obrigação de ser jurado. Trata-se de uma das características sexualmente mais atraentes em todas as culturas estudadas, para ambos os sexos. É uma qualidade socialmente desejada em amigos, estudantes, mentores, colaboradores, chefes, empregados, coabitantes da casa e, especialmente, parceiros de pelotão. Do ponto de vista ideológico, ela permanece controvertida, porque seu poder de prognóstico é muito alto e sua distribuição entre os indivíduos é muito desigual. O capítulo 11 trará mais detalhes sobre a maneira como a inteligência é medida e o que ela representa.

Durante os últimos anos, tenho observado muito os adesivos colados nas traseiras dos automóveis em Albuquerque. Eles parecem apregoar principalmente os extremos das Seis Características Centrais e são úteis para obter uma noção do que elas realmente significam. Aqui estão alguns exemplos que parecem anunciar inteligência geral acima ou abaixo da média:

## Inteligência geral elevada

- Fale nerdês comigo.
- Uma mente PBS num mundo Fox News.
- Meu border collie é mais inteligente que seu aluno exemplar.
- Sane, paululum liguae latinae dico (Claro, eu falo um pouco de latim).
- Eschew obfuscation [Abstenha-se da ofuscação]*.
- Se cabe num adesivo para automóveis, não é filosofia.

## Inteligência geral baixa

- Minha mãe diz que sou especial.
- Facurdade.
- TV é mais melhor que livros.
- Botar pierthing na língua é ethtúpido.
- Sô amigão do Einstein e isperto como uma mula.
- Fiquei me perguntando por que a ficha estava ficando maior e, então, ela caiu sobre mim.

Os outros componentes das Seis Características Centrais são as Cinco Grandes características da personalidade: abertura, conscienciosidade, afabilidade, estabilidade e extroversão.

Estas últimas foram descobertas mais recentemente, datando de aproximadamente 1980, e revitalizaram o estudo da personalida-

---

*O bordão na íntegra é "eschew obfuscation, espouse elucidation", que ao pé da letra significa "evite a ambiguidade, adote a clareza". Costuma ser usado de brincadeira por professores de inglês quando falam sobre clareza de redação, mas, na medida em que a utilização de palavras relativamente desconhecidas causa confusão, a expressão se transforma num exemplo de ironia, não seguindo o seu próprio conselho. (*N. da T.*)

de humana. Elas mapeiam as principais diferenças individuais nas disposições do comportamento humano de forma clara e eficiente, e são muito mais confiáveis e válidas do que as outras formas de descrever a personalidade humana adotadas na psicologia ou no marketing. Como a inteligência geral, as Cinco Grandes Características prognosticam bastante bem o comportamento nos diferentes campos da vida e em vários tipos de relacionamento. A exemplo da inteligência, elas podem ser herdadas geneticamente, são estáveis durante toda a vida do indivíduo e são culturalmente universais. Como a inteligência, elas têm grande destaque quando escolhemos nossos parceiros sociais ou sexuais. Podem ser representadas pelas letras O, C, A, S e E e medidas com precisão por muitos questionários de personalidade diferentes.

"O" [Openness] corresponde à abertura diante da experiência: curiosidade, busca pela novidade, abertura da mente, interesse em cultura, ideias e estética. A abertura prognostica sensibilidade emocional, tolerância social e liberalismo político. As pessoas que apresentam elevados níveis de abertura tendem a procurar a complexidade e a novidade, aceitam facilmente mudanças e inovações e preferem grandes visões novas às rotinas mundanas e previsíveis. Elas querem brilhar como diamantes. As pessoas com baixos níveis de abertura tendem a procurar a simplicidade e a previsibilidade, resistem às mudanças e respeitam a tradição. Normalmente, são mais conservadoras, fechadas, convencionais e autoritárias. Não fazem objeções ao fato de estarem confortavelmente insensíveis. Pessoas de abertura elevada tendem a ingressar em novos e estranhos cultos recém-fundados, enquanto as de baixa abertura tendem a seguir os velhos cultos bem estabelecidos adotados pelos avós e que constituem as várias religiões organizadas. A abertura está relacionada positivamente (porém modestamente) com a inteligência, mas também com certos tipos de doenças mentais, como o transtorno bipolar ("psicose maníaco-depressiva") e a esquizofrenia branda.

Aqui, novamente, listo alguns adesivos de automóveis que parecem apregoar diferentes níveis de abertura:

## *Alta Abertura*

- Questione a realidade.
- Legalize a liberdade.
- Meu carma atropelou o seu dogma.
- Desculpe, perdi a missa. Estava ocupada praticando bruxarias e me tornando lésbica.
- Realidade é o lugar de onde vem o entregador de pizza.
- Eu gosto das coisas esquisitas e feitas nas coxas.
- S3 vc c5ons3gu3 l3r 1s75, vc r34lm3n73 3s74 p3r1g4nd5.

## *Baixa abertura*

- Viva de forma intensa, pecador.
- Cale a boca, hippie.
- Bem-vindo à América. Fala-se inglês. Aprenda-o ou deixe-a.
- Estereótipos tornam a vida mais fácil.
- Se Deus não quisesse que comêssemos animais, não os teria feito de carne.
- Controlar armas significa usar ambas as mãos.
- Que parte de "Não deverás" você não está entendendo?

"C" corresponde à conscienciosidade: autocontrole, força de vontade, confiabilidade, coerência, fidedignidade e capacidade de retardar gratificações. As pessoas conscienciosas visam a objetivos de longo prazo.

Cumprem promessas e compromissos, resistem aos impulsos e maus costumes e se sentem envolvidas numa rede de obrigações sociais mútuas. Para usar uma expressão chinesa, elas tendem a construir firmes *guanxi* — uma rede social forte e confiável. Gostam de fazer projetos, manter tudo organizado, buscam a perfeição, anseiam por realizações e preferem executar e se concentrar em uma única tarefa de cada vez. Pessoas com pouca conscienciosidade tendem a se sentir mais confortáveis com a espontaneidade e o caos. Aceitam coisas, pessoas e níveis de realização "regulares" em vez de "ótimos", e se alternam com mais facilidade entre tarefas correntes. Contudo, também demonstram ter níveis mais baixos de motivação e ambição. A conscienciosidade prognostica frequência regular na escola e no trabalho, a conclusão de tarefas no prazo certo, a cooperação nas relações profissionais e o engajamento cívico. Prognostica manter uma dieta saudável, fazer exercícios regularmente, evitar a dependência química. Junto à inteligência, trata-se de um dos dois traços mais desejados pelos empregadores. Em contrapartida, na medida em que a conscienciosidade prevê o uso eficaz de contraceptivos, no mundo moderno, ela é fortemente desencorajada pela seleção natural. Níveis extremamente elevados de conscienciosidade são limítrofes aos transtornos obsessivo-compulsivos e resultam em mãos lavadas repetidamente, ao passo que níveis extremamente baixos de conscienciosidade podem deslizar para a impulsividade desenfreada e resultam em longas fichas criminais. A baixa conscienciosidade está moderadamente relacionada a uma das duas principais dimensões de doença mental: a dimensão "exteriorizante" associada a "transtornos de conduta" (delinquência) infantil, "transtorno antissocial" (psicopatia) adulta e "dependência química" (alcoolismo e vício em drogas).

Seguem alguns adesivos de automóveis que apregoam diferentes níveis de conscienciosidade:

## *Conscienciosidade elevada*

- Desligue o telefone e bata já.
- Jesus teria usado a seta.
- Só porque você pode, não quer dizer que deva.
- Quanto mais trabalho, mais sorte tenho.
- Um objetivo é um sonho com prazo certo.
- A polícia nunca acha algo tão divertido quanto você.
- Hoje é o amanhã para o qual você esqueceu de se planejar ontem.

## *Conscienciosidade baixa*

- Viva cada segundo como se tivesse fogo no rabo.
- Uma casa limpa é sinal de uma vida desperdiçada.
- Prefiro fracassar em algo que amo que ter sucesso em algo que detesto.
- Existem manhãs de sábado?
- Dirija-o como se o tivesse roubado.
- Sexo oral é sempre uma ótima ideia para um presente de última hora.

"A" corresponde a afabilidade: cordialidade, gentileza, simpatia, empatia, confiança, complacência, modéstia, benevolência e pacificidade. Os santos são muito afáveis; os psicopatas, muito grosseiros. Pessoas com elevada afabilidade tendem a procurar a harmonia, a adaptar-se às necessidades alheias e a guardar opiniões para si mesmas a fim de evitar conflitos. As pessoas de baixa afabilidade tendem a procurar a glória ou a notoriedade, a satisfazer as próprias necessidades e expressar suas opiniões veementemente. A afabilidade é percebida não apenas como traço da personalidade, porém como uma característica moral. Corresponde ao que a maior parte das pessoas chamaria de "bem" em oposição ao "mal", de "altruísta" em oposição a "egoísta", de "pacífico" em oposição a "agressivo". (Os psicólogos da personalidade detestam soar como se emitissem julgamentos sobre essas características e, por isso, evitam expressões morais desse tipo.) As pessoas afáveis frequentemente tornam mais agradáveis as relações a longo prazo com parceiros sexuais, amigos, parentes, parentes por afinidade, colaboradores e babás, portanto valorizamos a afabilidade nos demais. Em termos da teoria dos jogos, os afáveis são melhores partes recíprocas e contribuem mais para os bens públicos, porque valorizam o bem-estar alheio ("utilidade subjetiva") e não apenas o próprio. Seu lema é: "Na dúvida, dê." As pessoas intratáveis, em contrapartida, frequentemente tiram vantagens sociais e sexuais dos outros e, portanto, podem existir benefícios evolucionários maiores para a intratabilidade, especialmente no caso dos homens. (Motivo pelo qual a maior parte dos animais selvagens é bastante desagradável e porque a maioria dos seres humanos, como outras espécies domesticadas, é muito mais agradável.) As pessoas com baixos níveis de afabilidade tendem a ser frias, distantes, agressivas, irritadiças, egoístas e arrogantes; elas mentem, trapaceiam, roubam, estupram e matam com mais frequência. Seu lema é: "Na dúvida, tome." A baixa afabilidade está relacionada, até mesmo mais que a baixa conscienciosidade, à dimensão externalizante da doença mental (delinquência, psicopatia, alcoolismo, dependência química) e a vários comportamentos vis que impõem altos custos nos demais (promiscuidade, flerte leviano, espancamento de mulheres, abuso sexual infantil, direção perigosa). Tanto a afabilidade quanto a conscienciosidade tendem a aumentar entre o início e a metade da idade adulta, enquanto a externalização diminui.

Ironicamente, pessoas inteligentes com baixa afabilidade frequentemente aportam as contribuições mais revolucionárias e criativas no campo das artes e ciências, porque querem deixar sua marca no mundo e não se importam muito com o que os outros julgam ser convencionalmente correto. Quando falamos em pessoas cujas personas públicas parecem ter um baixo nível de afabilidade (portanto, um elevado nível de dominância social e independência calculista), não estamos pensando somente em Joseph Stalin ou Dick Cheney. Também pensamos em Elizabeth I, Isaac Newton, Frank Lloyd Wright, Ayn Rand, James B. Watson, Margaret Thatcher, Quentin Tarantino e artistas como Larry David (de *Curb Your Enthusiasm*) e Sarah Silverman (de *Jesus Is Magic*). Por outro lado, garotos e garotas "maus" com baixos níveis de afabilidade podem ser sexualmente mais atraentes que garotos e garotas "legais", pelo menos para relacionamentos sexuais de curto prazo, já que são percebidos como mais assertivos, autoconfiantes, excitantes e corajosos.

Seguem alguns adesivos automotivos apregoando a afabilidade:

## *Alta afabilidade*

- Cometa atos aleatórios de bondade e beleza sem sentido.
- Coexista.
- Jesus bombardearia alguém?
- Viva simplesmente para que outros possam simplesmente viver.
- Deus abençoe o mundo inteiro. Sem exceções.
- A raiva já resolveu seus outros problemas?

## *Baixa afabilidade*

- Você é um porre e isto é triste.
- Atirador: não precisa correr, você só vai morrer cansado.
- Não é porque sou mãe que tenho que me importar.

- Se você conseguir ler isto, está perto o suficiente para que eu possa te matar.
- Lembre-se: saqueie, *depois* queime.
- Sim, este é o meu caminhão. Não, não vou ajudar você com a mudança.
- Buzine caso nunca tenha visto uma Uzi disparando de uma janela de carro.
- Se você não conseguir de primeira, ponha a culpa no marketing.

(A categoria de baixa afabilidade ostenta uma riqueza extraordinária de exemplos, talvez porque afaste a ideia de outros motoristas andarem colados à sua traseira e tenha precedência sobre a violência nas estradas.)

"S" corresponde à estabilidade, especialmente à emocional. Estabilidade significa adaptabilidade, equanimidade, maturidade e resistência ao stress. As pessoas altamente estáveis são joviais: normalmente, otimistas, calmas, sentem-se à vontade e recuperam-se rapidamente de contrariedades. As pessoas de baixa estabilidade são neuróticas: ansiosas, preocupadas, tímidas, deprimidas, pessimistas, ficam rapidamente zangadas, choram facilmente e demoram a se recuperar diante de contrariedades. A baixa estabilidade corresponde à dimensão "interiorizadora" da doença mental associada à angústia (depressão profunda, distimia, transtorno de ansiedade generalizada) e ao medo (fobias e síndrome do pânico). A elevada estabilidade está relacionada positivamente à saúde mental e à felicidade, inclusive à satisfação com o trabalho e com o casamento. Na realidade, no mundo desenvolvido, a estabilidade emocional prognostica uma satisfação geral com a vida de forma mais categórica que a renda ou qualquer outra das Seis Características Centrais.

Seguem alguns adesivos automotivos apregoando a estabilidade:

## *Elevada estabilidade*

- Se você não for bem-sucedido de primeira, redefina o sucesso.
- Nem todos que perambulam por aí estão perdidos.
- As melhores coisas da vida não são coisas.
- Sorria e deixe para lá.
- Não cabe à vida tornar você feliz; cabe a você tornar a vida feliz.

## *Baixa estabilidade*

- Não consigo dormir. Palhaços vão me comer.
- Não há queixas quando você tem uma pistola.
- Rir às bandeiras despregadas não seria engraçado. Seria aterrorizante.
- Diga-me, onde está esse lado bom do qual você tanto fala?
- Às vezes, simplesmente não vale a pena segurar as pontas.

"E" corresponde à extroversão: o quanto a pessoa é gentil, gregária, falante, engraçada, expressiva, assertiva, ativa, socialmente autoconfiante e em busca de emoção. Os extrovertidos são seres sociais; os introvertidos, solitários. Quase todos os psicólogos desde Carl Jung concordaram que a extroversão é uma dimensão-chave das diferenças individuais. A timidez deriva de uma combinação de baixa extroversão e baixa estabilidade. As pessoas extrovertidas também demonstram maior "entrosamento" — níveis mais elevados de atividade, poder, predominância e autoconfiança. Demonstram ter muitas emoções positivas, preferem trabalhar com outras pessoas e confiam nelas, detêm liderança e querem estar fisicamente ativas. Vão mais a festas e bebem mais. São mais aventureiras e anticonvencionais do ponto de vista sexual. Baixos níveis de extroversão não se associam apenas à timidez, mas também à passividade social e a baixos níveis de procura por status social. As pessoas que apresentam baixos níveis de extroversão tendem a suprimir os sentimentos positivos, preferem trabalhar sozinhas, ser fisicamente passivas, são menos confiantes e inclinadas a procurar papéis de liderança. Na medida em que os extrovertidos são mais ativos e encontram mais pessoas, tendem a ter mais amigos e parceiros sexuais.

Seguem alguns exemplos de adesivos automotivos que promovem a extroversão:

## *Alto nível de extroversão*

- Se não fosse pela física e pelo respeito às leis, eu seria irrefreável.
- Estou me divertindo tanto que estou prestes a me cagar.
- Meu séquito de idólatras está aceitando inscrições.
- Os doces das pessoas estranhas são os melhores.
- Adrenalina é minha droga preferida.

## *Baixo nível de extroversão*

- Oi. Onde está o seu botão de desligar?
- Se gatos pudessem falar, não o fariam.
- Você está reforçando minha desconfiança inerente diante de pessoas estranhas.
- As águias não se agrupam.
- Não sou bom em empatia; você aceita sarcasmo?

GOCASE é um acrônimo bobo, porém útil, para lembrar essas Seis Características Centrais, conjugando o traço de inteligência geral (G) e as Cinco Grandes Características de personalidade

(O, C, A, S, E). Pode-se pensar em GOCASE como um heurístico de julgamento social: quando conhecemos alguém, podemos nos perguntar se esta pessoa, um caso específico de humanidade, é um "go-case" com a qual deveríamos prosseguir falando para descobrir mais a seu respeito, ou um "stop-case" com a qual deveríamos parar de interagir e nos afastar gentilmente. Quando nos encontramos com pessoas desconhecidas numa festa e as julgamos razoavelmente parecidas conosco numa quantidade suficiente das Seis Características Centrais, vale a pena conversar mais com elas. O mesmo se aplica quando adquirimos intimidade com um vizinho, um empregado em potencial, um primeiro encontro amoroso ou um primo de segundo grau numa reunião de família. Em todos os casos, um grau maior de inteligência pode compensar um déficit de estabilidade (sintomas de neurose) e um extra na abertura (cordialidade), um déficit de extroversão (reserva ou timidez). É raro que encontremos adultos que apresentam níveis muito altos das Seis Características Centrais que prognosticam melhor o status social (inteligência, conscienciosidade, estabilidade e extroversão), porque normalmente eles fazem sucesso tão rapidamente que raramente interagem com gente normal como nós. (Pense em Oprah Winfrey, Tony Blair, Ani DiFranco, Elton John, Jodie Foster, Denzel Washington.) Em contrapartida, não costumamos encontrar adultos que apresentam níveis muito baixos de inteligência, abertura, conscienciosidade, afabilidade e estabilidade, porque ou já morreram, ou encontram-se em casas de detenção psiquiátricas de alta segurança, ou são protegidos por agentes do serviço secreto.

A maior parte dessas características é tão reconhecida e valorizada universalmente que até aparece no jogo de computador *The Sims*, que simula o comportamento do consumidor. Nesse jogo, os Sims apresentam cinco dimensões de personalidade bastante similares a algumas das Seis Características Centrais:

- Brincalhão em oposição a sério (que é comparável à alta *versus* baixa abertura);
- Arrumado em oposição a desleixado (conscienciosidade elevada *versus* baixa);
- Sociável em oposição a tímido (nível elevado *versus* nível baixo no aspecto social da extroversão);
- Ativo em oposição a preguiçoso (nível elevado *versus* nível baixo no aspecto de entrosamento da extroversão);
- Afável em oposição a enfadado (alto *versus* baixo nível de afabilidade).

Os designers do jogo da Electronic Arts podem não ter lido muito sobre a psicologia da personalidade, mas intuíram efetivamente quais diferenças individuais movem as interações sociais e as preferências de consumo. (Eles não incluíram a estabilidade como um traço dos Sims, porque Sims altamente estáveis seriam extremamente felizes, independentemente das circunstâncias materiais e sociais nas quais se encontrassem, o que acabaria com o objetivo do jogo, que é o de tornar cada Sim feliz, através da sua renda, consumo e rede de contatos sociais.)

Todas as culturas humanas parecem possuir os próprios padrões para essas características e valorizá-las quanto à escolha de parceiros sexuais, amigos e sócios em negócios. Por exemplo, a reputação de um indivíduo na sociedade chinesa dependeu, durante séculos, de dois atributos-chave: *mianzi* e *lian*. *Mianzi* diz respeito à percepção que outras pessoas têm do status, prestígio ou "cara" de um indivíduo, o que normalmente refletiria sua inteligência geral e extroversão. Uma perda de *mianzi* acarretaria uma perda de autoridade, respeito e influência. *Lian* concerne a percepção das outras pessoas sobre as virtudes morais de um indivíduo, o que normalmente refletiria sua conscienciosidade e afabilidade. Uma perda de *lian* acarretaria uma perda de confiança e de virtude percebida — o que poderia ter consequências terríveis no caso de as relações sociais e de negócios se basearem na reputação moral em vez de em leis contratuais.

Os traços da personalidade existem não apenas em todas as culturas humanas, mas também nas espécies animais. O biólogo David Sinn demonstrou que uma dimensão básica de audaz *versus* tímido é discernível até mesmo no temperamento das lulas. Este traço é quase uma combinação da extroversão e da estabilidade e mostra uma hereditariedade genética moderadamente acentuada para prognosticar respostas a ameaças por parte de predadores. Os traços da personalidade parecem se diferenciar progressivamente conforme os cérebros evoluem, tornando-se maiores, e as interações sociais ficam mais complexas. Samuel Gosling demonstrou que hienas possuem várias dimensões de personalidade avaliáveis de forma consistente: assertividade (similar à baixa afabilidade), excitabilidade (baixa estabilidade), afabilidade dirigida aos seres humanos (similar à elevada afabilidade), sociabilidade (elevada extroversão) e curiosidade (alta abertura). Gosling também demonstrou que cães domesticados apresentam características análogas a quatro das Cinco Grandes Características — energia (extroversão), afeição (afabilidade), reatividade emocional (baixa estabilidade) e inteligência (abertura / inteligência) — e que os seres humanos podem avaliar esses traços nos cães de forma tão confiável quanto nos outros seres humanos. As Cinco Grandes Características também parecem poder ser aplicadas a cinco outras espécies de animais de estimação (gatos, furões, coelhos, porco-espinhos e cavalos) e às outras quatro espécies de grandes macacos (gorilas, orangotangos, chimpanzés e bonobos). Assim, as Cinco Grandes Características provavelmente existem há, pelo menos, 13 milhões de anos (até o último ancestral comum a todos os grandes macacos) e, possivelmente, 125 milhões de anos (até o ancestral comum a todos os mamíferos). Algumas dimensões da personalidade podem até remontar à época da divergência entre os vertebrados e invertebrados, aproximadamente 600 milhões de anos atrás.

## Como foram descobertas as Cinco Grandes Características?

Para a maioria das pessoas, a inteligência geral soa como uma dimensão genuinamente importante da variação humana, enquanto as Cinco Grandes Características da personalidade soam um tanto arbitrárias e como modismos. Como podemos ter certeza de que esses cinco traços sejam mais reais e válidos que outros constructos da personalidade, hoje já relegados à lata de lixo cada vez mais cheia da história da psicologia? Teofrásio (371-287 a.C.), aluno de Aristóteles, escreveu um livro sobre trinta tipos de personalidade. Galen de Pergamum (130-200 d.C.) descreveu quatro dimensões da personalidade, correspondendo aos quatro humores (sanguíneo, colérico, fleumático e melancólico), que constituíram a teoria europeia dominante da personalidade durante toda a Idade Média e o Iluminismo, persistindo até na filosofia do século XVIII (Immanuel Kant) e na psicologia do século XIX (Wilhelm Wundt).

A psicologia da personalidade do século XX desenvolveu métodos e estatísticas mais sofisticados para caracterizar as diferenças individuais dos seres humanos, mas, durante muitas décadas, não houve consenso no que diz respeito ao número e à natureza das dimensões da personalidade. Na década de 1940, Raymond Cattell propôs dezesseis dimensões da personalidade, enquanto o sistema Myers-Briggs defendia quatro. Na década de 1970, Hans Eysenck argumentou a favor de três dimensões. Todos esses modelos se eclipsaram. O que nos levaria a pensar que as Cinco Grandes Características têm mais durabilidade?

A teoria das Cinco Grandes Características distingue-se pelo fato de ter emergido gradualmente no curso de décadas, através do acúmulo de pesquisa empírica e revisões de literatura, que construíram um consenso. As cinco dimensões não são o produto de uma teoria de estimação de um único pesquisador. Em 1936, Gordon Allport e Henry Odbert compilaram 4500 adjetivos ingleses descrevendo a personalidade humana e, posteriormente, pesquisadores descobriram que as similaridades de significado entre esses adjetivos eram reduzíveis a aproximadamente cinco. As mesmas Cinco Grandes dimensões foram empiricamente identificadas primeiramente entre 1954 e 1961 por dois pesquisadores da Força Aérea dos EUA (Ernest C. Tupes e Raymond E. Christal), ao analisarem os dados da personalidade de oito grandes amostras de pessoas. Os resultados foram replicados por Warren Norman, em 1963, em outra grande amostragem. Em 1981, quatro importantes pesquisadores da personalidade (Andrew Comrey, John Digman, Lewis Goldberg e Naomi Takemoto-Chock) chegaram ao consenso de que as Cinco Grandes Características constituíam um modo confiável para resumir a literatura empírica sobre personalidade.

Durante toda a década de 1980, o modelo das Cinco Grandes Características foi amplamente aceito na psicologia como substituto viável para os modelos anteriores. Paul Costa e Robert McCrae encontraram os cinco fatores firmemente estabelecidos virtualmente em todas as escalas de personalidade utilizadas na época. Eles publicaram um inventário de personalidade com Cinco Fatores em 1985 e vêm refinando essas medidas desde então. Na década de 1990, cada uma das Cinco Grandes Características demonstrou extrema estabilidade nos indivíduos com o passar do tempo, hereditariedade genética de aproximadamente 50% entre gerações e universalidade em todas as culturas. Por exemplo, as traduções dos questionários referentes às Cinco Grandes Características da personalidade ainda obtêm cinco fatores quando são administrados a chineses, alemães, judeus, coreanos, japoneses e turcos. E, também, em todas as culturas, as mulheres sempre apresentam médias mais elevadas que os homens em matéria de afabilidade e conscienciosidade, e inferiores no que diz respeito à estabilidade.

Falando estritamente, acoplei diversas teorias da personalidade diferentes apresentando cinco fatores. O modelo das Cinco Grandes Características de Lewis Goldberg inclui cinco dimensões chamadas intelecto (que chamo de abertura), conscienciosidade, afabilidade, estabilidade emocional (que chamo de estabilidade) e entrosamento (que chamo de extroversão). Em contrapartida, o Modelo de Cinco Fatores NEO de Costa e McCrae inclui cinco dimensões similares, chamadas de abertura, conscienciosidade, afabilidade, neurose (que chamo de baixa estabilidade) e extroversão.

Os nomes técnicos das Cinco Grandes Características podem soar um tanto obscuros, mas cada um deles tem centenas de sinônimos que utilizamos na conversação diária. Essa é a sacada surpreendente da lista de adjetivos feita por Allport e Odbert em 1936: As Cinco Grandes Características da personalidade possuem tanta relevância na vida humana que inventamos grandes variedades de palavras para descrevê-las quando fofocamos sobre outras pessoas. Os psicólogos da personalidade o entendem como hipótese lexical: os termos relativos à personalidade contidos na linguagem natural já captam de forma bastante apurada as verdadeiras dimensões da variação humana. Efetivamente, seria muito surpreendente que houvesse alguma dimensão importante da variação do comportamento humano que não tivesse sido observada e lexicalizada pelos nossos ancestrais linguísticos.

Deixando a linguagem de lado, a pontuação de uma pessoa nas Cinco Grandes Características fornece muita informação útil sobre a maneira como se deve interagir com ela. Lewis Goldberg argumenta que, quando conhecemos pessoas, chegamos armados com algumas perguntas fundamentais a seu respeito: (1) são interessantes (abertas) ou enfadonhas? (2) confiáveis (conscienciosas) ou instáveis? (3) gentis (afáveis) ou desagradáveis? (4) sãs (estáveis) ou malucas? (5) dominantes (extrovertidas) ou submissas? Na realidade, quando levo minha border collie, Jenny, para passear nos parques públicos para cães de Albuquerque, são exatamente as mesmas perguntas que faço sobre qualquer cão novo que encontro — especialmente as perguntas de número 3 e 4. Se eu me deparar com um pit bull, sei que é provavelmente mau e maluco, porque pit bulls têm sido selecionados durante gerações pela ferocidade em lutas de cães. Motivo pelo qual eles devem ser proibidos (como acontece na Austrália, Grã-Bretanha, França, Nova Zelândia e Miami, na Flórida) e o jornal *Onion* pôde brincar com a seguinte manchete: "Jornadas heroicas para Pit Bull: 3.200 quilômetros para atacar o dono" (17 de abril de 2002). Contudo, quando encontro outro border collie, sei que ele é, provavelmente, gentil e consciencioso, exatamente como seu dono esclarecido e virtuoso.

## Preferências pelas Seis Características Centrais

Existe uma diferença-chave a ser percebida entre a inteligência e as Cinco Grandes Características. No que diz respeito à inteligência, a maior parte das pessoas prefere amigos, parceiros sexuais e aliados mais dotados que a média. O pessoal pode não querer que um gênio com QI de 160 ocupe todos os espaços de sua rede de contatos sociais, porém geralmente deseja ter um amigo de QI 120 em vez de um de QI 80, independentemente do seu próprio nível de QI. Dentro dos padrões normais de inteligência, geralmente é melhor ter um coeficiente mais elevado, sendo mais valorizado social e sexualmente. Portanto, G apresenta uma forte direcionalidade: todo mundo a quer e todo mundo quer exibi-la. Preferimos interagir com pessoas de inteligência inferior somente quando tentamos tirar vantagens delas — abusamos da boa fé delas, as seduzimos, vendemos coisas, roubamos seus recursos ou guerreamos contra elas.

Contudo, no que tange às Cinco Grandes Características da personalidade, as preferências são mais variáveis. Geralmente, as pessoas gostam de gente cujos traços de personalidade sejam bastante similares aos próprios. Aqueles que possuem elevados níveis de abertura preferem namorar, casar, ser amigo e trabalhar com outros de elevada abertura. Assim, podem fofocar tranquilamente sobre ciência, cultura e estética de vanguarda — quem ganhou recentemente os prêmios Nobel, Booker, Turner ou MacArthur. As pessoas de baixos índices de abertura também preferem gente de baixa abertura, para fofocar tranquilamente sobre a maneira como os sabichões pretensiosos, espalhafatosos e metrossexuais minam a religião, a tradição e a própria civilização. De forma análoga, as pessoas altamente afáveis e gentis gostam de frequentar igrejas, grupos sem fins lucrativos, cooperativas e demonstrações não violentas pela paz junto com outros indivíduos altamente afáveis, ao passo que as pessoas extremamente desagradáveis e assertivas preferem congregar-se em zonas de guerra, no crime organizado e em conferências de lobbistas. Os altamente extrovertidos podem ser encontrados em festas flertando com pessoas similares, enquanto os introvertidos ficam em casa ou frequentam bibliotecas, sentando-se a algumas mesas de distância uns dos outros, para ler tranquilamente.

A autoestima das pessoas costuma seguir os traços socialmente valorizados pelos outros. Elevada inteligência e atratividade física tendem a aumentar a autoestima, enquanto os traços opostos a diminuem, porque os outros normalmente valorizam os primeiros. De forma análoga, se algum extremo das Cinco Grandes Características for preferido consistentemente na maior parte das situações e pela maior parte das pessoas, então esperamos que as pessoas situadas naquele extremo desenvolvam índices de autoestima muito superiores às do outro. O psicólogo Richard Robins e seus colegas realizaram um enorme estudo on-line com 326.641 pessoas. Descobriram que a autoestima se relaciona positivamente com a abertura (r= 0,17), a conscienciosidade (r= 0,24), a afabilidade (r= 0,13), a estabilidade (r= 0,50) e a extroversão (r= 0,38). Nove estudos anteriores também haviam descoberto que a autoestima podia ser substancialmente prognosticada pela estabilidade emocional (felicidade, isenção de ansiedade, preocupação e depressão) e moderadamente pela conscienciosidade e a extroversão, porém não de forma consistente pela abertura ou afabilidade. Esses dez estudos sugerem que as pessoas normalmente valorizam níveis mais elevados de estabilidade, conscienciosidade e extroversão nos outros, mas que as preferências pela abertura e afabilidade não são consistentes. Outros estudos demonstraram que as pessoas consideram níveis altos de conscienciosidade, estabilidade e afabilidade como mais "normais" que níveis baixos, ao passo que os níveis mais baixos de abertura foram considerados mais "normais". De modo genérico, estudos desse tipo sugerem que existem preferências sociais modestas no sentido de outras pessoas demonstrarem graus maiores — e não menores — de conscienciosidade, afabilidade, estabilidade e extroversão.

Em certos campos de domínio social, as pessoas efetivamente apresentam preferências direcionais para níveis superiores ou inferiores que a média no que diz respeito a traços específicos entre as Cinco Grandes. Os administradores de fábricas de microchips normalmente querem trabalhadores altamente conscienciosos, afáveis e estáveis, enquanto os gerentes de equipes de criação de propaganda preferem funcionários extremamente abertos e extrovertidos. Nossas preferências por algumas das Cinco Grandes Características podem se inverter, de forma sensível e adaptativa, dependendo das circunstâncias. Grande impulsividade e espontaneidade são atraentes num amante de curto prazo, porém uma elevada conscienciosidade é preferível para um cônjuge de longo prazo, responsável pelo sustento dos filhos e pagamento das prestações da casa. Podemos estar divididos quanto às Cinco Grandes Características da personalidade de um conhecido, já que cada nível de cada traço acarreta tanto custos quanto benefícios. Amigos extremamente extrovertidos ajudam a fazer ainda mais amizades, porém também são mais propensos a seduzir o seu cônjuge. Talvez seja mais agradável trabalhar com colaboradores extremamente afáveis na maior parte do tempo, mas eles podem ser demasiadamente covardes para aderir a uma greve em prol de melhores condições de segurança.

Grande parte da inteligência social humana parece estar dedicada a discernir que tipos de pessoas e quais das Cinco Grandes Características de personalidade seriam mais úteis num determinado momento, tendo em vista os desafios particulares que enfrentamos. Você precisa de um terapeuta para casais? Escolha alguém com alto nível de afabilidade. Precisa de um guarda-costas? Escolha o oposto. Procura um contador para calcular seus impostos? Elevados níveis de conscienciosidade funcionam melhor. Procura um amigo para uma animada despedida de solteiro em Las Vegas? Uma conscienciosidade inferior será mais divertida.

Similarmente, somos incentivados a manipular a forma como nos apresentamos aos outros, dependendo das suas necessidades e circunstâncias. A terapeuta de casais precisa agir de forma ferozmente desagradável caso corra o risco de ser assaltada. A contadora precisa agir com um espírito livre, travesso e de baixo nível de conscienciosidade caso seu marido se queixe de que ela é demasiadamente apática na cama. Essa é a essência do "gerenciamento das impressões", e é uma habilidade social central que os seres humanos adquirem durante toda a infância e adolescência. Aprendemos a apresentar nossas Cinco Grandes Características aparentes de formas adaptadas e tendenciosas. Os adultos normais dominam essa habilidade tão bem que voltam a recalibrar sua exibição de características dezenas de vezes por dia, para adequar-se ao público e aos objetivos e ambientes circundantes. (As pessoas com elevados níveis de automonitoração apresentam tendência especial a mudar a personalidade que exibem em função do ambiente social.) As Cinco Grandes Características da personalidade são estáveis durante a duração da vida de cada indivíduo, não porque elas prognosticam um comportamento invariável em todas as situações, mas porque prognosticam a média do comportamento de alguém em muitas situações diferentes.

As alterações visíveis mais dramáticas na personalidade são chamadas de emoções. Se repentinamente precisarmos aparentar um grau muito menor de afabilidade devido a alguma ameaça social, acessamos um novo modo especial de operação perceptual, cognitiva e comportamental chamado de raiva. Essa emoção nos fornece um aumento crível, porém temporário, de assertividade, agressividade e nos torna formidáveis. Se, de repente, precisarmos parecer ter níveis muito mais elevados de abertura para atrair determinado parceiro sexual, acessamos um modo especial de operação chamado *apaixonamento*. Esse estado emocional ocasiona um enorme, porém temporário, aumento de energia, favorecendo a procura pela novidade e o interesse pela cultura, poesia, música, artes, nuances emocionais da interação humana e mistérios existenciais do cosmos. Depois que a exibição de galanteios cumprir sua missão (o que pode variar entre a cópula e o casamento), o apaixonamento se dissipa e regressamos aos níveis normais, normalmente muito mais baixos, de abertura. Mudanças menos dramáticas na personalidade aparente são chamadas de humores — duram mais que as emoções, mas são menos extremas em matéria de intensidade. Um humor irritadiço reduz a afabilidade do indivíduo; um humor extravagante reduz sua conscienciosidade.

Portanto, existe um continuum de duração entre as emoções e humores como estados de curto prazo e as dimensões das Cinco Grandes Características da personalidade como traços de longo prazo. Tratando-se das emoções, os traços de personalidade são propensões estáveis para sentir mais frequentemente os estados emocionais. Contudo, do ponto de vista da pesquisa da personalidade, as emoções são simplesmente mudanças passageiras nos traços manifestos de um indivíduo.

A diferença de duração entre os estados emocionais e os traços da personalidade tem implicações evidentes nas maneiras como avaliamos as outras pessoas. Se procuramos uma interação imediata e de curto prazo com alguém, prestaremos mais atenção ao presente estado emocional dessa pessoa. Caso queiramos somente comprar alguns itens numa loja na qual jamais voltaremos a entrar, podemos escolher o caixa que parece estar mais feliz (aparentemente mais afável), sem entrar no mérito de julgar se esse nível de afabilidade se manterá estável com o passar do tempo. Não obstante, se buscamos uma relação de longo prazo com alguém, prestaremos mais atenção aos traços de personalidade estáveis da pessoa em questão. Quando frequentamos a cooperativa local de alimentos orgânicos, podemos chegar a preferir o caixa consistentemente afável, mesmo que tenha dias ruins. Na medida em que as relações mais importantes na vida tendem a ser interações repetidas e de longo prazo desse tipo, nos preocupamos mais em julgar as personalidades estáveis das pessoas nesses contextos.

## Medindo as Cinco Grandes Características

Atualmente, as Cinco Grandes Características podem ser medidas com bastante precisão em aproximadamente um minuto, através da autoavaliação. Os psicólogos Beatrice Rammstein e Oliver John publicaram uma escala das Cinco Grandes Características em 2007, chamada de BFI-10, que consiste em apenas dez perguntas. Eles descobriram que a pontuação das pessoas nessa escala resumida era muito confiável para um período de dois meses (com uma correlação de teste-reteste de aproximadamente 0,84) e com um índice de correlação muito elevado (cerca de 0,82) com as suas pontuações em escalas muito mais longas de avaliação da personalidade.

A escala BFI-10 está reproduzida abaixo, numa versão ligeiramente mais clara. Experimente-a e veja qual é a sua pontuação.

Depois de cada afirmação abaixo, escreva um número de 1 a 5 que represente o grau de acuidade com que a afirmação descreve sua personalidade, sendo:

1 — discorda veementemente
2 — discorda um pouco
3 — não discorda nem concorda
4 — concorda um pouco
5 — concorda veementemente

## *Eu mesmo me vejo como alguém que*

1. possui uma imaginação ativa. _____
2. possui poucos interesses artísticos. _____
3. é rigoroso no trabalho. _____
4. tende a ser preguiçoso. _____
5. costuma ser confiante. _____
6. tende a encontrar defeitos nos outros. _____
7. é calmo, enfrenta bem o stress. _____
8. fica nervoso facilmente. _____
9. é expansivo, sociável. _____
10. é reservado. _____

Eis como você pontua. Os itens 1 e 2 estão relacionados à abertura; 3 e 4, à conscienciosidade; 5 e 6, à afabilidade; 7 e 8, à estabilidade emocional; e 9 e 10, à extroversão. Para cada par sucessivo de itens, subtraia o número que anotou para o item de número par pelo que anotou para o item ímpar, o que resultará na sua pontuação para as correspondentes Cinco Grandes Características da personalidade. A pontuação pode variar entre -4 (muito baixo nível no traço em questão) a +4 (muito alto nível no traço em questão), sendo que 0 é aproximadamente a média.

Por exemplo, se você "concorda um pouco" com "eu me vejo como alguém que possui uma imaginação ativa", você deve ter escrito 4 para o item 1. Se você "discorda veementemente" com "eu me vejo como alguém que possui poucos interesses artísticos", você deve ter escrito 1 para o item 2. Então, você subtrai sua resposta ao item de número par (1) da sua resposta ao item de número ímpar (4), obtendo uma pontuação de 3 — o que significa que você tem um nível elevado de abertura, tendo em vista que a média é 0 e o máximo é 4.

## Cada uma das Seis Características Centrais forma uma curva em forma de sino.

Todo mundo sabe que a distribuição da inteligência humana forma uma curva em forma de sino, que corresponde a uma distribuição aproximadamente normal. A maior parte das pessoas se agrupa no meio, perto do quociente de QI 100. A distribuição afila-se rapidamente na medida em que as pontuações do QI se desviam da média, fazendo com que os tolos e os gênios sejam ambos raros. Quando a maioria dentre nós procura um parceiro sexual, um amigo ou um colaborador, não nos preocupamos muito com os extremos, porém nos esforçamos para distinguir entre os outros que se encontram próximos do meio da variação. Geralmente, preferimos nos associar com QIs de 115 em vez de 95, porque isso aumenta as chances a nosso favor: eles apresentam uma propensão um pouco maior a nos ajudar a resolver os problemas existentes e um pouco menos de propensão a criar novos problemas.

O fato de que todas as Cinco Grandes Características da personalidade apresentam uma distribuição similar, em formato de sino, é um pouco menos conhecido. A maior parte das pessoas é moderadamente afável — capaz de mostrar gentileza cordial em algumas circunstâncias e capaz de egoísmo malvado em outras, mas geralmente apenas prossegue no estado semigentil e semiegoísta que reconhecemos como o da condição humana. A bondade e a maldade desenfreadas são igualmente raras.

Esse formato de sino exibido por cada uma das dimensões das Seis Características Centrais constitui uma descoberta empírica genuína. Ao passo que é verdade que quase todos os traços biológicos continuamente variáveis formam uma curva em sino, muitos desses traços não variam de forma contínua; são discretos. Eles envolvem padrões distintivos de ativação de genes que dão lugar a coisas qualitativamente diferentes: neurônios *versus* células musculares *versus* células ósseas. Cérebro *versus* coração *versus* fêmur. Homens *versus* mulheres. Jovens sexualmente imaturos *versus* adultos sexualmente maduros. Lagartas *versus* borboletas. Mulheres férteis *versus* grávidas. É bastante comum as espécies apresentarem "morfos" distintos desse tipo: formas ou estados diferentes do organismo especializado para diferentes papéis sociais, sexuais ou ecológicos. Evidentemente, numa escala maior, as próprias espécies constituem diferentes morfos, mantidos qualitativamente distintos através do isolamento reprodutivo.

Assim, poderia acontecer que as personalidades humanas caíssem em categorias discretas, como os arquétipos junguianos: a criança, o eterno garoto, o herói, a grande mãe, o velho sábio, o malandro. Contudo, a maioria delas são apenas típicos estágios da vida humana e não distintos tipos de personalidade: criança = criança; eterno garoto = adolescente narcisista; herói = homem jovem e solteiro em busca de sucesso reprodutivo através da busca de status de alto risco; grande mãe = mulher madura; velho sábio = homem maduro. O malandro é um verdadeiro exemplar de personalidade, embora ele demonstre, basicamente, apenas um baixo nível de conscienciosidade ao quebrar as regras e violar normas sociais, além de inteligência e abertura mais elevadas que a média e uma afabilidade inferior à média. (Observe que o estereótipo do marqueteiro se assemelha muito ao arquétipo do malandro.) No que diz respeito a todos os outros traços de personalidade interessantes, não se trata de arquétipos junguianos evidentes, nem de categorias discretas da personalidade — somente da distribuição contínua e normal de cada característica.

Esse simples fato possui profundas implicações para o marketing, já que significa que a maioria dos tipos de personalidade distintos utilizados na segmentação do mercado é ilusória. As dicotomias ultrapassadas de Myers-Briggs (sentir *versus* pensar; julgar *versus* perceber) simplesmente não funcionam se os traços subjacentes estiverem distribuídos normalmente. Por outro lado, se muitas das diferenças demográficas (idade, sexo, etnia) do comportamento do consumidor podem ser reduzidas ao fato de esses grupos terem pontuações médias um pouco diferentes nas dimensões das Seis Características Centrais, então essas categorias demográficas também serão profundamente ilusórias quando usadas para caracterizar os consumidores. Por exemplo, se os homens respondem de modo mais positivo que as mulheres a um produto com design mais agressivo, os pesquisadores de mercado ficam tentados a atribuir essa diferença ao sexo em si. Não obstante, os homens e as mulheres apresentam diferentes níveis médios de afabilidade, o que provavelmente influencia as reações diante de produtos com aspecto agressivo. A diferença sexual na afabilidade, e não o próprio sexo, pode ser o fator que estimula as respostas dos consumidores. É importante determinar qual é a verdade, porque a afabilidade é contínua, enquanto o sexo é dicotômico. A distribuição da afabilidade masculina se sobrepõe substancialmente à da feminina; portanto, medir os níveis de afabilidade dos consumidores pode se tornar um fator muito mais prognosticável de suas reações do que perguntar qual o sexo de alguém. O mesmo se aplica a todos os outros critérios para a segmentação do mercado. Nação, região, língua, cultura, status socioeconômico, classe e nível de educação prognosticam o comportamento do consumidor, principalmente porque esses itens se relacionam com algumas das Seis Características Centrais, e não porque eles causam o comportamento. Sendo assim, será quase sempre mais eficaz medir essas características diretamente do que depender das categorias tradicionais de segmentação do mercado para prognosticar o comportamento.

## As Seis Características Centrais são bastante independentes

Surpreendentemente, as Seis Características Centrais não estão muito relacionadas umas com as outras. Na realidade, elas são quase independentes: o fato de conhecer a pontuação de uma pessoa em relação a algum traço não fornece praticamente nenhuma informação sobre os outros. Motivo pelo qual as pessoas se sentem incentivadas a exibir todas as seis de diferentes maneiras, através de diversos comportamentos e compras de produtos.

A única grande exceção é que a inteligência geral possui uma relação positiva modesta com a abertura: pessoas inteligentes tendem a ficar mais interessadas em novas experiências, viagens, culturas e estética do que a média. De forma recíproca, pessoas culturalmente engajadas e receptivas tendem a ser mais inteligentes que a média. É por isso que as cidades universitárias tendem a ter melhores instituições culturais. Não obstante, mesmo aqui, o tamanho reduzido da relação positiva significa que há muitas pessoas inteligentes, porém convencionais, que podem trabalhar como engenheiros para o complexo militar-industrial, ouvir o mesmo rock clássico que ouviam trinta anos atrás e que conhecem de cor o equivalente a quarenta gigabytes de estatísticas de beisebol. De forma análoga, há muitas pessoas receptivas que buscam novidades e adoram ideias e experiências estranhas, embora não sejam muito inteligentes. Estas constituem o mercado para romances fantasiosos, livros de autoajuda, farmacêuticos na área de nutrição, piercings faciais, música da Enya, diplomas em psicologia não evolucionista e todos os produtos rotulados de "homeopáticos". Certamente, sua combinação de neofilismo e frivolidade as transforma num segmento de mercado extremamente lucrativo.

O fato de as Seis Características Centrais serem completamente independentes umas das outras viola muitos dos estereótipos sociais. Você pode conhecer alguns estudantes universitários e concluir que inteligência e neurose elevadas (baixa estabilidade) andam juntas. Contudo, não é isso o que acontece, em média, ao conjunto da população: pessoas de baixa inteligência ficam tão ansiosas e deprimidas quanto eles. Você pode conhecer alguns liberais do Greenpeace e concluir que abertura e afabilidade elevadas se combinam. Não obstante, não é assim: algumas pessoas buscam novas experiências extremas em sexo sadomasoquista sem proteção, em gangues criminosas, no terrorismo político ou em carreiras no marketing de cosméticos (pense em Tyler Durden, de *Clube da luta*). Para cada par de estereótipos sociais que parecem confirmar uma relação positiva entre duas das Seis Características Centrais, existe outro de estereótipos opostos que parecem confirmar a relação negativa.

As dicotomias estereotipadas são tão numerosas e matizadas que quase qualquer combinação de traços da personalidade parece se encaixar em algum tipo, embora esses tipos sejam ilusórios. Conforme pudemos observar, no campo dos traços da personalidade humana existe realmente o que os estatísticos chamam de distribuição normal multivariada: cada dimensão constitui uma curva em sino em que a maior parte das pessoas está posicionada próxima da média e cada dimensão é independente das outras. Tendo em vista as nossas seis dimensões independentes, se dividíssemos cada uma em apenas três níveis (baixo, médio ou alto), então teríamos três à sexta potência de combinações possíveis, ou 729 tipos diferentes de personalidade — bastante maior que o número de tipos tipicamente postulados pela astrologia, a psicanálise junguiana ou a maior parte da segmentação de mercado.

## Além das Seis Características Centrais?

Claramente, as Seis Características Centrais não dão conta de todas as diferenças particulares que individualizam a natureza humana, já que também temos de levar em consideração as virtudes e vícios, os valores e interesses, as atitudes religiosas e políticas, os hobbies e as habilidades, as doenças mentais e as dependências físicas. Não obstante, até mesmo muitos desses elementos podem ser prognosticados razoavelmente bem pelas Seis Características Centrais. Eles estão mutuamente relacionados em grau surpreendentemente grande e frequente.

Por exemplo, muitos dos novos tipos de inteligência que se tornaram populares recentemente (inteligência social, emocional e criativa) podem ser reduzidos à inteligência geral e mais alguma combinação das Cinco Grandes Características da personalidade. A inteligência social, conforme estudada pelos psicólogos desenvolvimentalistas e os primatologistas, abrange as capacidades para colocar fatos em perspectiva e traçar estratégias sociais, mas parece muito bem prognosticada por uma combinação de inteligência geral e extroversão, somadas à afabilidade (quando a empatia gera dividendos) ou à grosseria (quando a exploração gera dividendos). As pessoas autistas apresentam uma inteligência média apenas um pouco reduzida, mas normalmente demonstram níveis severamente reduzidos de afabilidade e extroversão. De maneira similar, a inteligência emocional se refere à capacidade de perceber emoções alheias, utilizar as emoções para guiar o próprio pensamento e resolver problemas, compreender sua natureza e funções sociais, e administrar as próprias emoções de forma adaptativa. Entretanto, a capacidade de perceber e compreender as emoções está extremamente ligada à inteligência geral e a autoadministração emocional, à conscienciosidade e estabilidade. Por fim, a pesquisa de criatividade sugere que a inteligência criativa de curto prazo é constituída, basicamente, de inteligência geral somada à abertura, ao passo que a realização criativa de longo prazo também é prognosticada pela conscienciosidade (trabalho duro e ambição) e extroversão (entrosamento ativo e estabelecimento de redes de contatos sociais). Em nosso recente livro *Mating Intelligence*, Glenn Geher e eu preconizamos uma dimensão da "inteligência no estabelecimento de relações sexuais" relativa ao cortejo e aos relacionamentos sexuais — mas, diferentemente das pessoas que advogam as inteligências social, emocional ou múltipla, argumentamos explicitamente que é muito provável que ela se relacione de forma bastante forte com a inteligência geral e algumas das Cinco Grandes Características.

Os traços sexuais também são bem prognosticados pelas Seis Características Centrais. Os traços de personalidade da "sociossexualidade", conforme desenvolvidos por Steve Gangestad e Jeffry Simpson, são índices de promiscuidade sexual. As pessoas com sociossexualidade "irrestrita" (altamente promíscuas) apresentam um número maior de parceiros sexuais, mais encontros amorosos de uma noite só e maiores taxas de infidelidade. Também tendem a apresentar elevados níveis de extroversão. As pessoas cujos traços são muito extremados nesse aspecto tendem a juntar-se ao Lifestyle — a comunidade poliamorosa de prostituição, suingue e casamentos abertos exemplificada pela International Lifestyle Association. As pessoas altamente sociossexuais, abertas, impulsivas e egoístas tendem a investir uma parte maior de tempo e energia num "esforço para procurar parceiros sexuais" em vez de em um "esforço para criar filhos": estão constantemente procurando novos parceiros sexuais em vez de criar as proles de relações já existentes. Por outro lado, as pessoas com sociossexualidade "restrita" (as pessoas virgens, castas e bem casadas) apresentam menos parceiros sexuais, menos infidelidade, abertura menor, maior conscienciosidade, maior afabilidade e níveis mais baixos de extroversão. Investem mais tempo e energia no esforço de serem pais e menos no de se relacionarem sexualmente. Os altamente sociossexuais consideram que os menos sociossexuais são reprimidos e santarrões, e taxam-nos de pedantes, pudicos, puritanos e hipócritas. As pessoas menos sociossexuais acusam as mais sociossexuais de sórdidas, pervertidas, prostitutas, libertinas e cachorras. (Claramente, existem opiniões distintas quanto ao nível ótimo de sociossexualidade que os nossos parceiros sexuais, amigos e vizinhos devem exibir.)

As Seis Características Centrais também prognosticam bastante bem as atitudes sociais, políticas e religiosas. Os liberais são em média somente um pouco mais inteligentes que os conservadores, mas tendem a demonstrar uma abertura significativamente mais elevada (maior interesse em novidades e diversidade), nível mais baixo de conscienciosidade (menos aderência às normas sociais convencionais) e maior afabilidade (empatia mais abrangente e "corações sensíveis"). Os conservadores demonstram menor grau de abertura (mais tradicionalismo e xenofobia), maiores níveis de conscienciosidade (moralismo em relação aos valores da família, sentimento do dever, mentalidade cívica) e menor afabilidade (mais apoio teimoso e desumano para os interesses próprios e nacionais). Contudo, na medida em que o espectro político tradicional esquerda-direita apresenta somente uma dimensão e que as Seis Características Centrais possuem seis dimensões, o mais correto é descrever a gama completa das atitudes políticas humanas usando as Seis Características Centrais. Por exemplo, a Nova Esquerda da década de 1960 era basicamente mais aberta (em liberdade de pensamento) do que a Velha Esquerda de 1930. Os fascistas podem ser encarados basicamente como pessoas conservadoras com menor índice de estabilidade (mais medo, angústia, ansiedade e neurose) e um grau ainda mais baixo de afabilidade (somado a interesses agressivos em guerra, tortura e genocídio). Os libertários podem ser descritos basicamente como liberais com graus mais elevados de inteligência e conscienciosidade ligeiramente superior (fé em reciprocidade social e na ética do trabalho), uma afabilidade mais baixa (desgosto por exibições de simpatia exagerada) e uma dose extra de extroversão (entrosamento autoconfiante).

Muito embora as Seis Características Centrais sejam descobertas empíricas bastante sólidas, a pesquisa relativa às diferenças individuais continua e pode nos reservar algumas surpresas. É improvável que a inteligência geral seja destronada de sua posição de rainha do poder prognóstico na terra da psicodiversidade, porém, em algum momento no futuro, as Cinco Grandes Características poderiam ser substituídas por um modelo de variação da personalidade ainda melhor. Isso dependerá de novas descobertas na genética (as Cinco Grandes Características dependem de conjuntos distintos de genes?), da neurociência (as Cinco Grandes Características dependem de sistemas cerebrais distintos?) e da psicologia evolucionista (as Cinco Grandes Características servem a funções adaptativas distintas?). Precisamos ter uma ideia muito mais clara do motivo pelo qual a evolução teria mantido variações hereditárias em cinco principais traços da personalidade, em vez de três, ou oito, ou cinquenta. A resposta deve ter alguma coisa a ver com o número de maneiras com que as estratégias sociais humanas podiam variar de maneira adaptativa dentro dos clãs pré-históricos. Vários pesquisadores estão trabalhando seriamente com esse problema no novo campo da psicologia evolucionista da personalidade. Mas, por enquanto, as Cinco Grandes Características constituem o melhor modelo de que dispomos, e cabe a nós ver o quanto poderemos progredir com ele.

# 10
# Características que consumidores ostentam e marqueteiros ignoram

SE TODOS NÓS fôssemos honestos sobre essas Seis Características Centrais, seria muito mais simples namorar, socializar e trabalhar. Poderíamos andar simplesmente com seis números tatuados na testa, representando a pontuação obtida em cada uma delas. O ato de "ficar" aconteceria ainda mais rapidamente, já que poderíamos rejeitar instantaneamente potenciais parceiros sexuais que apresentassem uma pontuação baixa demais ou alta demais nas características que prezamos. Os debates presidenciais se reduziriam a apenas um close de um minuto nos percentuais das características de cada candidato e perceberíamos imediatamente qual deles é estúpido demais (ou esperto demais?), ou apresenta pontuação demasiadamente elevada ou baixa em cada uma das Cinco Grandes Características, para que votemos nele ou nela.

Infelizmente, tatuagens indicando a pontuação obtida nas características não seriam confiáveis, já que as pessoas cederiam a uma inclinação natural para falsificá-las. Basta considerarmos o caso dos adesivos automotivos, que não são confiáveis como exibição de características. Como vimos anteriormente, na medida em que nossas características mentais dificilmente podem ser avaliadas quando estamos envolvidos por uma chapa de metal e vidros escuros; os motoristas frequentemente decoram seus automóveis com adesivos que apregoam características e custam 4 dólares, na tentativa de revelar seu espírito numa tira de plástico laminado de 7 por 25 centímetros. Contudo, não há maneira de garantir que esses adesivos reflitam adequadamente suas verdadeiras características mentais. Os funcionários das lojas de conveniência os vendem sem sequer checar a pontuação da pessoa no inventário de personalidade BFI-10, realizado em um minuto. É possível até que o sujeito tenha roubado um dos adesivos referentes à elevada conscienciosidade ou afabilidade da loja. Os economistas possuem uma expressão técnica especial para se referir a sinais tão pouco confiáveis — eles chamam isso de "papo furado". Os adesivos automotivos são promessas sem credibilidade, alegações sem evidências. Podem ser divertidos, mas não seria possível escolher um amigo ou um amante baseando-se unicamente neles.

Assim, em vez de exibir apenas tatuagens de traços e adesivos automotivos que são alegações inconsistentes, compramos e ostentamos produtos caros que pensamos representar um testemunho mais confiável no que diz respeito às nossas características-chave. Muitas pessoas gastam dezenas de milhares de dólares e quatro anos de estudos puxados para conseguir um diploma de uma universidade de prestígio, que não contêm mais informações sobre as suas características que um teste de QI de duas horas. Pagamos juros gigantescos sobre dívidas de cartões de crédito meramente para garantir um bom desempenho em matéria de crédito, com o objetivo de mostrar-nos, de forma confiável, que somos conscienciosos quando precisarmos de um empréstimo para comprar um imóvel. Gastamos prodigiosamente em telefones celulares para fofocar com amigos em voz alta em público, para parecermos verdadeiramente extrovertidos. Alguns de nós assinam as revistas *Harper's*, *Wired* ou *Prospect* para exibir uma sofisticação cultural cosmopolita, também conhecida como abertura.

Bilhões de pessoas rezam diariamente, frequentam a igreja semanalmente e sustentam a casta onerosa dos sacerdotes para exibir virtudes morais — conscienciosidade, afabilidade, conservadorismo.

O que esses produtos têm em comum não é apenas o custo inicial em termos de capital, porém a dificuldade de explorá-los corretamente caso a pessoa careça das características de personalidade adequadas. Mesmo que você consiga entrar na Universidade de Cambridge sem merecer, não poderá falsificar suas monografias, supervisões, a participação em sala de aula e as notas. Mesmo que sua renda o qualifique para ter um Cartão Platinum da American Express, seu crédito despencará se você não pagar as contas na data. Mesmo que assine a *Prospect* (a melhor revista intelectual da Grã-Bretanha), não será capaz de conversar de maneira inteligente sobre o conteúdo dela caso não esteja aberto a novas ideias. Se você for um psicopata irritadiço e de pavio curto, não será capaz de aguentar semanalmente os rituais e sermões na igreja, já que eles desafiarão sua paciência e afabilidade limitadas até o ponto de ruptura.

Portanto, alguns dos produtos socialmente mais relevantes não podem ser comprados e exibidos somente por meio do dinheiro, porque queremos saber muito mais acerca das pessoas do que apenas sobre a riqueza delas. Muitos desses produtos nem sequer se parecem com produtos no sentido tradicional de comércio. Um diploma de Cambridge, uma boa avaliação de crédito, uma reputação local de intelectual bem informado ou generoso frequentador de cultos — nenhum desses "títulos" pode ser comprado no shopping center, muito embora todos requeiram dinheiro. Nos próximos quatro capítulos, examinaremos as quatro características, entre as Seis, que considero as mais importantes para compreender o comportamento do consumidor: inteligência, abertura, conscienciosidade e afabilidade. A estabilidade e a extroversão também são fascinantes, mas seria enfadonho analisar todos as Seis Características Centrais de forma tão detalhada. Provavelmente, quando você compreender as primeiras quatro expostas nos capítulos seguintes, entenderá o espírito da coisa.

## Como a escolha de automóveis revela as Seis Características Centrais

Uma das maneiras mais dispendiosas através da qual os consumidores procuram exibir as Seis Características Centrais é a escolha das marcas de automóveis e suas singularidades. Pelo menos em nível semiconsciente, os compradores de carros procuram casar seus próprios traços com a aparente "personalidade da marca" alardeada na propaganda do fabricante. Eles também tendem a procurar as particularidades que lhes parecem mais importantes, tendo em vista as aspirações e ansiedades que desenvolveram, com base nas suas Seis Características Centrais. A tabela abaixo traz a lista de algumas marcas de carro, junto aos traços que parecem associados a índices altos e baixos de cada uma das Seis Características Centrais. (Tratam-se apenas de minhas próprias impressões e estereótipos; cada item é discutível e está sujeito a muitas exceções. A exemplo do que acontece com a maioria dos produtos, parece não haver boas informações sobre quais personalidades de marca ou características de automóveis estão de fato associadas a cada uma das Seis Características Centrais.)

### *Inteligência elevada*

- Marcas prediletas: Acura, Audi, BMW, Lexus, Infiniti, Smart Car, Subaru, Volkswagen

- Características prediletas: valor máximo, complexidade dos controles, luz de leitura, altura da cabine, nome de marca e/ou do modelo difícil de pronunciar.

## *Inteligência baixa*

- Marcas prediletas: Cadillac, Chrysler, Dodge, Ford, GMC, Hummer
- Características prediletas: volume importante, prestação baixa, financiamento na revendedora, boa relação entre tamanho e confiabilidade.

## *Elevada abertura (liberalismo, excentricidade)*

- Marcas prediletas: Lotus, Mini, Scion, Subaru
- Características prediletas: design excêntrico, procedência estrangeira, interior espaçoso, teto solar, popularidade entre jovens.

## *Elevada conscienciosidade (responsabilidade, cautela)*

- Marcas prediletas: Acura, Honda, Lexus, Volvo, Toyota
- Características prediletas: confiabilidade, travas de segurança para crianças, alarme antifurto, iluminação diurna do painel, economia de combustível.

## *Baixa abertura (tradicionalismo, conservadorismo)*

- Marcas prediletas: Buick, Lincoln, Oldmobile, Range Rover, Rolls-Royce

- Características prediletas: Design tradicional, procedência americana, popularidade entre as pessoas mais idosas e a nobreza.

## *Baixa conscienciosidade (impulsividade, temeridade)*

- Marcas prediletas: Ferrari, Jeep, Mitsubishi, Pontiac
- Características prediletas: controle de velocidade, descanso para copos, elevada aceleração.

## *Elevada afabilidade (afabilidade, gentileza, altruísmo)*

- Marcas prediletas: Acura, Daewoo, Geo, Kia, Saturn
- Características prediletas: design ecológico, combustível híbrido, compartimento de carga para ajudar nas mudanças dos amigos, dianteira com aspecto jovial.

## *Baixa afabilidade (elevada agressividade, atitude controladora)*

- Marcas prediletas: BMW, Hummer, Maserati, Mercedes, Nissan
- Características prediletas: potência, torque, tamanho intimidador, design ameaçador, assentos de couro, dianteira em formato de riso sarcástico.

## *Elevada estabilidade (alto índice de felicidade, autoestima)*

- Marcas prediletas: Acura, Porsche, Scion
- Características prediletas: design alegre, "energia" boa.

## Baixa estabilidade (alto nível de ansiedade, neurose, preocupações)

- Marcas prediletas: Volkswagen, Volvo
- Características prediletas: segurança, airbags, freios ABS, controle eletrônico de estabilidade, garantia estendida.

## Elevada extroversão

- Marcas prediletas: Aston Martin, BMW, Ferrari, Mini, Porsche
- Características prediletas: conversível, subwoofers de alta potência, rack para esquis, produto exibido em filmes de James Bond

## Baixa extroversão

- Marcas prediletas: Acura, Hyundai, Lexus, Saab, Subaru, Volvo
- Características prediletas: vidros fumês, pintura em cor neutra, interior tranquilo.

A despeito de faltarem evidências quantitativas a esse respeito, algumas marcas esforçam-se claramente para serem associadas a determinados traços entre as Seis Características Centrais. Por exemplo, a Subaru patrocina os encontros anuais da Academia Americana pelo Progresso da Ciência, portanto, é bastante evidente que busca o apoio dos consumidores que apresentam níveis de inteligência elevados.

Algumas marcas parecem associadas aos extremos de vários traços — a BMW, por exemplo, tem uma conotação de elevada inteligência, estabilidade, extroversão e baixa afabilidade. Já que apenas um terço das pessoas encontra-se nos extremos de cada um desses quatro traços, e eles não se relacionam entre si, a BMW está implicitamente restringindo seu segmento de mercado a um terço elevado à quarta potência ou a um em cada 81 potenciais compradores de automóveis. Assim, uma forte personalidade da marca pode permitir que o consumidor exiba uma sinalização mais distintiva de seus traços, embora possa limitar a participação da empresa no mercado. Em comparação, na medida em que a Oldsmobile se associa principalmente ao extremo de um traço (ser mais idoso que a média das pessoas e, portanto, apresentar uma abertura mais baixa), restringe-se a apenas um de cada três potenciais compradores de carros.

## Alardear as Seis Características Centrais através das preferências musicais e páginas da Web

Em alguns casos excepcionais, as escolhas de produtos atuam de forma análoga às tatuagens e aos adesivos automotivos que constituem alegações inconsistentes de características. As preferências musicais, por exemplo, parecem funcionar de forma bastante confiável como indicadores das Seis Características Centrais. Em alguns estudos recentes e fascinantes, os psicólogos de personalidade Peter Rentfrow e Samuel Gosling investigaram como as Cinco Grandes Características das pessoas são transmitidas comumente de forma rápida, tranquila e correta através das preferências musicais que elas afirmam ter. Pesquisas anteriores já haviam demonstrado que os traços da personalidade e as preferências musicais estão genuinamente correlacionados, e que as pessoas ostentam suas preferências musicais (durante a conversação, em sites pessoais ou nas listas de faixas de iPods) para exibir traços de personalidade. Rentfrow e Gosling avançaram mais na análise das ricas informações sobre a personalidade transmitidas pelos gostos musicais. Num estudo, pediu-se a sessenta estudantes universitários que se conhecessem mutuamente durante um período de seis semanas através de um sistema de chat on-line, e os pesquisadores registraram os tópicos de suas conversas. Eles descobriram que a música era de longe o assunto mais comum nas conversas — mais popular que a discussão de filmes, livros, programas de TV, roupas ou esportes.

Num outro estudo de Rentfrow e Gosling, 74 estudantes universitários preencheram um questionário de personalidade baseado nas Cinco Grandes Características e, então, listaram as suas dez músicas preferidas. A seleção de cada estudante foi posteriormente gravada num CD que foi ouvido por oito pessoas, que julgaram as Cinco Grandes Características daqueles estudantes. A correlação que se estabeleceu entre os julgamentos dos ouvintes e as autoanálises dos estudantes foram significativas para quatro das Cinco Grandes Características: abertura (+0,47), extroversão (+0,27), estabilidade emocional (+0,23) e afabilidade (+0,21). (Essas correlações parecem baixas, mas são impressionantes tendo em vista que os ouvintes não possuíam nenhuma outra informação sobre os estudantes que julgavam: nenhuma foto ou vídeo, nem mesmo informações sobre idade, sexo ou raça.) Essa exatidão foi lograda tanto através dos gêneros musicais preferidos (os estudantes emocionalmente estáveis gostavam de música country — pelo menos se fossem do Texas) quanto pelas características acústicas específicas das músicas (os extrovertidos gostavam de música considerada plena de energia, entusiasmo e canto). Ademais, as informações sobre a personalidade transmitidas pelas preferências musicais complementaram perfeitamente as informações que foram obtidas através de fotos ou de curtas gravações em vídeo das pessoas (melhores para revelar a conscienciosidade e extroversão).

Também parece provável que as preferências musicais revelem o nível de inteligência geral. As quarenta estações de rádio convencionais mais ouvidas, a música pop e a ligeira são concebidas para maximizar as vendas ao apelar para o centro da curva em forma de sino. A música alternativa e a clássica possuem a conotação básica de serem para inteligências mais elevadas — música "difícil de ouvir" — e apelam a um segmento de mercado menor, mas que apresenta maior discernimento. Elas tendem a maior complexidade, variedade e riqueza no que diz respeito às estruturas melódicas e de tom, aos timbres, ritmo, léxico e alusividade das letras. Essa complexidade musical requer mais da percepção auditiva, da atenção e da memória de curto-prazo do ouvinte e, assim, os ouvintes de menor inteligência consideram-na opressiva, estressante e esquisita. Portanto, uma inteligência mais elevada pode ser exibida de forma bastante confiável através da afirmação de preferência por músicas de Bartók e Björk, em vez de Lynyrd Skynyrd e Hannah Montana.

Consequentemente, um perfil do tipo MySpace, contendo nada mais que uma foto de rosto e uma lista das dez músicas preferidas, permite avaliar de forma razoavelmente precisa as Seis Características Centrais, sem que o indivíduo precise comprar ou exibir quaisquer outros produtos. Uma sarcástica garota gótica que gosta de Rage Against the Machine, Nine Inch Nails e Marilyn Manson apresenta, provavelmente, baixos níveis de conscienciosidade, afabilidade e estabilidade emocional. Um garoto bem arrumado que sorri de modo afetado e gosta de Jars of Clay, Mercy Me e Third Day (grupos cristãos de rock) apresentará provavelmente traços opostos. (Deixem os dois trancados juntos num trailer e criarão um divertido reality show para a TV.)

Mas como as preferências musicais indicadas em sites de relacionamento podem funcionar de forma confiável como exibição de características se as tatuagens alusivas e os adesivos automotivos não conseguem fazê-lo? O elemento-chave para a sua confiabilidade é que os outros podem facilmente desmascarar um blefe ao interrogar o indivíduo sobre as bandas que ele alega serem suas preferidas, através de um e-mail ou de uma mensagem instantânea. Suponhamos que você alegue amar Björk e comece a corresponder-se com outros fãs dela no Facebook. Se você não souber de fato alguma coisa sobre ela e sua música, ou se não apresentar reações emocionais e estéticas críveis diante do seu gênio cósmico peculiar divino, os outros fãs descobrirão rapidamente a falsidade. Você perderá toda a credibilidade se não souber escrever corretamente o sobrenome dela (Guðmundsdóttir) ou opinar que *Vespertine* foi o CD mais legal. Enquanto exibição das Seis Características Centrais, as preferências musicais declaradas no Facebook são muito mais confiáveis do que os adesivos automotivos colados na traseira de um automóvel, porque é mais fácil os demais checarem a boa fé do indivíduo ao enviar um e-mail para a sua página do Facebook do que obrigá-lo a encostar o carro numa rodovia para conversar com ele sobre as suas crenças, desejos e opiniões acerca de vocalistas islandesas. Estudos ulteriores realizados pelos psicólogos Simine Vazine, Samuel Gosling e outros confirmaram que as pessoas podem julgar a personalidade de alguém de forma surpreendentemente precisa ao olhar o conteúdo de sua página na internet.

## Por que os marqueteiros ignoram as Seis Características Centrais

Surpreendentemente, a maior parte dos marqueteiros não tem a menor ideia de que as Seis Características Centrais podem predizer muito bem o comportamento dos consumidores. Os típicos livros didáticos sobre o comportamento dos consumidores dedicam uma grande seção às diferenças individuais, mas não há neles nenhuma discussão da inteligência geral e das Cinco Grandes Características. Pelo contrário, o enfoque é posto sobre diversos "fatores" que influenciam as tomadas de decisões do consumidor: riqueza, tempo, conhecimento, atitudes, valores, os conceitos que ele tem de si mesmo e suas motivações. O fato de que as Seis Características Centrais predizem eficientemente a variação individual que perpassa todos esses fatores permanece desconhecido ou ignorado. A inteligência geral aparece, às vezes, sob a rubrica de "recursos cognitivos", mas essa expressão é normalmente usada para expressar diferenças individuais na habilidade de focar sua atenção, tendo em vista as distrações correntes. O fato de que a inteligência prediz riqueza e conhecimento é ignorado, da mesma forma que o fato de que as Cinco Grandes Características preveem atitudes, valores, conceitos de si mesmo e motivações. Ademais, os marqueteiros prestam atenção às "variáveis demográficas" — idade, sexo, etnia, status socioeconômico — sem levar em consideração suas correlações com as Seis Características Centrais.

Similar ignorância das Seis Características Centrais aflige a pesquisa acadêmica do comportamento do consumidor. As três principais revistas de marketing — *Journal of Marketing* (JM), *Journal of Marketing Research* (JMR) e *Journal of Consumer Research* (JCR) — publicaram 6.400 artigos no total, dos quais somente 60 aproximadamente mencionaram a personalidade de forma geral, enquanto apenas três se referiram a modelos de personalidade com cinco fatores ou especificamente a qualquer uma das Cinco Grandes Características. As diferenças individuais na inteligência dos consumidores recebem ainda atenção menor. Nenhum artigo publicado na JM, JMR ou JCR jamais mencionou a inteligência geral, o fator G, ou o

QI (um artigo publicado na JCR em 1984 mencionou a "habilidade cognitiva", porém rejeitou a ideia de um fator de inteligência geral). Referências a traços, genética e hereditariedade são igualmente raras. Alguns poucos artigos nessas revistas usam a teoria da sinalização custosa ao discutir a maneira como as empresas emitem sinais sobre a qualidade de produtos para os consumidores, porém nenhum discute como os consumidores podem emitir sinais sobre as próprias características para as outras pessoas. Ademais, os artigos publicados em JM, JMR e JCR quase nunca mencionam o consumo conspícuo, Veblen, o status social ou os bens posicionais (discutidos adiante).

Num artigo de revista de 2002, o professor de marketing Hans Baumgartner observou que:

> Há muito a pesquisa da personalidade tem sido um item marginal no estudo do comportamento do consumidor. Poucos estudos são diretamente dedicados a assuntos ligados à personalidade e, quando a personalidade dos consumidores é investigada, isso tende a ser feito a partir da perspectiva estreita que visa a desenvolver ainda outra medição da diferença individual dentro de um campo já repleto de escalas de personalidade, ou considera os efeitos moderadores de determinado traço sobre alguma relação que está sendo estudada.

Basicamente, a pesquisa dos consumidores simplesmente não se mantém atualizada com as descobertas na área da psicologia da personalidade nem reconhece a maneira poderosa como as Cinco Grandes Características influenciam o comportamento e a autoexibição dos consumidores.

Muitos artigos de pesquisa sobre consumidores partem do pressuposto de que eles simplesmente preferem produtos que combinem com as próprias "identidades" ou "autoesquemas", de tal maneira que a "personalidade da marca" seja congruente com a "personalidade de consumidor". O desejo do consumidor por um produto que combine com sua identidade pessoal é normalmente formulado como uma questão de "qualidade de relação" (o consumidor se relaciona com a marca como se fosse uma pessoa de fato) e não como uma questão de sinalização estratégica de características (o consumidor escolhe a marca para revelar informações acerca dos próprios traços a outras pessoas reais). Sob essa ótica, consumidores altamente afáveis preferem produtos altamente afáveis (aqueles que parecem suaves e benignos) como um efeito colateral tolo de suas preferências sociais por amigos altamente afáveis — não como uma maneira simples e confiável de exibir afabilidade aos outros.

Alguns pesquisadores de consumo reconheceram que os consumidores se esforçam para "comunicar identidades desejadas" aos outros através da escolha de produtos, especialmente quando a "ênfase identitária" (o poder de sinalização de características) dos produtos é elevada. Essa visão é central na "teoria da cultura do consumidor", que enfatiza as maneiras sociais, culturais, simbólicas, estéticas e ritualísticas com que os consumidores criam e exibem identidades pessoais e coletivas através das escolhas de produtos. A teoria da cultura do consumidor normalmente engendra pesquisas de observação qualitativa sobre as identidades dos consumidores dentro de mercados, subculturas e ideologias específicos. Não obstante, apresenta deficiências sérias do ponto de vista científico: permanece vaga no que diz respeito à natureza da "identidade" do consumidor individual (os traços específicos exibidos), é obscura no que tange à função real de exibir uma "identidade" coletiva (classe, idade, sexo, etnia) e hostil quanto à visão evolucionária da natureza humana e interação social. Ademais, essa teoria não logrou encontrar um denominador comum com os outros principais paradigmas da pesquisa do consumidor: a teoria da escolha racional, a psicologia cognitiva, o design experimental e a análise quantitativa.

Nesse caso, parte do problema resulta da distinção artificial entre os produtos "utilitários" (supostamente valorizados apenas pela utilidade prática, tais como um machado), produtos "hedonísticos" (valorizados somente por seu prazer subjetivo, tais como sorvete) e produtos "de posição social" (valorizados meramente pelo poder de sinalizar status, tais como brincos de diamante). Essa distinção é traiçoeira porque, como já vimos anteriormente, todos os produtos de marca cuja venda é rentável devem incluir alguns elementos de gasto, precisão e/ou reputação conspícuos. Esses elementos informam ao consumidor que o produto serve como boa exibição de características e se confundem com a experiência de prazer ao comprar, usar e ostentar o produto. Por outro lado, a utilidade ostensiva de um produto é frequentemente combinada com a precisão e a reputação para formar um todo. O conceito de bens de posição social aplica-se razoavelmente aos produtos como sinalização de inteligência (já que a maior parte das pessoas quer parecer ocupar a posição elevada na curva do QI em forma de sino, e não baixa), porém é mais difícil aplicá-lo a produtos enquanto sinalização das Cinco Grandes Características (em que existe menos consenso em relação a que nível de traço possa ser considerado ótimo).

Assim, a maior parte da pesquisa atual sobre o marketing e o comportamento do consumidor depende de um caótico arsenal de teorias ultrapassadas e achados não confiáveis. Os poderosos efeitos da inteligência geral ocultam-se por trás dos efeitos causais, correlatos empíricos e eufemismos politicamente corretos: educação, classe, status socioeconômico, conhecimento do consumidor, "recursos cognitivos" e "capital cultural". Com frequência, os marqueteiros pensam estudar os efeitos de classe, raça ou religião na tomada de decisão dos consumidores quando, na realidade, estudam os efeitos da inteligência, que, por motivos quaisquer, apresenta médias de pontuação distintas nas diferentes classes, raças e religiões. De forma análoga, os poderosos efeitos das Cinco Grandes Características permanecem ocultos por trás de seus correlatos e eufemismos: atitudes, motivações, conceitos que as pessoas têm de si mesmas, valores, estilo de vida e cultura. Aqui, os marqueteiros acreditam estudar os efeitos de sexo, idade ou crenças políticas, quando, na verdade, estudam os efeitos da abertura, conscienciosidade, afabilidade, estabilidade ou extroversão, que também apresentam diferentes pontuações médias entre homens e mulheres, jovens e velhos, liberais e conservadores.

Tais modos imprecisos para tentar compreender as diferenças individuais no comportamento do consumidor são populares entre os professores e os consultores de marketing, por duas razões básicas. Em primeiro lugar, reconhecer as Seis Características Centrais seria politicamente incorreto, socialmente deselegante e absolutamente constrangedor para os marqueteiros que, em sua maioria, se consideram as pessoas mais liberais, progressistas e criativas do mundo dos negócios. Não obstante, eles se sentem surpreendentemente à vontade ao estereotipar as pessoas de acordo com grupos demográficos (idade, sexo, etnia, classe, nacionalidade), a despeito de sua posição política correta. Por exemplo, um livro didático recente sobre o comportamento dos consumidores alegava que "os alemães são muito ambiciosos, competitivos e sempre buscam o sucesso"; "os franceses procuram apenas a novidade e a elegância"; "os chineses tendem a ser etnocêntricos"; "no México, os prazos são flexíveis"; "comparados com os protestantes e os católicos, os judeus são mais liberais, democráticos, flexíveis, racionais, estão mais motivados para as realizações, são entusiasmados, gregários e emocionais, impacientes e apressados, mais inclinados a adiar as gratificações e mais liberais do ponto de vista político." O marketing é provavelmente a última esfera acadêmica que encoraja a estereotipar as pessoas de acordo com nações, religiões, classes e sexo, já que os marqueteiros sempre podem alegar que esses grupos simples aprenderam diferentes valores, normas e culturas.

Para os marqueteiros, seria muito mais constrangedor — social e ideologicamente — argumentar que os grupos demográficos possuem diferentes preferências e comportamentos de consumo porque apresentam diferentes distribuições das características psicológicas. Imagine se as diferenças entre o comportamento de consumo de sino-americanos e anglo-americanos se explicassem inteiramente por uma média ligeiramente mais elevada no QI do primeiro grupo. Imagine se "as diferenças dos papéis dos gêneros" no comportamento dos consumidores se resumissem a diferenças sexuais na afabilidade. Imagine se algumas "diferenças entre culturas" no comportamento do consumidor se resumissem a sutis diferenças entre nacionalidades na média de abertura ou conscienciosidade. Se os marqueteiros medissem simultaneamente as Seis Características Centrais e suas costumeiras variáveis demográficas/culturais e encontrassem diferenças consistentes nas médias dos traços e das variações em função da idade, do sexo, da classe, religião ou nacionalidade. Isso seria um desastre em termos de relações públicas. Descobertas desse tipo violariam o tabu intelectual central na vida americana moderna — de que não se deve falar de diferenças psicológicas significativas entre grupos. E, pior ainda, se descobrissem que as Seis Características Centrais predizem o comportamento dos consumidores melhor que as variáveis demográficas/culturais costumeiras, isso lançaria dúvida no que diz respeito à visão liberal padrão de tábula rasa de que demografia é destino, que a identidade socializada enquanto parte de um grupo coletivo prediz o comportamento humano melhor que os traços individuais hereditários.

Ademais, estereotipar grupos (também conhecido como segmentação de mercado) se tornaria um desafio maior se os marqueteiros reconhecessem as Seis Características Centrais. A propensão de consumo de diferentes grupos e culturas teria de ser representada como conjuntos parcialmente sobrepostos num espaço hexadimensional de traços continuamente variáveis. Em vez de tecer generalizações superficiais, os marqueteiros precisariam medir os perfis de personalidade em todos os grupos, usando instrumentos válidos e empiricamente confiáveis aplicados a amostras populacionais representativas. Deve-se admitir que isso seria mais caro que juntar dados demográficos básicos (idade, sexo, raça, classe), mas, a longo prazo, sairia muito mais barato que o design malfeito de produtos e estratégias de marketing equivocadas.

Em segundo lugar, o marketing seria um campo de conhecimento humano muito mais simples, estável e progressista se fosse embasado em modelos análogos de seres humanos simples, estáveis e progressistas, derivados de pesquisas atualizadas na área da psicologia. Não obstante, isso seria ruim para os acadêmicos de escolas de comércio que buscam estabilidade através de inovações com alto poder referencial em termos de pesquisa de consumo, bem como para consultores de marketing, que procuram clientes adeptos de novidades para realizarem novos testes de personalidade dos consumidores e seguir novas técnicas de segmentação de mercado. O fato de amarrá-los firmemente à maciça pesquisa empírica e à sólida teoria existentes na pesquisa da inteligência e na da personalidade resultaria em deixar pouco espaço de manobra para livros, vídeos e seminários de treinamento novos e radicais.

Como o historiador científico Thomas Kuhn observou, depois que uma ciência encontra uma fórmula de sucesso — uma maneira de progredir de forma previsível e acumulativa —, ela conquista o status de "paradigma". Quando os paradigmas funcionam satisfatoriamente e, a partir dele, estão fazendo ciência normal, é mais improvável que ocorram "mudanças de paradigmas" radicais. Isso está de acordo com o que deveria acontecer: quanto mais sabemos sobre um determinado campo, mais improvável será que uma nova ideia aleatória sobre ele seja correta. Quanto mais complexo o organismo, menos provável que uma mutação aleatória possa melhorar sua aptidão. Quanto mais complexa for a sociedade, menos provável que uma importante revolução política melhore o bem-estar de todos.

Contudo, os pesquisadores na área do consumo frequentemente beneficiam-se ao alardear suas últimas hipóteses como mudanças radicais de paradigmas que podem oferecer aos clientes consultantes grandes vantagens sobre os rivais. Para que a ciranda de contínuas mudanças de paradigmas mantenha os clientes tontos e faça o dinheiro circular, qualquer teoria surgida do nada e que pareça capaz de gerar um paradigma estável, genuíno e unificador deve ser sufocada ainda nos primórdios, para o bem coletivo da profissão dos consultores. Essa é a razão econômica que justifica o horror que o marketing demonstra ter por construtos psicológicos bem fundamentados. Sem dúvida, pesquisadores de mercado com uma mente centrada cientificamente saudariam a oportunidade de compreender as preferências dos consumidores de forma mais profunda, utilizando as Seis Características Centrais, talvez combinando-as com informações demográficas. Entretanto, na medida em que os conceitos da inteligência geral e das Cinco Grandes Características da personalidade já são de domínio público, não podem ser transformados facilmente num novo modelo de negócio patenteado ou em qualquer outra forma de propriedade intelectual e, assim, redundar na fundação de uma nova empresa que será ultrapassada e comprada por outra.

Também existe uma razão intelectual para que os marqueteiros não tomem conhecimento das Seis Características Centrais: teorias científicas bem estabelecidas tornam-se enfadonhas depois de certo tempo. Com efeito, esse perigo deriva do fato de se assistir a demasiadas reuniões da Sociedade Internacional pela Pesquisa da Inteligência: ouvem-se discursos e mais discursos sobre a maneira como as boas e velhas medições da boa e velha inteligência geral preconizam ainda outro aspecto do comportamento humano melhor que qualquer outro construto. O mesmo aplica-se às conferências de psicologia da personalidade: atualmente, a maior parte das intervenções reconhece que as Cinco Grandes Características retratam a maior parte da variação humana de comportamento — inclusive aquela que alguma nova medição sensacional alega ter discernido pela primeira vez. As Seis Características Centrais demonstram continuamente sua confiabilidade e eficácia na pesquisa das diferenças individuais — situação que deixa os psicólogos sérios um pouco entediados, mas fundamentalmente felizes, porque estão cientes de que realmente fazem um progresso científico cumulativo. Por outro lado, o poder estável e onipresente das Seis Características Centrais enlouqueceria a maior parte dos marqueteiros, visto que eles não lograriam qualquer glória individual nem vantagem empresarial competitiva ao utilizar os mesmos métodos que todos para descrever a variação dos consumidores, ou até mesmo ao reutilizarem os seus métodos do ano anterior. Eles querem alguma coisa nova e secreta: uma nova maneira radical de distribuir a população em camadas que possam ser visadas otimamente por novas linhas de produtos e campanhas publicitárias. As Seis Características Centrais não lhes fornecem alento nesse sentido, porque: todas elas representam distribuições normais e contínuas; elas têm sido bem compreendidas por psicólogos por vinte anos; elas podem ser medidas com grande confiabilidade e validez através de questionários já existentes; e são de conhecimento geral. Não oferecem nenhum estímulo, somente exatidão; nem seguem modismos, são sólidas.

Particularmente, os marqueteiros gostam de medir as diferenças individuais de maneira muito específica para cada área, maneiras que requerem um conhecimento secreto. Eles medem "individualismo *versus* coletivismo" e "estilo de pensamento abstrato *versus* associativo" para caracterizar as diferenças entre nações. Eles medem "masculinidade *versus* feminilidade" e "conformidade entre papel e gênero" para caracterizar as diferenças sexuais. Medem "a força da influência do grupo de referência" para caracterizar as diferenças etárias. O "lócus de controle" interno *versus* externo para caracterizar diferenças religiosas. Essas dimensões específicas de área tornam a vida deliciosamente complexa. Como seria chato se nos déssemos conta de que o "coletivismo" e "a força do grupo de referência" são basicamente a conscienciosidade, que "o estilo de pensamento abstrato" corresponde à inteligência geral, que "o lócus interno de controle" é bastante similar à faceta de entrosamento da extroversão e que a "masculinidade" frequentemente significa pouco mais que baixa afabilidade, baixa conscienciosidade e elevada estabilidade.

Você pode pensar que os marqueteiros individuais gostariam de construir modelos sólidos e precisos das preferências dos consumidores, para que suas firmas maximizassem as vendas e os lucros, mas está enganado. Os incentivos sociais, sexuais e profissionais para que os marqueteiros, individualmente, sejam interessantes, descolados e maneiros, frequentemente não se alinham com os interesses financeiros dos acionistas de uma firma. Na realidade, uma importante teoria econômica da publicidade sugere que o conteúdo do marketing e da propaganda é amplamente irrelevante. Pelo contrário, os custos que o marketing gera para uma empresa são maneiras através das quais esta sinaliza seu poder financeiro aos potenciais empregados, investidores e empresas rivais, e não modos reais para atrair consumidores. Essa teoria da publicidade como gasto corporativo conspícuo segue a mesma lógica da sinalização custosa com a qual nos deparamos com tanta frequência anteriormente. E, se isso for verdade, a função real dos marqueteiros não será compreender e influenciar os clientes, porém ganhar elevados salários, fazer muito barulho e manter-se afastados da linha de produção.

## 11
# Inteligência geral

A INTELIGÊNCIA HUMANA possui dois aspectos que a tornam, à primeira vista, um pouco confusa. Um é universal: ela apresenta um conjunto de adaptações psicológicas comuns a todos os seres humanos normais, inclusive capacidades para aprender línguas, usar ferramentas e compreender crenças e desejos de outras pessoas. O outro é o de diferenças individuais: a inteligência apresenta um conjunto de diferenças correlatas no que diz respeito à rapidez e eficiência da aplicação dessas capacidades humanas naturais e às habilidades de dominar conceitos e habilidades contraintuitivos e evolucionariamente novos, tais como provar teoremas geométricos e sustentar casamentos monogâmicos por uma vida inteira. A universalidade da inteligência significa que todos os adultos humanos normais têm capacidades mentais impressionantes para sobreviverem, socializarem, acasalarem e criarem filhos. A variabilidade da inteligência significa que algumas pessoas se saem melhor nessas tarefas que outras.

A inteligência geral (também conhecida por QI, habilidade cognitiva geral ou fator *G*) é uma maneira de quantificar a variabilidade da inteligência entre as pessoas. Trata-se da característica mental melhor estabelecida, mais previsível e hereditária já descoberta na psicologia. Independentemente de ser medida com testes formais de QI ou avaliada através de conversas e observações informais, a inteligência preconiza o desempenho objetivo e a capacidade de aprendizagem em todas as esferas importantes da vida em que existem diferenças individuais confiáveis.

A ironia no que diz respeito à inteligência geral é que as pessoas comuns de inteligência mediana reconhecem sua variedade nas pessoas, sua generalidade nas várias esferas e sua importância na vida. Contudo, as elites educadas frequentemente se opõem de forma implacável ao próprio conceito de inteligência geral e negam a variedade, generalidade e importância dela. Professores e estudantes de universidades de primeira linha são especialmente propensos a essa pseudo-humildade. Como costumam socializar somente com outras pessoas de inteligência extraordinariamente elevada, a largura de toda a curva em forma de sino permanece fora de seu quadro de referência. Conheci físicos teóricos que alegavam que qualquer ser humano podia compreender a teoria das supercordas e a mecânica quântica, desde que recebesse as oportunidades educacionais corretas. Evidentemente, esse tipo de cientista conversa exclusivamente com outros físicos com QIs superiores a 140 e que se esqueceram de que os faxineiros, barbeiros e mecânicos de automóveis também são seres humanos verdadeiros; assim, portanto, podem continuar a acalentar confortavelmente a ilusão de que não há diferenças significativas na inteligência geral.

Até mesmo em meu próprio campo, os psicólogos evolucionistas tendem a compreender mal a inteligência geral como uma verdadeira adaptação psicológica, e frequentemente explicam-na erroneamente como um órgão mental, um módulo, uma área cerebral ou uma faculdade específica. Não obstante, ela não é considerada assim pela maioria dos pesquisadores da inteligência que, ao contrário, consideram-na como um construto de diferenças individuais — como os construtos "saúde", "beleza" ou "status". A saúde não é um órgão corporal; é um construto abstrato ou uma "variável latente" que emerge quando a eficiência funcional de muitos órgãos diferentes é analisada estatisticamente. Na medida em que bons genes, uma boa dieta e exercícios tendem a produzir bons corações, pulmões e anticorpos, a eficiência vital dos sistemas circulatório, respiratório e imunológico tende a ser positivamente relacionada, gerando um fator de "saúde" geral. De forma análoga, a beleza não é um único ornamento sexual como a cauda do pavão; trata-se de uma variável latente que emerge quando se analisa a atratividade de muitos ornamentos sexuais diferentes distribuídos pelo rosto e corpo (tais como olhos, lábios, pele, cabelo, peito, nádegas e pernas, e mais a qualidade geral da pele, a condição do cabelo, o tônus muscular e a quantidade e distribuição ideais de gordura). De modo similar, a inteligência geral não é um órgão mental, porém uma variável latente que emerge quando analisadas as eficiências funcionais de muitos órgãos mentais diferentes (tais como memória, capacidade de fala, percepção social, rapidez na aprendizagem de habilidades práticas e aptidão musical).

A inteligência geral parece constituir um índice bastante razoável de qualidade genética (não ter demasiadas mutações prejudiciais) e condições fenotípicas (um cérebro saudável e eficiente). Esses são os motivos pelos quais, em qualquer ampla amostragem de pessoas comuns, a inteligência geral está relacionada a:

- Tamanho geral do cérebro (conforme medido em pessoas vivas por exames de ressonância magnética)
- Tamanhos de áreas corticais específicas (tais como o córtex pré-frontal medial e lateral e o córtex parietal posterior)
- Concentrações de determinadas substâncias neuroquímicas no cérebro (tais como N-acetil-aspartato)
- Idade na qual o córtex fica mais espesso na infância

- Rapidez no desempenho de tarefas senso-motoras básicas (tais como apertar botões assim que eles se iluminam)
- Rapidez com a qual as fibras nervosas carregam impulsos através dos braços e das pernas
- Altura
- Simetria física do rosto e do corpo
- Saúde física
- Longevidade
- Qualidade do sêmen nos homens (contagem, concentração e motilidade do esperma)
- Saúde mental (baixa incidência de esquizofrenia, stress pós-traumático e outras psicopatologias)
- Atratividade romântica (pelo menos para relacionamentos de longo prazo)

Por exemplo, estive envolvido em alguns estudos que examinavam as relações entre inteligência e tamanho do cérebro, e inteligência e simetria corporal. O psicólogo Lars Penke e eu revisamos todos os 15 estudos que encontramos sobre a relação entre a inteligência geral (conforme medida com testes confiáveis e eficazes de QI) e o volume do cérebro (conforme avaliado por exames de ressonância magnética). Numa amostragem total de 935 adultos normais, a inteligência geral esteve relacionada ao tamanho do cérebro em +0,43 — fato muito mais elevado do que a correlação encontrada anteriormente entre a inteligência ao tamanho externo da cabeça (cerca de +0,2). Também revisamos oito estudos sobre a hereditariedade do tamanho do cérebro entre gêmeos e famílias, que demonstrou uma hereditariedade de 0,91 numa amostragem total de 2.494 adultos normais — hereditariedade esta que é tão elevada quanto a encontrada para qualquer outro traço humano (tal como altura) e até mais elevada que a hereditariedade de 0,5 a 0,7 encontrada para a inteligência em adultos maduros. (A hereditariedade mede a proporção da variação de uma característica explicável por diferenças genéticas entre indivíduos, portanto variável entre 0 e 1.) Pesquisas recentes com gêmeos também descobriram que há uma correlação genética positiva entre a inteligência e o tamanho do cérebro, o que quer dizer que muitos genes apresentam efeitos positivos ou negativos similares tanto na inteligência quanto no tamanho do cérebro. Em outras palavras, cérebros maiores estão associados a uma inteligência mais elevada não apenas porque os mesmos fatores ambientais (nutrição, educação) ajudam ou prejudicam ambos, mas porque os mesmos genes ajudam ou prejudicam ambos. Assim, a inteligência geral e o tamanho do cérebro são altamente herdáveis, e estão moderadamente relacionados tanto no nível das características quanto no genético. Essa é apenas uma parte das evidências que sugerem que a inteligência é uma característica genuína de diferença individual que possui uma profunda base biológica.

Num outro estudo, os psicólogos Mark Prokosch, Ron Yeo e eu estudamos a relação existente entre inteligência e simetria corporal. Recrutamos 78 estudantes universitários masculinos e usamos compassos de calibre digitais para medir a simetria de seus lados esquerdo/direito em dez pontos de seus corpos (tais como as larguras do tornozelo, do cotovelo, da orelha, os comprimentos da orelha e dos dedos). Na biologia, a simetria corporal é frequentemente adotada como índice de saúde e condição físicas, qualidade genética e/ou boa forma. Também aplicamos cinco testes mentais em cada estudante (um excelente teste de inteligência chamado Matrizes Progressivas de Raven, dois de inteligência decentes, baseados no conhecimento lexical, e dois de memória de números que são confiáveis, porém não muito bons como medida de inteligência). Descobrimos que, em todos os indivíduos, a pontuação no melhor teste de inteligência (o de Raven) apresentou uma correlação de cerca de +0,39 com a simetria corporal geral. Também descobrimos que, quanto melhor era o teste mental para medir a inteligência (em termos técnicos, quanto mais elevado o seu "carregamento-$g$"), mais elevadas eram as correlações entre sua pontuação e a simetria corporal em todos os indivíduos. Outro trabalho de Ron Yeo e colegas mostra que uma simetria corporal mais elevada também está associada a menores riscos de desordens do neurodesenvolvimento, tais como o retardamento mental, e a riscos menores de doenças mentais, como a esquizofrenia. Isso sugere que quanto mais um teste mental se aproxima da medição da inteligência geral, mais ele se aproximará da medição da saúde, da aptidão e da qualidade genética da pessoa. Mais uma vez, a inteligência parece ser um traço biológico genuíno com conexão profunda a processos orgânicos de crescimento corporal e eficiência cerebral.

Na década de 1970, críticos da pesquisa de inteligência, como Leon Kamin e Stephen Jay Gould, escreveram muitas diatribes, insistindo que a inteligência geral não possuía nenhuma dessas correlações com outros traços biológicos como altura, saúde física e mental, tamanho do cérebro ou velocidade de condição nervosa. Desde então, um monte de pesquisas comprovou que eles estavam errados e, hoje em dia, a inteligência geral situa-se confortavelmente no centro de toda uma rede de associações empíricas que se estendem desde a genética até a pesquisa de criatividade, passando pela neurociência. Ainda assim, o dogma anti-inteligência continua considerável, e o desprezo pelo QI continua entre a elite liberal, como indicador de bom-tom da afabilidade e abertura das pessoas.

Não obstante, esse desprezo pelo conceito de inteligência jamais minou o culto universal da meritocracia baseada na inteligência e que move as aspirações educacionais e ocupacionais capitalistas. Todos os genitores se orgulham quando os filhos obtêm pontuação elevada em testes padronizados, que lhes permitem o acesso a universidades de elite e, consequentemente, a carreiras que requerem tais diplomas. O dogma da anti-inteligência não impediu as elites liberais de enfadar-se e queixar-se da estupidez constrangedora de determinados políticos, da crueldade de infligir a pena capital a assassinos com QIs abaixo do normal, dos efeitos das tintas contendo chumbo ou do alcoolismo pré-natal — todos prejudiciais à inteligência. Sempre que os problemas políticos são suficientemente importantes, apelamos para o conceito de inteligência geral como uma variável explanatória crucial ou como medida de saúde cognitiva, a despeito do desconforto, sancionado por Gould, que suscita em nós essa ideia.

## Credenciamento educacional

Você provavelmente já ouviu que, hoje em dia, os testes de QI são amplamente considerados ultrapassados, tendenciosos e inúteis, e que a capacidade cognitiva é muito mais que a inteligência geral — existem também características como a inteligência social, a prática, a emocional, a criatividade e a sabedoria. Surpreendentemente, essas alegações têm sua origem principal nos professores de psicologia de Harvard e Yale. Harvard é o berço de Howard Gardner, que advoga oito "inteligências múltiplas" (linguística, lógico-matemática, espacial, musical, cinestésica corporal, interpessoal, intrapessoal e naturalista). Yale é o berço de Peter Salovey, que defende a inteligência emocional e foi, até recentemente, o lar de Robert Sternberg, que considera três inteligências (acadêmica, social e prática). (Justiça seja feita, acredito que as noções de inteligência interpessoal, social e emocional possuem algum mérito, embora pareçam ser mais combinações socialmente desejadas de inteligência geral, afabilidade, conscienciosidade e/ou extroversão do que dimensões distintivas que se estendem para além das Seis Características Centrais.)

Seria acidental que os pesquisadores das universidades mais caras, elitistas e que selecionam seus alunos com base no QI tendam a um maior ceticismo em relação a esses testes? Acredito que não. As universidades oferecem um produto dispendioso, lento e que constitui um indicador de inteligência não confiável, avesso a testes de QI baratos, rápidos e confiáveis. É preciso considerar que eles estão no negócio do credenciamento educacional. Harvard e Yale vendem folhas de papel otimamente impressas, chamadas diplomas, que custam cerca de 160 mil dólares (40 mil dólares por ano considerando aulas, alojamento, alimentação e livros, durante quatro anos). Para obter o diploma, é necessário demonstrar um nível decente de conscienciosidade, estabilidade emocional e abertura no desempenho do curso, mas, acima de tudo, inteligência para ser aceito, tomando como base a pontuação nos testes de SAT (o vestibular americano) e as notas obtidas no ensino médio. Assim, o diploma de Harvard é, basicamente, uma garantia de QI.

As universidades de elite não querem ser minadas por competidoras. Não querem que suas dispendiosas garantias de QI sofram a competição dos testes baratos e rápidos, que banalizariam o mercado de exibição de inteligência e baixariam os custos. Portanto, as universidades de elite mantêm uma relação hipócrita de amor e ódio com as provas de inteligência. Elas usam testes de tipo QI (tais como o SAT) para selecionar os alunos, e para verificar se suas garantias de QI possuem validade e credibilidade. Contudo, elas parecem concordar com a alegação do Educational Testing Service [Serviço de Testagem Educacional] de que o SAT não é um teste de QI, e negam veementemente que seus diplomas seriam substituíveis por esses testes em matéria de competição por status, atratividade sexual e emprego. As pessoas formadas por tais escolas também se esforçam muito para manter a norma social que permite mencionar, numa conversa informal, a universidade pela qual se formaram, mas não a pontuação obtida no SAT ou no teste de QI. Se, num segundo encontro com alguém, eu disser "os bordos açucareiros no pátio de Harvard eram tão bonitos no outono", estou basicamente dizendo "minha pontuação no SAT foi suficientemente alta (aproximadamente de 720 a 800) para eu ser admitido, portanto meu QI está acima de 135, e demonstrei ter conscienciosidade, estabilidade emocional e abertura intelectual suficientes para passar nas matérias. Ademais, sei reconhecer uma árvore". O conteúdo da informação é o mesmo, porém, enquanto o primeiro enunciado soa poético, o segundo soa grosseiro.

Existem interesses velados aqui e não apenas por parte das universidades, mas também dos serviços de testagem. A instituição americana mais importante no que tange à testagem da inteligência é o Educational Testing Service (ETS) [Serviço de Testagem Educacional], que ministra os testes SAT, LSAT, MCAT e GRE. O ETS é uma organização particular com cerca de 2.500 empregados, entre os quais 250 têm doutorado. Aparentemente, funciona como um monopólio não regulamentado, que só presta contas ao seu conselho curador. Embora nominalmente comprometido com os mais elevados padrões de eficácia dos testes, o ETS também sofre intensa pressão legal para criar testes "isentos de preconceitos raciais, éticos, socioeconômicos, de gênero ou de qualquer outra forma". Significa, na prática, que o ETS deve procurar alcançar o impossível. Desenvolver testes que preconizem com exatidão o desempenho universitário ao avaliar a inteligência geral, já que esta continua, de longe, a ser o melhor fator para prever a realização acadêmica. Contudo, na medida em que a testagem da inteligência permanece um assunto politicamente incendiário nos Estados Unidos, é crucial ao ETS defender a posição de que seus testes de "aptidão" e "desempenho" não são de inteligência geral. Ademais, os testes devem desbancar as acusações de tendenciosos ao obterem distribuição exatamente igual de pontuações entre os diferentes grupos étnicos, sexuais e de classe — até mesmo quando esses grupos apresentam uma distribuição um pouco diferente em matéria de inteligência geral. Assim, quanto mais precisos os testes se demonstrarem como índices de inteligência geral, mais tendenciosos parecerão aos grupos e, consequentemente, mais o ETS será alvo da ira dos ativistas políticos. Por outro lado, quanto mais os resultados dos testes forem iguais para todos os grupos, menos precisos serão enquanto índices de inteligência geral e preconizarão inferiormente o desempenho universitário; consequentemente, o ETS será cobrado pelas universidades que procuram selecionar os melhores estudantes. O ETS tenta atuar da melhor forma possível, tendo em vista as hipocrisias, os tabus e os constrangimentos legais da meritocracia cognitiva americana. Não obstante, pode ser útil às pessoas de fora compreenderem seu papel na educação superior, não apenas na condição de regulador de acesso, porém como uma instituição que recebe críticas. O ETS se lança na fogueira da controvérsia dos testes de QI para proteger suas parceiras (as universidades de elite), evitando que elas sejam chamuscadas no processo.

Se um diploma universitário funciona basicamente como garantia de QI, então seu status social e valor econômico deveriam ser preconizados de forma mais confiável pela média da pontuação no SAT obtida por formandos do que pelo conhecimento médio apresentado por eles. Diplomas como garantia de QI são o que os economistas chamam de bens posicionais — uma maneira de mostrar superioridade pessoal em relação a seus concorrentes. Os bens posicionais frequentemente resultam numa competição desenfreada por status. Quando um diploma da Ivy League se populariza, se tornando, portanto, menos útil como meio de distinção, os concorrentes sentem-se obrigados a subir de nível e fazer um MBA, mestrado ou doutorado da Ivy League. Quando um MBA comum se torna popular e, portanto, menos distintivo, os concorrentes podem se motivar a um MBA mais nobre, como o da Trium Global Executive, por 87 mil dólares, no qual um grupo de elite composto por quarenta executivos sêniores realiza seis viagens pelo mundo afora, para estudar na London School of Economics, na New York University Stern School of Business e na HEC School of Management de Paris, além de um rodízio de locais no Extremo Oriente e em mercados emergentes.

As universidades britânicas não dependem categoricamente da testagem padronizada. Em vez disso, o sistema de admissão se baseia, fundamentalmente, nas notas obtidas pelos estudantes de 18 anos em provas padronizadas, aplicadas em cursos de "nível A", que equivalem mais ou menos aos de segundo ano das faculdades americanas. Oxford e Cambridge também desafiam os cérebros e os nervos dos candidatos com entrevistas contendo perguntas difíceis, como:

- Que percentagem da água do mundo está contida numa vaca?
- Você é seu corpo?
- A Rússia era simplesmente grande demais para a democracia?
- Por que não temos apenas uma orelha no meio do rosto?
- O que você acha do fatalismo?

Embora perguntas desse tipo não meçam a inteligência com a mesma confiabilidade e eficácia que o SAT, elas fornecem aos entrevistadores alguma noção de fluência verbal, de criatividade e de bagagem intelectual do candidato. Resulta daí que, na Grã-Bretanha, da mesma forma, um diploma de uma universidade de elite funciona como uma garantia de inteligência.

O credencialismo explica as 300 "fábricas de diplomas" (universidades on-line não reconhecidas) que atuam nos Estados Unidos, como a Rochville University e a Belford University. Estas últimas concedem diplomas de bacharelado, mestrado ou doutorado dentro do prazo de sete dias, tomando como base a "experiência de vida e de trabalho" ("Consiga um diploma pelo que você já sabe!"), sem nenhuma exigência de admissão, frequência, aulas, monografias ou provas. Por exemplo, o "pacote completo de diploma de doutorado" da Belford University "custa apenas 549 dólares, com frete grátis" e inclui um diploma, duas cópias do registro, um laudo de excelência, um certificado de distinção e quatro cartas atestando a competência acadêmica, destinadas a empregadores. As áreas de pós-graduação elegíveis incluem engenharia aeroespacial, psicologia clínica, endodontia e, claro, marketing. As fábricas de diplomas normalmente alegam serem credenciadas por órgãos de fachada, tais como a Agência Internacional de Reconhecimento de Universidades On-line, que não está entre as 19 organizações de credenciamento reconhecidas pelo Departamento Americano de Educação. Entre 1980 e o início da década de 1990, a força tarefa montada pelo FBI para atuar na Operação de Desmonte da Falcatrua dos Diplomas fechou muitas dessas fábricas. Entretanto, hoje não há virtualmente nenhuma fiscalização dessas instituições, e a internet facilita a tarefa de tirar dinheiro de carreiristas mais ingênuos, provenientes dos países em desenvolvimento, para quem 549 dólares possa soar como uma quantia suficientemente elevada a ser paga por um diploma de doutorado para poder ser verossímil.

O credencialismo também explica a popularidade de falsos diplomas vendidos através de serviços on-line de reposição de diplomas perdidos, tais como a bogusphd.com e a noveltydegree.com. Por aproximadamente 50 dólares (incluindo frete grátis dentro do prazo de dois dias), você pode requerer qualquer diploma de qualquer universidade, trazendo seu nome impresso em pergaminho de alta qualidade, com um selo em ouropel dourado em relevo, pronto para ser emoldurado. O layout dos diplomas universitários segue aproximadamente o mesmo padrão e, assim, são muito mais fáceis de serem forjados do que uma cédula de 20 dólares. Neles constam o nome da universidade no topo, uma frase qualquer, o nome do formado e o grau obtido, outras frases e, então, algumas assinaturas ilegíveis na parte inferior.

Uma alternativa à visão credencialista da educação superior é a visão do "capital humano" promovida pela maioria dos professores universitários, inclusive economistas como Gary Becker. O ponto de partida é a visão de Bertrand Russell de que "as opiniões do homem médio são muito menos tolas do que seriam se ele pensasse por si próprio". A visão do capital humano é a de que a transmissão cultural do conhecimento nos torna mais espertos e sábios, e que a educação é responsável por essa transmissão às nossas cabeças, assim nos tornando mais valiosos para os empregadores, ganhando salários mais altos consequentemente. A educação, em outras palavras, é um investimento econômico em si — renunciamos a alguns anos de salário em troca de salários mais altos depois. E trata-se de um investimento bastante seguro, com exceção de casos de lesão cerebral ou demência precoce: Ben Franklin observou que "se um homem verter suas posses para dentro do próprio cérebro, ninguém poderá tirá-las dele".

A visão do capital humano argumenta que a educação realmente confere um "valor agregado" aos estudantes, tornando-os trabalhadores melhores e cidadãos mais úteis à sociedade, ao transformar talentos latentes em conhecimentos e habilidades manifestos. O problema com essa visão é que existem maneiras muito mais eficientes de aprender habilidades e fatos relevantes para a carreira: por meio da leitura de livros, assistindo a documentários, conversando com especialistas e encontrando mentores. Em *Gênio indomável*, o protagonista do título, um gênio autodidata, faz troça dos estudantes de Harvard: "Vocês desperdiçaram 150 mil dólares numa educação que poderiam ter recebido na biblioteca pública por 1,50 dólar em multas por atraso." Charles William Eliot, presidente de Harvard entre 1869 e 1909, admitiu que "pode-se obter uma educação de primeira qualidade de uma estante de livros com 1,5 metro de comprimento" — desde que seja o 1,5 metro correto, tais como os cinquenta volumes de *Harvard Classics* que ele editou. O aumento considerável de pessoas educadas em casa mostra que muitos pais chegaram a perceber que a aprendizagem, especialmente abaixo do nível superior, não depende de escolas credenciadas.

Gastam-se aproximadamente 100 dólares por hora para assistir a palestras universitárias ao vivo, e elas são frequentemente ministradas por estudantes de pós-graduação subqualificados ou professores adjuntos. Excelentes palestras gravadas em DVD por professores universitários respeitados em todo país custam aproximadamente 6 dólares por hora, na Teaching Company (por exemplo, 70 dólares por um curso de doze horas sobre o "Existencialismo e o significado da vida"). Ou, por 550 dólares por ano, é possível receber 450 canais de TV da Comcast, até mesmo em Albuquerque, incluindo 22 emissoras de documentários não ficcionais como o Discovery Channel, Discovery Health, o National Geographic Channel, o Learning Channel, o Travel Channel, o History Channel, o Science Channel, o Military Channel, o Biography Channel, History International e a BBC América. E, melhor ainda, os residentes na Grã-Bretanha podem pagar a taxa anual de TV, no valor de 200 dólares, para assistir a excelentes documentários toda noite na BBC1, BBC2 e Channel 4.

As empresas compreendem perfeitamente que a educação superior não é a maneira mais eficiente de preparar os empregados, motivo pelo qual elas gastam anualmente, nos Estados Unidos, mais de 10 bilhões de dólares em treinamentos corporativos (comparados com o gasto de 200 bilhões de dólares anuais em educação superior). Por exemplo, três quartos das empresas de Fortune 500 contrataram treinamentos corporativos do grupo FranklinCovey (vendas de 2007: cerca de 280 milhões de dólares), fundado por Stephen R. Covey depois do sucesso de seu best-seller de 1989 *Os 7 hábitos das pessoas altamente eficazes*. Como comparação, o faturamento líquido de Harvard com as mensalidades dos cursos de graduação (custos nominais menos ajuda financeira) foi de aproximadamente 60 milhões de dólares em 2004.

A visão credencialista sugere que a educação superior pode não estar oferecendo tanto valor agregado, no sentido econômico, enquanto método confiável para apregoar os talentos das pessoas — especialmente no que tange à inteligência, conscienciosidade e abertura. Outras opiniões fidedignas quanto à educação também mostram ceticismo no que diz respeito ao seu suposto valor agregado. Elas incluem a visão do "depósito" que acredita que a educação pública de massas não passa de creche barata para pais que trabalham fora, e a visão do "conformismo", que argumenta que a escola socializa as crianças para que sejam escravos assalariados confiáveis e politicamente pacificados. Cada uma dessas críticas tem seu mérito e explica por que tantos estudantes preferem cursos fáceis, nos quais é possível passar ao exibir as atitudes ideológicas corretas (como em certos cursos de ciências humanas e sociais) em vez de cursos mais difíceis que exigem a aquisição de habilidades, conhecimentos e visões reais (como em línguas estrangeiras, artes e música e nas ciências físicas, biológicas e comportamentais). A maioria dos estudantes quer maximizar a média de pontos obtida com suas notas (um objetivo credencialista) e não a quantidade de material desafiador, contraintuitivo e relevante para a vida que poderia aprender (objetivo de agregação de valor).

Essa estratégia aparentemente preguiçosa faz sentido para a maior parte dos estudantes. Um esnobismo indolente frequentemente atribui um valor econômico mais alto a diplomas a princípio menos relevantes do ponto de vista profissional. A Stanford Law School pode preferir um bacharel em história da Ivy League a um mestre em governo pré-jurídico egresso de uma faculdade pública; com frequência, a BBC opta por pessoas com diplomas em inglês de Oxford, em detrimento daquelas formadas em estudos midiáticos em Nottingham. A credencial altamente seletiva com pouco conteúdo relevante frequentemente desbanca a credencial menos seletiva com conteúdo muito relevante. Essas preferências tampouco são irracionais. A inteligência geral é um preconizador tão poderoso de desempenho profissional que uma garantia de QI isenta de conteúdo pode ser muito mais valiosa para um empregador, ou para uma escola superior, do que um conjunto de conteúdos aprendidos mecanicamente sem nenhuma garantia de QI. Isso esclarece muitos aspectos da educação superior que, de outra forma, seriam desconcertantes, tal como a opinião corrente no início do século XX de que "um *gentleman* não precisa saber latim, mas deveria pelo menos tê-lo esquecido". Pelo menos, os meus professores de latim no Walnut Hills High School (Cincinnati, Ohio) eram francos sobre o motivo pelo qual tínhamos de aprender a ler Virgílio: a familiaridade com os radicais, prefixos e sufixos latinos turbinaria nossas notas no teste lexical do

SAT. Você percebe que está acontecendo uma sinalização custosa quando milhares de adolescentes gastam, cada um, três anos aprendendo uma língua há muito tempo morta, só para obter notas mais altas num teste de QI, que finge não ser um teste de QI, só para que possam gastar mais quatro anos e uma centena de milhares de dólares para conseguir um diploma universitário que pretende não ser uma garantia de QI.

Imagine se tentássemos exibir uma característica física, como a resistência aeróbica, de uma maneira indireta tão custosa. Poderíamos simplesmente correr nus e descalços por uma trilha de chão batido de oito quilômetros enquanto outros marcariam nosso tempo com um cronômetro Accusplit Survivor II (8,93 dólares no varejo). Mas isso seria algo tão grosseiro, tão rude, tão de baixo nível. Muito melhor seria se cada um gastasse vinte anos construindo um zigurate de mármore importado com noventa metros de altura, para mostrar capacidade de percorrê-lo correndo quarenta vezes por hora —, de preferência usando trajes de seda bordados e carregando uma tocha de ouro maciço, ao som de uma banda de 250 componentes. Isso preservaria a rica tradição cultural da Ascensão do Zigurate, com suas vestimentas medievais, hinos nostálgicos e simbolismo agridoce de Sísifo. Além disso, seria bom para a economia. Os genitores teriam de fazer uma segunda hipoteca para cobrir as despesas com os ritos de ascensão dos filhos. Os importadores de mármore, as costureiras e os músicos de bandas denunciariam ferozmente qualquer tentativa reducionista de medir a capacidade aeróbica com meras trilhas de chão batido e cronômetros. Mesmo que chegassem a reconhecer falhas na eficiência do sistema de zigurate, argumentariam que estas poderiam ser atenuadas pelos progressos ao se otimizarem ergonomicamente as escadas do zigurate, produzirem tochas mais leves de platina e usarem robôs tocando trombones. A educação superior contemporânea é nossa ascensão do zigurate: uma maneira absurdamente dispendiosa, inclusive no nível do gasto de tempo, para garantir traços intelectuais e de personalidade mensuráveis de modo muito mais barato, fácil e confiável por outros meios. Thorstein Veblen explicou a maior parte disso de maneira perfeitamente clara em seu livro *O ensino superior na América*, de 1914, mas, como é de praxe, suas visões foram avaliadas nervosamente e, então, prontamente esquecidas.

## Outros indicadores de inteligência

As credenciais educacionais não são, de maneira alguma, os únicos produtos que compramos para exibir a inteligência. O narcisismo intelectual, refratado através do consumismo, gera um arco-íris de bens e serviços. Mantemo-nos informados (capazes de impressionar nas conversas durante jantares) comprando revistas e livros não ficcionais. Pagamos TV a cabo para assistir ao Discovery Channel. Somos capazes de comprar um rádio de ondas curtas Grundig Satellit 800 Millennium por 500 dólares ("Mantenha-se alerta! Fique informado!") para ter acesso aos noticiários estrangeiros sem passar por filtros. Frequentamos aulas para adultos a fim de aprender atividades de lazer que demandam inteligência, tais como tocar piano, pintar quadros, fazer móveis, aprender enologia e conversar em cantonês. Podemos bancar algumas publicações nossas pela Xlibris (que agora é subsidiária de Author Solutions). Ou sermos perspicazes colecionadores de pequenas joias da alta cultura, como o sujeito que arrematou o rascunho do capítulo "Eumaeus" de *Ulisses*, de James Joyce, por 861.250 libras num leilão da Sotheby's.

Os bens e serviços lançados no mercado para incrementar a inteligência aparente abrangem toda a vida humana. Pais encorajam os filhos a melhorarem suas habilidades cognitivas notáveis através de brinquedos que desenvolvem o QI, escolas particulares, leituras recreativas, aulas de música e passeios culturais. No que diz respeito aos adultos maduros, provavelmente a principal função de se manter atualizado com as notícias e os assuntos correntes, e de ler romances que possam ser discutidos em grupo, bem como livros não ficcionais que possam ser citados, é a de exibir um nível verossímil de inteligência. Adultos mais idosos podem optar por "aposentadorias inteligentes" no Academy Village, em Tucson, Arizona. ("Para a mente indagadora, não há aposentadoria, apenas mais tempo para aprender, explorar, compartilhar e crescer.") Ademais, na medida em que os turistas idosos se tornam mais numerosos, ricos e sofisticados, abrem-se novos nichos de mercado para regimes exóticos de autoaperfeiçoamento intelectual e de autoexibição. Existem expedições com as agências Smithsonian Study Tours, Far Horizons Archaeological and Cultural Trips e tours culturais em pequenos grupos com a agência Martin Randall Travel, tais como "Catalúnia Gastronômica", "Viena para Conhecedores" ou "Normandia Medieval".

Muitos produtos indicadores de inteligência requerem o domínio de conhecimentos arcanos e de especificações técnicas. Podemos aderir à astronomia caseira para exibir a compreensão técnica e o sentimento de maravilha diante da miríade de galáxias, preferencialmente as que podem ser vistas através do melhor Refrator 140 APO com um tubo de 15 centímetros de diâmetro e um dispositivo focalizador FeatherTouch (4.750 dólares, da Telescope Engineering Company) ou, melhor ainda, o C-400 Classical Cassegrain com 400 mm de abertura (50 mil dólares, da Takahashi) — que pode tirar uma boa foto de um quasar a uma distância de 10 bilhões de anos-luz. Esse tipo de telescópio é o amparo ideal para quem quer ostentar o conhecimento astronômico. De maneira análoga, o relógio GammaMaster, equipado com um contador Geiger embutido, pode não parecer útil do ponto de vista prático para consumidores que não sejam Homer Simpson ou James Bond, mas permite que a pessoa fale sobre as razões pelas quais é provável que a exposição a mais de mil microsieverts de radiação-gama por hora cause mutações que solapam a qualidade dos indicadores naturais de boa forma do indivíduo.

Hoje em dia, até mesmo produtos que costumavam ser simples adquiriram características tão complexas que se tornaram indicadores de inteligência confiáveis. Esse "absurdo de características" (o número e a complexidade constantemente crescentes de controles e particularidades) resulta parcialmente da necessidade de que cada novo modelo de produto se diferencie daquele do ano passado, mas também do desejo inconsciente do consumidor por um produto no limite de sua habilidade cognitiva e que, portanto, funcione como exibição cognitiva segura. Consideremos as máquinas de costura. As famosas máquinas Singer Class 201 (aproximadamente de 1939 à década de 1950) eram pesados dispositivos de metal negro com algumas dezenas de partes móveis e um interruptor de pedal com velocidade variável. Em comparação, a nova máquina de costura Janome Memory Craft 11000 (com preço de varejo médio de 7.500 dólares) é basicamente um robô de costura computadorizado, controlado por um monitor VGA de tipo touchscreen de 7,5 polegadas. Ela inclui duas saídas USB para baixar desenhos de bordados em formato .JEF de um computador caseiro, que ela então pode copiar, colar, rebater, redimensionar e girar utilizando até um gigabyte de memória onboard, antes de costurá-los a uma velocidade de até 800 pontos por minuto em superfícies de até 20 por 27cm. Também é capaz de produzir 307 modelos de pontos pré-programados, três fontes de letras e 13 padrões de casas de botão. Embora seja fácil e intuitivo utilizá-la para tarefas básicas de costura, seria necessária uma mente extraordinária para explorar plenamente suas possibilidades.

Entusiastas de tecnologia mais aventureiros podem tirar uma licença de piloto privado, que requer um treinamento de solo extremamente puxado do ponto de vista intelectual (planejamento de voo, navegação, aerodinâmica, regras de controle de tráfego aéreo, meteorologia), treinamento de voo e aproximadamente 100 dólares por hora de aluguel de aeronave. Se um piloto particular sobreviveu a alguns milhares de horas de voo, você pode ter a certeza de que ele é extremamente inteligente, consciencioso e emocionalmente estável. Eis a evolução em ação: os pilotos menos diligentes e inteligentes voam para dentro de desfiladeiros sem saída, depois batem e morrem.

Os produtos que funcionam como os mais puros indicadores de inteligência talvez sejam os jogos de estratégias, no sentido amplo. Compramos cartas, tabuleiros de Go, jogos de xadrez e o *New York Times* pelos jogos de palavras cruzadas de Will Shortz. Embora Gary Kasparov tenha sido vencido por pequena margem pelo computador Deep Blue da IBM, em 1997, foi impressionante o fato de sua mestria e intuição se equipararem à capacidade do computador de analisar 200 milhões de posições no tabuleiro por segundo. Podemos tentar emular sua mestria treinando com Deep Shredder 9 da ChessBase (50 dólares em CD-ROM), que dá acesso a 2,7 milhões de partidas jogadas por grandes mestres. A tendência atual dos utilizadores dos meios públicos de transporte de resolver jogos de sudoku talvez seja a exibição mais pura e mais pública da capacidade de raciocínio analítico já vista. Diferentemente das palavras cruzadas, sudoku não requer nenhuma bagagem de conhecimentos verbais; contrariamente ao xadrez, pode ser jogado sozinho; em oposição a fofocar no seu celular, o jogo requer inteligência.

O comércio ativo de ações on-line (day-trading) é um jogo ainda mais estimulante como indicador de inteligência, porém com maiores riscos. Qualquer investidor racional sabe que o mercado de ações é virtualmente aleatório em seus movimentos, e que a aplicação mais confiável a longo prazo é um fundo que acompanha os indicadores com despesas anuais abaixo de 0,5%. É difícil ganhar do mercado, porque os grandes bancos de investimento podem utilizar informações privilegiadas, contratar peritos extremamente bem pagos e usar softwares de comércio automatizados que podem analisar centenas de variáveis. Na medida em que cada transação on-line feita por um investidor privado custa aproximadamente 10 dólares, o retorno esperado do comércio ativo é negativo. Não obstante, muitos investidores tentam ganhar do mercado através das próprias pesquisas. Por quê? Porque é um jogo intelectual excitante. Se você ganhar um bom dinheiro com posições arriscadas e extremamente alavancadas na base de sua própria pesquisa, significa que alguns outros idiotas perderam dinheiro porque suas pesquisas, análises, julgamentos e autocontrole foram inferiores. É como blefar de forma bem-sucedida no pôquer. É o seu cérebro e a sua coragem que vencem os outros. Em vez de considerar o comércio de ações como nada mais que um sintoma de avidez desenfreada e agressividade machista (baixa afabilidade), também deveríamos encará-lo como um indicador custoso e arriscado de inteligência.

Os marqueteiros desenvolveram alguma intuição quanto à maneira de informar aos consumidores de que um produto possui potencial para sinalizar inteligência, mesmo que as conotações de "inteligência" sejam tão problemáticas que raramente a palavra seja usada em propagandas. O eufemismo privilegiado é o prefixo "smart" [vivo, esperto, inteligente], como em:

- Smartfood: pipoca branca com sabor de queijo cheddar da Frito-Lay.
- Smartwater: água engarrafada com adição de eletrólitos da Glacéau.
- Smart Start: cereais matinais da Kellogg's.
- Smart Car: o pequeno automóvel europeu com um motor de três cilindros de 1 litro.
- *SmartMoney*: a revista de finanças pessoais.
- Smart Bar: bar e boate no auge da moda em Chicago.
- Smart Parts: vendedor on-line de produtos de paintball, tais como as joelheiras Exoskin e o revólver Íon XE, o "primeiro a ter um verdadeiro desempenho eletro-pneumático dentro da faixa de preços acessível aos jogadores de paintball".

Mais sutis, o iPod e o BMW 500i contêm ambos a letra *i*, para sugerir a inteligência de seus usuários. Na maior parte das vezes, os marqueteiros confundem inteligência com riqueza, status, gosto, classe ou formação, e não compreendem os atributos distintivos dos produtos que os consumidores inteligentes realmente procuram para exibir a esperteza. O pessoal de marketing não entende que homens espertos em matéria de tecnologia reagem inconscientemente às especificações técnicas de produtos não como características úteis que gostariam de ter, mas como propriedades impressionantes sobre as quais eles poderão conversar de maneira notavelmente articulada para exibir seu QI. Depois de aberto, um saco de pipoca Smartfood não pode ser descartado por qualquer ser humano normal até que seja inteiramente consumido e, assim, uma boa oportunidade para exibir a inteligência de evitar a hipertensão induzida pelo sal é, em primeiro lugar, não abrir o saco. O iPod fornece uma oportunidade de explicar o significado de "160 GB" e "MPEG-4" (caso você realmente saiba o que essas expressões significam). O BMW 550i apresenta a oportunidade de exibir o domínio das pessoas no sistema iDrive, no iPod embutido e nos cabos do iPhone, características que exigem muito do córtex, e de explicar o significado de "sistema de timing Duplo-VANOS para válvulas com variação sem patamares", "controle de direção Servotronic de razão variável" e "faróis dinâmicos Xenon Adaptáveis e autoniveláveis". Para cada um desses produtos, o consumidor — normalmente homem, nesses casos — sai em busca do cheiro da complexidade cognitiva. Ele pensa *"essas características soam maravilhosas"*, o que pode ser entendido aproximadamente como "é possível conversar sobre essas características de maneira a exibir minha inteligência geral a potenciais parceiras sexuais e amigos, que se inclinarão diante dos meus poderes tecnológicos divinos, que rivalizam com os do próprio Homem de Aço".

Uma última maneira de elevar o próprio status através de produtos indicadores de inteligência é alugar a inteligência de terceiros. Tipicamente isso envolveu contratar artesãos com uma inteligência muito rara e elevada para criar trabalhos personalizados maravilhosamente complexos e inovadores. Por exemplo, governantes muçulmanos, sacerdotes e comerciantes medievais competiam por status parcialmente ao encomendar obras arquitetônicas com ornamentações abstratas muito complexas, especialmente com motivos *girih* (estrelas e polígonos geométricos). Aparentemente, havia uma competição desenfreada no que diz respeito à complexidade do desenho dos *girih*, de tal maneira que, no século XV d.C., os mestres construtores muçulmanos já construíam os padrões de azulejos aperiódicos, posteriormente chamados de Penrose, praticamente perfeitos, quase cristalinos, como no relicário de Darb-i Imam, em Isfahan, no Irã. Esses padrões eram tão complexos e exigiam tamanha inteligência para serem desenhados que só foram redescobertos na matemática europeia na década de 1970 por Roger Penrose. Produtos personalizados complexos e inovadores elevam o status do comprador, porque a curva em forma de sino da inteligência garante que, em qualquer cultura, o gênio requerido para desenvolver esse tipo de produto é raro, tem grande demanda e, portanto, é extremamente caro. E os ricos sempre reconheceram o valor de encomendar trabalhos aos maiores gênios que podiam patrocinar.

## Produtos que elevam a inteligência

Outra categoria de produtos promete elevar a inteligência aparente de várias maneiras. A inteligência tende a atingir o ápice no início da idade adulta, no auge da ambição social e do esforço de encontrar parceiros sexuais, conforme manifesto na criatividade transbordante dos jovens adultos na área da música, da arte e do humor — campos que requerem rapidez de espírito e facilidade para resolver problemas novos. Assim, os produtos para elevar a inteligência tendem a ser especialmente procurados por jovens adultos que aspiram a um status intelectual mais elevado, bem como à criatividade.

Esses turbinadores de inteligência englobam muitos organizadores do pensamento que ajudam a adaptar nossas cabeças pré-históricas aos desafios da vida moderna. Incluem elementos que ajudam a tomar decisões (calculadoras, planilhas, teoria da utilidade esperada), a alocar tempo (relógios, calendários, agendas), na comunicação (mapas, livros, telefones, e-mail, PowerPoint) e na reciprocidade social (dinheiro, faturas, cheques, cartões de débito). Esses tipos de produtos funcionam como muletas cognitivas.

Outros visam a elevar as capacidades mentais humanas além do normal. Entre eles, há a coleção de CD Mozart Effect, que alegadamente "pode ajudá-lo a alcançar o tipo de incremento de QI mensurável, documentado pelo estudo Irvine da famosa Universidade da Califórnia". As marcas Baby Einstein e Brainy Baby fazem alegações similares, de que crianças podem gozar de benefícios cognitivos com linhas de vídeo, música, livros, brinquedos e jogos. Há décadas que algumas marcas de brinquedos insinuam, embora de forma menos explícita, que produtos para brincadeiras construtivas (LEGO, K'Nex, Erector, Brio), jogos sociais imaginativos (Playmobil, Imaginarium, Cranium) e jogos (ThinkFun, University Games, Imaginext, Harvard, Edu Science) promovem o desenvolvimento cognitivo das crianças. O jogo Brain Age, do Nintendo DS, alega aumentar a função cortical através de exercícios de memorização, quebra-cabeças e matemática. Websites como Happy Neuron e MyBrainTrainer oferecem serviços similares. Todos esses produtos são lançados no mercado mais ou menos como superalimentadores mentais.

Os turbinadores de inteligência também incluem algumas drogas. Estudantes do século XX que se preparavam para fazer provas preferiam a geração mais antiga de drogas psico-ativas (cafeína, nicotina, cocaína). Hoje em dia, os jogadores de games on-line, que procuram reações sensório-motoras mais rápidas e atenção tática sustentada, preferem a mais nova geração de "bebidas energéticas" e "drogas da inteligência" (taurina, ginseng, ginkgo biloba ou creatina). Profissionais intelectuais também usam drogas vendidas com prescrição médica, tais como Provigil, Ritalina e Adderall para aumentar a inteligência e a atenção.

O novo movimento "transumanista" tem sido especialmente otimista em relação às possibilidades de funcionamento de longo prazo dos produtos que aumentam a inteligência. A World Transhumanist Association, fundada pelos filósofos Nick Bostrom e David Pearce, vem advogando o direito moral básico de as pessoas aumentarem suas capacidades físicas e mentais por meio de quaisquer tecnologias disponíveis — extensão da vida, cibernética, engenharia genética, células-tronco, nanotecnologia, aumento cognitivo. Contudo, o transumanismo ainda não se confrontou com os problemas comportamentais que provavelmente surgirão quando esse tipo de tecnologia chegar ao mercado varejista. Uma previsão parece evidente: mesmo no que diz respeito a produtos transumanistas que não ofereçam nada mais que um efeito placebo, seus primeiros usuários os adquirirão e exibirão principalmente como indicadores de inteligência e abertura. E não importará se o primeiro implante nanoneural de dez terabytes realmente tornou o cliente mais esperto; desde que o implante seja caro, exclusivo, bem anunciado e lançado no mercado de forma clara, venderá como um sinal custoso e conspícuo de inteligência elevada e confiabilidade limitada.

# 12

# Abertura

A ABERTURA à experiência é uma característica picante, aprazível para alguns, porém fastidiosa para muitos. Suas origens evolucionárias são obscuras, os perigos frequentemente subestimados e as variáveis ambientais que a preconizam são estranhamente mundanas. Não obstante, ela possui uma importância prodigiosa no que diz respeito à criatividade, ao galanteio e ao progresso cultural.

Independentemente do lugar que você ocupe no espectro da abertura, aqueles menos abertos que você lhe parecerão enfadonhos, obtusos, convencionais e conformistas, enquanto os mais abertos soarão excêntricos, bizarros, desorganizados, ameaçadores e até psicóticos. Tendo em vista essa diversidade de níveis de abertura e a consequente diversidade de preferências por diferentes graus de abertura na família, entre os amigos e parceiros sexuais, as pessoas se sentem menos encorajadas a fingir a abertura do que a inteligência. Se você simular um grau de abertura maior do que realmente tem, pode se tornar temporariamente atraente para as pessoas mais abertas que você, porém menos atraente àquelas mais fechadas. O resultado não se traduzirá no aumento da popularidade social ou sexual. Na verdade, tendo em vista que a curva de abertura apresenta a forma de sino, quanto mais você se afastar do nível médio, menos pessoas será capaz de atrair.

Isto significa que, no que tange à abertura, os consumidores podem exibir, às vezes, sinais baratos e confiáveis que são razoavelmente críveis. Também quer dizer que o capitalismo de consumo abastece muito bem a todos os tipos de abertura. Existem cidades extremamente abertas (Vancouver, Amsterdã, Bangkok) e outras bem menos (Langley, Virgínia; Wimbledon, Londres; Sandton, Joanesburgo). Há bairros abertos (nos quais os homossexuais e os estudantes graduados vivem abertamente) e aqueles com mentalidade mais fechada (onde os cardiologistas moram). Alguns gêneros musicais extremamente abertos (música indie, alternativa, jazz, world, hip-hop) e os mais convencionais (pop, country, gospel, rock clássico). Formas de ficção mais abertas (contemporânea, ficção científica, erótica) e aquelas mais conservadoras (romance, mistério, história militar, fantasia). Revistas extremamente abertas (*Seed*, *Wired*, *Prospect*, *Icon*, *Harper's*, *Unzipped*) e as que seguem mais a tendência dominante (*Time*, *Money*, *Stuff*, *Today's Christian Woman*). Universidades americanas extremamente abertas (Reed, Hampshire, Barnard) e outras muito menos abertas (Princeton, West Point, Citadel). Em qualquer mercado e para qualquer tipo de produto, as pessoas extremamente abertas se sentem bem quando circundadas pelo desconhecido, ao passo que as menos abertas querem que nada as tire de sua estabilidade confortável.

## Porque os parasitas reduzem a abertura

Uma nova pesquisa instigante mostra que um fator ambiental surpreendente — o risco de infecção parasitária (ou "carga parasitária") — preconiza menor abertura, menor extroversão, menor grau de individualismo e de liberalismo entre os indivíduos e as sociedades. Essa pesquisa, realizada pelos biólogos Corey Fincher e Randy Thornhill da University of New Mexico, e Mark Schaller e Damian Murray da University of British Columbia, lança luz sobre a natureza da abertura e os motivos pelos quais ela varia de indivíduo para indivíduo.

O raciocínio dessa equipe científica é que, antes do advento do saneamento e da medicina moderna, as causas mais importantes de doenças, morte e infertilidade humanas eram parasitas ("germes", coloquialmente falando; tecnicamente, "patógenos"). Todas as espécies de animais e plantas de grande porte encontram-se num estado de constante guerra biológica contra dúzias de parasitas de porte menor. O grande problema é que os parasitas — vírus, bactérias, protozoários e vermes — são tão minúsculos e têm vida tão curta que podem evoluir rapidamente — muito mais depressa que seus hospedeiros maiores e de vida mais longa, tais como os seres humanos. Alguns desses organismos estranhos desenvolvem-se no sentido de formar relações simbióticas com os hospedeiros. Isso inclui a maior parte dos aproximadamente 100 trilhões de micróbios que vivem no intestino humano, que coletivamente contêm cem vezes mais genes diferentes que o genoma humano. Contudo, muitos desses organismos estranhos continuam inimigos evolucionários que exercem efeitos nocivos sobre a saúde e a reprodução.

Em reação, os animais vertebrados desenvolveram um sistema de defesas bioquímicas que pode aprender, durante a própria existência do hospedeiro, a reconhecer e atacar parasitas locais perigosos quando estes penetram no corpo do hospedeiro. Esse sistema de defesa — chamado de sistema imunológico adaptativo — é composto principalmente pelos 2 trilhões de linfócitos do nosso sistema sanguíneo e linfático, que coletivamente pesam tanto quanto o cérebro humano. Os linfócitos de cada pessoa aprendem a lutar contra as variedades particulares de parasitas comuns dentro do próprio grupo local, o que lhes confere uma memória imunológica dos parasitas que já encontraram. (A imunização é simplesmente o processo de ensinar os linfócitos acerca de um novo tipo de patógeno, expondo-os a formas mais seguras e desativadas do patógeno.) Entretanto, a resistência adquirida pelo sistema imune contra os parasitas é altamente localizada. Pessoas de outros grupos familiares, clãs, tribos, grupos étnicos ou raças — mesmo que vivam a apenas alguns quilômetros de distância — podem hospedar outras variedades de parasitas que desenvolveram formas ligeiramente diferentes de serem transmitidos a hospedeiros, infectando-os e fazendo-os adoecer.

Assim, qualquer interação com estranhos traz consigo um alto risco de um novo tipo de parasita, que pode ser especialmente difícil de combater para o sistema imunológico localmente adaptado do indivíduo em questão. Quanto mais elevada a carga parasitária — ou seja, quanto maior o número, variedade e resistência dos parasitas que circundam o grupo local do indivíduo —, mais elevado o risco e a necessidade de cautela com estranhos. Deveriam desenvolver um "sistema imunológico psicológico" mais proativo para evitar colocar bocas, narizes, genitais ou pele em qualquer lugar perto de potenciais fontes de infecção. Deveriam ser muito mais avessos ao contato com outros grupos, incluindo não apenas os membros humanos, mas também comida, roupa, abrigos, animais, costumes sociais, práticas de higiene e rituais de purificação — qualquer coisa associada à possível transmissão de parasitas. Em outras palavras, as pessoas oriundas de regiões com altos índices de parasitas se beneficiam ao se tornarem mais xenofóbicas (temendo grupos de fora) e etnocêntricas (focalizadas no próprio grupo). (Esse efeito é tão forte que até ocorre em mundos virtuais, como na praga de "Corrupted Blood" que assolou o World of Warcraft em setembro de 2005. Alguns "griefers" infectados espalharam intencionalmente a praga por áreas densamente povoadas do mundo do jogo, matando até metade dos caracteres em alguns servidores; os jogadores aprenderam rapidamente a evitar as cidades maiores.)

Por outro lado, se o meio ambiente for frio, seco ou de qualquer outro modo hostil à transmissão de parasitas, a carga parasitária e os riscos de contrair doenças transmissíveis serão mais baixos, portanto os custos da interação com estranhos serão menores. Na medida em que o contato com grupos de fora pode trazer benefícios sem danos — novas oportunidades de comércio, recursos, conhecimento, invenções, parceiros sexuais, amigos, aliados e genes —, as pessoas deveriam evoluir ou aprender a tirar mais vantagens desses benefícios ao agirem de maneira mais cosmopolita. Deveriam evoluir ou aprender a agir de forma menos xenofóbica e etnocêntrica enquanto grupos. Também deveriam tornar-se mais abertos e extrovertidos enquanto indivíduos, já que uma abertura maior as conduz a novas ideias, experiências, lugares e culturas, e uma maior extroversão a novos parceiros sexuais, amigos e aliados.

Fincher, Thornhill, Schaller e Murray confirmam todas essas previsões numa série extraordinária de artigos recentes. Os métodos utilizados foram bastante simples: para cada um dos 98 territórios (nações e cidades-estados) selecionados pelo mundo afora, eles somaram a prevalência documentada em termos médicos de nove parasitas já conhecidos por reduzir a aptidão reprodutiva dos seres humanos (leishmania, eschistossoma, tripanossoma, malária, filariose, lepra, dengue, tifo e tuberculose). Então verificaram se esta medida de carga parasitária preconiza atitudes políticas e sociais, bem como algumas das Cinco Grandes Características da personalidade nos diferentes territórios.

Por exemplo, num artigo de 2008, Schaller e Murray sugeriram que os níveis de abertura e extroversão seriam mais baixos em territórios onde as pessoas sofressem de maiores cargas parasitárias.

Juntaram dados sobre a média da pontuação das Cinco Grandes Características da personalidade tirados de três estudos anteriores, sendo que cada um analisara 33, 50 e 56 dos 98 territórios para os quais as cargas parasitárias eram conhecidas. Nos 71 territórios para os quais eles dispunham tanto dos dados sobre a carga parasitária quanto dos dados referentes à personalidade, descobriram que as pessoas provenientes dos territórios com as cargas parasitárias mais elevadas realmente apresentavam, na média, pontuações substancialmente inferiores nos itens de abertura e extroversão. No que diz respeito aos 23 territórios onde a pontuação das Cinco Grandes Características podia ser nivelada em todos os três estudos prévios (obtendo estimativas mais exatas), as correlações foram muito grandes: -0,6 entre carga parasitária e abertura, e aproximadamente o mesmo para a extroversão. Essas correlações permaneceram substanciais mesmo depois de checar se havia diferenças nos territórios em termos de temperatura média anual, distância do equador (latitude absoluta), expectativa de vida, PIB per capita ou atitudes políticas (individualismo *versus* coletivismo). Schaller e Murray sugeriram que essas mudanças de personalidade podiam acontecer de três maneiras complementares: mudanças evolucionárias nos genes subjacentes à personalidade de uma geração para outra, influências ambientais na expressão dos genes da personalidade durante o desenvolvimento individual e/ou mudanças culturais nas normas que governam a interação social, no decorrer do processo histórico.

Num outro artigo de 2008, Fincher, Thornhill, Schaller e Murray analisaram dados sobre a dimensão do "individualismo *versus* coletivismo", atitude política variável já exaustivamente estudada na psicologia política e transcultural. Os coletivistas fazem distinções maiores entre interior e exterior ao grupo, são mais cautelosos no contato com estranhos e estrangeiros e valorizam muito a tradição e a conformidade. Culturas relativamente "coletivistas" incluem a China, a Índia e os países do Oriente Médio e da África; culturas relativamente "individualistas" incluem os Estados Unidos e as nações da Europa ocidental, especialmente a Escandinávia. Os pesquisadores juntaram os dados sobre a pontuação média para o individualismo/coletivismo a partir de quatro estudos anteriores, sendo que cada um analisara 68, 58, 57 e 70 territórios para os quais as cargas parasitárias eram conhecidas. Nos 98 territórios, as várias medidas de coletivismo apresentaram uma forte correlação com a atual carga parasitária (correlações variando entre 0,44 e 0,59), e ainda mais fortemente com a carga parasitária histórica de aproximadamente um século atrás (correlações variando entre 0,63 e 0,73). (Isto faz sentido: o nível de coletivismo de um território está propenso a mostrar algum atraso cultural ao reagir a rápidas reduções de cargas parasitárias devido ao saneamento e à medicina moderna.) Mesmo verificando as quatro variáveis conhecidas através da pesquisa anterior para prever o coletivismo entre culturas — expectativa de vida, densidade populacional, PIB per capita e o índice Gini de desigualdade econômica — a carga parasitária ainda preconizava fortemente o coletivismo. (Nos Estados Unidos, "coletivismo" significa ser republicano, fundamentalista, pró-militarismo e/ou contrário à imigração; "individualismo" quer dizer ser democrata, secular, internacionalista e/ou antirracista. Na Grã-Bretanha, os coletivistas tendem a ser conservadores ou velhos trabalhistas, anglicanos ou muçulmanos, a favor da realeza e/ou contrários à União Europeia; os individualistas tendem a ser liberais-democratas ou novos trabalhistas, seculares, espectadores da BBC2 e Channel 4 e a favor da UE.)

Será que a vulnerabilidade diante de parasitas também preconiza diferenças na abertura, extroversão e individualismo entre indivíduos, até mesmo dentro de uma mesma cultura? Para sermos mais exatos: será que os republicanos americanos e os conservadores britânicos possuem os valores que possuem não como função de convicções políticas racionais, mas porque reconhecem inconscientemente que têm sistemas imunes mais fracos? Alguns estudos recentes sugerem isso. Os pesquisadores evolucionistas Dan Fessler, David Navarette e Mark Schaller descobriram que "a vulnerabilidade à doença percebida" — a suscetibilidade autoavaliada de um indivíduo a ficar resfriado, apanhar infecções e doenças transmissíveis — preconiza efetivamente sua xenofobia. Igualmente, o fato de olhar para fotografias de parasitas e ler sintomas de doenças demonstrou tornar as pessoas mais xenofóbicas, pelo menos temporariamente. Uma última evidência reside no fato de que os sistemas imunes das mulheres se tornam adaptativamente mais fracos durante o primeiro trimestre da gravidez, para que seus corpos não rejeitem o feto como um parasita estranho. As mulheres no primeiro trimestre também demonstram maior índice de xenofobia, como se inconscientemente se dessem conta de que seu sistema imunológico mais fraco teria uma maior dificuldade em lutar contra novas infecções vindas de fora; essa xenofobia enfraquece à medida que os sistemas imunológicos se fortalecem, durante o segundo trimestre. De forma mais genérica, a abertura, a extroversão e o individualismo das pessoas tendem ao ápice durante o início da idade adulta, quando os sistemas imunológicos são mais fortes, e ao declínio durante a meia-idade, conforme sua saúde se deteriora.

Todas essas pesquisas sugerem relações surpreendentemente fortes entre cargas parasitárias, sistemas imunes, traços de personalidade e atitudes políticas — relações com profundas implicações na compreensão da natureza da abertura, das razões pelas quais ela varia entre pessoas e culturas, e das maneiras como os consumidores tentam inconscientemente exibir os seus níveis de abertura. Essas relações também apresentam implicações surpreendentes para as políticas econômicas e medidas políticas. Por exemplo, a melhor maneira de promover a democracia, a ciência, o secularismo, a paz, a harmonia étnica, o livre comércio e o turismo nas nações em desenvolvimento pode ser a de reduzir sua carga parasitária através de saneamento e medicina melhores. A imunização e as telas contra mosquitos podem constituir-se em ferramentas de política exterior muito mais fortes que a diplomacia, os acordos de comércio, as sanções econômicas, os empréstimos, a guerra ou propaganda, porque essas medidas mais simples aumentam a abertura, extroversão e o individualismo de maneira efetiva, e são rápidas na redução da xenofobia e do etnocentrismo. É bem possível que os Médicos sem Fronteiras e a Fundação Bill e Melinda Gates estejam promovendo a liberalização cultural das nações em desenvolvimento de forma mais eficaz que o esforço combinado das Nações Unidas, da Organização Mundial de Comércio e do Banco Mundial. Efetivamente, Randy Thornhill argumentou que essa liberalização através da redução de parasitas é exatamente o que aconteceu nos Estados Unidos e na Europa durante o século XX. Os baby boomers, por exemplo, não somente foram a primeira geração nos Estados Unidos a crescer beneficiando-se da imunização de largo espectro na infância, mas também foram a primeira geração a mostrar um repentino aumento substancial da tolerância interracial, do internacionalismo, da abertura e do individualismo, conforme ficou manifesto no movimento dos direitos civis, no movimento pela paz, na Nova Esquerda, na revolução psicodélica, na revolução sexual e na geração do "individualismo". O retrocesso conservador beneficiou-se da epidemia de herpes genital da era disco e especialmente da crise da AIDS da década de 1980, que aumentaram a vulnerabilidade às doenças transmissíveis, percebida por todos.

## Quatro formas de aversão

Conforme vimos, a baixa abertura apresenta alguns benefícios biológicos ao evitar novas doenças infecciosas provenientes de pessoas, grupos, alimentos e práticas higiênicas não familiares. Esses benefícios derivam não apenas de um ponderado desagrado pelo novo e diferente, mas de uma aversão apaixonada ao bizarro e estranho. Para compreender melhor a abertura, pode ser útil considerarmos a natureza da aversão.

O psicólogo evolucionista Joshua Tybur argumenta que os seres humanos experimentam três formas diferentes de aversão. A antiparasita, que nos protege de doenças contagiosas; a sexual, que nos protege de acasalar com indivíduos que têm um parentesco demasiadamente próximo, ou cuja qualidade genética é demasiadamente baixa; e, por fim, a moral, que nos protege de indivíduos egoístas que minariam as normas e os contratos sociais locais. Cada tipo de aversão é desencadeada por diferentes estímulos (carne rançosa, irmãos concupiscentes ou psicopatas) e provoca diferentes comportamentos (vômito, aversão sexual ou justiça vigilante).

Acredito também em um quarto tipo, uma espécie de "aversão cultural", que nos protege de contatos com memes infecciosos considerados como perigosos, tendo em vista nossa vulnerabilidade psicológica. Esse é o tipo de aversão suscitado — nas pessoas de baixa abertura — pela arte moderna em Berlim na década de 1930, e pelas camisetas tingidas com a técnica do batik, na década de 1960, no Texas. É precisamente esse tipo de aversão que é explorado por apresentadores de talk-shows fanaticamente conservadores, que não temem apenas patógenos, incestos e psicopatas, mas certas ideias que consideram perigosamente atraentes, memoráveis, transmissíveis e indutoras de psicoses. Eles definem os portadores dessas ideias como zumbis loucos e liberais atingidos por uma epidemia ideológica fora do controle que devem ser sacrificados antes que o contágio se espalhe.

As pessoas que (inconscientemente) compreendem que o próprio sistema imunológico está vulnerável — os doentes, os idosos, as mulheres grávidas no primeiro trimestre, os habitantes de regiões com cargas parasitárias elevadas — costumam experimentar uma aversão antiparasitária mais forte. Do mesmo modo, as que inconscientemente compreendem a vulnerabilidade da própria saúde mental podem experimentar uma aversão cultural mais forte e demonstrar um grau de abertura menor. Sempre que você ouvir um apresentador conservador como Bill O'Reilly arengar contra alguma ideia nova, imagine que ele aflige pelo equivalente cognitivo a uma severa síndrome de imunodeficiência combinada. (Esta é a condição de baixo sistema imunológico que forçou David Vetter, o "Menino Bolha", a ficar em casa e viver numa tenda antisséptica de plástico, sob pena de ser morto pelos germes dos quais nós costumamos nos livrar rotineiramente.) O'Reilly pode estar intuindo, com razão, que se ele considerasse seriamente um leque mais amplo de ideias novas, sua sanidade entraria em colapso. (Ou suas defesas ideológicas podem estar mal calibradas e ele pode ter se tornado hipervigilante contra infecções ideológicas, de forma mais análoga às doenças autoimunes, como asma alérgica.)

Exibições conspícuas do vigor do sistema imunológico são bastante comuns em todas as culturas. Especialmente em áreas com altas cargas parasitárias, muitos membros de povos tribais abrem sua pele para as infecções quando jovens adultos, através da escarificação ou de tatuagens ou da mutilação genital forçada, para demonstrar que seus sistemas imunes são suficientemente fortes para sobreviverem aos ferimentos. (O corpo de "Ötzi, o homem do gelo", que tem 5.300 anos e foi descoberto nos Alpes italianos em 1991, apresentava 57 tatuagens.) Se você for uma pessoa jovem, saudável e enérgica, coberta por cicatrizes autoinfligidas e bem cicatrizadas, a despeito de viver numa área com altos índices de parasitas, você terá demonstrado de forma crível que sua saúde é muito forte. Os potenciais parceiros sexuais e amigos podem não compreender conscientemente as conexões entre a teoria da sinalização custosa, os parasitas microscópicos, a escarificação utilizando ferramentas não esterilizadas, bem como as diferenças individuais no que diz respeito ao número e à eficiência dos linfócitos integrantes do sistema imunológico adaptativo. Entretanto, eles podem avaliar inconscientemente que você não estaria com um aspecto saudável ou enérgico depois de tantos cortes se fosse fraco e doentio. Biólogos como W.D. Hamilton e Anders Møller argumentaram que, em muitas outras espécies animais, os ornamentos sexuais se desenvolveram como indicadores de resistência a parasitas.

O fenômeno de "se cortar", observado entre os adolescentes americanos, espanta pais e médicos, mas serve como exemplo desse tipo de escarificação ritual. Raramente revela um intuito suicida, porém leva, com frequência, a infecções, e os adolescentes que possuem algumas outras maneiras de elevar seu status social não raro dizem que isso os faz se sentirem legais. A exemplo do que acontece com quase todos os comportamentos humanos, os fatores de risco ambientais (pobreza, desemprego, pais indiferentes, abuso infantil, decepções amorosas) e os motivos conscientes (sentir-se triste, sozinho, entorpecido, perdido, alienado, oprimido) para se cortar podem guardar pouca relação com as origens evolucionárias ou as funções adaptivas ocultas do comportamento, a não ser na medida em que o revelam como tática desesperada e de alto risco para realçar a proeminência social diante dos pais ou parceiros sexuais, ou o status frente aos pares. (Somente aproximadamente 10% dos adolescentes relatam terem se cortado.) Tatuagens, brincos, piercings e outras violações autoinfligidas da pele podem funcionar, de modo análogo, como exibição confiável da força do sistema imunológico. Evidentemente, sugerir que o cortar-se e a colocação de piercing resultam de instintos humanos evoluídos para exibir a força do sistema imunológico não quer dizer que eles sejam moralmente bons, nem aconselháveis do ponto de vista médico.

Nos países desenvolvidos, temos menos a temer em relação a parasitas infecciosos, e muito mais de memes infecciosos. Assim, em vez de abrir os corpos aos germes ambientais, abrimos as mentes à cultura ambiente, para determinar se podemos continuar sãos durante todo o ataque. Quando você vir adolescentes e jovens adultos postando seus interesses em música, livros e filmes em sites como MySpace, considere que os princípios de sinalização custosa estão atuando. Caso eles tenham se exposto a muito death metal, Chuck Palahniuk e David Lynch, e ainda continuem suficientemente sãos para uma conversa razoável através de e-mail ou mensagens instantâneas, então provaram de forma crível sua abertura e resistência à psicose. O principal perigo é que, se apenas recentemente eles se envolveram com essas formas extremas de cultura, a psicose ainda poderia se instalar nos próximos meses, seguindo outros fatores de estresse. Um indivíduo que curte de longa data *Veludo azul*, de Lynch, (1986) é, portanto, mais safo que outro que adquiriu recentemente o entusiasmo por *Império dos Sonhos* (de 2006).

Certas ideias extremadas apresentam risco mínimo àqueles com defesas antipsicóticas sólidas e que, portanto, podem se dar ao luxo de agir de maneira extremamente aberta. Contudo, essas mesmas ideias representam perigos genuínos aos que possuem defesas mais débeis, e que devem minimizar a abertura. A julgar pelo mérito dessas especulações bizarras, pessoas com baixos índices de abertura preferem associar-se entre si, em parte para proteger sua sanidade. Elas buscam comunidades, trabalhos, estilos de vida, parceiros sexuais, amigos e produtos que não desafiem suas defesas antipsicóticas. Preferem o familiar à novidade, o convencional ao radical, o previsível à dificuldade. Preferem bens e serviços solidamente ligados a coisas prosaicas e ao hábito, e leves em cognição e imaginação. Elas se ambientam confortavelmente em comunidades anti-intelectuais: cidades rurais ou subúrbios etnicamente homogêneos próximos de cidades provincianas, tais como Indianápolis, Indiana ou Augsburg, na Alemanha — cidades grandes, progressistas e pluriculturais são simplesmente ameaçadoras demais. Fazem compras em lojas de rede nacional e comem em restaurantes de franquia, porque os estabelecimentos locais são demasiadamente peculiares e imprevisíveis. Minimizam sua exposição à "cultura séria" — isto é, memes esquisitos e potencialmente infecciosos — e gastam seu tempo de lazer impregnando-se de séries de TV requentadas, comédias românticas e filmes de ação, romances de suspense militar e aventura, jornais locais e serviços religiosos convencionais. Dessa maneira, os indivíduos menos abertos podem prosperar durante anos em bolhas que excluem memes, evitando ao máximo possível pensamentos perturbadores e encontros sociais. Para elas, a vida não explorada é ... a maneira mais fácil de evitar a psicose.

**Por que todos não queremos o máximo de abertura?**

A abertura é uma característica perigosa de diferentes maneiras. Pode levar ao constrangimento social, quando o comportamento de alguém é demasiadamente esquisito ou inovador; levar o cérebro das pessoas a se infectarem com memes mal-adaptados — informações falsas, ideologias estúpidas, teorias de conspiração; pode levar as pessoas a entrarem num culto, matricularem-se em escolas de arte ou mudarem para Santa Fé.

Por exemplo, ao passo que a abertura está fortemente relacionada à criatividade, liga-se também à psicose (perda de contato com a realidade). Para estudar essas correlações, minha colega Ilanit Tal e eu pedimos a 225 estudantes da University of New Mexico para se submeterem a seis testes de criatividade verbal e a oito de criatividade em desenho, juntamente com medições das Seis Características Centrais. Nossas seis tarefas de criatividade verbal incluíam perguntas como "Imagine que todas as nuvens tivessem realmente longas cordas penduradas nelas — cordas de centenas de metros de comprimento. Quais seriam as consequências desse fato para a natureza e a sociedade?" e "Se você pudesse vivenciar como é ser um outro tipo de animal durante um dia, que tipo de animal gostaria de ser e por quê?". Para as oito tarefas de criatividade em desenho, pedimos que os estudantes criassem quatro desenhos abstratos (por exemplo: "Por favor, faça um símbolo padrão ou uma composição abstrata que represente o gosto de puro chocolate cremoso e amargo") e quatro desenhos figurativos (por exemplo: "Por favor, desenhe o possível aspecto de uma civilização alienígena num planeta distante"). A criatividade das respostas dos estudantes era avaliada de forma independente por quatro peritos bastante entrosados.

Os estudantes também responderam a 74 perguntas sobre experimentarem sintomas de esquizotipia — uma forma de esquizofrenia leve. As pessoas com esquizotipia tendem a ter tanto sintomas "positivos" (delírios, alucinações, crença de que os outros leem a sua mente, falas e comportamentos esquisitos) quanto sintomas "negativos" (emoções estagnadas, poucos amigos, ansiedade social, paranoia). Tendem, por exemplo, a apresentar índices elevados de esquizotipia quando respondem positivamente a muitos destes sintomas:

- Ouço frequentemente uma voz que exterioriza os meus pensamentos em voz alta.
- Algumas pessoas acham que sou uma pessoa muito esquisita.
- Acredito em telepatia.
- Às vezes, as pessoas ficam me olhando fixamente por causa do meu aspecto estranho.
- Partes do meu corpo às vezes parecem falsas ou desconectadas.

(A maior parte dos estudantes universitários responde "sim" a pelo menos alguns desses itens, portanto, se você fez isso também, não entre em pânico.)

Descobrimos que a abertura apresenta correlações positivas moderadas com a inteligência geral (0,30) e a esquizotipia positiva (0,29). A abertura preconiza tanto a criatividade verbal (0,34) quanto a criatividade no desenho (0,46). A inteligência também preconiza a criatividade verbal (0,35) e a criatividade no desenho (0,29). A esquizotipia preconiza a criatividade de forma muito moderada, mas, no que diz respeito à abertura, não preconiza absolutamente nenhuma criatividade. Portanto, a criatividade é preconizada melhor por respostas positivas a perguntas ligadas à abertura do que por questões ligadas à esquizotipia.

A implicação que deriva daí é a ligação entre a loucura e a criatividade, conforme os filósofos especulam há milhares de anos, mas essa ligação é mediada pela abertura, que proporciona benefícios em matéria de criatividade e, quando extrema, desliza para a psicose — que não gera, entretanto, trabalho criativo, sendo apenas um efeito colateral prejudicial. Isso evidencia que praticar uma grande abertura é um jogo perigoso que apresenta compensações elevadas em matéria de criatividade, porém efeitos potencialmente catastróficos sobre a saúde mental. Em sociedades complexas e altamente midiatizadas, talvez somente as pessoas extremamente sãs possam tolerar um alto grau de abertura sem perder o equilíbrio.

É importante lembrar que a abertura não se relaciona positiva ou negativamente à estabilidade emocional. A abertura elevada associa-se à psicose branda, enquanto a estabilidade baixa, à neurose — ansiedade, preocupação, depressão. A especulação tecida aqui é que um elevado grau de abertura somado a elevada estabilidade e inteligência resultam em alto nível de criatividade e atratividade social. Inversamente, um elevado grau de abertura somado a baixa estabilidade resulta em grande risco de doença mental.

## Com quanta abertura você consegue lidar?

Essas descobertas sugerem a hipótese que eu admito ser altamente especulativa, mas que, mesmo assim, é intrigante: as pessoas podem lançar mão de exibição conspícua de abertura como garantia da saúde mental — especialmente da resistência a desenvolver esquizotipia, esquizofrenia ou outras formas de psicose. Na medida em que a esquizofrenia tende a se desenvolver no início da idade adulta, é especialmente importante, para os adolescentes e os jovens adultos, exibir resistência à psicose. Se você for uma mulher jovem, então quer evitar apaixonar-se por um rapaz de 17 anos, ter dois filhos com ele e, então, vê-lo desenvolver uma esquizofrenia debilitante aos 23. Assim, os adolescentes brincam com o fogo, expondo-se a ideias, experiências e drogas que induziriam psicose, caso eles não apresentassem boa resistência a ela. Eles se testam aos extremos e, embora por vezes se enganem e se tornem psicóticos, na maioria dos casos isso não acontece. Jovens adultos orgulham-se muito de serem capazes de aguentar música bizarra, livros que manipulam a mente, filmes intensos, jogos de computador ultraviolentos e alucinógenos poderosos. Ser maneiro é sobreviver a esse tipo de experiência mantendo a mente intacta. Até mesmo adultos mais velhos sentem frequentemente prazer ao exagerar a severidade das inconveniências cotidianas que induzem psicose — ao descreverem, por exemplo, um voo atrasado ou uma festa entediante como "um pesadelo horroroso que quase me deixou doido".

A indústria do entretenimento atende à demanda, fornecendo uma cornucópia de produtos potencialmente indutores de psicose para serem consumidos pelas pessoas extremamente abertas: filmes de Quentin Tarantino e David Fincher. Romances de Jeff Noon, Salman Rushdie e Ursula Le Guin. Música de Beck, Tricky e The Gorillaz. Cursos sobre Foucault, Derrida e Baudrillard. Brown cafés em Amsterdã e Hookah lounges em Austin, Texas. Férias em Las Vegas. O festival Burning Man. Arte na Bienal de Whitney. Raves e boates em Ibiza. Voos diretos de 18 horas de duração, de Vancouver a Sidney, sentado num assento do meio de uma fileira na classe econômica. Se você for um jovem adulto solteiro e se expuser a um número suficiente dessas experiências numa sucessão rápida, ou obterá um grau maior de psicose, ou antingirá níveis de status social e atratividade sexual mais elevados entre seus pares. (Pesquisas mostram que eventos estressantes como esses não causam por si só esquizofrenia aguda, porém podem ampliar os sintomas psicóticos daqueles que já apresentam um risco genético de esquizofrenia, e despertá-los naqueles que não o têm.)

As pessoas extremamente abertas expõem-se a novas experiências, culturas, pessoas, relacionamentos, normas, ideias, visões de mundo, arte, música, práticas sexuais e drogas. Elas podem ser infectadas por memes insidiosos e mal-adaptados e acabar acreditando em astrologia, homeopatia ou cientologia, ou envolvendo-se num casamento aberto — que quase sempre leva ao divórcio —, ou com metanfetamina — que leva à psicose —, ou ambos, que desemboca no homicídio conjugal. A aversão cultural a novas ideias bizarras protege as pessoas de baixo índice de abertura não apenas da psicose, mas também de memes mal-adaptados. Elas podem não adotar muito rapidamente novas ideias úteis, mas tampouco entram para cultos suicidas. O comportamento delas é restringido agradavelmente por tradições testadas pelo tempo, que, na média, obtiveram razoável sucesso reprodutivo.

Minha abertura pessoal é especialmente elevada; portanto, devido a essa influência, este capítulo pode ter levado os altos índices de abertura a soarem biologicamente mais aptos, psicologicamente mais saudáveis ou moralmente superiores. Na verdade, a abertura é muito diferente da inteligência. Uma inteligência elevada é quase sempre uma coisa boa, porque preconiza melhor desempenho em quase todos os campos da vida. Contudo, nem todos podem alcançar altos níveis de inteligência, porque a maior parte dentre nós carrega demasiadas mutações que desorganizam a função cerebral. Em compensação, elevados graus de abertura são arriscados, custosos e frequentemente mal-adaptados. Eles só geram benefícios quando o meio ambiente é especialmente seguro (baixa carga parasitária, baixa proporção de memes nocivos) e se os sistemas de defesa do indivíduo (sistema imunológico, saúde mental) forem especialmente robustos. Caso contrário, o seguro morreu de velho.

## Os custos da abertura em termos de constrangimento e perigo

A psicose não é o único perigo resultante da abertura. Um elevado grau de abertura, na minha experiência, frequentemente conduz a situações constrangedoras que rebaixam o status social e sexual do indivíduo, ou até mesmo ameaçam sua segurança. As pessoas extremamente abertas podem emergir de um show de Gwar ensopados em sangue de mentira e serem confundidas pela polícia com um homicida maníaco; podem sofrer queimaduras e perdas de audição por assistirem a uma exibição ilegal de robôs lançadores de chamas gigantes do Survival Research Labs sob a Highway 101, em São Francisco; serem perseguidas pelas ruas de Fez por guardas do templo, enfurecidos por elas terem beijado suas namoradas inglesas na mesquita de Karaouine; podem se tornar psicólogos evolucionistas, o que tipicamente leva ao desemprego e ostracismo.

A abertura a novas experiências talvez acarrete em dependência ou perigo físicos. As pessoas que buscam novidades atléticas talvez desprezem os esportes ordinários e procurem os "radicais" — como base jumping, corrida de motocicleta no gelo, esquiar em neve fofa em locais cujo acesso só pode ser feito por helicópteros ou escalada de K2, a segunda maior montanha do mundo. (As pessoas com baixos índices de abertura reagem com paródias desses tipos de esforço, como "lavagem de roupa radical" ou "croqué radical".) As pessoas que buscam novidades culturais esgotaram os países seguros para serem visitados e, portanto, apelam para aventuras de turismo radical no Afeganistão ou em Ruanda. As pessoas em busca de novidades sexuais podem ficar cansadas de fazer sexo seguro heterossexual e passar para a bissexualidade, sexo grupal, yiffing, felching, snoodling, clear plating, sexo oral grupal —, mas talvez você conheça essa história.

Seguindo essa linha de pensamento, um homem solteiro com grau extremamente elevado de abertura pode pensar: "independentemente dos tabus sociais, seria divertido comprar uma boneca inflável para brincadeiras sexuais. Elas custam 6.500 dólares, mas têm tamanho e peso naturais, apresentam um aspecto real, com carne de silicone, cabelos sintéticos e um endoesqueleto de aço plenamente articulado. Seu aspecto facial e a forma do corpo também podem ser individualizados para parecerem com os da minha ex-namorada." Contudo, qualquer revelação no sentido de que alguém tem uma boneca inflável pendurada no armário pelo pescoço torna qualquer relação futura com uma eventual namorada muito mais improvável. Uma abertura excessiva sobre a própria sexualidade, caso ela se manifeste através da aquisição desse tipo de produto, pode ser um tiro pela culatra.

Consumidores com elevados índices de abertura são altamente lucrativos, porque podem ser extremamente ingênuos. Por exemplo, pessoas com um grau de abertura maior que a média constituem o principal mercado para as medicinas alternativa e complementar. Sem elas, não haveria mercado para:

- acupuntura auricular (na parte externa na orelha);
- florais de Bach (essências de flores silvestres comestíveis);
- lavagem intestinal (bombear litros de água quente pelo cólon por meio de um clister anal);
- terapia com golfinhos (cura emocional através da "transferência de energia" obtida em contato com golfinhos);
- terapia de Gerson (beber grandes quantidades de suco de frutas, somadas a enema com café).

Caso essas práticas pareçam-lhe bizarras, pense que há pouco mais de evidências sobre a eficácia da homeopatia, do feng shui e da medicina tradicional chinesa, ou de outros bens e serviços baseados no pensamento mágico. Todos os produtos desse tipo são perigosos, na medida em que as pessoas portadoras de doenças verdadeiras deixam de procurar terapias baseadas em evidências que tenham realmente comprovado sua eficácia.

## Abertura, novidade e moda

Os consumidores com baixos índices de abertura se contentam com produtos que apresentam características e design tradicionais. Dificilmente são trapaceados, porque não valorizam a novidade pela novidade. Satisfazem-se com uniformes a despeito da moda: uniformes escolares, esportivos e militares, ternos executivos, trajes para golfe. Mandam cortar o cabelo de qualquer jeito em vez de pedir um corte específico. Em resposta à conversa fiada do marketing, sempre dizem "Vamos ao que interessa!". Sua reação instintiva ao jogo do consumismo desenfreado é parar de jogar e ir colocar umas batatas no fogo.

Os consumidores que apresentam índices de abertura elevados também são muito mais lucrativos, porque estão entre os primeiros a adotar e seguir modas. Usam a novidade dos bens e serviços para exibir sua abertura. Esta é crucial para o consumismo, ao impulsionar a busca por novidades, modismos passageiros e moda. Esse foi o grande achado de Brooks Stevens, que desenvolveu o conceito de obsolescência planejada, logo depois da Segunda Guerra Mundial. Ele observou que os negócios podem faturar muito mais se introduzirem continuamente inovações nos produtos, explorando os desejos de alguns consumidores de "possuir alguma coisa um pouco mais nova e um pouco melhor, um pouco antes do necessário". Os produtos que ele concebeu — os cortadores de grama Lawn-Boy, os motores de popa Evinrude, as motocicletas Harley-Davidson Hydra Glide — transformaram melhorias técnicas mínimas em necessidades de status para os consumidores modernos que buscavam o progresso, na década de 1950. Eles apelavam para as pessoas extremamente abertas: jovens antenados e urbanos.

A obsolescência planejada ocupou um lugar central na idade de ouro do design industrial, desde os anos 1930 até os 1970. Cada ano trazia consigo novos produtos de estilo vanguardista, que tornavam o do ano precedente visivelmente antiquado. Conforme Vance Packard observou, é impossível realizar a cada ano inovações técnicas genuínas em produtos já estabelecidos, portanto a obsolescência planejada deveria focar no design, e não na funcionalidade. As empresas tinham de buscar "a obsolescência planejada da desejabilidade" (o produto é jogado fora e substituído porque já não está mais na moda), em vez da "obsolescência planejada da utilidade" (o produto é jogado fora porque já não funciona). A sacação de Stevens espalhou-se rapidamente por todos os campos do design industrial: automóveis, casas, vestuário, móveis. As empresas aprenderam que os consumidores compravam coisas com frequência imensamente maior se convencidos de que a novidade de um produto enquanto indicador de abertura desbancava a utilidade e confiabilidade dele enquanto indicadores de conscienciosidade. Assim, durante essas décadas de inovações estéticas vertiginosas, as pessoas muito abertas ficavam extremamente instigadas, e as menos abertas, altamente confusas.

# 13
# Conscienciosidade

A CONSCIENCIOSIDADE É o traço, dentre as Cinco Grandes Características da personalidade, que inclui propriedades como a integridade, a confiabilidade, a previsibilidade, a coerência e a pontualidade. Ela preconiza o respeito pelas normas sociais e a responsabilidade, bem como a probabilidade de cumprir promessas e contratos. No século passado, as pessoas a chamavam de caráter, princípio, honra ou fibra. Trata-se, principalmente, do autocontrole inibidor, imposto pelos lobos frontais, aos instintos mais impulsivos, egoístas e de curto prazo do sistema límbico. Hoje em dia, os marqueteiros apelam para a juventude impulsiva ao taxar a conscienciosidade dos adultos mais velhos de rigidez, arcaísmo, inibição e caretice. Em certo sentido, estão certos, já que houve a troca de uma coisa por outra. Na média, a conscienciosidade é mais baixa entre a juventude e, enquanto vai amadurecendo lentamente com a idade, tende a inibir a espontaneidade, a diversão e o romantismo — por exemplo, a busca de parceiros sexuais de curto prazo, que tende a maximizar o sucesso reprodutivo entre os homens jovens e a deixar jovens mulheres grávidas e solteiras.

Tradicionalmente, as pessoas com baixos níveis de conscienciosidade foram definidas por muitos adjetivos: irresponsáveis, impulsivas, instáveis, criminosas, vagabundas, descontentes, imprestáveis e revolucionárias. Na medida em que as elites poderosas preferem ter escravos, lavradores e trabalhadores confiáveis, o ímpeto geral da civilização é o de domesticar os jovens indômitos e impulsivos para torná-los maduros, conscienciosos e diligentes. O colonialista dono de escravos aumentava a conscienciosidade do escravo açoitando-o para "colocar sua cabeça no lugar". O professor da era industrial eleva a conscienciosidade do estudante da classe trabalhadora, exigindo-lhe frequência regular, participação em sala de aula e cumprimento do dever de casa. Tradicionalmente, a elite direciona socialmente a própria juventude para alcançar um nível de conscienciosidade mais elevado, lançando mão de internatos, do serviço militar e da monogamia.

Em diversos aspectos, a conscienciosidade é um traço de personalidade inusitado. Na medida em que a vida do caçador-coletor não requeria tanto planejamento e memória para dívidas e deveres quanto a vida em sociedades maiores com divisões mais complexas do trabalho, a conscienciosidade pode ter evoluído para níveis médios mais elevados somente recentemente e, talvez, mais em algumas populações que em outras. Foi somente com o surgimento de atividades como a agricultura e a criação de animais que nossos ancestrais passaram ao tipo de obsessão ansiosa e de preocupação com o futuro que caracterizam as pessoas altamente conscienciosas. Somente nos últimos dez mil anos nossos ancestrais prosperaram, ao perguntarem continuamente para si mesmos: será que já lavrei terra suficiente? Será que semeei as sementes no momento certo? Está faltando uma das ovelhas? Meu primo me pagou por aquelas azeitonas? Estou ensinando aos meus filhos as capacidades que eles precisarão daqui a vinte anos? Assim surgiram as ruminações insones na pré-madrugada dos conscienciosos de meia-idade.

Então, durante a maior parte da idade adulta, as pessoas esforçam-se para aparentar grande conscienciosidade — o extremo da dimensão do traço mais frequentemente preferido pelos educadores, empregadores, colaboradores, doutores, coletores de impostos, agiotas, cônjuges, filhos, pais, amigos, lavouras e animais domesticados. O mercado consumista moderno atende a essa demanda, fornecendo um excesso de bens, serviços e atividades que funcionam como indicadores de conscienciosidade.

## Produtos que exigem manutenção intensa

As economias tradicionais partem do pressuposto de que os consumidores tentam maximizar a comodidade e o lazer. Consequentemente, as pessoas deveriam preferir produtos que requerem mínimos cuidados, manutenção e reparos. Não obstante, esses tipos de produtos formam péssimos indicadores de conscienciosidade. É muito melhor comprar peixes de estimação que sejam perecíveis, vestuário de cores claras que mancham, móveis com ornamentos que retêm a poeira, automóveis com pinturas brilhantes e extensos gramados sedentos por água. Por quê? Porque pessoas com baixos índices de conscienciosidade não lhes darão a manutenção apropriada. Não realizarão pessoalmente o teste de nitrato, a lavagem das roupas, não espanarão os móveis, não efetuarão a lavagem do carro nem regarão o gramado. Elas, ou seus empregados, esquecerão de fazer essas coisas, e o aspecto de suas posses sofrerá com isso.

Esse princípio — de que há quem realmente prefira produtos dependentes de manutenção regular, a fim de ostentar a própria conscienciosidade — frequentemente passa despercebido aos economistas e marqueteiros. A exemplo da maior parte da teoria de sinalização custosa, à primeira vista, isso não faz sentido do ponto de vista racional. É verdade, qualquer consumidor preferiria minimizar o tempo e a energia que se investem em exibições de personalidade e conscienciosidade: em vez disso, ele procuraria atalhos e formas de economizar tempo. Contudo, no nível agregado de sinalização social, produtos cuja manutenção se torna demasiadamente fácil perdem o valor enquanto indicadores de conscienciosidade. Perdem em status e respeitabilidade. Serão comprados e exibidos com menos frequência por aqueles ávidos por aparência conscienciosa. Por exemplo, pisos de carvalho maciço continuam melhor conceituados que os de laminado plástico imitando madeira — parcialmente porque o carvalho exige ser limpo diariamente com um pano molhado, esfregado e encerado mensalmente, e ter o acabamento periodicamente refeito com lixadeiras poderosas que emitem tanto barulho e vibrações que chegam a matar de estresse os peixes tropicais do aquário da sua casa. (Mais uma vez, há trocas permanentes entre diferentes táticas de sinalização.) Por outro lado, à medida que as novas tecnologias e inovações no design facilitarem a limpeza e a manutenção de cada metro quadrado da casa, aumentaremos a área total da residência, para conservar uma quantidade de trabalho doméstico respeitavelmente onerosa.

Essa ânsia pelos indicadores de conscienciosidade resulta numa espécie de princípio de "conservação da manutenção" na maior parte das categorias de produtos. As modernas megacozinhas americanas são o principal exemplo disso. Hoje, uma grande reforma de cozinha custa em média mais de 50 mil dólares, principalmente para cobrir as despesas de materiais exóticos de bancadas, móveis personalizados e o suprassumo dos aparelhos eletrodomésticos. Os cônjuges que se dão ao luxo desse tipo de cozinha trabalham e raramente têm tempo de usá-la para cozinhar, mas desejam sustentar o perfil de anfitriões conscienciosos ao receberem pessoas para jantar e de pais que poderiam, em princípio, preparar biscoitos caseiros, caso necessário. Quanto menos comida as pessoas elaboram para si mesmas, mais espaço e dinheiro tendem a alocar para ostentar potenciais capacidades de preparar alimentos. Minha avó materna, Virginia Baker, cozinhava três refeições por dia para seus 12 filhos num cômodo de 2 por 4 metros, que continha apenas um fogão de quatro bocas e uma resistente batedeira — nada de ilha para preparação e processadores de alimentos, triturador ou lava-louças. Hoje em dia, muitas famílias suburbanas exibem aparelhos capazes de alimentar um exército inteiro acampado num zoológico. Cada um deles revela no próprio design a conservação do princípio de manutenção. Assim que os fornos autolimpantes e as superfícies de fogões fáceis de limpar foram inventados, os fabricantes de fogões substituíram a parte externa de porcelana branca por partes externas de aço inoxidável, que ressaltavam todas as marcas de dedos e lambidas de cachorro. E não se tratou de uma conspiração patriarcal para manter as donas de casa ocupadas — mas da intuição de que, para as donas de casa orgulhosas de suas cozinhas, não há glória e poder indicadores de conscienciosidade num fogão cuja manutenção é zero. Muito melhor comprar um fogão "comercial", concebido para que os funcionários do restaurante o limpem toda noite.

A conscienciosidade é exibível não somente através de produtos que exijam manutenção intensa, mas daqueles visualmente frágeis. Qualquer item sujeito a catástrofes entrópicas irreversíveis — tal como a quebra — resolverá o caso, porque as pessoas menos conscienciosas tomam menos cuidado e quebram mais coisas. Um antigo enfeite natalino de vidro que permanece na nossa família há quatro gerações atesta um século de conscienciosidade na decoração da árvore, em seu desmonte e no armazenamento dos ornamentos. A mesma mensagem de administração cautelosa é transmissível por uma casa repleta de móveis antigos e frágeis, porém intactos, por um armário cheio de delicada lingerie, mas sem rasgos; ou, conforme veremos a seguir, por uma coleção de animais de estimação enjoados, porém saudáveis.

## Animais de estimação como indicadores de conscienciosidade

Bens pessoais que exigem cuidados regulares são excelentes indicadores de conscienciosidade, e a indústria dos animais domésticos constitui sua principal fonte. Consideremos um aquário para peixes tropicais. Manter um modesto, com 75 litros de água doce para alguns poucos gouramis, rasboras e tetras, exige um regime enfadonho: alimentar os peixes diariamente. Trocar parte da água semanalmente, usando baldes e tubos estranhos para aspirar o cascalho. Verificar os níveis de pH, amônia, nitrito e nitrato. Raspar mensalmente as algas acumuladas e trocar os filtros. E, não obstante, diferente de cachorros e pessoas, os peixes não se queixam caso você descuide deles. Simplesmente morrem e você, cheio de remorsos, pode entrar para o grupo Tropical Fish Loss no Facebook: trata-se de um grupo de apoio. Assim, se ainda tiver qualquer peixe vivo seis meses após a compra, você demonstrou um alto nível de conscienciosidade. Manteve consciência das necessidades dos animais, a despeito de seu tamanho humilde, de seu jeito silencioso e das múltiplas distrações da vida. Isso é um bom agouro para a sua conscienciosidade enquanto amigo, cônjuge e genitor. Com efeito, um jovem solteiro sem nenhuma planta nem bicho de estimação em casa é considerado, com razão, um péssimo pretendente por jovens mulheres em busca do príncipe encantado. Isso porque das duas, uma: ou sua conscienciosidade não foi testada (caso ele nunca tenha tido nem plantas ou bichos) ou ele não passou no teste (caso tenham morrido por negligência).

Os cães são ainda mais exigentes e, portanto, respeitados como bichos de estimação. As diferentes raças permitem aos donos demonstrarem diferentes formas de obsessão. As raças assustadoramente inteligentes (border collie, pastor alemão, poodle comum) exigem interação social regular e exercícios que demandam muito do ponto de vista cognitivo, sob pena de ficarem neuróticos. As raças menos inteligentes (shih tzu, buldogue, cão afegão) requerem vigilância constante, sob pena de acabarem mortos num incidente no estilo Darwin Awards. Muitas raças pequenas e decorativas (maltês, pequinês, papillon, yorkshire terrier) exigem limpeza intensiva diária e modo de andar sempre cauteloso, caso contrário, os cães ficam enlameados, desarrumados e sujos. Muitas raças agressivas (rhodesian ridgeback, rottweiler, doberman pinscher) requerem um treinamento extensivo para serem obedientes, senão matarão os filhos do vizinho, o que acarretará ações penais que reduzirão dramaticamente o valor das posses de seus donos. (Os rhodesian ridgebacks, criados para matar leões africanos, também podem pegar pesado com os gatos domésticos da vizinhança.) Quase todas as raças de cães possuem alguma característica idiossincrática que exige manutenção elevada, o que as transforma num meio eficaz para exibir a conscienciosidade, e todas requerem alimento, água, passeios e cuidados veterinários regulares, além de contenção física diligente exercida por meio de coleiras e cercas. Vem daí a popularidade social e sexual de pessoas solteiras passeando com cachorros muito bem alimentados, arrumados, treinados, não neuróticos e vivos. (Se você acha que tratar de cães é fácil demais, considere comprar um papagaio africano grey.)

Nos lugares em que os organismos genuínos são muito caros e ocupam demasiado espaço para criar, as pessoas compram análogos artificiais que funcionam como indicadores de conscienciosidade. Os japoneses são particularmente bons em inventar substitutos desse tipo. Os Tamagotchis originais (animais eletrônicos de bolso), populares entre as garotas em idade escolar, proliferaram até serem suplantados por Micro-Babies, Neopets, Nano Pals, Puka-Puka Water Angels e Zudes. A maior parte destes últimos exige um nível de manutenção absurdamente elevado, tendo-se que apertar vários botões em intervalos de poucas horas. Contudo, o objetivo é precisamente este: sua enlouquecedora propensão a morrer caso não alimentados e acariciados regularmente significa que os Tamagotchis só sobrevivem um mês caso os donos sejam conscienciosos.

Pode ter havido um feedback positivo entre a domesticação de outras espécies e a evolução da conscienciosidade humana. Novas pesquisas sugerem que os seres humanos têm modelado a evolução de plantas e animais por pelo menos 50 mil anos, por meio de vários processos de "pré-domesticação", e que a domesticação propriamente dita começou pelo menos 11 mil anos atrás. As exigências cognitivas e emocionais necessárias para cuidar de outras espécies podem ter modelado a evolução da conscienciosidade enquanto traço da personalidade, elevando a média humana acima da encontrada em outros primatas sociais. A maior parte das espécies que praticam "engenharia do eco-sistema" e "construção de nichos" — criando seus próprios nichos ecológicos ao moldar o meio ambiente circundante — parece ter desenvolvido níveis mais elevados de conscienciosidade. Os castores conseguem criar suas famílias de forma bem-sucedida ao construirem represas que geram pequenos lagos, e demonstram ter uma enorme ética do trabalho ao fazê-lo. As mesmas pressões de seleção que favoreceram o desenvolvimento de uma conscienciosidade mais elevada podem ter preparado o terreno para os grandes avanços na domesticação humana, cerca de dez mil anos atrás: cães (para proteção e caça), cabras, ovelhas, vacas, cabaças (como recipientes), figos, bananas, trigo, arroz, milho, painço, girassóis, abóbora, mandioca e araruta. Cada um desses organismos exige um tipo de tratamento diferente, um conjunto de empatias adquiridas entre as espécies, exigindo o estabelecimento da conscienciosidade. Deve ter valido bastante a pena divulgar esse tipo de característica para potenciais parceiros sexuais e amigos, durante muitos milênios. Já que não podemos exibi-la através de um rebanho de cabras saudáveis, compramos Puka-Puka Water Angels. Quando os robôs se tornarem mais populares, a expectativa é que os consumidores prefiram os que requerem algum tipo de cuidado e manutenção — alguma exibição de conscienciosidade confiável — aos inteiramente autônomos. Esse é o motivo pelo qual os robôs de brinquedo que induzem empatia — tais como Furby, Roboraptor, AIBO e Pleo — vendem mais que os robôs cortadores de grama movidos a energia solar.

## Colecionar

A elevada conscienciosidade transforma-se progressivamente em comportamento obsessivo-compulsivo. Entre os consumidores, isso frequentemente assume a forma de colecionar — adquirir um grande número de produtos dentro de uma categoria específica, além da perícia para discutir de maneira inteligente sobre eles com colecionadores que apresentam interesses similares. As coleções "expressam a identidade das pessoas", escreveu William James em 1890, "o eu de um homem é a soma total de tudo o que ele pode chamar de seu". Não obstante, o ato de colecionar não expressa todas as Seis Características Centrais de forma igual. Um elevado, e até tóxico, nível de conscienciosidade pode ser percebido principalmente na aquisição talentosa, na exibição ordenada e no cuidado habitual com a própria coleção. O colecionar desenfreado é a apoteose do consumismo sem limites. Por meio da seção "collectibles" [colecionáveis] do eBay, agora todos podem participar da prática de acumular e fetichizar objetos nas categorias mais impensáveis: arquivo da memória do combate ao fogo, objetos militares da Tempestade no Deserto, Disney, Pez dispensers, globos de neve, figurinhas de *Buffy, a caça vampiros*, objetos de decoração náutica, réplicas de espadas de filmes, anúncios vintage de ração para animais domésticos, capas vintage para canos de chaminé e cartões postais "risqué".

Entretanto, a acumulação obsessiva de alguém pode corresponder à estratégia racional de investimento de outrem, ou à sua aquisição de ferramentas e materiais necessários para gerar entusiasmo. Quando contemplo os 2.700 pares de sapatos que Imelda Marcos juntou no palácio de Malacañang, sinto indignação moral pelos pobres nas Filipinas. Quando contemplo o número comparável de livros usados que comprei, sinto-me um pesquisador zeloso. Todos nós podemos racionalizar nossas prateleiras de curiosidades.

## Cuidados pessoais

O "setor de cuidados pessoais" ou a indústria da beleza são frequentemente mal interpretados como apenas um conjunto de produtos para aumentar a atratividade física. Não obstante, muitas de suas facetas fazem mais sentido quando indicadoras de conscienciosidade.

Consideremos nossos cabelos. Os seres humanos distinguem-se dos outros mamíferos por apresentarem cabelos que crescem continuamente durante cinco anos antes de cairem. Se não forem cortados, alcançam aproximadamente a cintura. Evidências genéticas sugerem que essa novidade desenvolveu-se cerca de 240 mil anos atrás. Algumas pessoas argumentam que os cabelos que crescem continuamente se desenvolveram como um sinal confiável da habilidade de uma pessoa em cuidar de si e solicitar cuidados pessoais de terceiros. Contradizendo o estereótipo, promovido por antigas descrições feitas em museus de que os homens das cavernas tinham cabelos desgrenhados, é provável que nossos ancestrais humanos, como todos os mamíferos respeitáveis, arrumassem avidamente o cabelo de acordo com diversos estilos.

Os penteados da moda variaram dramaticamente no decorrer da história e através das culturas, mas tendem a um denominador comum: exigir manutenção intensiva, independentemente de ela consistir em raspar, cortar, aparar, lavar, condicionar, moldar, trançar, pentear, passar gel, tingir, empoeirar ou decorar regularmente. O regulamento do Corpo de Fuzileiros Navais manda um sargento cortar o cabelo uma vez por semana para manter o aspecto tipicamente masculino de escovinha. Uma cheerleader de longos cabelos cacheados deve condicionar, pentear e fazer escova diariamente. O executivo deve se barbear todos os dias de manhã, evitando o risco de ser confundido com um dos "tipos de criação" da área de marketing. Rostos com barbas por fazer são aceitáveis apenas para analistas financeiros internos, que trabalham nas áreas reservadas de bancos de investimentos oitenta horas por semana ou para agentes da CIA regressando ao escritório depois de missões em países do terceiro mundo. De maneira análoga, a mulher executiva deve raspar as pernas com intervalos de poucos dias, para demonstrar aos seus colaboradores masculinos que ela se submete ao papel de gênero de profissional, porém feminina, e que não alimenta nenhuma tendência secreta para o lesbianismo ou para o socialismo. Os dreadlocks, resultantes da negligência durante meses a fio, são ostentados normalmente apenas por quem caiu no ostracismo ou optou por se retrair das responsabilidades sociais corriqueiras: bêbados, maconheiros, pessoas sem-teto, esquizofrênicos e náufragos. Em compensação, os rastafaris bem arrumados (estou pensando em Ani DiFranco em meados dos anos 1990) podem funcionar como indicadores de elevada conscienciosidade num outro nível: seus usuários evitam enfaticamente estilos de penteados que exijam o uso regular de alquil-sulfatos presentes em xampus, bem como gastar grandes volumes de água para tomar banho. Os produtos e as modas de cuidados pessoais vão e vêm, porque há muitíssimas maneiras de os seres humanos se imporem onerosos regimes de arrumação a si mesmos. Entretanto, por debaixo de todas as variações existentes através do tempo, do espaço e das subculturas, o instinto de alardear a própria conscienciosidade é que motiva grande parte desses cuidados pessoais.

## A máquina de exercícios sem uso

A indústria dos equipamentos caseiros para se exercitar compreende um dos desperdícios de maquinário mais prodigiosos da história da humanidade. Pagamos milhares de dólares por máquinas de correr finamente ajustadas, por equipamentos elípticos e pesos. Alguns de nós até compram a Endless Pool, uma "roda giratória para nadadores" de 2,5 por 4,5 metros, que produz uma correnteza ajustável em sentido contrário ao do nado, pela módica quantia de 20.400 dólares, mais acessórios.

Esses equipamentos são tipicamente adquiridos pela meta de autoaperfeiçoamento definida no ano novo ou após um divórcio: a partir de agora, praticaremos exercícios três vezes por semana, perderemos 15 quilos e manteremos uma forma saudável e esbelta até bem depois da aposentadoria. Usamos as máquinas com um saltitante entusiasmo durante várias semanas, relatando de maneira infantil para amigos e colegas de trabalho que nos sentimos rejuvenescidos. Mas, gradualmente, descontinuidades instalam-se. Pegamos um resfriado, viajamos, sofremos uma lesão no joelho. Surgem desculpas para a indolência. A frequência dos exercícios torna-se irregular, depois diminui e, então, cai para zero. Assistimos a *American Gladiator* (pelo menos, é um exercício indireto) enquanto terminamos uma lata de meio litro de sorvete Cherry Garcia, e começamos a imaginar que o equipamento elíptico está olhando fixamente para nós com um desprezo hipócrita, do outro lado da sala. A vergonha é imensa. Levamos a máquina para a garagem ou para o porão, escondendo-o debaixo de uma lona impermeabilizada, e pensamos: "Algum dia, quando eu tiver mais tempo..."

Todos os vendedores experientes em equipamentos de ginástica sabem que esse é o destino da maior parte dos seus produtos. O que eles realmente vendem é a ilusão de que os altos custos das máquinas forçarão o exercício consciencioso. (Os consumidores já poderiam estar correndo há meses nos parques de seus bairros, com seus velhos tênis de corrida; porém, têm consciência de que o acesso aos parques e tênis é insuficiente, empiricamente, para induzi-los a praticar exercícios.) Assim, o consumidor pensa: "Se eu investir 3.900 dólares neste equipamento elíptico PreCor EFX5.33, isso vai (1) suscitar uma atividade regular aeróbica no meu corpo imperfeito e não merecedor, através da mágica tecno-fetichista de sua qualidade inerente e (2) vou economizar dinheiro a longo prazo, ao reduzir as despesas médicas." Nesse ínterim, o vendedor pensa: "20% de comissão!". E o fabricante resolve: "Podemos oferecer com segurança uma garantia de dez anos, porque o equipamento médio só é usado dezessete vezes nos primeiros dois meses após a sua compra." Todo mundo fica feliz, com exceção da maioria dos consumidores — que não reclama, considerando-se culpada por ter deixado de usar o equipamento. Os poucos consumidores conscienciosos que o utilizam realmente com regularidade extraem dele muitos benefícios: desenvolvimento eficiente, músculos e queima de gorduras devido ao esforço quase imperceptível, possibilitado pelo suave movimento elíptico do PreCor; um corpo esbelto que suscita respeito e desejo; uma aura de superioridade moral e de autossatisfação.

Portanto, os equipamentos de ginástica caseiros são excelentes indicadores de conscienciosidade, na medida em que só aumentam a boa forma quando usados pelas pessoas altamente conscienciosas; para os demais, eles só juntam poeira. O resultado é que, considerando os modernos empregos sedentários e as porções de comida enormes, as únicas pessoas que mantêm a forma aos 20 e 30 anos de idade são as que apresentam elevados níveis de conscienciosidade. Todas as outras ficam inchadas. Assim, nas condições modernas, um corpo esbelto é testemunho não apenas do tipo físico herdado pelo indivíduo, mas também da conscienciosidade e, portanto, maturidade e confiabilidade enquanto amigo, parceiro sexual ou colaborador. Deduzimos que, se sua capacidade de culpa e previsão o leva a se exercitar regularmente, ela também nos protege de sermos explorados ou abandonados por ele.

Esse sistema de sinalização confortável está sendo desafiado pelos "exergaming" — jogos de computador que combinam a ação no monitor com exercícios físicos. O jogo eletrônico Dance Dance Revolution (inventado pela Konami em 1998) exige que os jogadores ativem sensores eletrônicos posicionados no chão com os pés, seguindo padrões rápidos e complexos que correspondem a passos de dança. De modo similar, em MoCap Boxing (2001), os jogadores praticam shadow-box contra um adversário no monitor, sendo que seus movimentos são registrados através de sensores infravermelhos que capturam o movimento ("mocap"). O sistema Nintendo Wii leva esse tipo de *exergaming* para dentro de casa. Ao incluir acelerômetros e um sistema de detecção infravermelha que capta a localização em 3D, ele permite que os usuários joguem mais de quinhentos jogos baseados em atividades físicas, tais como tênis, beisebol, cheerleading, corridas de kart, fazer bolos e estourar balões, para não mencionar possibilidades mais especulativas, tais como atirar em frangos, jogar boliche com elfos, matar fantasmas e lutar contra Godzilla. Esses três sistemas de jogos não somente são exigentes em termos aeróbicos, mas divertem ao ponto de gerar dependência e popularidade em massa, ameaçando minar a correlação tradicional entre conscienciosidade e uso regular de equipamentos para se exercitar.

## A avaliação de crédito

Uma boa avaliação de crédito, à base de nossa economia, funciona como um meta-indicador de conscienciosidade. Não está diretamente acessível ou perceptível aos observadores, porém alicerça uma parcela tão grande do poder de compra que, sem ela, manter a vida de classe média seria quase impossível. A maior parte das pessoas não pode comprar uma casa ou um automóvel se não gozar de bom crédito. Assim, indivíduos que possuem um automóvel e uma casa decentes indiretamente demonstram a própria situação em termos de crédito e, consequentemente, conscienciosidade.

Pelo menos no que diz respeito aos Estados Unidos e à Grã-Bretanha, a classificação de crédito FICO da Equifax, Experiam e TransUnion pode variar entre aproximadamente 300 (muito ruim) e 850 (muito bom). Consideremos os fatores que contribuem para uma boa avaliação: ter um longo histórico de crédito (isto é, ser mais velho); pagar contas dentro do prazo; fazer remessas de pequenas quantias de dinheiro regularmente às companhias de cartões de crédito, para que os lucros com juros sejam maximizados; não deixar de pagar empréstimos nem ir à falência; viver no mesmo endereço por muitos meses; ter algumas dívidas, mas não exageradas em proporção à sua renda; verificar seu relatório de crédito a cada seis meses para checar se ele contém erros (o que acontece com frequência); e demonstrar paciência ao ligar para a agência que faz a avaliação de crédito para consertar o erro; além de não acumular muitas consultas recentes relativas à avaliação de crédito. Tudo isso soa bastante simples para os indivíduos altamente conscienciosos. Porém, para os outros, é algo realmente muito difícil de fazer, e esse é o motivo pelo qual a avaliação média de crédito gira em torno de 680 — muito abaixo do nível de 720 ou mais, necessário para conseguir taxas de juros mais baixas nos cartões de crédito e hipotecas.

Agora, consideremos todos os comportamentos divertidos, impulsivos, loucos e absurdos que podem detonar nossa avaliação de crédito. Estudantes universitários, que não possuem familiaridade com o conceito de que os empréstimos devem ser pagos, tendem a contrair grandes dívidas. O alcoolismo e a dependência de drogas tendem a preços altos, a criar dívidas excessivas, a resultar em despejo (mudanças frequentes de endereço) e a interferir no pagamento regular das contas. Várias desordens mentais (bipolaridade, transtorno de personalidade limítrofe, distúrbio de déficit de atenção, psicopatia) minam as avaliações de crédito por gerarem comportamentos impulsivos — compras desenfreadas, mudanças repentinas de trabalho e residência, farras com drogas e tentativas de suicídio (que resultam em elevadas contas hospitalares), direção perigosa (que acarreta elevadas despesas para o conserto de carros), casos amorosos (que requerem a compra de presentes românticos), sentenças de prisão (que reduzem a renda). É praticamente impossível um homem com mania ou uma mulher com personalidade limítrofe manterem uma avaliação de crédito acima da média. (Por outro lado, um toque de desordem obsessivo-compulsiva, dirigida para o comportamento financeiro de um indivíduo, pode ampliar tanto a avaliação de crédito dessa pessoa, quanto sua confiabilidade como parceiro social ou sexual.)

Em cada um desses casos — juventude, dependência química ou desordem mental — a mesma impulsividade que interferiria com a manutenção de relacionamentos sociais ou sexuais confiáveis também solapa a avaliação de crédito de um indivíduo. Esse é o motivo pelo qual potenciais amigos e parceiros sexuais são incentivados a prestar atenção à avaliação de crédito da pessoa, embora indiretamente, conforme fica manifesto através da capacidade de alguém adquirir produtos caros e que exigem crédito.

Estranhamente, os psicólogos da personalidade parecem não ter investigado a correlação entre a conscienciosidade (conforme medida por testes-padrão de personalidade) e as avaliações de crédito FICO (conforme calculadas pelas agências avaliadoras). Presume-se que isso envolva problemas de confidencialidade, mas também de cunho político. Esses psicólogos sabem que a conscienciosidade é um traço básico, estável e hereditário. Se demonstrassem que ela preconiza fortemente as avaliações de crédito, então estas assumiriam um aspecto menos ligado a medidas de força de vontade mística e mais às da função cerebral. Inversamente, uma variação na média das avaliações de crédito entre os sexos, idades, raças, etnia, religiões e classes sociais levantaria questões incômodas sobre as diferenças na conscienciosidade média desses grupos. Assim, é ideologicamente útil ignorar os vínculos causais entre genes, cérebro, conscienciosidade, avaliações de crédito, capacidade de gasto e consumo exagerado.

## Escolaridade e emprego

Bichos de estimação, gramados, penteados e avaliações de crédito — tudo isto está muito bom, mas, até agora, ignoramos os aspectos cruciais dos indicadores de conscienciosidade: boa escolaridade e trabalho respeitável. Ambos esses aspectos, como a avaliação de crédito, funcionam como meta-indicadores. Mas não podemos comprar uma formação genuína ou um histórico de emprego estável; é muito difícil conseguir qualquer um deles sem um nível decente de conscienciosidade. Assim, formação e trabalho, por meio da renda regular que geram, permitem a aquisição de muitos outros produtos que indicam, de forma indireta, conscienciosidade.

Como todos os contramestres de fábricas e supervisores de liberdade condicional sabem, é extremamente difícil para quem possui baixa conscienciosidade manter um emprego regular na economia moderna. Woody Allen observou que 90% do sucesso consiste simplesmente em comparecer em algum lugar. As pessoas não conscienciosas, ao contrário, comparecem tarde ou não comparecem de todo ao trabalho. Quando estão realmente presentes, esquecem o que deveriam fazer, cometem erros custosos, não seguem os protocolos de segurança, põem em risco os colaboradores, negligenciam os clientes e aborrecem os chefes. Por carecerem de consciência e inibições sociais dos outros trabalhadores, tendem a roubar ferramentas e materiais, batem com os veículos da empresa, tiram férias não programadas. Em suma, representam mais problemas do que valem. Uma pessoa de pouca inteligência, porém de elevada conscienciosidade, pode ser um empregado valioso; mas é quase impossível empregar uma pessoa muito inteligente com baixo nível de conscienciosidade.

Profissionais instruídos (como a maioria dos leitores deste livro) estão largamente a salvo de fiascos desse tipo no trabalho, porque seu pessoal de apoio foi pré-selecionado para garantir um nível decente de conscienciosidade. Contudo, é quando procuramos encontrar boas babás, bons jardineiros, mecânicos de automóveis e empreiteiros de obra que a verdadeira amplitude da conscienciosidade da população em geral se torna manifesta. Por exemplo, a coisa mais difícil quanto à reforma de uma casa é lidar com empreiteiros, que não retornam telefonemas, mão de obra especializada que não comparece ao trabalho e fornecedores que não entregam o material. Depois de seis meses aturando comportamentos desse tipo, a maioria dos proprietários de casas nutre menos respeito por pessoas engraçadas e maneiras, e mais por pessoas constantes e diligentes.

Existem diferentes maneiras de o histórico de trabalho de uma pessoa exibir a sua conscienciosidade. Operários que ganham por hora e precisam bater ponto demonstram-na através da regularidade de frequência no emprego, e nas horas trabalhadas e da consistência quantificada do seu desempenho no trabalho (por exemplo, um baixo número de erros na linha de montagem ou de pedidos esquecidos). Trabalhadores assalariados da classe média demonstram conscienciosidade sendo coerentes com a escolaridade completa exigida e ao cumprir tarefas específicas para o gerente dentro do prazo acordado. Os profissionais autônomos, os donos de pequenas empresas e a classe que trabalha com criação (escritores, artistas, consultores de marketing) deparam-se com um desafio particularmente pungente: demonstrar conscienciosidade por longos períodos de trabalho diligente, sem a cobrança de chefes, pressões sociais ou prazos rigorosos. O jornalista científico que trabalha como freelancer, o dono do armazém da esquina e o romancista prolífico têm isto em comum: caso ganhem o suficiente para viver do seu trabalho, significa que têm elevados níveis de conscienciosidade. Na realidade, nos níveis mais elevados de realização autodirigida, os profissionais tendem a procurar trabalhos minimamente estruturados, quase como uma maneira autoprejudicial de demonstrar diligência extrema. A docente com estabilidade no emprego tem um mínimo de incentivos externos para continuar a ser uma professora interessante e uma pesquisadora produtiva, portanto, se ela o faz, isso mostra claramente seu zelo intrínseco.

Normalmente, presume-se que a quantidade de supervisão que um trabalho requer seja o produto lógico da natureza inerente ao próprio trabalho, e não o desejo do profissional de exibir sua diligência de forma ótima. Contudo, muitos profissionais procuram empregos subestruturados e filiam-se a associações profissionais, tais como as de advogados e médicos, que fazem lobby para minimizar a supervisão. Eles não fazem isso por serem pessoas não conscienciosas que fogem às obrigações, mas porque buscam o desafio ulterior de permanecerem produtivos a despeito das tentações do ócio. Assim, as profissões que detêm maior status são aquelas em que a conscienciosidade sustentada é obrigatória para o sucesso profissional a longo prazo, mas com o mínimo de coerção, incentivos e supervisão para motivar o desempenho de curto prazo. Isso se aplica inclusive ao papel de celebridade, que parece tão fácil às pessoas de fora. Os atores mais bem-sucedidos tiveram de aguentar centenas de audições em que falharam, antes de firmar seu nome. Atletas profissionais devem investir em anos de treino, desde a infância. Os aspirantes à presidência dos EUA devem fazer campanha durante dois anos inteiros antes das eleições.

Escolaridade, trabalho e crédito — três pilares do capitalismo de consumo — são também, e não por coincidência, os indicadores mais confiáveis e chamativos da conscienciosidade. Todas as outras aquisições dos consumidores dependem desses três pilares e, portanto, eles são fundamentais para o consumo conspícuo.

# 14

# Afabilidade

A AFABILIDADE NÃO é apenas um das Cinco Grandes Características da personalidade. Constituída mais amplamente como uma capacidade pessoal para a empatia, a gentileza e a benevolência, tal como um desejo por igualitarismo e justiça social, ela está no âmago do altruísmo humano e do progressivismo social. Trata-se do raro produto natural e sexual que faz com que nossa espécie pareça transcender os imperativos normalmente egoístas do processo evolucionário. É a nossa última e melhor esperança de salvação, mas também fonte persistente de hipocrisia e autoindulgência desenfreadas. Exibimos a afabilidade de maneiras tão diversas e sutis, através de produtos tão complexos e intangíveis que, frequentemente, sequer percebemos que estamos sinalizando-a.

## A economia afável

As economias são impulsionadas por esse traço em diversos níveis: consumidores altamente afáveis, que se esforçam para exibir amabilidade e generosidade; e os de baixa afabilidade, que se esforçam para exibir assertividade e ascendência.

No macro-nível, as ocasiões ritualizadas para presentear parceiros sexuais, amigos ou parentes são responsáveis por uma porção enorme das vendas no varejo. A maior parte dos varejistas iria rapidamente à falência se a cultura não celebrasse alguns conjuntos de feriados no calendário (Natal, Boxing Day, dia de ano-novo, Fasching, Dia dos Namorados, Páscoa, Vesak, dia das Mães, Dia dos Pais, férias de verão, Ramadã, Dia do Trabalhador, Oktoberfest, Diwali, Halloween, Dia de Ação de Graças, Chanukah e assim por diante), comemorações familiares (aniversários) e ritos de passagem (bar mitzvahs, formaturas, casamentos, luas de mel, chá de bebês, aposentadorias, funerais). Todas essas ocasiões giram em torno daqueles que sinalizam afabilidade dando presentes ou festas para os agraciados.

No micronível, muitos produtos prosperam porque são associados a personalidades e atividades afáveis. Desde a década de 1930, anéis de noivado com brilhantes constituem o principal símbolo das intenções românticas honrosas e, também, de afabilidade conjugal. As mulheres do início do século XX se depararam com o seguinte problema: declinavam os processos contra homens por danos financeiros advindos de uma quebra de compromisso matrimonial. Tornou-se extremamente comum elas serem seduzidas por psicopatas que prometiam o casamento e, então, abandonadas depois de eles se aproveitarem de sua virgindade durante o noivado. De Beers preencheu esse hiato de sinalização confiável com o lançamento do anel de brilhante, que recebeu uma propaganda pesada, com o slogan "Um diamante é para sempre". Os marqueteiros de diamantes recomendavam às mulheres pedirem que os homens gastassem dois meses de salário (ou aproximadamente a renda disponível de um ano) num anel, à guisa de sinal de seriedade do seu compromisso. Desde então, os anéis de noivado passaram a dominar a demanda por diamantes maiores de um quilate. Cada vez que os homens encontravam uma fonte mais barata de diamantes, as mulheres exigiam pedras maiores para manter a confiabilidade da sinalização. Hoje, noivos aspirantes debandam das joalharias a varejo para as lojas on-line, como a Blue Nile, que cobra 40% a menos por anéis de qualidade igual. Entretanto, as noivas, que normalmente escolhem pessoalmente o modelo preferido de anel na própria Blue Nile, ainda exigem do homem a regra dos dois meses de salário (o que resulta num preço médio de 6.400 dólares para um anel de noivado). A economia feita ao comprar on-line é convertida num diamante maior, e não resulta num custo inferior, opção que representaria sinal menos confiável de afabilidade.

Muitos serviços também são anunciados como amplificadores da afabilidade. Normalmente, eles ensinam "etiqueta", isto é, como emular as normas sociais tácitas da classe governante local. Estas costumam requerer a prática de paciência, discrição, generosidade e simpatia em níveis sobre-humanos; seu objetivo implícito é demonstrar que o córtex pré-frontal do indivíduo pode manter um controle inibitório cerrado sobre comportamentos egoístas ou impulsivos. Sempre foi crucial aos jovens da classe governante adquirirem tais indicadores conspícuos de afabilidade para poderem avaliar reciprocamente suas capacidades de cooperação pacífica e eficiente — o que é vital para operar suavemente as várias conspirações que garantem suas riquezas e poder, tais como aristocracias feudais, religiões organizadas, associações de comércio, parlamentos e grandes grupos de mídia. Tradicionalmente, os europeus compravam treinamentos em etiqueta para seus rebentos homens em internatos (tais como Eton ou Sandhurst) e universidades (tais como Oxford ou Cambridge) e, para sua descendência feminina, em conventos italianos ou escolas de aperfeiçoamento suíças (como a Surval Mont-Fleuri ou Institut Villa Pierrefeu).

## Indicadores de afabilidade *versus* agressividade

Todos os marqueteiros sabem que o grupo demográfico composto pelos consumidores masculinos entre os 18 e 34 anos vale ouro. Os jovens adultos investem muito mais tempo, energia e dinheiro no esforço de encontrar uma parceira sexual que no de ser pai e, portanto, essa busca resulta em produtos mais lucrativos. Dependendo de suas táticas e de seus rivais, os jovens frequentemente alternam entre a exibição de baixo e de alto nível de afabilidade. Quando um jovem tenta impressionar inicialmente uma mulher com o seu valor enquanto parceiro sexual, com sua ascendência social, maturidade e masculinidade, ou tenta dissuadir rivais sexuais de paquerar a mulher escolhida por ele, ele deve exibir baixo nível de afabilidade: uma assertividade violenta e que assume riscos, beirando a psicopatia. Por outro lado, depois do relacionamento estabelecido, ele deve exibir alta afabilidade para sinalizar seu potencial como parceiro sexual a longo prazo: atenção romântica à mulher, gentileza com crianças e animais, preocupação com o meio ambiente, justiça social e valores de família. Talvez seja o motivo pelo qual a música popular tocada por jovens varie despudoradamente entre hinos rápidos, pesados e agressivos (para excitar as fãs que estão ovulando e intimidar seus rivais) e baladas lentas, suaves e românticas (para assegurar às namoradas de que os homens serão para sempre castos e amorosos).

Também pode ser o motivo pelo qual os homens tendam a passar da assertividade exibida na jovem idade adulta para a afabilidade da meia-idade. Por exemplo, adolescentes e estudantes universitários tendem a querer automóveis grandes, velozes e barulhentos. Os que gostam de motocicletas se fantasiam com jaquetas protetoras de kevlar e titânio para andar numa moto Harley Davidson Fat Boy (17 mil dólares), dispepticamente barulhenta. Ou, melhor ainda, uma

Boss Hoss BHC-3 (40.500 dólares), uma motocicleta de 600 quilos fabricada em Duersburg, Tennessee, com um motor V-8 de 8,2 litros e 502 cavalos. Certamente, eles não procurarão namoradas no site caringsingles.com ("um novo site de relacionamento na internet para atender às pessoas que se importam com o mundo, com a Terra, e querem viver a vida plenamente"), mas no labirinto gótico da promiscuidade do MySpace.

Esse impulso para a exibição de assertividade torna-se particularmente evidente no produto mais poderoso, caro e perigoso que os jovens tendem a comprar: o automóvel. Os carros sempre foram anunciados como símbolos de potência sexual e conquista, mas essa retórica tornou-se extremada com os utilitários esportivos da década de 1990 e os robustos carros dos anos 2000. "Lembre-se, isso aqui está carregado" e "Você tem que forçar seu caminho para a dianteira do grupo" são exemplos de anúncios para o Subaru WRX. A agressividade latente de tipo gangues-estupradores-presidiários de muitos modelos de utilitários esportivos americanos torna-se mais do que aparente quando se acrescenta o prefixo "anal" na sua frente, o que resulta em Anal Armada, Anal Ascender, Anal Commander, Anal Endeavor, Anal Expedition, Anal Explorer, Anal Hummer, Anal Pathfinder, Anal Torrent, Anal Trailblazer, Anal Tribute e Anal Wrangler. À medida que uma raiva chauvinista-fascista substitui a civilidade social, eu não ficaria surpreso de ver, em breve, utilitários esportivos com nomes mais agressivos serem vendidos nos Estados Unidos, talvez um Dodge Daisy Cutter, Ford FUBAR ou Buick Water-Boarder. Também não me espantaria de ver fabricantes de armas desenvolverem extensões com nomes de marcas automóveis: talvez Glock roadster ou Kalashnikov coupé.

O que não funciona de modo algum é misturar características que sinalizam afabilidade (híbridos ambientalmente corretos) com as que sinalizam inafabilidade (tamanho gigantesco e dianteira intimidadora), como acontece no Chevrolet Tahoe Hybrid, de 2008, "o primeiro utilitário esportivo híbrido de grande porte da América". Para a maior parte dos observadores, simplesmente não faz sentido que uma pessoa afável com consciência ecológica dirija um utilitário esportivo de grande porte que pesa 2.600 quilos e em que caibam oito pessoas — ou que um motorista de Chevy pague 14 mil dólares adicionais para dispor de combustível híbrido que aumenta o rendimento somente de 25 para 32 quilômetros por galão.

Vinte anos mais tarde, reduzidos os níveis de testosterona e os esforços para encontrar parceiras sexuais, os mesmos homens que procuravam o Boss Hoss ou o Glock Roadster terão se acomodado e compreendido que suas mulheres e filhos valorizam mais a afabilidade que a agressividade. Eventualmente, acabarão sentados atrás do volante de um grande Toyota Camry híbrido. Consultarão o *Guia para fazer compras com compaixão* da Sociedade Americana Antivivissecção. Questionarão o que é mais importante: assistir ao encontro da Associação de Pais e Mestres daquele dia, checar o valor R do isolamento do seu telhado ou ler aquele novo best-seller *O guia do marido subordinado para fazer massagens sensuais sem expectativas sexuais*.

## Exibição da afabilidade através da conformidade

Pessoas altamente afáveis querem se dar bem com todos e, assim, tendem ao conformismo, tanto no que diz respeito às opiniões dos seus pares, quanto à moda ou aos produtos que escolhem. Inversamente, o inconformismo pode sinalizar ascendência, assertividade e baixos níveis de afabilidade.

Para testar a ideia de que as pessoas utilizam o conformismo de maneira estratégica para sinalizar afabilidade, Vladas Griskevicius e seus colegas realizaram outro estudo sobre a "fase do esforço para encontrar parceiros sexuais". Esperavam encontrar uma diferença quanto ao sexo, porque as mulheres têm uma preferência maior que os homens por parceiros sexuais que exibam assertividade, ascendência, liderança e disposição de assumir riscos. Assim, os homens no auge do esforço para encontrar parceiras sexuais podem tentar exibir esses traços de afabilidade mais baixa através de inconformismo exagerado — resistindo e rebelando-se contra a influência de seus pares. Por outro lado, mulheres na fase do esforço para encontrar parceiros sexuais podem tentar exibir traços de maior afabilidade (gentileza, empatia, habilidade para construir redes de contatos sociais) por meio de conformismo visível diante da influência de seus pares.

Os indivíduos foram distribuídos aleatoriamente por três fases. Na "fase do esforço" para encontrar parceiros sexuais, eles liam uma história romântica sobre estar de férias com amigos, conhecer e passar o dia com uma pessoa extremamente desejável do sexo oposto e beijá-la apaixonadamente numa praia iluminada pelo luar. E na "fase da ameaça", liam uma história assustadora sobre um intruso que invadiu suas casas quando estavam sozinhos à noite. Na "fase neutra", uma história feliz sobre ir a um evento longamente aguardado de música ao vivo com um amigo do mesmo sexo. Depois de experimentarem uma dessas fases, foram mostradas diversas imagens artísticas aos participantes. Foi-lhes dito que todos os três colegas de grupo haviam feito avaliações positivas ou negativas para cada uma das imagens e, então, eles fizeram sua própria avaliação. Seu nível de concordância com os colegas indicou seu grau de conformismo.

Conforme previsto, Griskevicius descobriu que homens na fase de encontrar parceiras sexuais eram menos conformistas que na fase de ameaça ou neutra, ao passo que as mulheres à procura de parceiros sexuais demonstraram maior grau de conformismo. Esses efeitos da condição de buscar por parceiros sexuais modularam-se de maneira fascinante na direção assumida pelas avaliações dos colegas. Quando todos avaliaram determinada imagem artística de forma positiva, os homens na fase de encontrar parceiras sexuais não demonstravam nem conformidade nem inconformidade; simplesmente seguiam os gostos estéticos previamente medidos. Mas se todos avaliaram determinada imagem artística de forma negativa, os homens na busca por parceiras sexuais mostravam uma forte inconformidade (e, portanto, maior nível de abertura) ao avaliar a imagem de maneira muito mais positiva. Entretanto, as mulheres na fase de encontrar parceiros sexuais mostraram maior conformidade quando todas as suas colegas mulheres avaliaram a imagem artística positivamente, e nem conformidade nem inconformidade quando suas colegas avaliaram a imagem negativamente. Parece que cada sexo quer agir "positivamente" em suas avaliações estéticas, mas os homens preferem agir positivamente de forma mais determinada quando todos os outros agem negativamente, enquanto as mulheres preferem agir positivamente de forma mais determinada quando todas as outras também agem positivamente. A conformidade interage com a positividade na sinalização estratégica desse traço da personalidade. (Em contrapartida, a fase de ameaça envolvendo o intruso levou ambos os sexos a mostrar uma conformidade mais elevada em suas avaliações das imagens artísticas, como se um motivo de autoproteção estivesse favorecendo uma mentalidade de grupo.)

Num estudo posterior, Griskevicius descobriu outra nuance na autoapresentação dos seres humanos: os efeitos específicos relativos aos sexos que a fase de encontrar parceiros exerce sobre a conformidade são influenciados pelo fato de a pessoa emitir um julgamento sobre um gosto subjetivo ou um fato objetivo. Os homens na fase de procurar uma parceira sexual demonstraram uma inconformidade especialmente contundente quando emitiram julgamentos subjetivos sobre que produto prefeririam (uma Mercedes ou um carro de luxo da BMW, um carro esportivo Ferrari ou um Lamborghini), mas mudaram e demonstraram conformidade muito elevada quando foram questionados sobre conhecimentos objetivos (é mais caro viver em Nova York ou em São Francisco? Que companhia aérea tem voos que chegam na hora certa, a Southwest ou a America West?). Portanto, os homens que se encontram na fase de procurar parceiras sexuais querem destacar-se da multidão no que diz respeito a ter um gosto distintivo, mas dependem da opinião dos seus pares para evitar erros factuais. Por outro lado, as mulheres na fase de encontrar um parceiro sexual demonstram um forte grau de conformidade quando emitem julgamentos subjetivos, mas não mostram nem conformidade, nem inconformidade quando respondem a questões objetivas.

Assim, os homens parecem especialmente propensos a ostentar assertividade e independência por meio de inconformidade quando querem impressionar uma mulher, contanto que a inconformidade não os faça parecer mais negativos e obtusos do que seus rivais, e não os leve a cometer um erro factual constrangedor. As mulheres preferem exibir afabilidade por meio da conformidade quando querem impressionar um homem, especialmente quando se conformam com um julgamento positivo e que revela uma mentalidade aberta. Pelo menos no que tange a esses experimentos, ao responderem perguntas factuais, as mulheres sofreram menos influência da opinião dos seus pares que os homens. Portanto, seria uma atitude extremamente simplista os marqueteiros alegarem que os consumidores são geralmente conformistas e que as mulheres são mais conformistas que os homens, ou que as pessoas são mais conformistas no que diz respeito às preferências pessoais do que aos fatos, ou que estados emocionais tornam as pessoas mais conformistas. Tudo depende do contexto social e emocional, dos traços que as pessoas tentam exibir e que outras tendam a valorizar.

## A ideologia como indicador de afabilidade

Jovens adultos de ambos os sexos frequentemente dedicam grandes quantidades de tempo, dinheiro e energia à sinalização de afabilidade por meio de suas ideologias. Por exemplo, numa primavera de 1986, houve uma repentina irrupção de excessiva afabilidade na Columbia University. Centenas de estudantes universitários invadiram o prédio da administração do campus e exigiram que a universidade vendesse todas as suas ações de empresas que faziam negócios na África do Sul. (Isso foi nos dias do apartheid, quando Nelson Mandela ainda estava na cadeia e os negros não podiam votar.) A espontaneidade, o ardor e a quase unanimidade das exigências dos estudantes eram desconcertantes. O que levaria norte-americanos majoritariamente brancos e de classe média a faltar aulas e arriscar ir para a cadeia por ocupar um prédio administrativo banal durante duas semanas, a fim de apoiar a liberdade política de pobres estrangeiros negros que viviam num país a 13 mil quilômetros de distância? O jornal conservador do campus publicou uma vinheta apresentando o protesto como um ritual primaveril anual de acasalamento, com folias dionisíacas pontuadas por slogans políticos sobre a causa arbitrária daquele ano. Inicialmente, a vinheta parecia condescendente, porém, retrospectivamente, pareceu conter alguma verdade. Embora os protestos atingissem os seus fins políticos somente de forma indireta e ineficiente, promoveram um acasalamento muito eficiente entre os jovens homens e mulheres que alegavam compartilhar ideologias similares. Todos pareciam namorar alguém que encontraram durante a ocupação. Em muitos casos, o compromisso político era muito tênue e o protesto terminou bem a tempo de os estudantes estudarem para as provas semestrais. Contudo, em certos casos, os relacionamentos sexuais facilitados pelo protesto duraram anos.

Parece cínico e perigoso sugerir que a exibição pública e barulhenta da ideologia dos indivíduos funcione como uma espécie de ritual de cortejo para atrair parceiros sexuais, porque existe o risco de trivializar o discurso político, que é exatamente o que a vinheta conservadora fez quando satirizou os protestos antiapartheid na Columbia. A melhor maneira de evitar essa armadilha é não ignorar a lógica de sinalização custosa do comportamento político humano, e sim analisá-la séria e respeitosamente como um exemplo dramático de exibição da personalidade.

Os seres humanos são animais ideológicos. Demonstram fortes motivações e capacidades para aprender, criar, recombinar e disseminar sistemas de ideias carregadas de valores, frequentemente com um desprezo virtuoso por qualquer evidência empírica que as solaparia. Contudo, sempre pareceu difícil prever a sobrevivência de ideologias conspícuas que se burlam da realidade empírica. Felizmente, a teoria da sinalização custosa não exige recompensas em termos de sobrevivência, mas sociais e reprodutivas. Se uma ideologia notavelmente exibida se relaciona de forma confiável a certas características de personalidade social e sexualmente desejadas, então a verdade empírica da ideologia é irrelevante. Com efeito, as ideologias que, do ponto de vista empírico, são as mais enganosas e autoprejudiciais podem, com frequência, constituir os indicadores de personalidade mais confiáveis.

Nas sociedades modernas, a grande maioria das pessoas tem pouco poder político, porém tem fortes convicções políticas que divulgam insistentemente, com frequência e em alto e bom tom, quando as condições sociais o favorecem (protestos políticos, jantares, segundo encontro de namorados). Esse comportamento desconcerta os economistas, que consideram qualquer atitude ideológica — até mesmo votar — como desperdício de tempo e energia que pouco beneficia os indivíduos. Não obstante, se considerarmos os ganhos individuais resultantes da expressão de um posicionamento político como mais sociais e sexuais, lançaremos luz sobre numerosos e antigos enigmas da psicologia política. Por que centenas de questionários mostram que os homens são, na média, mais conservadores, autoritários, orientados pelos direitos e menos guiados pela empatia do que as mulheres? Por que as pessoas normalmente se tornam mais conservadoras quando passam da jovem idade adulta para a meia-idade? Por que há mais homens que mulheres se candidatando a cargos políticos? Por que a maioria das revoluções ideológicas é iniciada por homens jovens e solteiros?

Nenhum desses fenômenos faz sentido caso os interpretemos como reflexos racionais de interesse político. Em termos políticos, econômicos, evolucionários e psicológicos, todos possuem interesses egoístas igualmente fortes, portanto todos deveriam engajar-se em quantidades iguais de comportamentos ideológicos, se estes funcionassem para patrocinar o interesse político. Não obstante, a teoria da seleção sexual nos ensinou que nem todos possuem interesses reprodutivos igualmente fortes. Os homens têm bem mais a ganhar dos inúmeros atos sexuais com múltiplas parceiras do que as mulheres, porque eles podem potencialmente produzir proles com centenas ou milhares de mulheres diferentes, enquanto elas só podem gerar cerca de uma dúzia de descendentes durante toda a vida. Consequentemente, os homens jovens deveriam ser particularmente atrevidos em seu comportamento reprodutivo, já que têm o máximo a ganhar e o mínimo a perder com um comportamento de galanteio arriscado (tal como tornar-se um revolucionário político). Essas previsões são evidentes para todos os teóricos da seleção sexual; menos óbvias são as maneiras como a ideologia política é utilizada para anunciar diferentes aspectos da personalidade do indivíduo no decorrer da vida.

Os adultos, especialmente quando jovens, tendem a tratar as orientações políticas alheias como traços da personalidade. O conservadorismo é interpretado como indício de uma personalidade ambiciosa e egoísta que terá desempenho excelente em proteger e suprir um parceiro sexual. O liberalismo é enxergado como indicação de uma personalidade amorosa e empática, excelente para cuidar de crianças e construir relacionamentos. Tendo em vista a diferença sexual, bem documentada e universal em todas as culturas, no que diz respeito aos critérios de escolha de parceiros entre os seres humanos, em que os homens preferem mulheres mais jovens e férteis e as mulheres, homens mais velhos, ricos e de status elevado, a expressão de ideologias mais liberais pelas mulheres e de ideologias mais conservadoras pelos homens não causa surpresa. Os homens usam o conservadorismo político para alardear (inconscientemente) sua provável ascendência social e econômica; já as mulheres usam o liberalismo político para alardear habilidades de cuidado com a prole. A mudança que ocorre da juventude liberal para a meia-idade conservadora reflete um aumento relevante para o esforço de procurar parceiros sexuais, na ascendência social e no poder salarial, e não apenas uma mudança racional nos interesses próprios dos indivíduos.

De modo mais sutil, já que a procura por parceiros sexuais é um jogo social no qual a atratividade de um comportamento depende de quantas outras pessoas já se comportam assim, a ideologia política se desenvolve sob a dinâmica instável da imitação social e da escolha de estratégias, não apenas como um processo de simples otimização, considerando-se um conjunto específico de interesses próprios. Isso explica porque o corpo discente inteiro de uma universidade americana pôde agir repentinamente como se o destino político de um país que virtualmente desconhecia um ano antes importasse para eles. O modo consensualmente aceito de exibir a afabilidade simplesmente deslocou-se, de forma rápida e caprichosa, de um problema político a outro. Quando um número suficiente de estudantes decidiu que atitudes diante do apartheid eram o teste crucial para verificar se um indivíduo tinha coração tornou-se impossível para os outros permanecerem apáticos quanto a isso.

O que fazer para melhorar a sociedade se a maior parte das pessoas trata as ideias políticas como exibição de cortejos definidores de traços da personalidade, em vez de sugestões racionais para aperfeiçoar o mundo? A solução pragmática, para não dizer cínica, é trabalhar com a parte evoluída da mente humana, reconhecendo que os indivíduos reagem a ideias políticas não apenas como cidadãos preocupados com o sistema de governo moderno, mas também como primatas hipersociais em busca de status. Essa opinião não surpreenderá os marqueteiros políticos (peritos em sondagens de opinião pública, doutores na interpretação particular de informações, redatores de discursos) que ganham a vida explorando nossa concupiscência por ideologia, mas pode causar estranheza entre os cientistas sociais que possuem uma visão mais racionalista da natureza humana. Não obstante, para compreender grande parte do comportamento de consumo, precisamos reconhecer a natureza fundamentalmente ideológica de muitas decisões de compra e a maneira como todos usam produtos, de formas diferentes, para sinalizar traços de personalidade.

## As indústrias de serviços religiosos e políticos como indicadores de personalidade

Nas sociedades cosmopolitas, até as ideologias religiosas e políticas são anunciadas como indicadores de personalidade, especialmente os de afabilidade ou assertividade. Hoje em dia, a indústria de serviços religiosos é um negócio global que movimenta um trilhão de dólares. Somente nos Estados Unidos, a igreja católica obtém uma renda anual de mais de 100 bilhões de dólares. A religião costumava ser um conjunto de monopólios locais, segregados pela etnia, cultura e língua, mas, com o passar do tempo, os rituais, as leis e os tabus tornaram-se mais elaborados como indicadores desenfreados de elevada conscienciosidade e baixa abertura. Novas seitas começaram a se destacar quando jovens fiéis queriam exibir diferentes traços de personalidade, tais como abertura, extroversão e afabilidade (por exemplo, os primeiros cristãos revolucionários *versus* os fariseus conservadores; os budistas mahayana inclusivos *versus* os budistas hinayana exclusivos). A gradual segmentação de mercado na indústria de serviços religiosos substituiu os monopólios regionais (catolicismo europeu, hinduísmo indiano) por uma multiplicidade de novas religiões. Essa escolha tornou-se menos orientada pela tradição familiar e mais pela seleção individual de estratégias de exibição da personalidade. Assim, você provavelmente poderá inferir sobre o caráter de quem hoje escolhe ser quáquer (afáveis, inteligentes) *versus* satanista (desagradáveis, impulsivos), ou zen budistas (abertos, estáveis) *versus* judeus ortodoxos (conservadores, conscienciosos). Recentes paródias de religiões podem ser ainda mais reveladoras. Se na sua repartição no escritório existir uma caneca de café ostentando o slogan "WWFSMD?" [O que o Monstro do Espaguete Voador faria?], seus colegas poderão concluir rapidamente que você é um pastafariano irônico, secular e extremamente aberto, que é partidário da evolução e se opõe ao "design inteligente" e à oração nas escolas.

O mesmo se aplica à indústria da ideologia política. Os indivíduos que votam a favor dos democratas americanos e trabalhistas britânicos tendem a ser mais afáveis e abertos; os que votam pelos republicanos e conservadores britânicos tendem a ser mais conscienciosos e menos abertos. Assim, um adesivo automotivo Obama/Biden, em 2008, não era apenas uma injunção isenta de conteúdo para votar nos democratas, era uma exibição, repleta de conteúdo, da abertura social, sexual e cultural do motorista. A função da ideologia política como indicadora da personalidade ajuda a explicar o motivo pelo qual as discussões políticas costumam ser perda de tempo. Tentar convencer alguém de mudar dos Verdes para os Libertários tomando como base argumentos racionais e evidências empíricas é tão fútil quanto tentar mudar o tipo de personalidade herdado por alguém por esses mesmos meios. Da mesma maneira, independentemente de princípios políticos abstratos, as pessoas ansiosas e introvertidas não serão a favor da legalização do Ecstasy, e as esposas castas não apoiarão a legalização da prostituição. Posições estranhas adotadas por partidos políticos são frequentemente tentativas de manter o seu poder indicador de personalidade, e não expressões lógicas de princípios morais e políticos básicos. Por exemplo, a oposição dos republicanos ao casamento gay não deriva das crenças no federalismo, abolicionismo e na liberdade de expressão que fundaram o partido em 1854, mas é simplesmente coerente com a moderna identidade republicana de elevada castidade ("valores familiares") e baixa abertura ("conservadorismo").

## Falhas de sinalização na ideologia

Uma das experiências mais frustrantes da vida humana é adotar uma nova visão de mundo que não é popular, depois de muita pesquisa baseada em evidências, de longa consideração racional das alternativas possíveis e de autoanálise ética, e então essa visão de mundo ser interpretada erroneamente pelos pares do indivíduo em questão como um sinal de personalidade que transmite o oposto dos verdadeiros traços e intenções desse indivíduo. Essa é uma experiência corriqueira entre os psicólogos evolucionistas e ilustra muito bem a maneira como a sinalização ideológica pode falhar em certas circunstâncias.

Críticos como Stephen Jay Gould, Steven Rose e Richard Lewontine convenceram uma porção substancial do público educado de que a psicologia evolucionista é uma conspiração perniciosa da direita, que tem como pauta ideológica oculta reviver o determinismo biológico, o sexismo, o racismo e o elitismo. Eles conjugaram os piores excessos do darwinismo social da década de 1860, o capitalismo antissindical da década de 1890, a eugenia nazista da década de 1930 e a sociobiologia dos anos de 1970 com a ciência da natureza humana do século XXI.

O que os críticos deixam de explicar, entretanto, é o motivo pelo qual a psicologia evolucionista angariou o apoio de tantos pensadores progressistas socialmente conscientes, desde o filósofo e defensor dos direitos dos animais Peter Singer ao economista Robert Frank, crítico do consumismo desenfreado. Também deixam de explicar porque tantos evolucionistas proeminentes (E.O. Wilson, Robert Trivers, John Maynard Smith) mantêm fortes vínculos com a política de esquerda em suas vidas privadas. E porque os fundamentalistas americanos de direita enxergam a psicologia evolucionista como um ataque ultraliberal aos valores da família e da religião.

Para determinar se os psicólogos evolucionistas são realmente conspiradores de direita, meus colegas Josh Tybur, Steve Gangestad e eu conduzimos um levantamento on-line de 168 doutorandos em psicologia (de seis grandes universidades americanas), 31 dos quais se autoidentificaram como "adaptacionistas" (psicólogos evolucionistas). Os 137 restantes se identificaram com algum outro quadro teórico. Ambos os grupos eram formados de aproximadamente 70% de mulheres, e seus membros tinham cerca de 27 anos de idade, em média. Dos 31 psicólogos evolucionistas, nenhum identificou-se com o partido republicano e somente 2 identificaram-se com o partido libertário. Nenhum deles votou em George W. Bush em 2004, e somente um votou no libertário Michael Badnarik. (Isto contrasta com os 30% de americanos que se identificam com o partido republicano e a maioria dos votantes que supostamente apoiou George W. Bush em 2004.) Nas 16 questões que giravam em torno de atitudes políticas, os psicólogos evolucionistas obtiveram pontuações significativamente mais liberais que conservadoras em 15 itens. (No último item, dividiram-se meio a meio.) Por exemplo, dos 31 doutorandos em psicologia evolucionista, 30 apoiaram o casamento gay, 29 o ambientalismo, 26 o direito ao aborto, 25 o acesso universal à saúde, 21 se opuseram ao corte do imposto de renda, 19 apoiaram a legalização da maconha, 17 o aumento do salário mínimo e 17 se opuseram a ações militares preventivas em países estrangeiros. No que diz respeito aos assuntos políticos, os psicólogos evolucionistas foram exatamente tão liberais quanto os que não eram psicólogos evolucionistas (e até mais liberais no que tange aos direitos individuais e aos problemas sociais libertários), e muito mais liberais que a população americana em geral. O tamanho de nossa amostra, de 31 psicólogos evolucionistas, não é grande, porém é uma proporção elevada — aproximadamente entre um terço e metade — da totalidade dos estudantes então matriculados em programas de doutorado em psicologia evolucionista nos Estados Unidos. Podemos ter razoável certeza de que os psicólogos evolucionistas são politicamente similares aos psicólogos acadêmicos em geral. Para a ala direita religiosa, e até para a maioria dos americanos, nós parecemos ser pacifistas ímpios, que apoiam os gays e abraçam árvores. Somente a velha guarda da Nova Esquerda dos anos 1960 (Gould, Rose, Lewontin) poderia nos confundir com conservadores.

Portanto, estamos diante de uma falha de sinalização. Ter uma visão de mundo de acordo com os preceitos da psicologia evolucionista ainda é considerado, por muitas pessoas cultas, como indicador de conservadorismo, inafabilidade e egoísmo, por via de um processo de associação histórica com o darwinismo social dos anos de 1860. Contudo, empiricamente, uma visão de mundo em conformidade com os preceitos da psicologia evolucionista é, na verdade, um indicador de liberalismo, afabilidade e altruísmo. Esse tipo de confusão entre a informação aparente transmitida por uma ideologia e as verdadeiras correlações da ideologia com os traços de personalidade é provavelmente comum no que diz respeito às novas ou raras ideologias. As pessoas simplesmente não possuem experiência direta suficiente com os partidários da ideologia em questão para romper preconceitos que lhes foram incutidos pela mídia. Isto explica porque as ideologias dominantes mantêm tão facilmente o monopólio de poder enquanto sistemas de sinalização: elas retratam as ideologias alternativas como se estas sinalizassem traços de personalidade indesejados e, assim, previnem qualquer benefício de sinalização obtido ao mudar de ideologia. Resulta disso um poderoso efeito: algumas ideologias possuem certas correlações de personalidade por associação histórica e conhecimento geral. Assim, é muito difícil que os partidários de uma nova ideologia ganhem vantagem na consciência do público, a não ser que a nova ideologia demonstre correlações de personalidade de forma extremamente clara.

# 15
# O espírito centrífugo

COMO NÓS, ENQUANTO indivíduos, podemos viver felizes, adotando um estilo pós-consumista que ainda nos permita ostentar traços pessoais para obter a atenção social e sexual tão desejada? Talvez seja útil considerarmos primeiramente quanto do nosso "espírito" — habilidades, traços de personalidade, preferências e valores — exibimos de forma obsessiva demais, prioritária demais, atordoada demais e pública demais. Nós, consumidores modernos, somos como crianças que fazem *spin art*: derramamos nossas cores prediletas sobre um estilo de vida que gira rapidamente, lançando pigmentos em todas as direções, e esperamos que alguns deles fiquem grudados nos observadores por tempo suficiente para que eles reparem na nossa composição. Quando dispõem de recursos, alguns são bem-sucedido em chamar a atenção, o que faz com que nos tornemos o equivalente humano de um spin painting de 180 centímetros de diâmetro de Damien Hirst, do tipo *Beautiful revolving sphincter, oops brown painting* (2003). A maior parte de nós, entretanto, só faz bagunça. Investe muito nas fachadas de produtos, girando demasiada massa para as bordas exteriores, onde esperamos que seja publicamente visível e instantaneamente amável. Um dos problemas dessa estratégia é que ela deixa um grande espaço em branco no meio, e não sobra muito para amantes e amigos descobrirem num prazo mais longo. Isso poderia ser chamado de efeito do espírito centrífugo: o consumismo desenfreado nos faz sentir superficiais e vazios, porque nos projetamos para fora em direção aos observadores de forma promíscua e desesperada demais. Esquecemos as virtudes da contenção, reticência e dignidade. Perdemos a capacidade de avaliarmos a nós mesmos autossuficiente e independente de coisas externas. Acabamos ficando como um país sem fronteiras externas nem tradição interna. O presente capítulo sugere algumas maneiras pelas quais nós, enquanto indivíduos, podemos superar esse efeito do espírito centrífugo. Os capítulos seguintes versam sobre algumas mudanças nas normas sociais e nas políticas governamentais que ampliariam as alternativas ao consumo exagerado.

## A estratégia da renúncia

Historicamente, aqueles que renunciam ao consumo exagerado são, na maior parte das vezes, fanáticos religiosos ou políticos, como os calvinistas e os marxistas. Normalmente, eles rejeitam não apenas o consumo, mas todas as formas de autoexibição e de busca por status, consideradas pecados mortais, decadência burguesa ou falsa cienciosidade. Entre esses humildes igualitaristas estão os ascéticos hindus, monges budistas, santos cristãos, puritanos e hippies. Evidentemente, a natureza humana sempre leva esse tipo de renunciante a construir suas próprias novas hierarquias de status, baseadas em exibições custosas de comportamento como a cienciosidade, a introversão e a estabilidade emocional — bem como a firmeza para sobreviver à inanição, à pobreza, à castidade e à solidão. Até mesmo os sadhus da Índia, que podem ficar sentados durante anos com um braço levantado acima da cabeça, visivelmente atrofiando, atingem certo status social — e recebem doações de comida — por sua rejeição veemente ao consumo.

Os renunciantes modernos estão mais propensos a se juntarem ao movimento da simplicidade voluntária, assinando a revista *Real Simple* e carregando uma sacola com os dizeres: *Slow Food USA*. Seja como for, estarão redondamente enganados se acreditarem ter deixado para trás todo o construto da autoexibição apenas por escaparem do consumo desenfreado. Na medida em que esse tipo de autoilusão parece algo ingênuo e néscio para as pessoas que compreendem as origens evolucionárias e as funções da autoexibição — inclusive os meus caros leitores, a essa altura —, a própria estratégia da renúncia acaba parecendo estúpida e infantil. Tal atitude bem que pode constituir um elogio à conscienciosidade e à afabilidade do renunciante, mas atesta negativamente quanto à sua inteligência, experiência e percepção.

## Alternativas ao varejo

Observar de forma dura e consciente as próprias estratégias de autoexibição parece ser uma medida muito mais autoconsciente e criativa — avaliar seus verdadeiros objetivos sociais e sexuais, sua confiabilidade e eficiência enquanto exibição de traços e as muitas alternativas que estão disponíveis.

A estratégia-padrão de autoexibição, na maior parte das sociedades desenvolvidas, é a de procurar o emprego em horário integral que paga melhor, dentro das possibilidades permitidas pela inteligência e personalidade do indivíduo, e usar a renda daí resultante para comprar os bens e serviços lançados no mercado ao preço pleno de varejo. Os dias da semana são gastos trabalhando; as noites e os fins de semana, fazendo compras. As aquisições devem servir a um duplo papel, conflitante em termos de sinalização. Por um lado, seu preço odioso deve testemunhar a favor dos traços de inteligência racional, conservadorismo, conscienciosidade e amoralidade, exigidos pela maioria das profissões mais bem pagas e das empresas. Por outro, seu estilo e seus usos casuais devem testemunhar os traços opostos, de cordialidade emocional, abertura, espontaneidade e virtude, exigidos pela maior parte dos parceiros sexuais e amigos. O resultado disso é o fenômeno boêmio burguês tão bem descrito por David Brooks em *Bubos no paraíso* (2001): os aspirantes devem agir como maníacos intelectuais obsessivos no trabalho e, então, mudar suas personalidades em 180 graus para agir como preguiçosos, sensuais e ecológicos em casa. No serviço, devem abraçar a divisão do trabalho de Adam Smith: especializar, racionalizar, delegar, globalizar. No lar, devem fingir gostar de produzir o próprio macarrão. O tempo de deslocamento para o trabalho transforma-se numa transição existencial entre uma falsa persona e seu oposto.

Como estratégia de autoexibição, é muito ineficiente comprar produtos novos de marca e produzidos em massa em lojas e ao preço pleno de varejo sugerido pelo fabricante. O produto entra na vida do indivíduo nu e mudo, sem qualquer contexto social, circunstâncias memoráveis ou valor narrativo. Nada sobre a compra fornece qualquer indicação sobre os traços do indivíduo, a não ser sobre a sua habilidade de arcar com a compra. Não é possível falar sobre o produto como um objeto distintivo que possui uma proveniência única. Só se pode possuí-lo, usá-lo, exibi-lo e esperar que alguém aprecie sua função de ostentar riqueza. Quase todas as outras maneiras de adquirir e exibir artefatos ou experiências humanas emitem sinais mais consistentes sobre as qualidades pessoais de alguém — embora normalmente tragam menos retorno ao varejista e ao fabricante. Seja como for, o valor sinalizador do produto é imensamente incrementado pela capacidade humana de falar — pelo que é possível dizer sobre as habilidades requeridas para produzi-lo, encontrá-lo, adquiri-lo, fazer sua manutenção e/ou consertá-lo.

Suponhamos que exista um produto que você acha que quer comprar. Você viu a propaganda e cobiça o item — talvez algum novo iPea com dez terabytes de memória embutida numa minúscula esfera verde. Você já antevê a pequena aventura no shopping: a busca pelo ambiente de vendas correto em que toca uma música pop nostálgica apropriada para uma legião, a submissão empertigada da equipe de vendedores, a busca pelo produto virgem, o autodomínio que você demonstra ter ao resistir a upgrades e acessórios frívolos, o cálido abraço de validação do universo quando a máquina do cartão de débito diz "transação aceita" e a realização de proprietário ao levar o item para casa, ligá-lo e observá-lo cumprindo sua tarefa. O problema é que você já experimentou isso tudo centenas de vezes antes com outros produtos, e milhões de outras pessoas experimentarão isso com o mesmo item. A aventura da compra parece única em perspectiva, porém genérica retrospectivamente. Dentro de uma semana, não valerá a pena comentá-la. É assim no mundo da produção, do marketing e das vendas em massa.

Felizmente, existem alternativas a comprar produtos novos, de marca e produzidos em massa, ao preço pleno de varejo e com equipes anônimas de vendas, em lojas não memoráveis. Elas não são mais fáceis, mas carregam consigo um valor de sinalização muito superior no que diz respeito aos traços pessoais. Por exemplo, sempre que quiser adquirir um novo produto físico, considere as seguintes opções.

### Simplesmente, não o compre

Pense durante alguns dias se você realmente precisa do produto — especialmente no que tange à sua exibição de características e funções. Considere que conversar mais tarde sobre sua decisão consciente de não comprar o produto pode transmitir mais informações memoráveis a respeito de seu caráter do que o fato de comprá-lo. Considere se ele realmente aumentará seu status social e sexual conforme sugerido na propaganda, e se esse tipo de aumento realmente vale o custo, tendo em vista as prováveis interrupções de seus atuais relacionamentos sociais e sexuais. (Um novo conversível sensual de 40 mil dólares, por exemplo, pode levar a um divórcio de 400 mil dólares.) Às vezes, a vontade de comprar é apenas a maneira que o corpo tem de lhe dizer para parar de ser tão sedentário. Em vez de sair para gastar dinheiro, use o equipamento de ginástica que você vem negligenciando há tanto tempo, leve o cachorro para passear ou se embole com seu cônjuge.

Ademais, no que diz respeito a algumas indulgências, vale a pena considerar quanto você pagaria para *não* possuir o item. Por exemplo, a Costco vende os confeitos M&Ms em sacos de 2 quilos por aproximadamente 8 dólares. Como eu gosto de M&Ms, elas parecem ser uma grande compra impulsiva quando acho que mereço uma guloseima. Entretanto, à razão de 142 calorias por cada 30 gramas, esse saco contém aproximadamente 9 mil calorias de chocolate ao leite que, conhecendo-me, sei que acabaria por comer. Uma aula aeróbica intensa queima apenas 500 calorias por hora e, assim, levaria dezoito horas de aulas aeróbicas, a 10 dólares por hora, para neutralizar o ganho de gordura. Dessa forma, racionalmente, eu deveria estar disposto a pagar aproximadamente 180 dólares ao caixa da Costco — ou à minha mulher, ou a qualquer pessoa — para me impedir de comprar o saco de 8 dólares de M&Ms. Nesse caso, esse é o valor da força de vontade. Um raciocínio similar pode ajudar a evitar que as pessoas comprem sedãs esportivos com elevados custos de manutenção e de seguro, casas com elevados impostos e custos de condomínio, pacotes de telefones celulares com altas taxas mensais, impressoras com cartuchos de tinta dispendiosos, ou diplomas de universidades que são especialistas em solicitar doações de ex-alunos. No que tange a muitos produtos, os custos líquidos de longo prazo para possuí-los e consumi-los excedem em muito os benefícios de curto prazo que eles garantem.

## Ache o produto que você já possui

Se você tiver mais de 30 anos de idade e o produto for um objeto físico que não acabou de ser inventado, você provavelmente já tem um em alguma parte de sua garagem. Ache-o, limpe-o, faça-o funcionar e use-o em vez de comprar outro. Se tiver de consertá-lo ou fazer um upgrade, melhor ainda — essas são habilidades sobre as quais você poderá falar quando for utilizá-lo diante de terceiros. Se o seu produto velho carecer de certas características presentes nos produtos mais novos, ele pode ter outros charmes compensadores (familiaridade, design retrô, confiabilidade comprovada). Ademais, às vezes, as novas características podem ser adaptadas posteriormente. Se o seu velho carro V-6 não tem a aceleração do novo V-8, simplesmente acrescente nele um superalimentador sobressalente, por 3 mil dólares; não compre um automóvel inteiramente novo. Se ele não tiver os assentos de couro do novo modelo, compre capas de couro sob medida para os assentos do seu velho carro por aproximadamente 1.200 dólares — em duas tonalidades, com guarnições e seu logo pessoal — na Trimcar.com e outros varejistas.

## Peça emprestado a um amigo, parente ou vizinho

A maioria das grandes compras é racionalizada da seguinte maneira: o elevado custo de capital inicial será amortizado durante os muitos anos de uso. O produto será utilizado centenas de vezes e, portanto, o custo por cada utilização tornar-se-á cada vez menor, e a economia, cada vez maior. Não obstante, os consumidores com boa memória e autoilusão reduzida perceberão que muito poucas de suas compras já justificaram o custo dessa maneira. Já que tantos produtos são utilizados apenas algumas vezes e então esquecidos, é melhor pedi-los emprestados a algum conhecido, usá-los algumas vezes e então devolvê-los, do que ter de armazená-los. Tomar emprestado também consolida o capital social, na medida em que promove a reciprocidade, a confiança e os vínculos sociais. Se você estiver usando frequentemente um produto caro emprestado de um amigo, isso atesta para o fato de que o seu amigo confia que você o usará com cuidado e o devolverá prontamente — componente-chave da conscienciosidade.

## Alugue-o

Considerando o fato de que você não usará a maioria dos produtos tanto quanto pensa, frequentemente faz mais sentido alugá-los do que comprá-los. De qualquer modo, a noção de propriedade é uma ilusão cognitiva, fundada sobre a negação do hábito, ciclos da moda de consumo, progresso técnico e nossa própria mortalidade. Comprar alguma coisa definitivamente significa, na melhor das hipóteses, estar em condições de usá-la até que ela se torne enfadonha, antiquada ou obsoleta, ou até que a pessoa morra. A "propriedade" particular é apenas uma maneira de alugar coisas do universo pela duração da vida humana — ou menos. Aquele que morre com a maior quantidade de brinquedos... deveria ter comprado menos e alugado mais. O verdadeiro custo da propriedade por uso do produto é simplesmente o preço que você paga por alguma coisa quando a compra, menos o preço que consegue quando for vendê-la, dá-la de presente, perdê-la ou jogá-la fora, dividido pelo número de vezes que você a usou. Com frequência, esse custo é surpreendentemente elevado e os economistas ficam rotineiramente espantados pela propensão dos seres humanos a comprar demais e alugar de menos produtos que serão utilizados somente ocasionalmente.

Por exemplo, se você realmente pensa que dirigir uma Ferrari F430 impressionará uma determinada pessoa numa determinada data, gaste os 1.750 dólares para alugá-la por um dia na Gotham Dream Car, ou em qualquer outro lugar, em vez dos 259 mil dólares para comprá-la. Você precisaria dirigir esse automóvel em 150 encontros amorosos para que fizesse mais sentido comprá-lo do que alugá-lo. Se não conseguir outro encontro com essa mesma pessoa, terá economizado muito dinheiro. Se conseguir outros vinte encontros com essa pessoa e, então, se casar com ela, você ainda terá economizado 224 mil dólares para dar entrada numa casa própria. E se essa pessoa objetar que você a seduziu com uma falsa exibição de riqueza — uma Ferrari alugada, em vez de comprada —, você sempre poderá retrucar: "Então, você só se casou comigo por causa do meu dinheiro?"

Hoje em dia, você pode alugar praticamente tudo: casas, veículos, ferramentas, computadores, aparelhos eletrônicos, roupas formais e até bolsas de grife (veja na begborroworsteal.com — "uma rede de bolsas on-line"). Você pode, de fato, alugar quase qualquer outro bem de consumo durável, comprando-o no varejo e então devolvê-lo dentro do prazo de trinta dias pelo preço pleno da compra. (Considere a taxa de reabastecimento de combustível como o preço do aluguel.) Livros, músicas e filmes podem frequentemente ser alugados de graça em instituições subutilizadas, chamadas bibliotecas públicas. Com efeito, uma boa regra prática antes de comprar qualquer coisa nova é, caso possível, alugá-la por uma semana e ver se gosta e se ela possui realmente o valor de sinalização esperado.

Alguns itens caros não passíveis de aluguel podem ser compartilhados, como é o caso de casas de férias e aviões executivos. Se a propriedade parcial de Netjets satisfaz Warren Buffett e Bill Gates, provavelmente satisfará a maior parte dos outros 950 e tantos bilionários no mundo, sem falar dos 95 mil "indivíduos com valores líquidos ultraelevados", com ativos de mais de 30 milhões de dólares cada um.

## Compre usado

Deixe que outra pessoa absorva a gigantesca depreciação que aflige quase todas as novas aquisições durante os primeiros anos. Deixe que ela compre o carro novo e arremate-o por um terço do preço depois de cinco anos, quando a busca compulsiva por novidades levá-la a experimentar a próxima coisa nova e chamativa.

Para tirar vantagem dessa estratégia, é preciso superar o valor irracional que atribuímos à condição de o objeto estar imaculado, bem como o desgosto irracional que sentimos por coisas que já tiveram um dono anterior. Por exemplo, é possível comprar muitas roupas em brechós. Nas cidades ricas e subúrbios, os brechós estão repletos de roupas de marcas badaladas, bem cortadas e quase sem uso, inclusive boas camisas de Armani ou Claiborne, de algodão, linho ou seda, por aproximadamente 5 dólares, que custaram mais de vinte vezes isso quando novas. (A questão aqui é a qualidade e não a marca.) Na maior parte das vezes, essas roupas estão ali porque o comprador original engordou mais rápido do que o esperado e, portanto, não pode mais usá-las.

Para se sentir à vontade comprando roupas usadas, você só precisa se lembrar de duas coisas. Em primeiro lugar, roupas "novas" não foram penduradas nas araras da loja por anjos antissépticos que vieram voando diretamente de uma sala limpa de classe 1, conforme regulamentada pela ISO. Provavelmente, foram manuseadas por dezenas de mulheres asiáticas jovens em fábricas clandestinas das zonas de processamento de produtos para exportação, transportadas durante semanas em contêineres de carga poeirentos e enferrujados, e desempacotados por funcionários da loja que podem não ter lavado as mãos depois de terem comido no Taco Bell durante o almoço. Assim, as roupas são novas, mas não no sentido em que um filhote de salamandra recém-saído do ovo é novo e, sim, no sentido de que só existiram por alguns meses, viajaram somente alguns milhares de quilômetros, foram manuseadas por menos de quarenta pessoas e experimentadas por menos de cinco clientes.

Em segundo lugar, você deve se lembrar de que roupas "usadas" foram simplesmente compradas e usadas por seres humanos que, do ponto de vista genético, bioquímico e dermatológico, são exatamente iguais a você e que evitaram manchá-las e lavaram-nas regularmente. O brechó já as desinfetou e lavou além de qualquer exigência feita por parte de germófobos obsessivo-compulsivos. Se você for intimamente misantropo, a ideia de usar as roupas de outras pessoas, bem como a mera ideia de que estas existam, pode levar seus dedos dos pés a ficarem enrolados e a travar seus dentes. Porém, se você tiver uma noção razoável de solidariedade com a espécie, usar roupas que anteriormente pertenceram a estranhos não lhe parecerá mais ofensivo que usar roupas que pertenceram anteriormente a irmãos ou a bons amigos. (Evidentemente, é preciso uma ressalva para roupas íntimas e meias, que não são vendidas na maioria dos brechós.)

Esses princípios — o "novo" que não é realmente novo e o "usado" que apenas significa usado por pessoas praticamente idênticas a você — aplicam-se ainda mais para produtos menos íntimos. Você realmente deveria importar-se que outras mãos humanas tenham segurado o volante do carro usado por 80 mil quilômetros antes que você o faça? Que a serra de meia esquadria da Makita já tenha derramado o sangue de algum outro marceneiro ocasional antes que você a comprasse dele? Que a estante usada tenha abrigado romances de Tom Clancy antes de acolher o seu Proust? A aversão irracional e o medo do contágio simbólico por proprietários anteriores, socialmente inferiores ou etnicamente diferentes são os grandes inimigos da frugalidade dos consumidores racionais.

## Compre um genérico, uma réplica ou um modelo já repassado para marcas populares

O surgimento dos manufaturados asiáticos, combinado com a atual aplicação precária das leis de marcas e patentes na Ásia, resulta na disponibilização de muitos produtos genéricos e réplicas de alta qualidade. Conforme vimos anteriormente, réplicas de relógios de luxo a preços módicos funcionam quase tão bem quanto os relógios de luxo de verdade, e são virtualmente indistinguíveis uns dos outros sem o uso de uma lupa de joalheiros e conhecimentos de especialista. De forma geral, as inovações técnicas e ligadas à moda, características das marcas de luxo, são repassadas paras as marcas populares com rapidez crescente. Isso significa que marcas de luxo estão se tornando cada vez menos distintivas enquanto formas objetivas de marcar a qualidade e a novidade dos produtos.

## Faça você mesmo

Se comprássemos produtos unicamente pelo valor de uso, o princípio da divisão do trabalho implicaria que fazer suas próprias coisas quase nunca é racional. Outra pessoa poderia fazê-las de forma muito mais eficiente, por já possuir o espaço de trabalho, as ferramentas e as habilidades necessárias. Entretanto, o fato de que, com frequência, compramos produtos pelo seu valor de exibição significa que na maioria das vezes faz sentido você mesmo fazer suas próprias coisas, já que itens feitos em casa podem funcionar como exibição de traços de forma mais eficaz que coisas feitas por terceiros. Evidentemente, essa é a função inconsciente dos hobbies e do artesanato, e isso explica o motivo pelo qual os profissionais intelectuais especializados, cujo tempo de trabalho no mercado vale mais de 100 dólares por hora, consagram noites e fins de semana para coisas que um trabalhador numa fábrica chinesa dedicaria pouco mais de seis minutos a doze centavos. Os hobbies e o artesanato permitem que se exiba inteligência, criatividade e conscienciosidade para além das fronteiras definidas pela área em que o indivíduo trabalha formalmente. Também resultam em objetos físicos mais facilmente apreciados por não especialistas (tais como cuias para servir raki ou roupas de banho de macramé) do que as realizações profissionais no âmbito da lei fiscal corporativa ou da engenharia de silicone amorfo, que estão além da compreensão dos amigos e vizinhos. Os economistas podem achar que as mulheres do lar que frequentam a Hobby Lobby ou as celebridades que lavam os próprios automóveis são desprezivelmente ignorantes quanto à grande visão de Adam Smith sobre a divisão do trabalho. Contudo, suas mulheres, seus filhos e seus vizinhos podem apreciar menos os julgamentos racionais farisaicos e mais os biscoitos caseiros com gotas de chocolate.

Fazer as próprias coisas é mais fácil, frugal e exibível quando os materiais e as ferramentas exigidas são baratas, as técnicas aprendidas facilmente — porém raramente dominadas —, e as coisas feitas são realmente úteis, bonitas e visíveis. Você pode criar mesas de jantar e estantes apresentáveis com tábuas de madeira maciça, uma simples serra de mesa, um conhecimento básico de carpintaria e um estoque de band-aids. Cozinhar, costurar, fazer bijuterias ou cerâmica podem resultar em impressionantes itens de fabricação própria por custos iniciais igualmente baixos. Mesmo que um item não possa ser todo produzido, seus componentes frequentemente estão disponíveis para serem montados em casa, como no caso dos computadores pessoais. Você pode comprar o gabinete, a placa-mãe, a fonte de energia, o HD e assim por diante, montá-los e ter um produto verdadeiramente personalizado que exiba sua sabedoria arcana no que tange aos mistérios do elétron.

Produtos menos adaptados a serem fabricados por si mesmo incluem mecanismos para mergulho, carabinas, aviões, marcapassos e artilharia. Também não posso recomendar fazer qualquer coisa em casa que exija o uso de maçaricos acima de 5.500 ºC, ou coisas que girem a uma velocidade superior a 10 mil rpm. A segurança vem em primeiro lugar — a não ser que você se sinta na obrigação de exibir capacidades de sofrer riscos e regenerar membros.

Evidentemente, os tentáculos do consumismo, parecidos com os de Cthulhu, espalharam-se para abranger todas as atividades da produção caseira, transformando-as em verdadeiras áreas de consumo desenfreado. Revistas de hobbies proclamam que cada nova atividade requer a compra de um novo conjunto de ferramentas, materiais e acessórios de marcas respeitadas, dispendiosas, desperdiçadoras e precisas. É fácil convencer-se de que, para fazer uma estante de livros que custaria 80 dólares na IKEA, você deva comprar uma mesa de carpinteiro de 1.000 dólares, uma serra circular de 600 dólares, um biscuit joiner de 500 dólares e um roteador no valor de 300 dólares (ignorando meu conselho sobre ferramentas que giram a grande velocidade). De fato, é o que a maior parte das pessoas faz, e o que sustenta a Home Depot e marcas de ferramentas tais como a Craftsman, DeWalt e Makita. Por sorte, alguns de seus amigos e vizinhos provavelmente já caíram na ilusão de que ampliariam o status social e as perspectivas sexuais com ferramentas de marcenaria extremamente potentes e de marcas badaladas em suas garagens. Você pode ir tomá-las emprestadas; isso o fará economizar dinheiro e reduzir a culpa que eles sentem pelo fato de nunca as terem usado.

## Encomende de um artesão local

Algumas coisas são difíceis demais para você mesmo fazer, mas não para especialistas locais. Com frequência, isso resulta numa enorme vantagem do ponto de vista da exibição e custa apenas um pouco acima da versão do produto produzido em massa. Um item personalizado, projetado ou especificado pelo próprio interessado e feito à mão por um artesão local com o qual se tratou diretamente constitui uma posse ou um presente muito mais distintivo. Exibe a desenvoltura, a criatividade, o bom gosto e as habilidades sociais na cooperação com o artista. Por exemplo, para comprar uma joia e presentear alguém no aniversário, sempre é possível ir ao shopping no último momento e adquirir qualquer anel abominável de dez quilates com acréscimo de 80% sobre o valor real. Alternativamente, a pessoa pode se planejar com antecedência, conversar com um artesão local, projetar junto com ele uma peça única a ser fabricada à mão em ouro de vinte quilates. Os materiais serão mais caros, mas a sobretaxa será menor e a qualidade do anel, maior. Ademais, o valor narrativo de presentear algo único será ternamente romântico. Por outro lado, encomendar um artigo é uma exibição de altíssima criatividade, iniciativa, dedicação e conscienciosidade. Efetivamente, um anel de prata feito à mão por encomenda pessoal pode evocar mais gratidão que uma aliança de platina produzida em massa.

Para dar outro exemplo: muitas famílias compram casas projetadas em massa e construídas por grandes empreendimentos em novos subúrbios alienantes. As estruturas são projetadas para alcançar o menor denominador comum da moda corrente, em matéria de gosto, o que deprecia o seu valor estético rapidamente. Também são construídas seguindo padrões de qualidade inferior — madeiras de pouco valor de 2 por 45 polegadas de Sheetrock sobre placas de concreto — e, portanto, sua integridade física se deteriora rapidamente. As casas não são instaladas em áreas que receberam investimentos adequados em infraestrutura — ruas, parques, escolas, comércio bem planejado — e sua qualidade de vida cai em pouco tempo. O resultado é que, em muitas comunidades, casas de cinco anos apresentam valor menor que casas novas. Uma boa alternativa consiste em encomendar uma nova casa residencial diferente, a ser construída num terreno vazio de uma comunidade já estabelecida, de um arquiteto local que está despontando agora. O custo de construção por metro quadrado pode ser ligeiramente superior ao de uma casa construída em série, mas o valor de exibição — e o de mercado — para cada dólar gasto será muito maior. Em vez de mudar-se para uma casa construída por trabalhadores desconhecidos, você morará numa casa projetada junto a um arquiteto que poderá tornar-se seu amigo, numa casa construída por trabalhadores locais que você chamará pelos nomes e cujas habilidades admirará. Você também saberá muito mais acerca da casa, suas características e funções serão apreciadas com maior conhecimento de causa e poderão ser discutidas com terceiros. Ao passo que as outras pessoas vivem em casas que elas compreendem somente superficialmente, você será capaz de entender todos os sistemas — fundações, armações, telhamento, pavimentação, partes elétricas e hidráulicas, sistemas de refrigeração e calefação central, segurança e decoração — como um todo funcional. Você poderá fazer manutenções e consertos mais fácil e eficientemente. E, conforme a reputação do arquiteto crescer, o valor de sua casa também aumentará. Esse modo de vida otimiza uma exibição social eficaz, porque cria profundas raízes sociais e narrativas na comunidade local — demonstrando, assim, criatividade, abertura, afabilidade e extroversão do indivíduo em questão de forma mais confiável que se comprasse uma casa pré-fabricada construída em série, que não requereria nada além de uma taxa de entrada, uma avaliação de crédito decente e muita ingenuidade.

## Espere três anos antes de comprar novas tecnologias

As inovações técnicas são fantásticas — geram progresso econômico, aumentam a qualidade de vida e nos fornecem novos assuntos sobre os quais conversar. Não obstante, você não precisa ser um dos primeiros a adotá-las, pagando pela pesquisa e pelo desenvolvimento delas. As empresas normalmente tentam recuperar o capital investido na inovação ao cobrar um valor excedente muito alto sobre as novas tecnologias. Estas últimas são compradas avidamente pelo segmento dourado do mercado, constituído por homens solteiros entre os 18 e 34 anos de idade, porque estes são os seres humanos que investem a maior proporção de seu tempo, dinheiro e energia no esforço de conseguir parceiras sexuais, lançando mão inclusive do consumo excessivo. Então, depois que todos os garotos ricos e ávidos já possuem a tecnologia em questão, as empresas baixam gradualmente os preços para entrar no mercado de massa. Esse é o momento em que os televisores de LCD ficam 30% mais baratos a cada seis meses.

Os preços devem ser baixados gradualmente para que não haja um momento óbvio em que todos passem a considerar a nova tecnologia uma pechincha — isso não manteria a demanda dos consumidores alta e estável. Essa baixa gradativa dos preços faz com que seja difícil fornecer qualquer regra prática simples no que tange ao tempo que se deve esperar antes de comprar uma nova tecnologia. Contudo, dois ou três anos parecem funcionar bem para os aparelhos eletrônicos; àquela altura, os preços normalmente despencaram em pelo menos 80% em relação ao seu custo quando introduzidos no mercado, e os problemas de confiabilidade e as guerras de formatos (VHS *versus* Betamax, HD-DVD versus Blu-ray) normalmente já foram resolvidas. Para outros tipos de inovação, o tempo ideal de espera depende da rapidez com que a novidade atinja os produtos voltados para o mercado de massa, que normalmente depende da eficácia do dono da patente em promover e licenciar a inovação. Se o estabilizador eletrônico soar para você como uma boa inovação para a segurança dos automóveis, não o compre assim que a Mercedes-Benz o lançou em seu sedã de classe S por um preço suplementar de 5 mil dólares. Aguarde até que a Mercedes repasse a licença para a Subaru e a Subaru repasse o verdadeiro valor marginal do sistema por carro — cerca de 110 dólares — para os consumidores.

Esperar é difícil. Para as pessoas que gostam das inovações técnicas, pode ser útil lembrar o seguinte: para cada novidade de ponta que ganhar cobertura maciça na imprensa e atrair a atenção dos primeiros compradores hoje, existem várias tecnologias que eram absolutamente de ponta cinco anos atrás e que só estão sendo amplamente licenciadas e chegando ao mercado em produtos de massa agora. Essas são as novidades que devem ser procuradas — as porções não anunciadas de progresso que permeiam todas as áreas do mundo dos produtos. Elas podem não ser objetivamente novas em termos históricos mundiais, mas se forem novas para você e a quem você orienta a sua exibição de personalidade, isso já é o bastante. Por exemplo, é possível ir ao Consumer Eletronics Show e se impressionar com a nova ZPrinter450, a primeira impressora colorida em 3D do mundo a um preço "acessível", e que pode criar complexos objetos plásticos em 3D a partir das especificações de um computador, por apenas 40 mil dólares. Mas, antes de solicitar essa segunda hipoteca, considere a inovação eletromecânica controlada por computador, que era o máximo apenas alguns anos atrás: a máquina de bordar Janome Memory Craft 9500, que pode realizar quase qualquer padrão que você desenhar num computador, em quaisquer cores e em qualquer material. O seu valor de mercado baixou recentemente em mais 30%, para o preço de aproximadamente 1.500 dólares. A ZPrinter450 é legal, mas pode-se dizer o mesmo da Memory Craft 9500. Dentro de 15 anos, ninguém mais lembrará de qual das duas foi inventada primeiro. E, provavelmente, ninguém de seu círculo de potenciais parceiros sexuais ou amigos já ouviu falar de qualquer uma delas, portanto ambas têm o mesmo valor de novidade enquanto sinais de exibição de traços.

## Peça-o de presente

Se você decidir que simplesmente precisa ter o novo produto de grife pelo preço pleno de varejo, ponha-o na sua lista de presentes de aniversário ou de Natal, e deixe que outra pessoa o compre para você. Como os seus amigos e familiares nunca sabem o que comprar para você, vale a pena dizê-lo e curtir antecipadamente o seu presente. Presentear é uma característica central da vida social humana; reforça os vínculos de afeto e reciprocidade. Receber de alguém um presente sobre o qual vale a pena conversar, em circunstâncias memoráveis, aumenta imensamente seu valor de exibição pessoal ao testemunhar a popularidade e amabilidade da pessoa.

## Reconheça o valor de exibição embutido na maioria dos produtos vendidos no varejo.

Se você ainda achar que de qualquer maneira precisa ter o novo produto de grife pelo preço total, e ninguém quiser dá-lo a você, uma atitude sábia é calcular e conferir, pelo menos, a diferença para mais no valor de exibição, embutida no preço do produto no varejo. Por exemplo, num capítulo anterior deste livro, comentei que a maior parte dos produtos eletromecânicos básicos, desde pequenos aparelhos elétricos e eletrônicos a grandes equipamentos e carros, custa aproximadamente 20 dólares por quilo. Se um produto eletromecânico custar mais que 24 dólares por quilo, trata-se provavelmente de uma marca badalada ou de um item recentemente lançado no mercado, e que inclui uma sobretaxa substancial de consumo acima do preço de produção. Por exemplo, um Toyota Camry custa por volta de 14 dólares por quilo (24 mil dólares por 1.700 quilos), enquanto um Lexus LS custa aproximadamente 33 dólares por quilo (71 mil dólares por 2.150 quilos). A diferença a mais do Lexus por ser um carro de luxo fica evidente pelo seu custo por quilo, a despeito de ele ser montado a partir de materiais similares, mesmo nível de precisão e empresas afins. Então, se você precisa ter o Lexus, tudo bem, desde que você aceite conscientemente duas coisas: (1) além de seu volume maior, você está pagando 40 mil dólares a mais pelo emblema do Lexus e (2) todos os que o verão dirigir o Lexus e tiverem lido este livro pensarão que você não imaginou nada mais criativo, gentil ou consciencioso para fazer no mundo com 40 mil dólares. Para os

2,8 bilhões de pessoas que vivem com menos de 2 dólares por dia — ou para qualquer pessoa que se importa com elas —, essa falta de imaginação denotará uma visão limitada.

## Domesticando o espírito centrífugo

Alguns temas comuns emergem dessas sugestões ligeiramente extravagantes. Um deles é que comprar produtos badalados, novos, genuínos e de grife em lojas varejistas é o último refúgio do consumidor sem imaginação e essa deveria ser sua última opção. Ela oferece um valor narrativo reduzido — nenhuma história para contar sobre pessoas, lugares e acontecimentos interessantes, associados com o design, a procedência, a aquisição ou o uso do produto. Não revela nada sobre você a não ser a capacidade de gastar e a ingenuidade, o conformismo e a falta de consciência como consumidor. Não cria raízes físicas, sociais ou culturais em seu meio. Não promove a confiança, a reciprocidade ou o capital social. Não expande seu círculo de amizades e de conhecimentos. Não leva você a aprender mais sobre a invenção, manufatura, operação ou manutenção das coisas ao redor.

Gastar no varejo revela um leque muito estreito de características: capacidade de ganhar, roubar, conseguir através de casamento ou herdar riqueza, e a memória perceptual e o acesso à mídia necessários para gastar essa riqueza em qualquer coisa anunciada de forma mais cerrada no momento. As alternativas listadas anteriormente tentam minimizar o gasto no varejo não apenas para economizar dinheiro, mas para maximizar o poder de exibição de características. Não equivalem a renunciar à centralidade emocional da autoexibição narcisística na vida humana, mas elas as redirecionam para táticas mais baratas e, ao mesmo tempo, eficazes.

Na medida em que essas táticas exigem menos dinheiro, porém mais tempo, podem parecer ineficientes aos economistas que sempre avaliam os custos das oportunidades dos indivíduos: em princípio, cada hora de lazer que se tira custa uma hora de trabalho não compensado. Se um advogado que pode faturar 300 dólares por hora pode comprar uma camisa nova de Neiman Marcus em dez minutos por 100 dólares, em vez de procurar no estoque de um brechó durante quarenta minutos uma camisa usada por 5 dólares, logicamente, ele deveria comprar a nova, economizando 150 dólares em potenciais horas faturáveis. Até certo ponto, isso é verdade, mas esse aspecto ignora o contexto mais amplo da compra no varejo. Uma comparação justa deve levar em consideração o tempo total de procura e compra da camisa. Se o advogado passou 50 minutos folheando a revista *GQ* para ver quais camisas esportivas estão na moda, 20 minutos escolhendo a que mais lhe agrada, 10 minutos ligando para as lojas locais para saber quem a tem em estoque, 60 minutos para o percurso de ida e volta entre o escritório e Neiman Marcus, e 40 minutos, posteriores à compra, defendendo sua pesquisa na *GQ* e a compra da camisa contra o ceticismo estético de sua mulher, então, na realidade, ele terá gasto três horas, e seu custo é, na verdade, mil dólares: 100 dólares do custo no varejo e 900 dólares adicionais pelas oportunidades perdidas. Em contrapartida, ele poderia ter se dirigido ao brechó mais próximo, lançado mão da lógica que eles usam para arrumar o estoque por tipo, tamanho e cor de vestuário para identificar rapidamente algumas camisas interessantes, experimentá-las, escolher uma e comprá-la, perfazendo um total de tempo de aproximadamente uma hora. Se a mulher dele não gostasse da camisa, sem problemas: ela teria custado apenas 5 dólares. Poderia ser queimada impulsivamente na churrasqueira, como forma de exibir o respeito pelo julgamento estético superior de sua mulher, e ela o amaria por isso; e eles poderiam namorar por duas horas inteiras e ele ainda sairia lucrando. Ademais, todo esse episódio constituiria uma excelente história para ser contada durante um jantar social. Se esses tipos de compras forem analisados clara e integralmente dentro de seus contextos econômico, temporal, social e de exibição de traços, então as táticas mais demoradas listadas acima frequentemente provarão serem não apenas as mais românticas, como as mais racionais também.

Há um problema maior com os hábitos de gastar dinheiro no varejo tentando minimizar o tempo — eles falham como sinais custosos e confiáveis da dedicação que se tem para com uma pessoa específica (no caso de presentes) ou para com uma aquisição específica (no caso de coisas compradas para autoexibição). Para os profissionais educados que provavelmente estão lendo este livro, o tempo é frequentemente mais precioso que o dinheiro. A conta corrente pode estar confortavelmente abastecida, mas não há tempo nenhum depois de se cumprir as exigências do trabalho, da família, da casa e do sono. Ou então, sobra um pouco de tempo de lazer, mas nenhuma energia ou inteligência para qualquer coisa mais complexa que assistir a *Desperate Housewives*. Sob essas condições de limitação de tempo, presentear e adquirir produtos que requerem um elevado investimento de tempo pessoal são sinais muito mais confiáveis e impressionantes de generosidade e gosto. Indicam que abrimos mão de algo significativo (tempo de trabalho, tempo passado com as crianças ou tempo assistindo a Teri Hatcher), porque atribuímos mais importância a alguém, alguma coisa ou à exibição de algum traço.

É quando fazer é melhor que comprar feito. Para saber o porquê, basta enxergar da perspectiva correta. Considere que tipo de presente do Dia dos Namorados você preferiria receber de alguém cujo afeto deseja ardentemente, porém do qual duvida: (1) uma dúzia de rosas vermelhas encomendadas on-line e entregues com um cartão genérico, impresso em computador, dizendo "Um monte de beijos", ou (2) um soneto personalizado, composto pelo amado, escrito em papel artesanal e entregue junto com trufas caseiras de chocolate, decoradas com as violetas confeitadas que você certa vez mencionou gostar num e-mail oito meses antes? Esta última opção constituiria uma exibição de interesse pessoal imensamente mais comovente (afeto, consideração, intenção sensual), bem como de traços de personalidade (criatividade e conscienciosidade nas áreas da poesia, caligrafia, alta culinária e trabalho de fabricação de papel artesanal). Você bem pode perceber que o último exemplo é mais comovente, porque também rende uma história melhor para contar aos familiares e amigos.

Na realidade, todo valor significado e poder sinalizador de traços de qualquer produto determinado pode ser radicalmente modificado pelas histórias que contamos a seu respeito. Suponhamos que você seja um homem que conhece uma mulher fascinante no Café des Hauteurs, no andar superior do Musée d'Orsay, em Paris. Vocês conversam por alguns minutos sobre os quadros de Renoir que estão ali perto, e então você repara que ela usa um lindo anel de filigranas de ouro com uma safira em forma de estrela. Você elogia a feitura e indaga sobre sua origem, e ela retruca com uma das seguintes respostas (que possibilita as seguintes conclusões, entre parênteses):

- "Eu o comprei numa loja do shopping Zales, em Albuquerque" (turista americana padrão);
- "Eu o comprei numa loja do shopping Zales, na glamorosa Albuquerque, como recompensa por ter terminado a leitura de *Theorie des kommunikativen Handelns*, de Habermas" (turista americana inteligente, aberta, intelectualmente pretensiosa, porém geograficamente autodepreciativa);

- "Eu o herdei de minha avó Valya, que comandou um T-34 na Grande Guerra Patriótica" (turista russa nostálgica, ligada à família e com conhecimento de tanques da Segunda Guerra Mundial);
- "Eu o comprei no festival de música de Glastonbury, quando Moloko se apresentou lá em 2000, para celebrar minha centésima viagem de Ecstasy" (raver inglesa, aberta, impulsiva, afável e ligada à contracultura);
- "Eu mesma o fiz. Trabalhar com ouro derretido e cera quente me ajudou a me distrair do meu divórcio, quatro meses atrás." (Prendada, criativa, termófila sobrevivente, recentemente solteira);
- "É um dispositivo de rastreamento que os alienígenas colocaram em mim quando me abduziram. Infelizmente, se eu tentasse tirá-lo para mostrá-lo para você, o grama de antimatéria que ele contém vaporizaria tudo dentro de um raio de oito quilômetros" (esquizofrênica delirante com uma compreensão parcialmente correta de $E = mc^2$).

Seja como for, a conversação motivada pelo anel é imensamente mais informativa sobre a usuária do que as características físicas ou o custo aparente do produto. Sem a linguagem humana para tecer histórias e conexões sociais em torno dos produtos, estes são tão mudos e enigmáticos quanto possível. Com a linguagem, eles assumem seu devido lugar como iniciadores de conversações, modos de quebrar a alienação moderna e a cautela para com as pessoas estranhas.

Bons falantes não precisam de produtos desse tipo para encontrar, maravilhar e cativar pessoas. Os grandes conversadores — Samuel Johnson, Madame de Staël, Denis Diderot, Virginia Woolf, Isaiah Berlin, Gore Vidal, Christopher Hitchens — sempre foram capazes de exibir inteligência, personalidade, virtude e conhecimento através da simples linguagem. Em vez de comprar mais produtos, quase todo mundo pode aperfeiçoar suas habilidades sociais de maneira eficaz, por meio das "seis maneiras de fazer as pessoas gostarem de você", de *Os segredos do sucesso*, de Dale Carnegie: lembre-se do nome da pessoa, escute bem, sorria, faça-a se sentir importante, fale em termos dos interesses dela e fique genuinamente interessado no outro. Poucos dominam essas habilidades e, assim, muitos impressionam os demais como autocentrados e grosseiros. A maior parte de nós precisa escutar menos iPod e falar mais com os outros ao redor.

## A promessa da customização de massa

Ansiamos por exibir traços distintivos — individualidade, peculiaridade e identidade — no maior número possível de posses. Aqueles que podem se dar ao luxo de comprar produtos personalizados tendem a fazê-lo: os ricos preferem as coisas feitas sob medida, seja sob forma de roupas de alfaiataria, retratos comissionados ou iates por encomenda. Não obstante, seria simplesmente complicado e caro demais encomendar muitos produtos de artesãos. Um arquiteto pode construir uma casa sob medida e um joalheiro pode produzir um anel personalizado, mas, o que dizer a respeito de produtos de alta tecnologia, como carros e iPods? Felizmente, algumas novas tecnologias de personalização em massa possibilitam cada vez mais que um leque mais amplo de clientes "expresse sua individualidade" (exibam traços e preferências) por meio de produtos feitos exclusivamente para eles.

A ideia dessa customização é que as companhias utilizem a eficiência e precisão das tecnologias de produção em massa para fabricar produtos únicos a clientes especiais, de acordo com as suas especificações.

O "tamanho do lote" para qualquer tipo de produção é reduzido de milhares de unidades para uma única unidade. Esse sistema de produção de acordo com o pedido requer a mudança para uma produção mais enxuta e flexível, e exige um controle em tempo real da linha de fornecimento. Contudo, ele beneficia os produtores, ao reduzir estoque imprevidente, e os clientes, ao fornecer um produto que corresponde mais às suas preferências.

Por exemplo, se a Rolex decidisse entrar no ramo da customização em massa e você quisesse um retrato de sua filha recém-nascida gravado no mostrador de um novo relógio Rolex President, você poderia visitar o site da empresa na internet, fazer o upload de uma foto digital de sua filha, selecionar algumas opções, pagá-la e recebê-la pelo correio dentro de uma semana. Ou, se você quisesse que a pintura de sua nova Harley-Davidson Fat Boy fosse da cor dos M&Ms verdes, poderia pegar o número de referência Pantone da cor verde dos M&Ms da Mars Incorporated e enviá-lo por e-mail para a fábrica da Harley-Davidson. As empresas poderiam cobrar um grande valor a mais por esse tipo de customização, mas o cliente receberia um produto individualizado sobre o qual valeria a pena conversar.

Para que a personalização em massa funcione, as tecnologias de produção envolvidas no processo devem ser controladas de forma muito flexível por sistemas de computador abertos ao input direto por parte dos clientes. O processo é mais fácil para produtos que podem ter sua superfície detalhada utilizando impressão digital ou tecnologia de gravação (mostradores de relógios), misturados com materiais-padrão (pigmentos de tinta), montados a partir de módulos-padrão (computadores Dell, automóveis Renault ou pacotes de férias), ou cortados de materiais finos usando lasers ou roteadores controlados por computador. As aplicações típicas aparecem em categorias de produtos como livros, pôsteres ou camisetas personalizadas, perfumes preparados de acordo com o gosto do cliente ou tecidos produzidos de forma personalizada (conforme tem sido feito com a tecelagem Jacquard programável desde 1801). O site colorwarepc.com já está oferecendo smart phones, media players e computadores com a cor personalizada individualmente. Não falta muito para que os clientes de uma livraria possam encomendar uma edição especial de *O gene egoísta* impressa em páginas de papel pergaminho na cor creme, encadernada em couro cor turquesa, para ser apanhada dentro de poucas horas. A próxima fase da customização em massa provavelmente incluirá a montagem de partes produzidas de forma personalizada, como seria necessário para fazer uma réplica durável da cadeira de carvalho com design dinamarquês moderno preferida por alguém e que está quebrada, ou de Andúril, a espada de Aragorn em *O senhor dos anéis*, que estava quebrada, mas que agora foi novamente forjada.

Será muito mais difícil, porém recompensador para os consumidores e lucrativo para as empresas, aproveitar a flexibilidade de poderosos métodos novos na manufatura controlada por computador, montagem robótica, realização de protótipos rápidos, impressão em 3D e testagem de produtos automatizados. Essas são as tecnologias que permitiriam a um cliente comprar um iPod com a forma de sua espécie preferida de peixe tropical, ou uma BMW M5 com o aspecto do Batmóvel. Essas aplicações levantam novos problemas de segurança e confiabilidade dos produtos — um iPod na forma de peixe-leão pode causar ferimentos como punções ou cortes; as nadadeiras podem se soltar e ser engolidas por bebês que engatinham ou por shih tzus; as pessoas com fobias de peixe-leão podem processar o fabricante por estresse emocional. Não obstante, a customização em massa expandirá amplamente a liberdade do consumidor de criar um produto único que sinalize a diferença de seus gostos e características por um preço razoável. Contudo, ninguém sabe, ainda, como o marketing e o branding funcionarão no que diz respeito aos produtos customizados em massa, ou como estes revolucionarão o comportamento do consumidor, a cultura material e a exibição de características.

# 16
# A vontade de exibir

SUPONHAMOS QUE EU esteja certo no que tange ao narcisismo do consumidor — as raízes na psicologia evolucionista, as manifestações modernas e as falhas universais em assegurar os benefícios da exibição de características que tanto queremos. O que podemos fazer a respeito dessas falhas, não apenas no plano pessoal, conforme abordamos no capítulo anterior, mas nos níveis social, político e cultural?

Friedrich Nietzsche argumentou que a maior parte das ações humanas é guiada pela "vontade de poder" — tentamos prosperar como seres orgânicos através da ascendência, a ousadia e a apropriação de recursos. A visão dele era de solitários homens alfa obtendo lampejos existenciais nos picos dos Alpes e, então, descendo para usufruir dos frutos da aclamação pública: contratos para livros, haréns e *weissbier*. Em *Darwin vai às compras*, sustento que, entre os primatas altamente sociais como nós, que se rebelam confiavelmente contra os filósofos-reis que se embriagam de *Hefeweizen*, a "vontade de exibir" (obter benefícios de aptidão através de prestígio e status) pode até ser mais importante que a "vontade de poder" (obter benefícios de aptidão através da ascendência e de ameaças). Decorre daí uma questão importantíssima para a política social: como podemos aproveitar a vontade de exibir para que ela nos torne mais felizes? As estratégias para transformar nossa cultura de consumo desenfreado funcionam em muitos níveis, mas os menos eficazes recebem frequentemente ênfase excessiva nos debates sobre política social e no ativismo político, ao passo que os mais eficazes são frequentemente ignorados.

## Guerra assimétrica

Optar por sair da tendência consumista é como penetrar um novo mundo de guerra assimétrica. Na tradicional guerra simétrica, ambos os lados atuam de acordo com determinadas regras tácitas de combate. Você alinha suas falanges, mosqueteiros ou tanques, nós alinhamos os nossos, e ambos os lados lutam até que um se renda ou fuja e o outro se declare vitorioso. Numa guerra assimétrica, o lado mais fraco — de acordo com os critérios tradicionais — busca a vitória ao utilizar novas táticas ou tecnologias. Os arqueiros britânicos que usavam arcos longos derrotaram os cavaleiros franceses na batalha de Agincourt, em 1415, ao disparar salvas de flechas de distâncias absurdas, em vez de aguardarem honrosamente para serem esmagados pela carga da cavalaria. Os revolucionários americanos dos anos de 1770 derrotaram os soldados britânicos por meio de táticas de guerrilha — cortando as linhas de abastecimento, fustigando as tropas, atirando à distância com franco-atiradores e simplesmente recusando-se a alinhar-se afavelmente para serem mortos pelas forças superiores britânicas. Os vietcongs derrotaram os americanos na década de 1960 usando táticas similares. Os terroristas da Al-Qaeda enfureceram o Pentágono, no dia 11 de setembro, por sequestrarem os aviões em vez de comprar os seus próprios dos comerciantes de armas americanos (como os cidadãos sauditas devem fazer). As inovações da guerra assimétrica são sempre consideradas inicialmente como traição e terrorismo pelo lado que acredita ser o mais forte de acordo com os critérios tradicionais. Retrospectivamente, esses tipos de táticas são inevitavelmente reformuladas e reavaliadas como sendo progressos históricos naturais na condução eficiente da guerra.

De maneira análoga, na cultura humana, cada inovação na sinalização é inicialmente considerada injusta e desonrosa, pelo menos por aqueles que primavam no jogo de sinalização anterior. Não restam dúvidas de que os senhores feudais ficavam enlouquecidos com os menestréis e trovadores que usavam as inovações musicais (motetos isorrítmicos, polifonia e até madrigais!) para seduzir suas esposas e filhas, em vez de ganhá-las pelos métodos tradicionais (força física, opressão econômica, doutrinação religiosa). Elvis não jogava limpo ao sacolejar os quadris e sorrir desdenhosamente, e tampouco Miles Davis ao ser tão descolado, bonito e talentoso. Do ponto de vista dos adversários sociais e dos rivais sexuais que "jogam limpo", esforçando-se para obter uma educação formal, trabalhando em empregos de tempo integral e pagando os preços plenos do comércio, qualquer uma dessas maneiras alternativas de exibir a personalidade parece trapaça. Não obstante, do ponto de vista dos indivíduos racionais que buscam obter o máximo de status social e sexual a um custo mínimo, todas essas táticas são maravilhosamente libertadoras. De fato, esses tipos de inovações na sinalização parecem motivar a maior parte do progresso nas tecnologias, ideias e instituições que chamamos de civilização.

## Por que não tatuagens de traços?

Premissa número 1: o consumo exagerado é um desperdício e uma maneira ineficaz para exibirmos nossas características psicológicas aos demais. Premissa número 2: essas características podem ser avaliadas de modo bastante exato após alguns minutos de interação social, mas de forma ainda mais precisa através de testes formais de inteligência e personalidade. Essas premissas sugerem uma solução evidente, conforme mencionado num capítulo anterior, para o problema do consumo desenfreado: encorajar todos a avaliarem seus Seis Traços Centrais em instituições idôneas que utilizem os melhores testes disponíveis e, então, tatuar a pontuação obtida para cada traço na testa de toda a população. Deste modo, com um único olhar, todos saberiam com quem estão lidando e como essas pessoas podem se comportar. Esse sistema de sinalização tornaria supérflua a necessidade de exibir as Seis Características Centrais através do consumo compulsivo.

Para as pessoas que consideram esse consumo mais edificante que as tatuagens faciais, o sistema de tatuagem de características pode soar como afronta escandalosa à dignidade humana. Para as pessoas que, como eu, moram em Albuquerque, onde muitos são pobres e possuem tatuagens faciais, isso não parece tão absurdo. A questão é saber se funcionaria, tanto do ponto de vista técnico quanto do social.

Já discutimos o problema de que as tatuagens de características não seriam confiáveis se os próprios indivíduos tivessem a responsabilidade de dizer aos tatuadores suas pontuações nas Seis Características Centrais. Entretanto, seria bastante fácil torná-las tecnicamente confiáveis e difíceis de forjar, por meio de aperfeiçoamentos modestos nas instituições de testagem de características e em suas tecnologias. As tatuagens teriam de ser registradas por uma agência idônea, de forma incontestavelmente precisa, que não seria mais fácil de contrafazer do que cédulas de dinheiro por instituições honestas, transparentes, monitoradas de perto, que prestariam contas publicamente e seriam difíceis de corromper. Os testes precisariam ser objetivos, confiáveis, eficazes e de domínio público, sujeitos ao aperfeiçoamento contínuo através de pesquisa científica aberta e revisão pelos seus pares. Testes administrados a cada indivíduo a partir da adolescência e em intervalos regulares, dependendo da estabilidade empiricamente observada das pontuações de características durante a vida dos indivíduos. (Estudos mostram que, progressivamente, as Cinco Grandes Características ficam mais bem diferenciadas, coerentes e estáveis entre os 10 e 20 anos de idade, por exemplo.) Se alguém não quisesse ter a pontuação tatuada em sua testa, teria o direito de mantê-la confidencial, por ser sua propriedade privada, e revelá-la somente mediante autorização a um potencial empregador, um vizinho, parceiro sexual ou qualquer outra pessoa, que então receberia um relatório da pontuação no teste eletronicamente autenticado e impossível de ser contrafeito.

Os pesquisadores da inteligência já sabem medi-la de forma precisa e o Serviço de Testagem Educacional já sabe como tornar as avaliações dos testes de QI difíceis de falsificar. Seria mais desafiador medir as Cinco Grandes Características através de novos testes objetivos, em vez dos questionários de autopreenchimento utilizados hoje. Atualmente, a coisa mais próxima a essas medições objetivas da personalidade de que dispomos são determinados documentos exigidos pelos empregadores: a verificação da ficha de antecedentes criminais e a transcrição do histórico escolar, que constituem indicadores de conscienciosidade bastante apurados; e as cartas de recomendação, referências pessoais e as entrevistas de trabalho, indicadores bastante fracos de afabilidade e estabilidade. Efetivamente, poderíamos dispor de algo bem melhor, usando os métodos e a teoria atual de testagem, além de um pouco de imaginação. Por exemplo, as Cinco Grandes Características de um indivíduo poderiam ser analisadas de forma bastante exata através da média de avaliações anônimas realizadas por uma ampla amostragem de vizinhos, colegas, colaboradores, velhos amigos e ex-amantes dele. Essas pessoas o observaram numa ampla gama de situações, estados e humores, e elas aprenderam inconscientemente a enxergar mais além dos modos em que o indivíduo apresenta uma boa fachada na interação de curto prazo. Para incorporar esse conhecimento, o poder que a fofoca e a reputação têm de fazer circular a informação em sociedades humanas de pequeno porte poderia ser replicado na escala das economias modernas. Todas as outras pessoas no mundo poderiam saber tanto a respeito de cada indivíduo quanto o que conjunto da rede social daquele indivíduo já sabe.

Uma tatuagem confiável das características de personalidade tornaria a vida mais fácil para os virtuosos e mais difícil para os viciosos. Atualmente, os meigos e humildes perdem, frequentemente, para os assertivos e histriônicos no mercado de trabalho competitivo, na busca por parceiros sexuais e na formação das panelinhas sociais. Essas pessoas seriam mais estimadas se sua afabilidade e estabilidade fossem visíveis e se as pessoas aprendessem como essas características podem ser realmente úteis. Em compensação, a vida seria mais dura para os psicopatas, que podem ser extremamente encantadores a curto prazo, mas que criam muitos inimigos no decorrer do tempo. Sua inafabilidade e inconsciosidade se tornariam aparentes demais e eles seriam marginalizados, pelo menos pelas pessoas sensatas.

Outras abordagens relativas à testagem objetiva da personalidade poderiam basear-se em registros eletrônicos, exames de tomografia do cérebro ou em testes de DNA. Por exemplo, a conscienciosidade, afabilidade e extroversão de um indivíduo poderiam ser reveladas de forma bastante clara pelas suas contas de e-mail, de telefone celular e os portais de relacionamentos sociais — tais como o número de e-mails não spam, telefonemas e mensagens de rede social recebidos e respondidos por mês. À medida que os pesquisadores descobrirem quais os padrões de resposta cerebral mais intimamente associados a cada traço de personalidade, será possível avaliar as Cinco Grandes Características ao expor as pessoas a várias situações de realidade virtual durante as sessões de tomografia cerebral.

A última opção seria ir diretamente ao genótipo. Companhias como a 23andMe e Cambridge Genomics já oferecem "genômica do consumidor" e "testagem genética pessoal". Os geneticistas estão se empenhando para sequenciar o genoma inteiro de um indivíduo por menos de mil dólares dentro de alguns anos. Argumentei em artigos recentes que alelos específicos (formas de genes) associados aos traços de personalidade deveriam ser muito mais facilmente encontrados do que os associados à inteligência ou à saúde geral. Alguns genes vinculados à personalidade já foram identificados; outros estão sendo descobertos muito rapidamente. Ainda levará anos para que as tomografias cerebrais ou o sequenciamento do genótipo alcancem a exatidão atingida hoje na análise da personalidade via avaliações de conhecidos ou comportamentos reais, mas, no fim, a utilização conjunta de todos esses métodos deveria resultar numa boa medição objetiva das Cinco Grandes Características.

Tendo estabelecido que a tatuagem seria tecnicamente possível para sinalizar de forma confiável as Seis Características Centrais, resta saber se ela seria socialmente aceita pelos sinalizadores (os que a ostentariam) e os receptores (os que a observariam). Se as normas sociais privilegiassem traços tatuados, então todos seriam incentivados a fazê-lo, mesmo que dotados de baixa pontuação em determinadas características. Essa é uma das previsões mais surpreendentes da teoria de sinalização custosa. Você pode achar que somente pessoas com níveis muito elevados de inteligência aceitariam exibir o QI na testa e, com efeito, isso pode ser verdade no início: somente os gênios com QI igual a 150 aceitariam. Mas, então, todas as pessoas com níveis de QI entre 125 e 150 quereriam mostrar que, mesmo não sendo gênios, são mais espertas que a maior parte do pessoal não tatuado (cuja média deveria situar-se, então, em torno de 95), e seguiriam a tendência. Depois, aqueles com QI entre 100 e 125 desejariam mostrar estar pelo menos na média, quando comparado com todas as pessoas que permanecem não tatuadas (e cuja média, agora, estaria aproximadamente em 90), portanto, fariam as tatuagens. Continuaria assim por toda abrangência de QI. Até mesmo os levemente retardados (faixa de QI entre 50-70) ou seus tutores optariam por mostrar que, pelo menos, não são retardados ao nível moderado (QI 40-50), grave (QI 20-40) ou profundo (QI abaixo de 20). O mesmo raciocínio aplica-se de forma ainda mais poderosa às Cinco Grandes Características da personalidade, que não apresentam dimensão tão claramente carregada de valor. Se as pessoas ficam felizes em exibir seus níveis de abertura ou extroversão através de adesivos automotivos, poderiam igualmente dispor-se a fazer isso através de tatuagens.

Contudo, talvez fosse difícil para as pessoas aceitarem essas tatuagens como dignas de atenção. O problema, aqui, é a maneira como nossos sistemas perceptuais se ligam aos nossos sistemas de percepção sobre as pessoas. Desenvolvemos capacidades extraordinárias para tirar conclusões inconscientes sobre os traços psicológicos alheios com base no comportamento. Mas essas capacidades foram adaptadas às condições pré-históricas e elas "esperam" que as informações sociais relevantes se apresentem sob "formatos naturais de informação", através de determinados canais perceptuais. Por exemplo, podemos julgar facilmente a inteligência de outras pessoas se as ouvirmos dizer coisas engraçadas e profundas, ou as vermos produzindo trabalhos artísticos criativos e belos. Essas deixas de inteligência se encaixam naturalmente nos nossos sistemas de percepção sobre as pessoas, porque não somente provocam respeito pela inteligência delas, como também suscitam reações emocionais — admiração, reverência, deferência, inveja, amizade ou concupiscência. Inversamente, há centenas de outras deixas de inteligência igualmente confiáveis e válidas, mas que atingem nossos ouvidos e olhos de maneiras novas, que nossos sistemas de percepção sobre as pessoas não evoluíram para processá-las com tanta facilidade. Por exemplo, uma ressonância magnética completa e em 3D do cérebro de alguém pode transmitir tantas informações sobre sua inteligência quanto ouvir esse alguém tocar um solo maravilhoso de bateria, mas a ressonância simplesmente não inspira tanto respeito ou atração sexual quanto seguir com o corpo um ritmo instigante. De modo análogo, a tatuagem pode transmitir informações mais confiáveis sobre a inteligência que uma conversa de dez minutos, porém não será capaz de suscitar as emoções que movem a interação social. Parece não haver atalhos no que diz respeito aos sistemas de percepção sobre as pessoas. Temos de suprir-lhes os tipos de estímulos sociais esperados pelo seu desenvolvimento, e tatuagens de características institucionalmente validadas não figuram entre esses estímulos. Em contrapartida, surpreendentemente, nossos sistemas de percepção sobre as pessoas parecem satisfazer-se, depois de apenas poucas décadas de socialização consumista, com informações sobre as posses de um indivíduo — que mostram desperdício, precisão e/ou reputação conspícuos —, e em extrair, a partir daí, conclusões sobre sua personalidade.

Apesar de a testagem objetiva e institucionalizada das Seis Características Centrais dos indivíduos talvez nunca seja capaz de substituir as formas naturais de coletar informações sobre as pessoas, ela ainda pode ser útil em algumas situações. Por exemplo, quanto você pagaria, antes de um primeiro encontro romântico, para obter informações precisas, objetivas e eletronicamente validadas sobre os verdadeiros traços da personalidade do/da pretendente — avaliações extensivas, elaboradas por seus pares, registros de computador e telefone, ressonâncias magnéticas cerebrais e na determinação do seu genótipo? Se eu fosse solteiro, compraria essa informação por um dólar. Se fosse uma mulher que sofreu demais por namorar psicopatas, narcisistas, depressivos, egoístas e estupradores, provavelmente, pagaria muito mais. Quando minha filha começar a namorar ou cogitar casar com alguém, lamentarei amargamente a falta de um serviço desse tipo. Também adoraria que médicos, advogados, arquitetos, mecânicos de automóveis, faxineiros e agentes imobiliários postassem seu QI validado junto com a pontuação nas Cinco Grandes Características em seus anúncios nas Páginas Amarelas e portais na internet. Isso faria com que todo mundo economizasse bastante tempo, dinheiro e problemas. Não precisaríamos pedir referências de três clientes anteriores se 150 dos amigos, familiares, parentes por afinidade e ex-cônjuges já tivessem avaliado sua conscienciosidade, afabilidade e estabilidade. O mesmo tipo de feedback do consumidor que revolucionou a compra de produtos pela internet (baseado na porcentagem de feedback positivo dos clientes) revolucionaria a contratação de serviços pessoais e profissionais.

    É possível pensar que o mero senso comum bastaria para ajudar as pessoas a evitarem encontros amorosos com narcisistas ou consultarem médicos desagradáveis. Contudo, se fosse fácil detectar e evitar indivíduos assim, esses traços herdáveis já teriam sido eliminados do conjunto de genes. A interminável evolução da capacidade de percepção sobre as pessoas em busca da verdade e das exibições enganosas de características nunca permitirá que a primeira impressão seja sempre correta. Poderíamos utilizar a pontuação em testes objetivos para suplementar as primeiras impressões naturais, e falíveis, exatamente como usamos calendários para planejar algo ou velocímetros quando dirigimos. O resultado seria uma transparência social de massa no que tange às Seis Características Centrais. Pelo menos num nível consciente, racional e prático, todo mundo teria acesso a quase tudo o que vale a pena saber sobre as outras pessoas. Ainda seria possível sentir-se subconscientemente atraído por garotos maus e psicopatas ou garotas góticas com transtorno de personalidade limítrofe, mas pelo menos haveria uma chance de se contrapor de maneira sensata a essa atração. A transparência social em massa soa assustadora e constrangedora, mas é o que os seres humanos se esforçam para atingir desde o desenvolvimento pré-histórico da fofoca, da reputação, da "cara" e dos símbolos de status. Isso permitiria que algumas pessoas racionais pudessem escolher, às vezes, amigos, parceiros sexuais, colaboradores e vizinhos de forma mais rápida e segura.

## Pré-requisitos para comprar certos produtos

As tatuagens de características podem não funcionar socialmente por não se enquadrarem nos formatos de informação facilmente processáveis pelos sistemas de percepção sobre pessoas. Entretanto, talvez existam modos mais gentis e fáceis de aprender, através dos quais os indivíduos exibam a pontuação validada de seus traços.

Por exemplo, as empresas venderiam certos produtos somente para consumidores que apresentassem determinada pontuação mínima ou máxima em um ou mais traços dentre as Seis Características Centrais. Os vendedores de Hummer poderiam anunciar que a cor "Party Animal Red Pearl" somente está disponível para clientes cuja pontuação de extroversão situa-se na faixa dos 5% superiores. Clientes que quisessem exibir sua extroversão insolitamente elevada através da cor vermelho vivo teriam que validar eletronicamente sua pontuação de extroversão na gerência, antes de assinar o contrato de compra. Desse modo, o Hummer garantiria que Party Animal Red Pearl se tornaria um sinal confiável de gentileza, autoconfiança e ambição. Ou a Lexus poderia vender a cor "Mensa Quartz Metallic" do LS 460 somente a clientes cuja pontuação de inteligência validada seja suficientemente elevada para que eles se juntem a Mensa International (que aceita apenas membros com QI superior a 130, ou 1 em cada 50). A cor mais exclusiva "Prometheus Glacier Pearl" poderia indicar um QI acima de 160 (um em cada 30 mil) — a qualificação necessária para entrar na Prometheus Society.

Os pré-requisitos de produtos poderiam incluir não apenas as Seis Características Centrais, mas qualquer informação permitida pelos clientes quando eles fornecessem ao vendedor o acesso aos registros eletrônicos. Essas informações poderiam incluir idade, sexo, residência, escolaridade, emprego, registros financeiros, registros de casamento, prontuários médicos, testes de paternidade, frequência nos cultos, registro político-partidário ou histórico anterior de compras — qualquer informação que possa ser relevante e validada de alguma maneira. Por exemplo, a Durex poderia vender uma marca de capacetes para motocicleta chamada "Clean Submarine" somente aos homens que tivessem sido testados regularmente e obtido resultados negativos para todas as doenças sexuais transmissíveis. Ou, então, a Igreja Mórmon poderia vender um modelo de laptop "10 por 10" somente aos membros que tivessem pago o dízimo de 10% sobre sua renda bruta regularmente por, pelo menos, dez anos.

Determinados produtos poderiam até requerer alguma combinação de traço social ou sexualmente desejável. A Sketchers poderia vender o modelo de sapatos informais "Príncipe Encantado" somente aos homens solteiros entre os 25 e 40 anos de idade que demonstrassem elevada inteligência, conscienciosidade e estabilidade — os traços do "bom pai" que as mulheres procuram para se casarem. A jaqueta "Namoradeira Feliz" da Spyder Skiwear só poderia ser vendida a mulheres solteiras na faixa entre 18 e 29 anos de idade que apresentassem elevada abertura, afabilidade e impulsividade (baixa conscienciosidade) — as próprias deixas da disponibilidade sexual que os homens procuram para as parceiras sexuais de curto prazo.

Como esse sistema funcionaria? Os pré-requisitos de traços e um código de barras do produto seriam registrados numa Base de Dados Internacional de Pontuação em Testes, que também conteria as pontuações dos testes de todos os clientes cadastrados no sistema. As pontuações nos testes se baseariam no mesmo tipo de medições objetivas mencionadas para as tatuagens de características — testes de inteligência, avaliações dos pares, registros de comunicação eletrônica (por exemplo, número de amigos no Facebook) e talvez até ressonâncias magnéticas cerebrais e genótipos. No momento da compra, o cliente apresentaria sua Carteira de Identificação Internacional de Pontuação em Testes e o caixa se certificaria de que a foto e os dados biométricos correspondessem aos do cliente. O caixa então escanearia o código de barras do produto, inserindo os dados no computador da loja conectado ao banco de dados, que autorizaria a venda caso as pontuações de traços do cliente correspondessem às requeridas para a compra. O banco de dados contrataria legiões de "clientes secretos" para garantir que os caixas não fizessem vendas não autorizadas que violassem os pré-requisitos dos produtos e, assim, minassem os poder de sinalização do produto em questão.

À primeira vista, o sistema de "pré-requisitos do produto" pode parecer contraprodutivo. Por que uma empresa gostaria de restringir seu potencial mercado vendendo somente para clientes que apresentassem um determinado conjunto específico de pontuação em traços ou outra informação de antecedentes? Pense nisso por um momento.

Esse seria, de longe, o modo mais fácil de um novo produto com uma personalidade de marca específica se posicionar em relação aos clientes com determinados traços de personalidade e/ou de segmentos de mercado com determinados traços demográficos. O poder de sinalização do produto — e sua desejabilidade para os consumidores, além da lucratividade para os marqueteiros — seria amplamente aumentado por exigências desse tipo.

A ideia de pré-requisitos para produtos tem implicações claras para novos serviços de marketing, tais como o do voo espacial privado. Os astronautas da década de 1960 eram profundamente respeitados não apenas porque tinham orbitado várias vezes em torno da Terra, mas também porque haviam se submetido ao regime de seleção mais rigoroso já imposto a candidatos a um trabalho. Se a Virgin Galactic tornar o voo espacial privado tão fácil, passivo e confortável que qualquer pessoa com dinheiro possa voar, seus clientes perderão essa mística do astronauta e a Virgin atrairá menos clientes ao aeroporto espacial que está construindo perto de Verdade ou Consequência, no Novo México. É muito melhor emular o sistema de seleção da NASA no setor privado e permitir que somente os candidatos muito saudáveis, inteligentes e estáveis voem pela Virgin Galactic. E deixar que uma marca de status inferior, talvez a Carnival SkyCruise ou RyanRocket, arranje diversão para a turma dos bilionários octogenários ou das herdeiras rechonchudas que querem se gabar de ter sobrevivido a um lançamento para baixa gravidade e a algumas órbitas seguras em torno da Terra. O mercado das viagens espaciais ficará apinhado com novas empresas entrando no ramo, tais como Planetspace, Rocketplane Kistler, Armadillo Aerospace, Blue Origin, XCor e Bigelow Aerospece, mas, depois da inevitável onda de falências e fusões, teremos certeza de que somente as marcas mais seletivas sobreviverão.

## Uma guerra governamental contra o Bling?

Já que as tatuagens de características não são socialmente executáveis e os marqueteiros ainda não perceberam os benefícios dos pré-requisitos para produtos, de que outras formas as pessoas disporiam para exibir suas Seis Características Centrais sem aderir ao consumo compulsivo? Os cientistas sociais frequentemente apelam para a panaceia das políticas governamentais quando percebem um problema social a ser resolvido. As soluções recomendadas normalmente criam novos programas para minimizar os custos humanos do problema, bem como leis para criminalizar suas supostas raízes. Isso resulta em novas burocracias cujos interesses velados residem em perpetuar o problema de forma a continuar melhorando seus custos e punir os que o perpetram. Ademais, os indivíduos e as instituições não governamentais, que aprendem e se adaptam muito mais rapidamente que os governos, sempre acabam explorando as brechas ocultas e as estruturas de incentivos do novo regime. A ameaça comunista transitória dos anos de 1950 resultou na permanente burocracia do Pentágono e sua exploração pelos fabricantes de armas. As guerras transitórias entre gangues de crack na década de 1980 resultaram na permanente "guerra às drogas" e sua exploração pelos instigadores da propaganda "Just Say No", pelos fornecedores dos kits caseiros de teste de drogas e centros de reabilitação. O ataque momentâneo da al Qaeda do dia 11 de setembro acarretou a "guerra ao terror" permanente e a ocupação do Iraque, bem como a sua exploração por Halliburton.

Os exemplos poderiam ser multiplicados *ad nauseam*. Contudo, cada vez que um político ou um politiqueiro caxias desenvolve um novo programa de incentivo para solucionar um problema social e consegue implementá-lo de maneira administrativamente falha, politicamente comprometida e subfinanciada, como quase sempre ocorre na vida real, ele fica surpreso pelos efeitos colaterais nocivos de suas boas intenções. As falhas da nova política brilhante são então atribuídas aos defeitos, ao comprometimento e ao subfinanciamento, em vez de ao conceito duvidoso segundo o qual problemas sociais complexos podem ser resolvidos por simples intervenções governamentais.

Assim, não recomendarei novas leis para criminalizar o narcisismo do consumidor, os bens de luxo ou os símbolos de status como parte de alguma nova guerra governamental contra o Bling. A história mostra que todas as tentativas no sentido de igualizar o status humano através de ações do governo estão fadadas ao fracasso. Faça com que as pessoas usem trajes ao estilo Mao, e elas competirão por status ao ostentar em torno de si uma edição mais nova do *Livro Vermelho*, ou ao baterem em seus professores com bastões mais grossos durante a Revolução Cultural. Os instintos para a busca do status podem ter profundas raízes evolucionárias, mas os modos culturais de buscá-lo são demasiadamente multiformes para que qualquer governo dê um jeito neles. Existem maneiras muito mais fáceis e mais flexíveis para modificar o comportamento humano através de alterações nas normas sociais informais que governam a exibição de características.

## Uma pequena coisa chamada sociedade civil

Se nem o governo consegue humanizar o consumismo para transformá-lo num sistema mais eficiente e afável de exibição de traços, que poder nós temos nesse sentido? Nós, americanos, podemos partir do pressuposto de que a única alternativa a uma guerra federal contra o Bling é uma mudança modesta no estilo de vida pessoal. Na condição de nação de aspirantes a querelantes, achamos que, se algo não está na lei, então deve residir na esfera privada, onde os gostos pessoais encontram-se além da discussão pública. Isso acontece porque, desde que nascemos, submetem-nos a uma lavagem cerebral no sentido de ignorarmos todas as formas de organização social e poder cultural existentes em outros níveis que não os da Constituição idealizada, a empresa amoral e o indivíduo atomizado.

Pessoas esclarecidas de todas as outras partes do mundo reconhecem que as sociedades que funcionam bem incluem outros poderosos delineadores do comportamento humano: tradições culturais, normas sociais, costumes, hábitos, linguagens, memes, regras de etiqueta, sistemas de crença e identidades de grupo. Esses sistemas de normas comportamentais constituem uma pequena coisa chamada sociedade civil — o objeto de estudo da sociologia e antropologia cultural, embora estas usem o vocabulário mais obscuro possível ("ideologias", "discursos", "hegemonias", "modos de vida"). São eles que tornam a vida na região norte de Londres diferente da vida em North Dakota; que fazem Amsterdã parecer mais descolada e feliz que Cracóvia ou Karachi.

Desde o fim dos anos 1980 até o dos 1990, os economistas desenvolvimentistas frequentemente elogiavam o "consenso de Washington", argumentando que os países pobres poderiam ficar ricos somente através do estabelecimento de mercados livres, livre-comércio e moedas estáveis. Depois da estagnação das economias dos ex-países comunistas, a crise cambial asiática de 1997-1998 e o surgimento dos conflitos étnicos e do extremismo religioso, tornou-se claro que a prosperidade exige mais que meros mercados livres. Em primeiro lugar, o governo exige da lei: boa administração para implementar leis justas e estáveis no que diz respeito aos direitos de propriedade, direitos humanos e estabilidade social, conforme avaliados pelos Indicadores de Governância do Banco Mundial. Em segundo lugar, as tradições socioculturais da responsabilidade, transparência, moralidade e confiança na política e nos negócios. Em terceiro lugar, normas de comportamento que valorizem a educação formal, a ambição, a iniciativa, o trabalho duro, a urbanidade, a pacificidade e a construção de uma rede de contatos sociais — em outras palavras, normas que tendem a maximizar as Seis Características Centrais dos trabalhadores e consumidores.

Essas instituições sociais e normas comportamentais alimentam os "sistemas operativos" e as "aplicações" com os quais todas as instituições humanas funcionam — não apenas os governos e as empresas, mas também os casamentos, amizades, famílias, vizinhança, espaços públicos, cidades, profissões, carreiras, jogos, atividades de lazer, igrejas, clubes, instituições de caridade e salas de chat. Sempre foi assim nos grupos humanos, especialmente durante os últimos milhares de anos, em todas as sociedades estratificadas que apresentam uma divisão complexa do trabalho. A sociedade civil é onde a ação existe, onde o argumento fundamentado e o novo conhecimento podem mudar mais efetivamente a vida das pessoas para melhor.

Para efetivar uma mudança através da sociedade civil, é preciso compreender e aceitar os sistemas informais de percepção das pessoas, do elogio e da punição sobre os quais um sistema desse tipo se apoia. Aqueles doutrinados no individualismo hedonista, no fundamentalismo religioso ou no nacionalismo patriarcal — isto é, 99% da humanidade — não estão acostumados a pensar de forma criativa sobre os modos de mudar a sociedade através da alteração de normas comportamentais e costumes instituídos. Efetivamente, os mais extremos defensores do individualismo hedonista, tais como muitos liberais clássicos, libertários, economistas agentes do racionalismo e anarquistas da contracultura, tendem a rejeitar as normas da sociedade civil como base para modificar ou sustentar qualquer coisa no nível social.

Um motivo oculto para o ceticismo é que as normas da sociedade civil devem depender de um julgamento pessoal falível e de uma noção filosoficamente incoerente de livre arbítrio. As normas sociais informais somente funcionam se os indivíduos tirarem conclusões sobre as personalidades, capacidades e virtudes morais dos outros ao observar o seu comportamento. Essas conclusões estão sempre embasadas em informações incompletas, indícios probabilísticos e experiências passadas e, portanto, são sempre falíveis — e abertas a acusações de preconceito, tendenciosidade e estereótipos. De modo análogo, as normas sociais informais só funcionam se os indivíduos se dispuserem a elogiar ou punir os outros por comportamentos observados e características deduzidas que devem logicamente ser um produto de seus genes, meio ambiente e acidentes. Devemos estar dispostos a agir como se as pessoas fossem admiráveis ou culpadas por virtudes ou falhas pessoais — como se o livre arbítrio existisse, muito embora saibamos que, do ponto de vista metafísico, não existe. (Será que esse paradoxo identifica uma hipocrisia mesquinha no cerne da vida social humana? Certamente. Existe alguma maneira de evitar isso? Não que eu saiba.)

Esses pré-requisitos para as normas da sociedade civil — a percepção falível de pessoas e a fé no livre arbítrio — acarretaram alguns notórios excessos de loucura de massas durante a história: caças às bruxas puritanas, as guilhotinas de Paris, linchamentos da Klu-Klux-Klan, matanças a machadinha dos Hutus contra os Tutsi. É verdade, episódios desse tipo perdem a sua dimensão quando comparados com as carnificinas em massa praticadas por governos totalitários (Hitler, Stalin, Mao, Mugabe), mas são deploráveis mesmo assim.

Paralisados pelos perigos do julgamento falível e o paradoxo do livre arbítrio, muitos liberais e acadêmicos rejeitam explicitamente a adoção das normas sociais informais como base para a sociedade civil. Apoiamos as ideologias de tolerância e diversidade, o que equivale a uma falta de vontade de elogiar ou culpabilizar qualquer pessoa por quaisquer comportamentos. O resultado é que não temos nenhuma condição de efetuar mudanças sociais, a não ser através da intervenção governamental.

## O poder das normas sociais informais

Pesquisas recentes na teoria de jogos e na economia experimental demonstraram que as normas sociais informais podem influenciar o comportamento humano e sustentar a cooperação de forma poderosa. Isso é especialmente verdade no que diz respeito a sistemas de punição, nos quais muitos indivíduos impõem sanções aos poucos que não se comportam adequadamente. Quando indivíduos vivem em sociedades de verdade, interagindo repetidamente como vizinhos conhecidos que têm o poder de recompensar e punir uns aos outros, essas sanções funcionam como impedimentos muito eficientes e confiáveis para o comportamento antissocial. Punir as más ações é muito mais fácil que recompensar as boas, porque existem inúmeras maneiras possíveis de impor custos altos às pessoas (tirando seus recursos, status, liberdade ou órgãos físicos), mas somente poucas maneiras, e de elevado custo, de outorgar-lhes verdadeiros benefícios em termos de aptidão (garantindo-lhes uma vida mais longa, parceiros sexuais adicionais e filhos).

As normas sociais embasadas na ameaça de punição informal por parte do vizinho podem resolver os problemas derivados da cooperação em muitos "jogos" estudados por teóricos, inclusive o badalado Dilema do Prisioneiro e o Dilema dos Recursos em Comum. Esses jogos soarão terrivelmente familiares para os economistas e completamente obscuros para todas as outras pessoas. Mas eles são importantes porque refletem os desafios principais da vida social humana de modo explícito e analisável. Se as normas sociais reforçadas pela punição informal podem promover a cooperação no dilema do prisioneiro, elas também podem, pelo menos em princípio, promover a paz e a felicidade na sua vida.

Essa é uma maneira muito cautelosa e indireta de dizer que é correto você tratar seu vizinho como um vilão se ele agir como um vilão. Na verdade, esse é seu dever cívico — no sentido estrito de que a sociedade civil não poderia funcionar sem esse tipo de punições e recompensas sociais informais. As vilas rurais precisavam de pessoas intrometidas. As cidades modernas necessitam de cidadãos moralmente assertivos. A lei formal, a polícia, os tribunais e as penitenciárias nunca foram o bastante para sustentar uma vida coletiva com qualidade suficiente para que valha a pena ser vivida. De fato, quando existe uma cultura genuína — um conjunto de normas comportamentais informais — que é tacitamente compreendida e aplicada pela maior parte das pessoas de uma sociedade, não há necessidade de constituições escritas, declarações de razão social ou catecismos pessoais. Os britânicos compreendem perfeitamente, e acham engraçado, que os americanos sofram de vertigem existencial quando seus valores nacionais, corporativos ou individuais não estão definidos claramente no papel em algum lugar. As normas informais devem perfazer 99% do trabalho diário, que é moldar o comportamento humano em direções socialmente desejáveis. Esse princípio tem sido plenamente entendido por todos os adultos sãos em todas as sociedades operantes há milhares de anos; as únicas exceções singulares foram as subculturas liberais acadêmicas euro-americanas do fim do século XX. Até que o poder das normas sociais informais seja apreciado de forma mais ampla e consciente, continuaremos a negligenciar a única — e mais poderosa — maneira com a qual poderíamos mudar a sociedade em geral e o consumismo em particular.

## O que os manifestantes anticonsumistas estão fazendo de errado

Uma compreensão clara da sociedade civil e das normas informais de comportamento pode ajudar a identificar não apenas os pontos mais propícios para alavancar as mudanças, mas também as táticas que certamente falharão. Desde o movimento verde dos anos de 1970, a estratégia tradicional para tentar modificar o comportamento consumista tem sido através de sermões e reprimendas verbais. Os seres humanos adoram falar, especialmente quando dizem às outras pessoas o que elas devem fazer. Assim, há décadas encorajamos uns aos outros para respeitar a Mãe Natureza, consumir menos, reciclar mais, fazer escolhas ecológicas, pensar globalmente, agir localmente, sermos menos egoístas e gananciosos, e viver simplesmente. Em alguns casos, essas táticas funcionaram surpreendentemente bem, ao criar novas normas e expectativas sociais. As pregações sinalizam a todos que há um novo jogo de status na área, e que o comportamento explicitamente ecológico é a melhor maneira para exibir a conscienciosidade e a afabilidade das pessoas. Em outros casos, esse tipo de sermão demonstra ser fútil, porque os pecadores que mais precisam ser salvos (empresas multinacionais, complexo militar-industrial) não possuem traços de personalidade, não se importam em exibi-los e não extraem quaisquer benefícios em participar do novo jogo ecológico.

Por exemplo, os partidários do anticonsumismo frequentemente tomam como alvo as grandes empresas e as organizações internacionais de comércio. Eles tentam utilizar as habituais táticas sócio-hominídeas de aplicar-lhes represálias sociais informais — admoestações, humilhação pública, ostracismo, xingamentos e atirar frutas podres. Contudo, o objeto de sua ira são instituições sem rostos que não possuem consciência nem sensibilidade no que diz respeito a tais represálias, ou dirigentes institucionais e funcionários cujas verdadeiras vidas sociais não apresentam nenhuma justaposição com as dos manifestantes, e que, portanto, estão imunes à possibilidade de sofrer qualquer retaliação real de aptidão imposta pela inimizade dos manifestantes. Os dirigentes da Nestlé e da Organização Mundial do Comércio podem deixar seus assediados locais de trabalho em automóveis sólidos e velozes, voltar para suas mansões anônimas fora da cidade e aproveitar a noite com suas esposas empáticas, filhos adorados, convidados respeitosos para o jantar e uísques maltados. Os manifestantes não são seus vizinhos, amigos, parentes, colegas ou potenciais amantes, portanto suas censuras não significam nada para eles. Eles são o grupo de fora, e as sanções sociais informais só funcionam dentro do próprio grupo.

Os manifestantes seriam mais bem-sucedidos caso se dirigissem para membros do próprio grupo social, que se importam com o que eles pensam — e reconhecessem que o seu grupo social é muito mais amplo do que imaginam. No que tange aos típicos manifestantes universitários, esses grupos sociais incluem, evidentemente, os amigos que pertencem à subcultura do protesto, com a mesma mentalidade e idade. Porém, também estão incluídas aí quaisquer pessoas que possuírem interesses coincidentes, em função de parentesco genético, ligação social, codependência econômica, proximidade espacial ou repetida interação. Isto é, seus grupos incluem os pais, parentes por afinidade, irmãos e familiares; colocatários e vizinhos; colegas de trabalho, chefes e clientes; colegas de faculdade e professores; companheiros de jogos on-line, amigos de salas de chat e correspondentes por e-mail.

A maior parte de nós, adultos, possui uma rede social de aproximadamente 150 pessoas que conhecemos suficientemente bem para que fiquemos felizes de bater um papo com elas e tomar uns drinques, caso as encontrássemos num aeroporto. Em muitos aspectos, nos sentimos confortáveis elogiando ou punindo esses conhecidos de dentro do nosso próprio grupo por comportamentos bons ou ruins. Somos capazes de louvá-los por altruísmo para com a família, os amigos, as crianças ou os animais. Ou de condená-los — com um estremecimento, um olhar zangado, uma repreensão suave, uma pergunta penetrante ou indo embora abruptamente — caso revelem atos de crueldade ou de infidelidade. Podemos até fazer isso por pecados ideológicos — depreciar minorias, gostar de pornografia ou praguejar na presença de freiras. Não obstante, na maior parte das nações desenvolvidas, existe um tabu estranho e forte contra a condenação de membros do próprio grupo por atos de consumo compulsivo. Se nossos parceiros de bebedeira no aeroporto revelarem que compraram um Lexus novo ou um diploma de Stanford em direito, sentimo-nos na obrigação de elogiar seu sucesso, status e bom gosto. Se eles virem um anúncio de algum novo modelo de telefone celular, que exibe uma precisão grotescamente conspícua, nos monitores de propaganda do aeroporto (normalmente sintonizados na CNN, nos Estados Unidos), e se eles comentarem que desejam ter esse produto, sentimo-nos reflexivamente inclinados a aquiescer. Em vez disso, eu gostaria que tivéssemos a coragem de dizer alguma coisa assim:

* * *

Pois é, também já quis ter esse telefone. Mas, então, pensei: "Já tenho um telefone bastante bom, então, por que anseio por ter essa coisa? Só vai custar-me horas de frustração tentando configurá-lo e fazer com que fique olhando para uma pequena tela eletrônica ainda mais do que já faço, e que eu converse menos cara a cara com as pessoas do jeito que estamos fazendo aqui." Acho que queremos essas coisas inconscientemente para mostrar às pessoas que possuímos alguns traços pessoais atraentes — coisas como inteligência e conscienciosidade —, que implicam sucesso no trabalho e bom gosto como consumidor. Mas, sabe, acho que esses produtos sequer funcionam tão bem para exibir esses traços. Por exemplo, já descobri que você possui esses traços só ao conversar com você por alguns minutos. Você tece comentários interessantes e engraçados sobre coisas significativas, portanto sei que você é inteligente. Você passou pela segurança uma hora antes do seu voo, portanto sei que você é conscienciosa. Suas virtudes falam por si mesmas. Não precisamos nos agarrar a todos esses bens e serviços custosos para obter respeito. O que você acha?

Minissermões desse tipo podem falhar, às vezes, por parecerem demasiadamente diretos, ofensivos, íntimos ou esquisitos. Não obstante, frequentemente podem ser bem-sucedidos em despertar alguns novos pensamentos e sensações, desde que sejam articulados no espírito de "vamos pensar nesse problema do consumismo juntos, como vítimas comuns de maus hábitos" em vez de "eu sou um anticonsumista virtuoso que sabe tudo, e você é um materialista oco e poltrão". Especialmente em locais tão alienantes quanto os aeroportos, onde a identidade pessoal parece frágil como papel e as propagandas das marcas de produtos parecem jorrar, quentes e espessas como lava, algumas palavras genuínas de contato pessoal e de ceticismo consumista provenientes de um conhecido podem parecer extraordinariamente vívidas. Essas palavras podem ressoar na memória do ouvinte durante semanas a fio e, sempre que ele vir uma propaganda ou entrar num shopping center, elas podem até ser rearticuladas quando ele encontrar um conhecido num futuro bar de aeroporto. (Nada jamais muda para melhor sem que alguém pareça ser demasiadamente otimista sobre a consideração das outras pessoas...)

Na realidade, esses momentos para levantar o grau de conscienciosidade entre as pessoas, que ocorrem entre os indivíduos, os grupos e a história, são provavelmente os principais caminhos por meio dos quais acontecem as maiores mudanças sociais. É dessa maneira que os direitos civis, os das mulheres, os dos homossexuais e os dos animais foram discutidos e aceitos. E, se pudermos dizer que os protestos públicos ajudaram em alguma coisa, provavelmente foi apenas por terem plantado a semente da novidade que provocou discussões particulares entre familiares e amigos. Constituíram ocasiões para arejar os pensamentos em relação a assuntos que, anteriormente, estavam fora da nossa percepção. Quando os preceitos tácitos e os hábitos comportamentais das pessoas são iluminados com a luz da discussão conscienciosa, eles tendem a se incendiar como velhos filmes: criam faíscas, inflamam-se e pronto. O filósofo social alemão Jürgens Habermas já salientou esse aspecto quando escreveu sobre a emancipação humana através da "racionalidade comunicativa" em "situações ideais de fala" dentro da sociedade civil — contudo, a questão merece ser reiterada para aqueles que não leram sua obra-prima *Theorie des kommunikativen Handelns: Handlungsrationalität und gesellschaftliche Rationalisierung*, de 1981.

Com frequência, discussões sobre o consumismo podem se desenvolver de forma mais suave que as confrontações sobre tópicos como racismo, machismo ou homofobia. Isso acontece porque, quando você chama a atenção de alguém para o fato de que o consumismo é realmente um modo ineficaz de exibir características pessoais, pode elogiar a personalidade dessa pessoa e afagar sua vaidade, muito embora você esteja arrasando a ideologia central em torno da qual ela organizou sua educação, carreira, lazer, identidade, busca por status e estratégia para encontrar parceiros sexuais. Na condição de consumistas narcisistas bem-treinados, somos tão inseguros e ávidos de lisonjas que um pouco de reconhecimento social faz milagres. Um amigo ou amante pode insinuar que desperdiçamos nossas vidas correndo atrás de mundos de sonhos consumistas e miragens de status, desde que ele ou ela nos assegure que, ainda assim, pareçamos inteligentes, atraentes e virtuosos. (Não se esqueça de mencionar isso, senão as pessoas vão pirar.)

Outra maneira mais sutil de iniciar esse tipo de conversa é mencionar filmes que abordam o tema do consumismo. A maior parte das pessoas adora falar sobre a Sétima Arte e faz isso de modo caloroso, aberto e em tom de bate-papo informal. (Em contrapartida, ao discutir livros, artigos de revistas ou documentários de TV, tendem a assumir um modo de debate típico de seminários de faculdade, tornando-se mais intransigentes intelectualmente e adotando posturas ideologicamente mais defensivas.) Pode-se dizer: "Sabe, ontem à noite, assisti novamente a *Clube da luta* em DVD — você já viu? — e andei pensando sobre alguns dos pontos que ele enfoca ..." Ou, então, pode-se mencionar *Beleza americana*, ou *Matrix*, ou qualquer um dos outros filmes listados em "Leituras e consultas ulteriores". Esses filmes apresentam algumas características-chave: quase todas as pessoas cultas assistiram a pelo menos um deles; eles evocam muitos temas além do consumismo e, portanto, não suscitam uma reação defensiva imediata como faz *Uma verdade inconveniente* ou *A Corporação*; além disso, eles oferecem alternativas instigantes para exibir os traços mentais, morais e físicos das pessoas. Iniciando uma conversa com um filme de Hollywood altamente valorizado é possível burlar sem dificuldade as defesas políticas de um conhecido para questionar os seus preceitos e hábitos consumistas.

## Pluriculturalismo *versus* normas sociais locais

Há um grande problema legal no que tange a criar e pôr em prática novas normas sociais nos países desenvolvidos, que diz respeito às leis de edificações. Os humanos ainda são seres que interagem principalmente com outros humanos que vivem em sua vizinhança. As normas sociais e as táticas de exibição de características preferidas pela comunidade local influenciam acentuadamente nosso comportamento. Não obstante, muitos países proíbem, inconscientemente, o desenvolvimento e a diversificação de normas locais coesas, através das leis antidiscriminatórias relativas à locação e propriedade de bens imóveis. Por exemplo, o U.S. Department of Housing and Urban Development proíbe "discriminação de moradia baseada em raça, cor, naturalidade, religião, sexo, status familiar ou incapacidade física". As leis foram aprovadas com as melhores das intenções, porém apresentam efeitos colaterais nocivos sobre a capacidade de comunidades voluntariamente organizadas de criar os ambientes físicos, sociais e morais que seus membros desejam.

Está ficando cada vez mais evidente que as comunidades que apresentam uma diversidade de normas sociais caótica não funcionam muito bem. Algumas dessas evidências provêm de estudos de comunidades que apresentam grande pluralidade étnica. Se menciono essa evidência, não é por julgar que a diversidade étnica seja ruim, mas porque ela é uma das únicas substitutas da diversidade de normas sociais que tenha sido estudada até agora.

Por exemplo, o cientista político Robert Putnam descobriu que as comunidades americanas que exibem os maiores níveis de diversidade étnica tendem a apresentar níveis mais baixos de "capital social" — confiança, altruísmo, coesão e senso de comunidade. Ele e seus colegas analisaram os dados de 30 mil pessoas em 41 comunidades norte-americanas e descobriram que as pessoas que vivem em comunidades que apresentam maior diversidade étnica (o que significa, nos Estados Unidos, misturas mais homogêneas de cidadãos negros, hispânicos, brancos e asiáticos) tendem a ter níveis inferiores de:

- Confiança entre grupos étnicos
- Confiança dentro do seu próprio grupo étnico
- Solidariedade e coesão com sua comunidade
- Cooperação dentro da comunidade
- Senso de poder político
- Confiança em governos locais e nas lideranças
- Índices de registro de eleitores
- Caridade e voluntariado
- Investimentos em bens comuns
- Interesse em manter equipamentos comunitários
- Índices de transporte solidário
- Números de amigos
- Qualidade de vida
- Felicidade geral

Esses efeitos continuaram substancialmente homogêneos depois de verificar a idade, sexo, educação, etnia, renda e língua de cada indivíduo, bem como o índice de pobreza, desigualdade salarial, índice de criminalidade, densidade populacional, mobilidade e educação média de cada comunidade. Putnam não se propôs a verificar esses efeitos; como grande defensor tanto do capital social quanto da diversidade, ele parece ter ficado assombrado por esses resultados e publicou-os com grande relutância. Muitos outros pesquisadores relataram ter encontrado dados similares.

Suspeito que esses efeitos corrosivos da "diversidade étnica" sobre o capital social não são realmente efeitos da etnia, mas do fato de que cada afiliação étnica possui normas sociais diferentes — dialetos, valores, atitudes políticas, religiões, pressupostos sociais e sistemas de etiqueta distintos. Como foi demonstrado por Robert Kurzban e seus colaboradores, a etnia passa para um segundo plano quando as pessoas se sentem motivadas a cooperar umas com as outras para o bem comum, tomando como base interesses e normas compartilhadas. As comunidades que não possuem um conjunto coerente de normas sociais simplesmente não se consideram como comunidades e, portanto, as pessoas são voltadas para suas próprias famílias e casas.

Infelizmente, agora se tornou quase impossível que pessoas com mentalidade parecida consigam viver juntas em pequenas comunidades com normas sociais coesas. Normas de verdade só se conservam eficazmente quando há seleção de quem entrará para a comunidade, ao elogiar ou punir os membros que defendem ou violam as normas, e expulsar aqueles que as violam repetidamente. Essas são as exigências para sustentar o tipo de cooperação chamada reciprocidade de rede social, na qual os colaboradores formam comunidades locais e se ajudam mutuamente. As leis atuais da maior parte dos países desenvolvidos a tornam quase impossível. Os empreendedores imobiliários negros e muçulmanos não podem estabelecer comunidades fechadas que excluam os opressores brancos. Mulheres lésbicas traumatizadas por terem sofrido abusos sexuais na infância não podem estabelecer áreas vetadas aos homens. Pentecostais não podem excluir satanistas e praticantes de bruxaria de suas comunidades. Pessoas com câncer ou glaucoma que usam maconha por indicação médica não podem estabelecer áreas de uso livre da canabis. Polígamos praticantes de swing não podem excluir os puritanos monogâmicos, nem vice-versa.

Assim, ao passo em que as comunidades pluriculturais modernas podem ser muito livres do ponto de vista da escolha de estilo de vida individual, não o são quando se trata de permitir que as pessoas criem e sustentem normas e valores locais particulares da sua comunidade. Isso, na realidade, é ruim, apesar das ideologias liberais. Significa que a única maneira de ter alguma influência sobre quem são os seus vizinhos e como eles se comportam é alugar ou comprar a residência com base num determinado patamar de preços, para lograr uma estratificação econômica. As leis antidiscriminatórias aplicam-se, de fato, a tudo, menos a renda, resultando no fato de que temos guetos de baixa-renda, regiões com casas populares e zonas urbanas periféricas de classe média alta: uma forma de viver agrupado segundo o dinheiro, que corresponde de forma apenas moderada à inteligência e à consciensiosidade.

Ademais, quando a estratificação econômica é a única base para escolher onde morar, a riqueza se torna reificada como forma central de status em todas as comunidades — o menor denominador comum da virtude humana, o único jogo de exibição de traços disponível. Na medida em que se acaba morando próximo de pessoas que podem respeitar valores morais, sociais, políticos e intelectuais muito diferentes dos seus, o único jeito de competir por status é através do consumo notável. Ter um gramado mais verde, comprar um carro maior, acrescentar um Home Theater à sua sala. Quando um pentecostal mora próximo a um polígamo, a única maneira de eles competirem entre si é no nível econômico da exibição de riquezas. Contudo, se todos os pentecostais vivessem juntos, eles poderiam estabelecer novas normas sociais de renúncia a esse tipo de exibição, e iriam competir por status citando a Bíblia, falando línguas estrangeiras e difundindo o Evangelho. E, se todos os polígamos vivessem juntos, poderiam competir por status com boas conversas, excelente sexo, mínimo ciúme, máximo afeto e autenticidade emocional. Em ambos os casos, suas normas sociais locais poderiam impor um freio ao consumo desenfreado e deslocar seu tempo e sua energia para outras atividades mais coerentes com os seus valores fundamentais.

Essa ideia — a liberdade de viver perto de pessoas com valores em comum — pode soar radical aos membros da elite euro-americana educada, que tendem a considerar o pluriculturalismo, a diversidade e a tolerância como coisas naturalmente positivas. Mas ela soaria perfeitamente razoável para quase todos os nossos ancestrais vivendo em qualquer cultura que funcione bem em qualquer época da história. Isso é chamado de escolher a tribo: você tem de ser capaz de controlar quem entra em sua comunidade e sob quais condições as pessoas serão banidas. A eficácia e coesão da vida social local exigem proteção contra ameaças externas e o egoísmo interno. No mínimo, exige que todas as pessoas ao redor compartilhem regras de etiqueta para evitar conflitos, tenham uma língua em comum para resolvê-los e normas regendo as relações sociais, sexuais, parentais, familiares e econômicas, bem como para coordenar a ação em grupo, especialmente no caso de emergências. Estranhamente, muitas "comunidades" das nações desenvolvidas carecem desses pré-requisitos básicos para viverem juntamente. Essas comunidades funcionam como computadores que possuem um hardware (locação física e infraestrutura) e um sistema operacional (um governo, um sistema econômico e um conjunto de meta-normas no que diz respeito a tolerância e diversidade), mas nenhum aplicativo de software (nenhuma norma social específica governando a exibição de características e a busca de status em quaisquer outras esferas que não a riqueza).

Dentro de certos limites, as pessoas que compartilham valores e estilos de vida podem, às vezes, coordenar seus movimentos em determinados lugares. Homens gays americanos frequentemente se mudam para São Francisco ou Nova York. Os mórmons congregam-se com frequência em Utah. Não obstante, eles estão sempre misturados com pessoas hostis aos seus valores; precisam conviver com homofóbicos ou ateus, e não há nada que possam fazer a esse respeito. Em certas circunstâncias especiais, as pessoas podem criar comunidades de convivência que apresentem um conjunto de regras compartilhadas que limitem o consumismo desenfreado: associações de estudantes universitários, irmandades, comunas, alojamentos cooperativos, condomínios administrados por conselhos e regras internas, comunidades fechadas com convenções restritivas. Contudo, as leis antidiscriminatórias ainda se aplicam — esses sistemas de convívio não podem selecionar ou expulsar membros tomando como base a orientação sexual ou a religião, o que não ajuda os gays ou os mórmons a criar comunidades próprias, e ainda permite que a exibição de riquezas continue na base do status social.

Assim, os governos deveriam outorgar às pessoas a liberdade de criar comunidades residenciais locais com suas próprias normas sociais, desde que alguns direitos humanos básicos fossem respeitados. Os adultos devem ser livres para sair de uma comunidade de que não gostem. A punição por violar as normas sociais não deve exceder o ostracismo temporário ou o exílio permanente. Como John Stuart Mill argumentava, as crianças não devem ser submetidas a abusos que causem incapacidades físicas ou mentais permanentes (tais como a circuncisão, clitoridectomia, doutrinamento religioso ou aulas de balé que induzam anorexia). Evidentemente, é difícil distinguir entre aculturação normal e abuso infantil, mas isso sempre foi assim e eu não tenho condição de oferecer uma panaceia. Em parte, a civilização progride por meio da discussão desses problemas e da obtenção do consenso mais esclarecido, provisório e pragmático que é possível alcançar dentro da sua cultura. De qualquer maneira, o governo ainda tem que desempenhar um papel crucial na proteção dos oprimidos ou vulneráveis contra a tirania da maioria, mesmo dentro das comunidades locais mais radicais. Entretanto, se a maioria local não puder impor certas normas sociais distintivas sobre como sinalizamos a personalidade, o consumo desmedido continuará a ser a única opção.

## Optando pelo virtual

Além das novas formas de adquirir e exibir bens físicos reais, a exibição dos traços humanos está sendo revolucionada por três novas formas de comunicação eletrônica: telefones celulares (2 bilhões de usuários ativos globalmente desde meados de 2008), sites de relacionamentos sociais como MySpace e Facebook e jogos online com um número maciço de jogadores simultâneos, como o World of Warcraft (10 milhões de usuários) e o Second Life (2 milhões de usuários). Essas não são apenas novas maneiras de comunicação e entretenimento. Consideradas de modo mais amplo como parte da "Web 2.0", elas estão derrubando as barreiras geográficas e legais que tradicionalmente restringiam as capacidades de as pessoas formarem comunidades baseadas em mentalidades parecidas. Elas estão possibilitando o aparecimento de novas comunidades virtuais com suas próprias normas sociais, sistemas de sinalização e modos preferidos de exibição de traços. Permitem que se viva num mundo de escolha própria, sem considerar o posicionamento físico das pessoas.

Os pais lamentam o tempo que os filhos adolescentes gastam com esse tipo de tecnologia. Ela parece ser uma distração insignificante e comodista que desvia os jovens do seu papel dentro do capitalismo de consumo: (1) estudar ciências contraintuitivas e humanas irrelevantes para exibir inteligência e conscienciosidade; (2) trabalhar em meio expediente ganhando salário mínimo para aprender a ser humilde e ainda mais conscienciosos; (3) participar de atividades extracurriculares que causam boa impressão em formulários de pedido de matrícula em universidades ou para requerer um trabalho; (4) gastar dinheiro em bens, modismos e encontros que demonstram status.

Contudo, os jovens sempre demonstraram uma aptidão fantástica para alocar seu tempo e energia no desenvolvimento de novos modos de exibição de características que lhes confiram maiores retornos sociais e sexuais. *Guanxi* é onde encontram isso. Talvez eles entendam algo de telefones celulares, estabelecimentos de redes sociais e games que os adultos mais velhos simplesmente não conseguem compreender. Consideremos o contexto histórico: cada vez que as civilizações desenvolvem novas tecnologias sociais para exibir traços, a geração mais velha sempre critica o tempo perdido com as novas tecnologias e negligencia o desenvolvimento das habilidades de última geração. Os garotos da classe alta da Grécia antiga distraíam-se, às vezes, de seus papéis de administrar escravos e cultivar azeitonas ao se dedicarem àquela nova e indulgente tecnologia cognitiva para ostentar sua inteligência: os debates filosóficos na Academia de Platão. A leitura de romances pelas jovens mulheres vitorianas era considerada algo frívolo que as distraía de suas tarefas de cantar hinos e conseguir um marido. Durante centenas de anos, a educação superior foi uma forma indulgente de lazer conspícuo para a aristocracia e a pequena nobreza fundiária, até que a burguesia aspirante começou a apreciar o seu valor como um mercado que oferecia oportunidades para encontrar parceiros sexuais e como indicador de inteligência para os seus rebentos. Os pais dos beatniks, da Velha Esquerda, consideravam que seus filhos, ao conversarem avidamente sobre existencialismo e filmes New Wave em cafés de Nova York e Paris, nos anos de 1960, negligenciavam seus deveres para com o socialismo internacional. Os hippies, que buscavam status social e oportunidades para encontrar parceiras sexuais por meio do conhecimento notável das letras de Grateful Dead e das cepas de haxixe afegão, eram criticados por deixar de exibir sua boa forma conforme a tradicional maneira machista: bebendo, estuprando namoradas e matando estrangeiros.

Para os jovens, hoje, os telefones celulares, as redes de relacionamentos sociais e os jogos on-line são formas maravilhosamente eficientes para minar as convenções consumistas de exibição de traços. Em vez de gastar anos estudando para obter uma educacional credencial, conseguir um emprego com alto salário, comprar produtos de grife, exibir a própria inteligência e traços de personalidade para potenciais amigos e parceiros sexuais, a garotada simplesmente exibe a personalidade diretamente através das novas tecnologias de comunicação. Por que tentar exibir habilidades verbais com um diploma de Yale em teoria literária pós-moderna se você pode escrever o próprio blog? Por que exibir seu gosto estético ganhando dinheiro para comprar quadros impressionistas de categoria inferior, se você pode projetar seu site no MySpace, com gráficos próprios, fotos, desenhos e música? Por que tornar-se um pediatra para exibir afabilidade, se você pode ser perfeitamente amável em mensagens de texto? Por que adotar convenções religiosas custosas para provar sua provável fidelidade sexual no casamento, se você pode simplesmente manter o telefone celular com GPS constantemente ligado para que seu cônjuge possa lhe telefonar sempre e checar onde você está? De qualquer maneira, as novas tecnologias de comunicação tornam a maior parte das aspirações, valores, habilidades e critérios de status — isto é, a maioria dos modos tradicionais de exibição de traços — obsoleta.

Isso confunde a geração mais velha, que nunca consegue conceber exatamente como as novas táticas de exibição de características podem resultar em amigos, parceiros sexuais e bebês. É que os jovens são muito engenhosos na invenção de novos dialetos para ocultar o modo como se comunicam, interagem com amigos e fazem ligações sexuais secretas. Outro motivo é o fato de cada geração de pais subestimar a capacidade dos filhos de encontrar parceiros sexuais e um nicho econômico estáveis ao entrarem nos seus vinte ou trinta e poucos anos. Mas, principalmente, porque cada geração esquece o quanto suas próprias relações sociais e sexuais pareciam obscuras e indiretas para os próprios pais. Pais iletrados ficavam perplexos de seus filhos já não cortejarem pessoalmente, mas através de cartas — como meras cartas podiam resultar em relações e filhos de verdade? Os pais do início do século XX ficavam perplexos ao ver que seus filhos já não escreviam cartas, porém conversavam pelo telefone. Como bater papo pelo telefone podia produzir netos? Os pais sempre temem que os novos modos de namoro tecnicamente mediados levem os filhos a esquecer como discriminar os bons dos maus parceiros sexuais, e que os novos modos tecnicamente mediados de fazer amizade e buscar status levem os filhos a esquecer como encontrar um nicho econômico viável para sustentar suas próprias proles. Contudo, a história mostra que cada nova geração sucedeu em fazer ambas as coisas, a despeito das infindáveis revoluções na tecnologia e nos papéis econômicos: caçar, coletar, criar gado, lavrar a terra, trabalhar em fábrica, seguir carreiras corporativas, profissões credenciadas, a economia global eletrônica. Esse registro da extrema adaptabilidade humana no que tange à socialização, busca de parceiros sexuais e criação de filhos sugere que as gerações futuras saberão se sair muito bem, independentemente de quais sejam os seus modos de exibição de traços.

Como sempre, uma perspectiva evolucionista mostra que nossas preocupações sociais atuais são menores, mais transitórias e solucionáveis do que nos parecem. Faz com que vejamos mais claramente o que é constante na natureza humana (as características principais que variam entre as pessoas, o impulso de exibi-las aos demais e o ímpeto de avaliar as dos outros), e o que é variável através do tempo e das culturas (rótulos verbais para os traços principais, modos particulares de exibi-los e avaliá-los, formas particulares de status e intercâmbio econômico). Isso nos faz lembrar que 90% do que chamamos de "realidade" hoje já é convenção social — na maior parte do tempo, nossas cabeças já estão presas a nossa própria cultura. Uma perspectiva evolucionista nos faz confiar que cada nova geração encontrará a própria maneira de transformar as novas tecnologias em novos modos de exibição de características e oportunidades econômicas. Faz com que tomemos consciência de que outra coisa logo substituirá o sistema atual de capitalismo de consumo e suas características-chave: credencialismo, obsessão pelo trabalho, consumo conspícuo, casas unifamiliares, redes de relacionamentos sociais e familiares fragmentadas, normas sociais enfraquecidas, definições estritamente econômicas de progresso social e status nacional, e democracia indireta distorcida pelos interesses corporativos e os conglomerados de mídia. Essas características aparentemente naturais da sociedade contemporânea parecerão tão estranhas aos nossos bisnetos quanto caçar mamutes, lavrar a terra com charruas e datilografar em máquinas de escrever parecem-nos estranhas atualmente.

## O grande quase-experimento social

A ciência depende de experimentos comparativos para compreender a causalidade. Se os cientistas não forem capazes de atribuir diferentes entidades aleatoriamente a diferentes condições, e então medir como essas condições afetam o comportamento das entidades, nós não poderemos deduzir o que realmente causa o comportamento. Os psicólogos só podem alegar que o fator $x$ "causa" alguma mudança no comportamento humano se for possível atribuir aleatoriamente um fator $x$ a algumas pessoas num contexto experimental, e uma condição sem $x$ a outras pessoas, e depois ver o que acontece. Se a condição $x$ acarretar de forma confiável uma mudança no comportamento médio numa amostra suficientemente grande de pessoas, poderemos afirmar que $x$ causa a mudança. Em contrapartida, as ciências sociais sempre foram tolhidas pelo fato de não poderem atribuir aleatoriamente grupos de pessoas a diferentes culturas com diferentes normas e instituições sociais e, portanto, não poderem realmente deduzir o que causa o quê. Até mesmo a Campbell Collaboration, grande consórcio internacional de cientistas sociais que tentam desenvolver o novo campo de políticas sociais baseadas em evidências, enfrenta um verdadeiro desafio para fazer afirmações causais e defende experimentos mais aleatórios de intervenções na área de crime, educação e assistência social.

Até certo ponto, podemos superar esse problema ao permitir que as pessoas formem uma grande diversidade de comunidades com coincidências de opiniões, cada uma possuindo normas sociais coesivas. Um dos enormes benefícios de legalizar esse tipo de diversidade é que poderíamos aprender o que realmente faz com que as comunidades funcionem. Poderíamos comparar diferentes critérios de sucesso em várias comunidades e ver o que é bem-sucedido e o que fracassa. Os critérios poderiam ser tão variados quanto quiséssemos:

níveis medidos de felicidade, pacificidade, ligação social, eficácia na exibição de traços, pujança cultural, progresso técnico, bem-estar econômico, sustentabilidade ambiental ou o que for. Quanto maior o número de comunidades, quanto mais diversas suas normas e quanto melhor os dados sobre seus resultados, mais rápido aprenderíamos que tipos de normas e instituições sociais possibilitam que as pessoas e as comunidades desabrochem.

É óbvio que ainda não podemos atribuir aleatoriamente pessoas a determinadas comunidades, pois isso seria antiético. Mas, ao maximizar a liberdade que os indivíduos e as famílias têm para escolher as próprias comunidades, podemos minimizar muitas das "confusões" costumeiras que dificultaram a interpretação das diferenças entre culturas. Por exemplo, nas sociedades tradicionais, a cultura da população local (incluindo normas e instituições sociais) é quase sempre confundida com a composição genética, estrutura demográfica, nível de desenvolvimento econômico e contexto ecológico dessa população. No caso de uma população estar florescendo e outra definhando, é virtualmente impossível descobrir se o resultado se deve a diferenças na cultura, na genética, na riqueza ou no meio ambiente. Ao maximizar a mobilidade social e geográfica, podemos distinguir melhor o sinal de cultura para além da interferência dessas miscelâneas. Portanto, não teríamos um verdadeiro design experimental com atribuições aleatórias reais, mas teríamos o que os cientistas comportamentais chamam de design quase-experimental — que não é comparável ao primeiro, mas muito melhor que aquilo de que dispomos atualmente.

Para deduzir a causalidade em quase-experimentos, é útil medir tantas miscelâneas quanto possível, para que possamos verificar seus efeitos estatisticamente. Para avaliar o quanto uma comunidade funciona bem com um conjunto particular de normas, seria crucial medir a distribuição das Seis Características Centrais entre os habitantes.

Quase qualquer comunidade pode ser bem-sucedida, independentemente das normas sociais, caso admita somente pessoas altamente inteligentes, conscienciosas, afáveis e estáveis. Quase qualquer comunidade fracassará se excluir todas as pessoas desse tipo. Para estabelecer comparações justas entre comunidades, precisamos saber que tipo de pessoas elas contêm, para que possamos neutralizar os efeitos das próprias normas sociais.

O resultado seria um grande quase-experimento social. A própria sociedade a tornaria o laboratório e aprenderíamos de forma muito mais eficiente o que torna as comunidades bem-sucedidas ou fracassadas. Esse conhecimento se alastraria e, a longo prazo, as comunidades imitariam as normas, instituições, formações sociais e os aspectos culturais que funcionam em outras partes. As características culturais bem-sucedidas se disseminariam, mudariam, recombinariam e evoluiriam no nível social. Os fracassos se extinguiriam. Isso acarretaria uma forma especialmente rápida e eficaz de "seleção de grupo cultural", como é chamado pelos antropólogos Robert Boyd e Peter Richerson. Um aspecto bom dessa seleção é que as culturas melhores poderiam se espalhar às demais populações sem que as pessoas se colonizassem, ou matassem umas às outras. Outro aspecto positivo é que não precisaríamos fingir já saber que tipos de normas, instituições e conformação sociais funcionam. Não precisaríamos apelar para a engenharia social, que é centralizada, compulsória ou arrogante, como os grandes experimentos feitos pelo totalitarismo do século XX. Poderíamos ser humildes, deixar as pessoas experimentarem com seus arranjos sociais, observar os resultados e adotar o que funciona. Em outras palavras, reconhecer que a evolução cultural, a exemplo da biológica, é muito mais esperta do que nós.

# 17

# Legalizando a liberdade

ALTERAR AS NORMAS sociais informais é, normalmente, o modo mais eficaz de mudar o comportamento humano. Frequentemente, isso pode ser realizado sem qualquer modificação nas políticas, programas, impostos ou leis governamentais. Porém, às vezes, as características existentes no governo formal impõem incentivos perversos que limitam a liberdade das pessoas para mudar velhas normas sociais — especialmente as que governam a sinalização social e sexual. O presente capítulo considera algumas das maneiras com que os cidadãos poderiam encorajar seus governos a alterar a natureza do consumismo — não tornando o consumo ilegal, porém permitindo que suas muitas alternativas floresçam mais facilmente. Isto é, as políticas governamentais não precisam desencorajá-lo, apenas parar de promovê-lo inconsciente ou intencionalmente ao restringir as escolhas e relações humanas.

Um problema da maior parte dos governos atuais é priorizar o crescimento econômico (conforme medido pelo PIB per capita) em detrimento da felicidade, qualidade de vida, eficiência na exibição de traços e a amplidão e profundidade das redes de relacionamentos sociais dos cidadãos. Os resultados dos últimos não são realmente mais difíceis de medir do que o PIB per capita. Por exemplo, O Índice de Desenvolvimento Humano da ONU (IDH) mede a qualidade de vida em geral de forma bastante apurada, ao levar em consideração a expectativa de vida, o nível de alfabetização e os resultados educacionais. Esse índice situa a Islândia, Noruega, Austrália e o Canadá no topo, e a República Democrática do Congo no fim do ranking. Atualmente, até mesmo o Banco Mundial encoraja os países a medirem o valor de "serviços ao ecossistema", "capital natural", "capital social", educação e conhecimento. Contudo, mesmo as medidas mais abrangentes de qualidade de vida ainda tendem a ignorar algumas variáveis-chave, tais como o número médio de horas trabalhadas por ano (1.800 para os Estados Unidos e o Japão, contra 1.400 para a Alemanha, França, Noruega e os Países Baixos).

Não obstante, esses resultados não-monetários simplesmente não produzem receitas tributárias para sustentar a burocracia governamental e a exibição de características jactanciosa dos próprios políticos, tais como hospitais com nomes de ministros e porta-aviões alçados a plataformas de discursos triunfantes. Assim, o Butão continua a ser a única nação no mundo a priorizar explicitamente a Felicidade Interna Bruta em relação ao Produto Interno Bruto. Já que os governos são incentivados a maximizar as receitas tributárias, também são estimulados a influenciar os tipos de exibição de traços que seus cidadãos usam para com aqueles que exigem trabalhos remunerados e gastos em consumo. Portanto, se você quiser compreender como o poder político influencia negativamente os sistemas de exibição de características da sociedade, você tem de rastrear o dinheiro do qual a política depende: carga tributária para sustentar o governo e finanças de campanha para apoiar os políticos individuais. Esses são os pontos-chave da alavanca democrática em que os cidadãos podem ordenar mudanças de políticas que deixem todos livres para exibir seus traços de modos mais diversos e exatos.

## Do imposto de renda a impostos sobre o consumo

Você pode achar política tributária o assunto mais enfadonho do mundo. Isso é precisamente o que a maioria dos governos, empresas e pessoas com interesses especiais gostaria que você pensasse, porque é através dela que grande parte da sociedade e da economia são configuradas. Também é nesse âmbito que os cidadãos bem-informados podem realizar revoluções socioeconômicas com eficácia e rapidez espantosas — mas somente se perceberem o quanto podem exercer nessa área. Se os cidadãos não entenderem os impostos, não compreenderão como, quando e onde o governo expropria dinheiro, tempo e liberdade de suas vidas. Tampouco como a maior parte dos governos favorece o consumo — em detrimento da poupança — e influencia algumas de suas formas — em detrimento de outras —, distorcendo os sistemas de exibição de traços que as pessoas poderiam preferir.

Um aspecto curioso da tributação é a discrepância que se verifica corriqueiramente entre o que os governos fazem e o que os peritos recomendam. Na maior parte das nações desenvolvidas, inclusive nos Estados Unidos e no Reino Unido, os governos dependem principalmente do imposto de renda. Contudo, a maioria das pessoas que se debruçaram sobre as políticas tributárias — desde os economistas conservadores até os eco-ativistas — é a favor dos impostos sobre o consumo. Os impostos sobre as vendas praticados pela maior parte dos estados norte-americanos constituem exemplos simples de imposto sobre o consumo: os consumidores pagam de 4 a 8% de acréscimo sobre o preço da maioria das compras no varejo, que são repassados ao governo do estado. O imposto sobre o valor agregado (VAT), o preferido na Europa, constitui um imposto sobre o consumo ligeiramente mais complexo, já que é arrecadado não apenas sobre as compras feitas no varejo pelos consumidores individuais, mas sobre todas as transações em toda a cadeia de fornecimento, desde a mineração e a manufatura até a distribuição e a venda.

Quase todos os economistas concordam que os impostos sobre o consumo, quando comparados com os impostos sobre a renda, encorajam a consumir menos, porém a ganhar mais, poupar, investir e fazer doações de caridade. Ao tornar o consumo relativamente mais caro, os impostos sobre ele fazem com que todas essas outras atividades sejam relativamente menos caras; portanto, as pessoas tendem a deslocar o dinheiro do consumo para essas outras atividades. Assim, tais impostos tendem a reduzir o consumo conspícuo e promover melhores condições de longo prazo, como aposentadorias, riqueza familiar, assistência social, progresso técnico e crescimento econômico. Essencialmente, os impostos sobre a renda penalizam as pessoas pela contribuição à sociedade (trabalho e capital), enquanto os impostos sobre o consumo as penalizam pelo que retiram da sociedade (novas compras no varejo). Consequentemente, não constitui nenhuma surpresa para os tributaristas que os cidadãos dos Estados Unidos e do Reino Unido gastem demais e não poupem o suficiente ao que seria considerado ótimo para a sociedade e até para si mesmos. O problema não é apenas o fato de os consumidores carecerem de autocontrole moral como indivíduos, mas que os cidadãos enfrentem incentivos econômicos perversos no nível agregado.

A maior parte dos países do Leste Europeu (tais como Ucrânia, Letônia, Sérvia e Romênia) adotou os impostos sobre o consumo nos anos de 1990, obtendo resultados substancialmente positivos. A maioria dos países do Oeste Europeu, além do Japão, já arrecada algum tipo de VAT que funciona como um imposto sobre o consumo. Nos EUA, o imposto sobre o consumo tem sido defendido pelos economistas Alan Greenspan e Robert Frank, bem como pela organização FairTax.

A FairTax sugere um imposto federal sobre as vendas no varejo (de aproximadamente 23%), que seja simples, visível e incida sobre todas as compras de novos bens e serviços por consumidores individuais, a ser recolhido no local e no momento da venda. Essa proposta aboliria todos os impostos de renda federais de pessoas físicas, jurídicas, e sobre doações, propriedade fundiária, ganhos de capital, seguridade social, planos de saúde e impostos de autônomos. Como um imposto brandamente progressivo com um "pré-abatimento" para garantir que ninguém abaixo do limiar de pobreza o pague. Também geraria receitas de forma mais justa dos imigrantes ilegais e dos turistas (que não declaram e não têm restituição de impostos, mas que compram coisas) e os trabalhadores da economia informal (como ladrões, prostitutas e babás, que tipicamente declaram sua renda para menos, mas que não conseguem ocultar suas compras no varejo).

Analistas mais conservadores tendem a preferir o flat tax — percentual fixo sobre a diferença anual entre a renda do indivíduo e seus gastos de consumo (excluindo todas as poupanças, investimentos, e doações de caridade). Ambas, a FairTax e a flat tax, seriam simples de implementar, facilmente compreensíveis e pouapariam centenas de bilhões de dólares em custos de averiguação de pagamento de impostos.

O economista Robert Frank sugeriu um imposto sobre o consumo com progressão menos branda. Ele seria aplicado como o flat tax, porém o percentual pago aumentaria com o consumo líquido de cada indivíduo, subtraindo uma dedução módica para os custos de vida básicos (aproximadamente 30 mil dólares para uma família de quatro pessoas). O imposto sobre o consumo começaria com uma alíquota baixa, como 10%, mas aumentaria gradualmente à medida que o consumo líquido da família crescesse, até atingir a alíquota superior de aproximadamente 100%, para as famílias que gastam mais de 10 milhões de dólares ao ano. O raciocínio de Robert Frank, como o meu, é que muitas compras funcionam como bens posicionais que exibem riqueza, status ou traços de personalidade, em vez de resultar em benefícios de verdadeira felicidade ou de aptidão para o comprador. (Aqui, a "verdadeira felicidade" tem o significado indiscutível de "bem-estar subjetivo" ou de "satisfação geral com a vida", e pode ser medida de forma confiável e eficaz com muitos questionários diferentes.) No que diz respeito aos grandes gastadores que buscam manter um status elevado por meio do consumo, nem uma alíquota muito alta de imposto sobre o consumo conseguiria realmente diminuir sua felicidade ou boa forma. Ela apenas redirecionaria algum de seu dinheiro, que seria gasto em forma de desperdício, precisão e reputação conspícuos — que não somam nada —, para formas de gastos governamentais positivos. Todos os meus argumentos são plenamente a favor da proposta de Robert Frank de instituir um imposto progressivo sobre o consumo.

## Alíquotas diferentes do imposto sobre o consumo para produtos diferentes?

No que tange aos impostos sobre o consumo recolhidos no local e na hora da venda no varejo, seria fácil cobrar alíquotas distintas sobre diferentes tipos de bens e serviços. Poderia ser justo e razoável impor uma alíquota de imposto mais elevada para produtos que resultam em "exterioridades negativas" (efeitos colaterais custosos) mais elevadas para a sociedade e o meio ambiente, para que os programas de governo possam compensar esses efeitos colaterais. Por exemplo, se um maço de cigarros de 1 dólar resultar em aproximadamente 6 dólares de custos adicionais para o sistema de saúde de determinado país cobrir as despesas de cuidar do maior número de pacientes com câncer de pulmão e enfisemas, então o imposto sobre o consumo deveria ser de 600% para os cigarros. (Atualmente, alguns estados norte-americanos impõem imposto sobre o consumo para cobrir os custos de saúde mais elevados dos fumantes, porém esse imposto varia somente entre 18 centavos de dólares por uma carteira de vinte cigarros no Mississipi e 2,58 dólares em Nova Jersey.) Um imposto desse tipo reduziria os custos de saúde de longo prazo para os fumantes, especialmente em grandes países pobres como a China (onde 65% dos homens — 420 milhões — fumam) e a Índia (onde 45% dos homens — 250 milhões — fumam). Isto perfaz 1,3 bilhões de pulmões regularmente expostos a carcinógenos.

À guisa de outro exemplo, se um abacaxi de 1 dólar for transportado de caminhão por 2.300 quilômetros de estradas federais e assim acarretar 2 dólares de desgaste na infraestrutura de transporte da nação, sua alíquota de imposto de consumo deveria ser de 200% — muito mais elevada do que a incidente sobre maçãs ou abacates plantados no local. Inversamente, produtos social e ecologicamente inócuos (como bicicletas, universidades e downloads de iTunes) poderiam pagar alíquotas de imposto sobre consumo muito menores.

Antes do advento do código de barras, dos scanners a laser e dos sistemas de inventário computadorizado, teria sido impraticável para os varejistas cobrarem alíquotas de imposto sobre o consumo específicas para cada produto. Agora, os economistas do governo federal poderiam atribuir certa alíquota de imposto sobre o consumo para cada tipo de produto, tomando como base os dados reais concernentes às exterioridades, e essa alíquota de imposto seria acrescida automaticamente quando os caixas escaneassem o item ou cobrassem pelo serviço.

Quaisquer produtos que resultassem em "exterioridades positivas" (cuja aquisição e uso realmente poupassem recursos do governo, da sociedade e do meio ambiente) poderiam estar sujeitos a uma alíquota negativa de imposto (constituiria, efetivamente, um subsídio governamental). Esses produtos com exterioridade positiva incluiriam isolamento térmico residencial (para minimizar o aquecimento global), airbags adaptados posteriormente a carros mais velhos (para minimizar ferimentos custosos) e treinamento vocacional (para minimizar o desemprego).

No outro extremo, a alíquota do imposto sobre o consumo deveria ser muito, muito alta para quaisquer produtos que impusessem maciças exterioridades negativas. Consideremos a munição para pistolas. Atualmente, 500 unidades de projéteis de 9mm podem ser compradas por aproximadamente 110 dólares no comércio on-line nos EUA — cerca 22 centavos cada uma. Porém, cada projétil tem uma ligeira chance de cair em mãos erradas e matar alguém. Quão ligeira? São vendidas anualmente aproximadamente 10 bilhões de munições nos Estados Unidos. Por outro lado, ocorrem aproximadamente 30 mil mortes relacionadas a armas de fogo nos Estados Unidos todos os anos (incluindo suicídios, homicídios e acidentes). Considerando que uma típica morte por arma de fogo envolva um projétil, a chance de que uma bala qualquer acabe matando alguém é de aproximadamente 30 mil dividido por 10 bilhões, ou seja, três em um milhão. Agora, a vida de uma pessoa é geralmente avaliada em cerca de 3 milhões de dólares, de acordo com as análises costumeiras de custo-benefício de risco por engenheiros de estradas, companhias aéreas e hospitais. Se cada projétil possuir três chances em um milhão de suprimir uma vida no valor de 3 milhões de dólares, então aquele projétil estará impondo um custo médio esperado de 9 dólares à sociedade. Isto equivale a aproximadamente quarenta vezes o seu preço convencional no varejo, de 22 centavos; consequentemente, no meu entender, ele deveria estar sujeito a uma alíquota de imposto sobre o consumo de 4.000%. Evidentemente, trata-se apenas de um cálculo aproximado, que ignora os custos de ferimentos não-letais (que aumentariam o imposto) e os efeitos dissuasivos para o crime, caso existam, que constitui o fato de os cidadãos possuírem munições (que diminuiriam o imposto). De qualquer modo, a caixa de 500 munições deveria custar aproximadamente 4.500 dólares — e não 110 dólares.

Esse tipo de alíquota elevada não minaria de forma alguma a sagrada Segunda Emenda, que a National Rifle Association tanto preza. As pessoas ainda teriam o direito de possuir e portar armas, porém simplesmente precisariam pagar à sociedade os verdadeiros custos estimados que o seu hobby perigoso impõe a terceiros. Eles poderiam pagar 4.500 dólares — mais que a renda média mensal de uma família nos EUA — por uma caixa de 500 munições para "tiro recreacional". Caso elas não estejam dispostas a pagar essa quantia, deviam apresentar um argumento bem fundamentado que justifique o motivo pelo qual o restante da população deveria subsidiar os custos sociais, econômicos, médicos e fúnebres agregados ao seu passatempo.

Argumentos similares podem ser aplicados às motocicletas e aos pit bulls (sendo que ambos mutilam e matam seus proprietários numa proporção espantosa). A alíquota do imposto sobre o consumo também deveria ser alta para indústrias de serviços que impõem efeitos colaterais custosos à sociedade, sob forma de obesidade (restaurantes de fast-food), poluição sonora (demolição de concreto) ou falsas esperanças que atrasem o início de tratamentos médicos ou psiquiátricos (representantes da Ciência Cristã, cientologia, homeopatia ou fitoplâncton vibratório). Sim, as pessoas deveriam ser livres para escolherem o nível de risco físico que desejam impor a si mesmas, mas também deveriam pagar caro pelos prováveis custos sociais daí decorrentes, caso os riscos fossem muito elevados.

Seguindo esse raciocínio, um imposto sobre o consumo com alíquota específica para cada produto permitiria aos governos legalizarem uma gama muito mais ampla de bens e serviços. A maioria dos produtos que são ilegais em alguns lugares (drogas, prostituição, ácidos graxos trans) o são porque os órgãos reguladores partem do princípio de que eles impõem exterioridades inaceitáveis para a sociedade (vício, AIDS, obesidade). Se os impostos sobre o consumo baseados em evidências compensassem os verdadeiros custos dessas exterioridades, o principal motivo econômico e moral para manter esses produtos fora da lei se evaporaria. Os reguladores mais influentes do mundo (hoje localizados em Bruxelas e não em Washington) poderiam concentrar-se em minimizar o mal derivado de produtos e práticas comerciais verdadeiramente perigosos.

## Mapeando o verdadeiro custo

Determinar uma alíquota do imposto sobre consumo apropriada para cada categoria de produtos e fazer isso tomando como base pesquisas empíricas legítimas e não motivos ideológicos representaria um grande desafio. No que diz respeito a muitas dessas categorias, os governos e os ativistas ambientais tentariam maximizar a alíquota aplicável, enquanto os marqueteiros tentariam minimizá-la. Inicialmente, somente os custos sociais mais evidentes — sistema de saúde, transporte, poluição — seriam estimáveis em termos de dólar-por-produto. Quantificar os custos médios de saúde a longo prazo para os fumantes de um maço de cigarros seria muito mais fácil do que quantificar os custos do fumo indireto. Quantificar os custos de manutenção das estradas para transportar cada abacaxi por 3.200 quilômetros seria muito mais fácil do que quantificar os efeitos, em termos de promoção de estupros, apresentados por cada revista pornográfica que alegadamente serve para reforçar o patriarcado.

Seria necessário realizar uma grande quantidade de novas pesquisas científicas sobre as exterioridades específicas dos produtos, e essas pesquisas teriam de ser fundamentadas, analisadas e interpretadas com muita cautela. Surgiriam complexidades e confusões — talvez, as pessoas mais gordas tendessem a fumar mais e a gordura, não o fumo, é que estaria contribuindo para o câncer de pulmão. Talvez os homens de baixa afabilidade tendessem a comprar pornografia com maior frequência, e também cometessem mais estupros, assim a pornografia não seria culpada pelos estupros. O ideal seria que as medições de exterioridades usassem o mesmo tipo de experimentos aleatórios que hoje determinam a segurança e a eficácia de drogas clínicas. Isso requereria uma mudança radical na postura do governo — passando da presunção arrogante de que sabemos como as políticas influenciarão o comportamento à percepção humilde de que precisamos realizar experimentos sociais para determinar seus efeitos.

Por exemplo, se realmente quiséssemos saber se o consumo de refrigerantes aumenta a obesidade e os índices de ocorrência de diabetes, realizaríamos um estudo usando o próprio imposto sobre o consumo. A alíquota se fixaria dentro de uma ampla gama de diferentes níveis aleatórios (de tal maneira que uma lata de refrigerante custasse entre 25 centavos e 50 dólares) em vários milhares de cidades e metrópoles. Caso houvesse policiamento suficiente para minimizar o mercado negro de refrigerantes não tributados que resultaria dessa medida, as alíquotas de imposto mais elevadas reduziriam as vendas de refrigerantes e, assim, ocasionariam diferentes índices de consumo em diferentes regiões. Ao registrar esses índices e também os de obesidade e diabetes em cada região durante vários anos, perceberíamos exatamente o quanto cada lata de refrigerante aumenta a média dos índices de obesidade e diabetes, bem como os custos de assistência à saúde daí resultantes. A alíquota do imposto de consumo para os refrigerantes seria, então, fixada. Pode parecer cruel realizar estudos desse tipo, que, na realidade, transformam os consumidores de refrigerantes em camundongos. Não obstante, essa é exatamente a informação de que precisamos para resolver as discussões que têm se propagado desde os anos 1970 entre ativistas antirrefrigerantes e fabricantes do produto. Os dois grupos, caso tivessem qualquer integridade intelectual, deveriam querer dispor de mais informação causal sobre o assunto, e a única maneira de obtê-la é por meio desse tipo de estudo aleatório. Quando alguns estudos assim, realizados em diferentes países, fossem publicados, o problema estaria resolvido.

Os céticos poderiam objetar que a fixação apropriada de alíquotas específicas de imposto sobre o consumo de cada produto exigiria uma vasta burocracia governamental. Milhares de economistas, estatísticos, atuários e psicólogos medindo todas as exterioridades, riscos e custos de cada classe de produto. Isso é verdade, mas é precisamente do que necessitamos: bons e sólidos dados sobre os verdadeiros custos sociais e ambientais dos bens e serviços que compramos. Se não coletarmos e analisarmos esses dados, todos os argumentos sobre os efeitos sociais e ambientais das diferentes políticas não passarão de conversa fiada. Não poderão se basear em evidências.

Enquanto projeto governamental, uma iniciativa científica maciça para coletar essas evidências não soa tão instigante quanto um programa Apollo para enviar um homem à lua. Entretanto, ela poderia propiciar uma vantagem muito maior a longo prazo: um mapa preciso de como as decisões de consumo afetam a sociedade e o meio ambiente. Poderia ostentar um nome atraente, como o Mapa do Verdadeiro Custo, em vez de algo burocrático como Matriz de Referência Internacional Baseada em Evidências para as Exterioridades Específicas de Produtos (MRIBEEEP como sigla?). Desenvolver uma Mapa do Verdadeiro Custo resultaria em outros benefícios, como criar trabalhos relevantes para milhares de cientistas sociais subempregados que, de outra maneira, poderiam sair por aí ensinando o Modelo Radical Errado a ingênuos estudantes universitários.

A "tragédia dos bens comuns" de Garrett Hardin surge sempre que as pessoas não precisam pagar pelas reais exterioridades que suas escolhas de consumo impõem a terceiros. Contudo, quando elas são responsáveis por esses pagamentos, suas escolhas de consumo se tornam quase perfeitamente alinhadas com os interesses da sociedade como um todo. Se os consumidores de peixes tivessem de pagar o pleno preço real que seu hábito de comer peixe impõe sobre as espécies ameaçadas, o excesso de pesca sofreria uma redução automática. Do ponto de vista ideal, o imposto sobre o consumo de cada classe de produtos deveria ser usado para equilibrar as exterioridades específicas impostas por essa classe de produto. Caso logre reduzir a tragédia dos efeitos comuns, não importa realmente que o dinheiro do imposto sobre o consumo seja arrecadado e queimado, ou arrecadado e gasto em programas sociais e ambientais úteis. Contudo, a última opção parece mais razoável.

Para os conservadores e os libertários, esse tipo de sistema de imposto sobre o consumo talvez pareça uma nova maneira aterrorizante de o governo interferir no livre mercado. Na prática, ela restringiria severamente o poder de intromissão do governo. Suponhamos que as alíquotas específicas por produto precisassem obrigatoriamente se basear em evidências empíricas rigorosas relativas às exterioridades. Então, os governos só aplicariam alíquotas com valores superiores ao valor mínimo aos produtos que comprovadamente impusessem custos às outras pessoas e ao meio ambiente. Até mesmo os libertários mais ardentes, como Robert Nozick, reconheceram a necessidade de um "estado vigilante" que proteja as vidas e os bens das pessoas do mau comportamento de terceiros. As leis contra o homicídio e o roubo são, do ponto de vista econômico, maneiras simples de impedir as pessoas de impor exterioridades negativas como a morte ou a perda de bens a outras pessoas. As alíquotas de imposto sobre o consumo específicas para cada produto simplesmente impediriam os consumidores de impor outros tipos de exterioridades negativas (tais como a poluição, o desgaste de rodovias e os riscos de levar um tiro) aos outros.

Todas as exterioridades negativas constituem, por definição, intromissões na vida e bens de outras pessoas. Assim, até mesmo os libertários mais radicais, que acreditam que os governos não deveriam fazer nada além de proteger as pessoas desse tipo de intromissão, deveriam se dispor a aceitar um imposto sobre o consumo elaborado especificamente para compensar tais intromissões. Visto desse ângulo, o imposto sobre o consumo não é uma interferência paternalista. Pelo contrário, trata-se de um clássico "imposto pigoviano", concebido para corrigir as exterioridades negativas da atividade do mercado. Os governos democráticos são, entre outras coisas, modos de as pessoas administrarem as exterioridades do comportamento econômico humano nos mercados livres. Consequentemente, parece razoável que os governos imponham impostos sobre o consumo concebidos para neutralizar as exterioridades de cada tipo de produto. Em outras palavras, deveríamos ser livres para escolher o que compramos e como vivemos, desde que pagássemos o preço justo pelos prejuízos causados a terceiros durante esse processo.

## Promovendo a longevidade dos produtos

Os impostos sobre o consumo ajudariam a resolver outro problema do consumismo moderno. No presente momento, as empresas frequentemente podem maximizar as vendas de longo prazo através da obsolescência planejada e da qualidade de produção inferior. Se você for um fabricante de esfregões, conseguirá um fluxo de renda quatro vezes maior vendendo esfregões com punhos de plástico que custam

8 dólares e quebram dentro de dois anos (resultando numa venda de 4 dólares por ano e por cliente) do que vendendo esfregões com punho de aço que custam 12 dólares e duram 12 anos (resultando em 1 dólar por ano). O custo ambiental para produzir cada esfregão pode ser parecido — talvez cada um imponha 4 dólares em exterioridades. Contudo, os esfregões de punho de plástico precisam ser substituídos num intervalo seis vezes maior; portanto, durante a vida de um usuário de esfregões, a utilização do modelo com punho de plástico impõe esses 4 dólares de exterioridade com uma frequência seis vezes maior. A alíquota do imposto sobre o consumo que grava uma categoria de produtos aumentaria para os produtos que se depreciassem mais rápido, quebrassem mais facilmente e precisassem ser substituídos mais frequentemente devido à qualidade inferior de produção. Por exemplo, os esfregões de punho de aço poderiam pagar apenas a sexta parte da alíquota de imposto sobre o consumo que incide sobre os esfregões com punhos de plástico — talvez uma alíquota de 12% em vez de 72%. Assim, o preço total dos esfregões de punho de aço seria de 12 dólares mais 12% de imposto, resultando em 13,44 dólares, enquanto o preço total dos esfregões com punhos de plástico seria de 8 dólares mais 60% de imposto, ou seja: 13,76 dólares. Então, o consumidor sensato compraria o esfregão com punho de aço porque é mais barato, mesmo que não conhecesse as diferentes qualidades de produção, a média dos índices de quebra e os índices esperados de reposição.

Essas alíquotas do imposto sobre o consumo sensíveis à depreciação seriam aplicadas a bens muito mais custosos, que impõem exterioridades mais pesadas, produzindo ainda maiores benefícios à sociedade e ao meio ambiente. Por exemplo, consideremos dois veículos utilitários esportivos de médio porte que custem aproximadamente 29 mil dólares: o Toyota Highlander e o Ford Explorer. Suponhamos, só para demonstrar nosso argumento, que o Highlander foi concebido para funcionar uma média de 400 mil quilômetros antes de sofrer desgaste, enquanto o Explorer, uma média de apenas 200 mil quilômetros. Então, faria sentido cobrar o dobro na alíquota do imposto sobre o consumo do Explorer (talvez 40% em vez de 20%), porque os de Explorers teriam de comprar novos veículos com duas vezes mais frequência que os de Highlanders. Os consumidores escolheriam, então, entre um Highlander de 34.800 dólares (29 mil dólares, mais 20% de imposto) e um Explorer de 40.600 dólares (29 mil dólares, mais 40% de imposto). Isso tornaria as diferenças de confiabilidade mais visíveis para os consumidores e alteraria o padrão de compras de produtos mais descartáveis para os que duram mais tempo.

As alíquotas sensíveis à depreciação seriam ainda mais relevantes e benéficas no mercado da habitação. Em 1997, nós compramos uma casa em Redhill, na Inglaterra, construída em 1898. Ela possuía paredes de tijolos maciços, telhas grossas, madeiramento robusto e, aparentemente, fora concebida para durar cerca de duzentos anos. Em 2001, nos mudamos para Albuquerque e procuramos uma casa para comprar. As casas suburbanas de primeira geração, dos anos de 1950, eram construídas de forma bastante sólida (lajes de concreto, pisos de carvalho e tetos com molduras de gesso) e, assim, compramos uma desse tipo. Contudo, todas as casas novas pareciam de palitos e papel-cartão: paredes de meia polegada de gesso cartonado pregadas em madeiras de 2 x 4 muito espaçadas entre si, pisos de carpete de nylon sobre painéis de tábuas de madeira alinhadas, telhados planos impermeabilizados com papel recoberto de alcatrão e arenito de granulação grossa, paredes laterais com revestimento fino de estuque, portas ocas e banheiras de plástico. Aparentemente, foram concebidas para durarem cerca de dez anos e todo mundo sabe disso — o motivo pelo qual elas são vendidas como casas "usadas" depois de cinco anos é sua depreciação demasiadamente evidente. Se as alíquotas do imposto sobre o consumo fossem muito mais baixas para casas de melhor construção e com uma expectativa de vida útil maior, jamais se construiriam abominações precárias desse tipo. Os empreendedores poderiam não utilizar paredes de tijolos maciços como em 1898 na Inglaterra, mas inventariam alguma coisa que durasse ainda mais. Poderíamos procurar inspiração no projeto *Clock of the Long Now*, que visa a construir um relógio mecânico que funcionará durante dez mil anos, no topo de uma montanha do Nevada. Queremos que os empreendedores construam casas que nossos netos possam herdar, para que eles não precisem passar suas vidas pagando prestações de uma ulterior geração de barracos mal concebidos. Até consideraríamos arranjar incentivos econômicos para conseguirmos usufruir de ambientes que envelheçam graciosamente ao longo de centenas de anos, como as villas da Úmbria ou os presbitérios de Oxford. Isso é o mínimo a se fazer em prol das gerações futuras.

Um bom design pode minimizar a depreciação de bens mais transitórios, como o vestuário. A indústria da moda produz deliberadamente roupas com design e cores extremamente esquisitos para que se tornem, com maior facilidade, esteticamente obsoletas no ano seguinte, quando as características do novo design são decididas na Semana da Moda de Paris, e as novas cores "previstas" pela Inter-Society Color Council e outros lançadores de tendências. Inversamente, a nova tendência de "moda ecológica" de designers como Rebecca Earley ("Verde é o novo preto") visa a criar roupas atraentes que sejam física e esteticamente duráveis. São produzidas a partir de materiais sustentáveis e não poluentes (algodão orgânico, rayon ou cânhamo em vez de algodão cultivado convencionalmente, que requer a utilização pesada de pesticidas), concebidas para serem resistentes e esconder manchas provenientes de coisas derramadas, de sujeira e suor, requerem lavagens com gasto energético menor, secam mais rápido e não precisam ser passadas. A moda ecológica adota modelos mais clássicos e cores que não se tornam obsoletas tão facilmente e, portanto, deveria ser sujeita a um imposto sobre o consumo menor que a altíssima moda do tipo *Vogue* e *In Style*.

Seria um pouco complicado implementar um imposto sobre o consumo que fosse simultaneamente diferencial (baseado em exterioridades específicas do produto e nos índices de depreciação) e progressivo (baseado no consumo total anual do comprador). O imposto diferencial sobre o consumo (com diferentes alíquotas para produtos distintos) é arrecadado mais facilmente no local e no momento da venda no varejo. De forma contrária, o imposto progressivo sobre o consumo seria arrecadado mais facilmente quando as pessoas fizessem um pedido anual de restituição de impostos comprovando a diferença entre a renda e a poupança total somada às doações para caridade. Seria preciso alguma ingenuidade para desenvolver um método prático e seguro de arrecadar um imposto progressivo sobre o consumo nos pontos de venda a varejo. Não obstante, se fomos capazes de inventar sistemas internacionais computadorizados para administrar as chamadas de telefones celulares, as reservas de bilhetes aéreos e as cobranças de débitos e remessas da Amazon.com, é extremamente provável que possamos organizar um sistema de imposto sobre o consumo desse tipo. Os desafios técnicos seriam solucionáveis, e os benefícios sociais e ambientais, enormes.

### Em que poderia resultar o imposto sobre o consumo

Suponhamos que seguíssemos os conselhos dos especialistas e derivássemos todas as receitas do governo de um imposto sobre o consumo que, em média, agravasse todas as novas compras no varejo em aproximadamente 25%. Como isso alteraria o comportamento de consumo e os sistemas sociais de exibição de traços? Prevejo cinco benefícios relevantes.

Em primeiro lugar, as pessoas reduziriam mais o consumo, e reutilizariam e reciclariam mais, porque o imposto incidiria somente sobre as novas compras no varejo. Nenhum imposto seria cobrado sobre itens usados vendidos no mercado, tais como carros usados, livros de segunda mão, roupas de brechó, móveis antigos ou casas que já foram habitadas. Caso você quisesse uma casa nova, construída numa nova comunidade fechada no subúrbio, você pagaria o imposto sobre o consumo sobre o preço total da casa; entretanto, se quisesse reformar uma casa mais velha numa cidade, só pagaria o imposto sobre o consumo relativo aos materiais de construção e mão de obra. Se quisesse o modelo mais novo de automóvel, pagaria imposto calculado sobre o preço total do carro, mas se você se contentasse com um carro usado precisando apenas de pneus novos, só pagaria imposto sobre os pneus. Isso criaria incentivos para utilizar, da melhor forma possível, aquilo que as gerações anteriores já construíram e produziram. O mercado secundário se expandiria enormemente, o mesmo acontecendo com a proporção e eficiência com a qual os bens usados seriam comercializados e utilizados. Os bazares de fundo de quintal, o eBay, os anúncios classificados e as feiras de quinquilharias prosperariam. O material e a energia investidos na produção de objetos físicos permaneceriam mais tempo em circulação e seus custos ecológicos se amortizariam durante um período muito mais longo.

Em segundo lugar, o imposto sobre o consumo também criaria incentivos para as pessoas comprarem bens de maior durabilidade, que apresentariam um valor de revenda mais elevado no mercado secundário. Seriam incentivadas a conservar e reparar esses bens de forma mais conscienciosa e a trocá-los com frequência menor. Se a velha máquina de lavar puder ser consertada com uma nova peça de 20 dólares (e mais 5 dólares de imposto) em vez de substituída por uma nova de 500 dólares (mais 125 dólares em imposto), as pessoas perceberiam mais claramente quão absurda é a substituição prematura e optariam mais frequentemente pelo conserto. Já vimos como as alíquotas do imposto sobre o consumo sensíveis à depreciação incentivariam os fabricantes a produzir produtos mais duráveis. Esses outros efeitos — o dos consumidores pensarem de antemão sobre os valores de revenda dos produtos e a possibilidade dos mesmos serem consertados — possibilitariam aos varejistas cobrar mais para produtos cuja manutenção, conserto, upgrade e reforma fossem mais fáceis e, assim, encorajariam ainda mais a produção de itens que tivessem essas características.

Em terceiro lugar, o imposto sobre o consumo encorajaria a compra de produtos que consumissem menos energia. Já que gás, óleo diesel, carvão, eletricidade, baterias, água, cartuchos de tinta para impressoras e filtros de café se sujeitaram ao valor pleno do imposto sobre o consumo, os consumidores prefeririam carros mais econômicos e cartuchos de impressoras que usassem a tinta de forma mais eficiente. O incentivo à construção de prédios ecológicos se revestiria de uma importância especial. Aproximadamente 45% do saldo energético do mundo são usados para aquecer e resfriar prédios (muito mais do que para mover todos os veículos juntos), mas materiais e métodos de design novos podem facilmente reduzir as necessidades energéticas das construções em cerca de 80 a 90%. Atualmente, esse tipo de eficiência energética é raramente visada em construções novas, porque custa aproximadamente 15% a mais que os métodos não eficientes energeticamente. Entretanto, à medida que os consumidores percebessem o quanto poderiam economizar em custos operacionais altamente gravados por impostos ao gastar um pouquinho mais de antemão, a lucratividade e a popularidade das construções com aproveitamento energético eficiente cresceriam. Ou, alternativamente, os edifícios energeticamente eficientes simplesmente seriam gravados por uma alíquota mais baixa do imposto sobre o consumo.

Em quarto lugar, o imposto sobre o consumo promoveria o capital social e a camaradagem entre vizinhos. Como ele incidiria apenas sobre compras formais no varejo, incentivaria as pessoas a praticar escambo, a tomar emprestado e a produzir as próprias coisas. Os cidadãos desenvolveriam e usariam sistemas de comércio menos formais, reciprocidade, reputação e confiança. Os amigos encontrariam um incentivo maior para emprestarem itens úteis uns aos outros e passariam a presentear uns aos outros com objetos mais práticos. Os vizinhos seriam incentivados a intercambiar mutuamente serviços úteis — babysitting, jardinagem, aulas particulares, carona solidária, pintura de casas, criação em celeiros — para evitar pagar uma quantia suplementar de imposto sobre o consumo a empregados contratados formalmente. Para os economistas que acreditam que uma divisão atomizada do trabalho necessariamente resulta em maior eficiência econômica num mercado de trabalho formal, esse tipo de setor informal de serviços poderia soar como algo terrivelmente errado. Porém, para a maior parte dos seres humanos — membros de uma espécie que se desenvolveu para prosperar em sociedades de pequena escala construídas sobre os valores de reconhecimento, respeito e confiança mútuos — talvez fosse bastante agradável e satisfatório.

Finalmente, o imposto sobre o consumo aumentaria a poupança, os investimentos e a caridade. Pois, cada dólar que um indivíduo alocasse nesse sentido poderia comprar 25% mais que no consumo. O investimento e a caridade se tornariam mais visíveis na vida diária como sinalizadores de características pessoais, através de várias novas bases eletrônicas de dados, formas de exibição e tecnologias. Então, o consumo exagerado facilmente deixaria de ser privilegiado como sistema-padrão para a exibição de traços. Mais matéria, energia, tempo e habilidade investidos na infraestrutura de longo prazo para a civilização, e menos em exibições de desperdício, precisão e reputação conspícuos de curto prazo.

## A vontade de mudar

As civilizações mudam de forma mais dramática quando seus sistemas de sinalização de status mudam. Marx negligenciou uma verdade relevante: os meios de exibição, e não apenas os de produção, são fatores cruciais nas revoluções econômicas e sociais. Os sistemas de sinalização demonstram ter fortes efeitos de lock-in: depois que uma convenção de sinalização como o consumismo desenfreado é estabelecida, pode ser muito difícil para a população mudar para outro conjunto de convenções. As convenções de sinalização começam a parecer resultados inevitáveis da evolução cósmica, em vez de sistemas de normas culturais historicamente definidas. O consumismo conspícuo não é nem natural nem inevitável, porém apenas uma maneira possível de exibição dos traços humanos.

Ademais, na medida em que o consumo conspícuo exige a supressão alienante de muitos instintos socionaturais, ele é especialmente deficiente no que tange a nos dotar de bons indicadores de alguns traços-chave da personalidade, como a afabilidade e a conscienciosidade. Para exibir esses traços, os consumidores estão mudando lentamente do consumo exagerado tradicional para o consumo conspicuamente ético. Os consumidores que apresentam elevados níveis de afabilidade e conscienciosidade estão agora tentando comprar papel reciclado para suas impressoras, pagando uma sobretaxa de 40% sobre o papel virgem, ou adquirindo o café Fair Trade, cultivado na sombra, por 24 dólares o quilo em vez do café genérico da Wal-Mart que custa 6 dólares o quilo. O consumo conspicuamente ético é certamente um modo poderoso para melhorar o mundo, mas existem possibilidades ainda mais revolucionárias. Se pudéssemos encontrar maneiras melhores de as pessoas exibirem suas Seis Características Centrais — especialmente a afabilidade e a conscienciosidade —, os resultados sociais e ambientais seriam ainda mais positivos.

Os últimos capítulos esboçaram várias ideias para distanciar nosso sistema de exibição de traços do consumo desenfreado, e encaminhá-lo para outros conjuntos de sinalização mais naturais, humanos, eficientes, precisos, ambientalmente responsáveis e satisfatórios. Essas ideias podem parecer radicais, especialmente para os americanos, que não estão acostumados a mudanças realmente significativas em matéria de política socioeconômica. Outros países avaliam melhor a rapidez e a profundidade potenciais das mudanças. Nos últimos vinte anos, a Europa passou de uma colcha de retalhos constituída de resquícios de impérios quebrados na maior, mais rica e melhor integrada economia do mundo. China, Índia e Rússia abandonaram o planejamento socialista em prol de livres mercados e comércio. O número de países com democracias pluripartidárias cresceu de menos de cinquenta para mais de oitenta. Atualmente, há 7 bilhões de pessoas na Terra. Metade delas tem idade inferior a 30 anos — ainda não haviam alcançado a puberdade quando Bill Clinton foi eleito presidente dos Estados Unidos, Tony Blair eleito primeiro-ministro do Reino Unido, ou quando Kurt Cobain se matou.

A longo prazo global, a maneira como os Estados Unidos ou o Reino Unido modificarem os padrões de consumo não é muito importante, porque suas populações e economias representam uma porção pequena e decrescente quando comparadas às do mundo inteiro. Os dois países que importarão mais são os que possuem vastas populações e economias em rápida expansão: a China (1,3 bilhões de pessoas, 10% de crescimento econômico por ano) e a Índia (1,1 bilhão de pessoas, 8% de crescimento anual). Esses dois países ainda têm uma boa oportunidade de mudar seus sistemas de exibição de características antes que o consumo compulsivo fique gravado neles como norma cultural.

É muito mais fácil para a China realizar mudanças radicais na política, na medida em que seu governo central mais forte está menos sujeito a pressões por parte de grupos com interesses específicos que competem entre si (etnias, religiões, castas, línguas), como os que caracterizam a febril democracia indiana. Por exemplo, entre 1995 e 2007, a China construiu aproximadamente 50 mil quilômetros de vias expressas — aproximadamente o mesmo, num período de 12 anos, que os Estados Unidos construíram nos quarenta anos que se seguiram à aprovação do Federal-Aid Highway Act em 1956. A atual "quarta geração" de líderes chineses é composta principalmente por engenheiros inteligentes, dotados de mentalidade prática e que já estão extremamente conscientes dos custos ambientais e sociais do consumo sem limites. A maior parte das minhas ideias-chave — normas sociais que favoreçam a obtenção de status através da avaliação informal das características pessoais e das virtudes morais, melhor testagem psicométrica objetiva para a educação e o trabalho, um imposto sobre o consumo progressivo e específico de acordo com o produto — não minaria nem o poder político nem a estabilidade social da China. Com efeito, muitas delas encaixam-se perfeitamente com os ideais confucianos tradicionais (respeito pelo mérito e a virtude dos indivíduos, das famílias e dos estados) e suas práticas (tais como as provas para o serviço civil imperial), bem como com os princípios comunistas (pelo menos no nível abstrato de promover as exterioridades positivas e minimizar as exterioridades negativas da atividade social e econômica). Elas também combinam com o forte interesse da China de construir cidades ecologicamente sustentáveis através do Novo Urbanismo, tais como Tangye New Town, na província de Jinan. Se a China adotar políticas tão avançadas e prosperar, isso servirá como um instigante novo modelo para as outras nações em desenvolvimento, bem como para as já desenvolvidas.

A despeito do sistema político mais caótico da Índia, o país já demonstra cultivar uma ambivalência ponderada em relação à ideia do crescimento econômico como um fim em si próprio, bem como uma determinação crescente de não imitar os piores aspectos do consumo desmedido no estilo americano. A geração mais velha de intelectuais indianos permanece apegada aos ideais socialistas da era de Nehru, que impuseram o lamentável "índice de crescimento econômico hindu" e retardaram a superação da pobreza em massa pela Índia dos anos de 1940 até o início dos anos 1990. Não obstante, esses ideais socialistas também minam a respeitabilidade do consumo exagerado — como fazem também as tradições mais antigas do asceticismo hindu, do desapego budista e da fraternidade muçulmana. Muitos empresários indianos da geração mais jovem formaram-se e adquiriram experiência de trabalho nos Estados Unidos e na Europa, o que faz com que sejam fluentes em inglês, língua internacional tanto dos negócios quanto da ciência. Esses empresários mais jovens perceberam os custos sociais e culturais do consumismo desenfreado bem como os modos como alguns países minimizam esses custos. Muitos deles dão um bom exemplo ao pular a etapa do consumo compulsivo e passar direto aos investimentos e a caridade éticos. É crucial que a geração mais nova da Índia evite perceber o consumo conspícuo como a única alternativa "moderna" possível às tradições embrutecedoras da religião, castas, patriarcado, socialismo e políticas identitárias.

## Por que o mundo não vai desabar se mudarmos suavemente nossos sistemas de sinalização.

As mudanças sugeridas nos últimos capítulos podem soar alarmantes para alguns. Se as pessoas adotassem repentinamente impostos sobre o consumo específicos por produtos, comunidades autocontroladas de cidadãos com mentalidade parecida e essas outras inovações, não aconteceriam coisas muito ruins? Se as pessoas comprassem menos bens e serviços, então a demanda de consumo encolheria, os volumes de vendas e os preços baixariam, aumentariam os estoques de produtos não vendidos, as linhas de fornecimento estancariam, empresas decretariam falência, fábricas e shoppings fechariam e o desemprego explodiria. Então, o valor do dinheiro, das ações, dos títulos e da propriedade fundiária despencaria em queda livre, e banqueiros investidores se jogariam dos prédios em Nova York, Londres e Hong Kong. A arrecadação de impostos — independentemente de ser sobre a renda, o consumo ou os investimentos — se evaporaria. Primeiro, haveria recessão, depois, depressão, seguida de colapso econômico. As etapas seguintes são previsíveis: quedas de governos, desaparecimento da polícia, desencadeamento de tumultos, alastramento da anarquia, colapso dos serviços, falha dos serviços públicos, pessoas famintas, choro de bebês, estupros em massa, disseminação de pestes, surgimento de chefes militares déspotas, enfrentamento de exércitos, explosão de artefatos nucleares. A miséria seria suficientemente longa para causar histeria e suficientemente ampla para causar grandes sofrimentos. Sem o consumo desenfreado para manter-nos todos ocupados, não acabaríamos vivendo numa distopia eco-comuno-primitivista, independentemente de querermos? Não resvalaríamos direto de *Beleza Americana* para *Mad Max — Além da cúpula do trovão*, passando por *Psicopata americano*?

Tais temores seriam razoáveis se as mudanças acontecessem rápido demais para que os mercados, as empresas e os governos se adaptassem. Meteoros do tamanho da lua são ruins para a biodiversidade, porque matam demasiadas espécies antes que a adaptação evolucionária possa compensar isso. (Você se lembra da extinção permo-triássica de 251 milhões de anos atrás, que destruiu 96% de todas as espécies marítimas e 70% de todos os vertebrados terrestres? Hm, talvez não.) De forma análoga, curtos choques profundos desferidos contra as normas sociais que governam nossos sistemas de exibição de características podem ser nocivos para as sociedades humanas — consideremos a Revolução Francesa de 1789 (resultado: Napoleão Bonaparte), a Revolução Russa de 1917 (resultado: Joseph Stalin) e a Revolução Republicana de 1994 (resultado: Newt Gingrich).

Contudo, num prazo mais longo, as economias são surpreendentemente resistentes. Joseph Schumpeter observou que, na verdade, elas prosperam na "destruição criativa" causada por mudanças radicais nas tecnologias e nas sociedades. Outros economistas austríacos e da Escola de Chicago enfatizaram que os livres mercados são os sistemas mais engenhosos, expeditos e adaptativos já inventados pelos seres humanos. Os livres mercados incorporam a inteligência agregada de todo comprador, vendedor e inovador e, como a própria vida, sempre encontram um jeito de seguir adiante. Isso não é um desejo vazio, é um fato histórico. Quando os pastores contratados foram substituídos por border collies, eles tornaram-se operários. Fabricantes de carrinhos de bebês se metamorfoseiam em designers de adesivos automotivos. Os cavaleiros medievais foram tornados obsoletos pela arma besta, mas seus descendentes varões bem podem ter se tornado pilotos de Fórmula 1, pilotos da marinha ou entusiastas de Segways. As leiteiras foram substituídas por máquinas ordenhadoras a vácuo, mas suas descendentes podem ter se tornado gerentes de projetos de software ou radio-astrônomas. A Guerra Civil acabou com a escravidão na plantação de algodão, porém o Sul voltou a se erguer ao inventar Nascar e o cenário hip-hop de Atlanta. Em todos os casos, nossos ancestrais dificilmente poderiam ter imaginado os trabalhos que as pessoas executam presentemente, ou os produtos que compram, ou as maneiras como buscam obter status.

Setores inteiros da economia surgem e desaparecem, embora o mercado continue vivendo. Nossos ancestrais sobreviveram a profundas mudanças econômicas sem serem extintos, adaptando-se da condição de caçadores-coletores para a de fazendeiros e criadores de gado durante a Revolução Neolítica, de camponeses a operários durante a Revolução Industrial e de fazedores de coisas a fornecedores de status e experiências durante a revolução do marketing. Tendo em vista o precedente histórico, a mesma destruição criativa é bem capaz de resultar em oportunidades viáveis de negócios, investimentos e emprego, mesmo que o consumo desenfreado seja substituído quase inteiramente pelo consumo e investimento éticos. Basta que preservemos os pré-requisitos institucionais e culturais para que os livres mercados funcionem: a paz, o império da lei, direitos de propriedade, dinheiro estável, regulamentação eficiente, governo honesto e normas sociais de verdade, confiança, equidade e honra. Ouvi dizer que esses pré-requisitos já existem em Hong Kong, no Vale do Silício e na Suíça, portanto, é evidente que não são inatingíveis.

## Conclusão: Genes autoincensadores

O capitalismo de consumo é fundamentalmente um exercício de enfeitar o pavão. Pegamos as capacidades maravilhosamente adaptativas para a autoexibição humana — linguagem, inteligência, gentileza, criatividade e beleza — e então esquecemos como utilizá-las para fazer amigos, atrair parceiros sexuais e ganhar prestígio. Em vez disso, dependemos de bens e serviços adquiridos através da educação, do trabalho e do consumo para exibir nossos traços pessoais diante dos outros. Esses sinais custosos são, em grande parte, redundantes ou enganadores, e por isso os outros costumam ignorá-los. Eles preferem nos julgar através da interação natural, cara a cara. Pensamos que nossa embromação os deslumbra, embora ignoremos suas embromações quando escolhemos amigos e parceiros sexuais.

Esse é um modo absurdo de viver, mas nunca é tarde demais para romper com ele. Podemos encontrar maneiras mais eficientes para combinar as melhores características da vida humana pré-histórica com as da vida moderna. O eco-comuno-primitivismo sozinho oferece pouco mais que sordidez, ignorância e enfado. O consumismo desenfreado sozinho oferece pouco mais que narcisismo, exaustão e alienação. Precisamos poder explorar diferentes maneiras de exibir nossos traços para as pessoas de quem gostamos. Legalizar mais formas de exibi-los. Abandonar um imposto de renda que promove o consumo desenfreado a curto prazo e adotar um imposto sobre o consumo que promova investimentos éticos, caridade, capital social e calor fraterno a um prazo mais longo.

Acima de tudo, liberdade para viver junto a pessoas de mentalidade parecida com a nossa e estabelecer uma variedade mais ampla de comunidades locais com normas e valores próprios, sustentadas pelas suas formas de elogio e punição. Algumas comunidades manterão o foco no consumo explicitamente amoral. Outras mudarão para o consumo ou investimento visivelmente ético. Espero que, no fim, a maioria invente sistemas de exibição de características que sequer imaginamos agora. Quando as pessoas estiverem livres para se mudarem para onde quiserem, para viverem como quiserem e alocar seu tempo, energia e dinheiro na exibição dos traços que quiserem, elas descobrirão algumas novas formas fabulosas de viver e se exibir. Os seres humanos podem não desistir jamais de seu impulso para angariar status, respeito, prestígio, atratividade sexual e popularidade, mas esses impulsos podem ser canalizados para a obtenção de uma qualidade de vida muito mais elevada do que o consumismo desenfreado pode oferecer. Podemos exibir nossa boa forma com mais individualidade, ingenuidade e esclarecimento.

# Exercícios para o leitor

## *O teste da vida natural*

Ele especifica o quanto nossas vidas equivalem às dos nossos ancestrais mais felizes. Escreva honestamente quantas vezes você vivenciou cada uma das experiências abaixo no último mês:

- Ninou um bebê recém-nascido até ele dormir
- Inventou uma história e contou-a a uma criança
- Sentiu o sol nascente esquentar seu rosto
- Satisfez uma fome genuína comendo uma fruta madura
- Satisfez uma sede genuína bebendo água fresca
- Demonstrou coragem, protegendo uma criança do perigo
- Mostrou liderança e criatividade numa emergência
- Compartilhou uma refeição com seus pais, irmãos ou outros parentes próximos
- Fofocou com um velho amigo
- Fez uma nova amizade
- Fez algo de bonito para dar a alguém
- Consertou alguma coisa que estava quebrada
- Aperfeiçoou uma habilidade através da prática diligente
- Aprendeu algo novo sobre uma planta ou um animal que vive perto de você

- Mudou de opinião sobre alguma coisa importante, tomando como base uma nova evidência
- Seguiu um bom conselho de alguém mais velho
- Ensinou uma habilidade útil, uma arte encantadora ou um fato interessante a alguém mais jovem
- Acariciou um animal como um cão, um gato ou um macaco
- Trabalhou com terra, barro, pedra, madeira ou fibra
- Consolou alguém que estava morrendo
- Subiu um morro e atravessou um riacho
- Identificou um pássaro pelo canto
- Desempenhou papel significativo num ritual, festival, numa peça ou festa local
- Praticou um esporte de equipe
- Realizou um esforço físico para alcançar uma meta coletiva junto a outras pessoas
- Sustentou um contato visual silencioso com alguém para demonstrar afeto
- Reprimiu alguém que se comportava mal pelo bem maior
- Terminou uma discussão séria lançando mão de humor, autocontrole emocional e empatia social
- Cantou, dançou ou tocou instrumentos com um grupo de amigos
- Fez amigos gargalharem
- Alcançou um orgasmo mútuo avassalador com seu parceiro sexual
- Vivenciou uma beleza sublime que o arrepiou
- Experimentou um sentido oceânico de unidade com o cosmo que o fez pensar: *É assim que as igrejas deveriam ser*
- Aplicou a Regra de Ouro ao ajudar alguém necessitado
- Aqueceu-se junto a uma fogueira sob as estrelas

Agora, some todos os números que você anotou para cada item acima. Se sua pontuação total for inferior a 100 e você não se sentir tão bem quanto gostaria, escreva um texto de quinhentas palavras explicando por que espera que sua vida seja feliz ou significativa se você não está fazendo nada de significativo para os outros ou não está alimentando o cérebro com qualquer uma das experiências naturais que ele evoluiu para valorizar e achar significativas.

## *A visita ao shopping*

Primeiramente, limpe sua mente passando duas horas num tanque de flutuação, numa câmera de privação sensorial ou num ritual de meditação. Então, vá até um grande shopping center local, deixando todo o seu dinheiro, talão de cheques, cartões de débito e de crédito em casa. Passe duas horas no shopping como um primatólogo faria, observando e tomando notas a respeito dos compradores, como primatas hipersociais, semimonógamos e em busca de status.

## *O exercício das posses*

Liste as dez coisas mais caras (produtos, serviços ou experiências) que você já pagou para ter (inclusive casas, carros, diplomas universitários, cerimônias de casamento, acordos de divórcio e impostos). Então, liste os dez itens que você já comprou e que lhe deram a maior felicidade. Conte quantos aparecem em ambas as listas.

## *Exercício do arqueólogo caseiro*

Ande por sua casa por uma hora. Anote dez das suas posses que poderiam durar suficientemente, de alguma maneira, para serem descobertas dentro de cinco mil anos por um futuro arqueólogo. Para cada produto, liste funções práticas e de sinalização a que o arqueólogo poderia atribuir. Compare essas funções implícitas com seus motivos conscientes para ter comprado aquele item.

## O exercício *The Sims*

Jogue *The Sims 2* durante algumas semanas e considere se sua vida como consumidor têm mais significado que a do seu Sims.

## O exercício da venda de propriedade

Num fim de semana, de manhã, vá consecutivamente a três vendas de propriedades (vendas de objetos de pessoas falecidas, tiradas de suas casas atualmente desocupadas). Observe o fervilhar dos compradores sobre os despojos, em busca de pechinchas. Examine os objetos e contemple como os bens que antigamente eram prestigiosos se tornaram mudos, agora que seus proprietários já não podem mais usá-los, exibi-los ou falar a seu respeito.

## O exercício das diferenças sexuais

Se você for mulher, compre a revista masculina *Maxim*. Se for homem, compre a revista *Cosmopolitan*. Leia-a inteira — cada palavra —, tanto o conteúdo editorial quanto as propagandas, de cabo a rabo, dentro de uma semana. Liste dez maneiras em que a mente do sexo oposto é similar à sua e dez maneiras em que é um planeta completamente estranho e além de qualquer compreensão.

## *Exercício das Seis Características Centrais*

Da forma mais honesta possível, estime seus próprios valores percentuais relativos às Seis Características Centrais (inteligência, mente aberta, conscienciosidade, afabilidade, estabilidade e extroversão). Um percentual de 10% significa que somente 10% das pessoas poderiam obter uma pontuação mais baixa que você nesse traço; um percentual de 90% significa que 90% das pessoas apresentam uma pontuação inferior à sua. Então, avalie esses percentuais de características para cada uma das seguintes pessoas: seus três parceiros sexuais mais recentes, três amigos muito íntimos, três dos seus colega de trabalho mais chegados e três dos seus vizinhos mais próximos. Para cada pessoa e cada traço, calcule a diferença percentual entre você e eles. Verifique se você se sente mais próximo daqueles que são mais parecidos com você nas Seis Características Centrais.

## *Correção da personalidade do carro*

Anote a marca, modelo, ano e características de quaisquer veículos que possuir e dirigir com mais frequência. Analise sua personalidade de marca estimando as pontuações percentuais nas Seis Características Centrais que ele parece transmitir através do design e da propaganda. Compare o perfil de personalidade do veículo com o seu e observe quais são as discrepâncias. Adicione dois adesivos automotivos que possam corrigir essas discrepâncias, sinalizando seus traços de personalidade de maneira mais precisa.

## O desafio do dia de festa

No próximo dia de festa, faça você mesmo todos os presentes que dará a amigos e familiares. Compare a gratidão deles com a que você recebeu em anos anteriores, em que comprou todos os presentes.

## O exercício da norma social

Liste cinco formas de consumo exagerado que você mais detesta e gostaria de ver banidas por lei. Então, risque aquelas que as pessoas não adotariam caso, ao fazê-lo, se tornassem objeto de humilhação pública, sátira e ridicularização, mesmo que ainda permanecessem legais. Caso qualquer item continue na lista sem ter sido riscado, escreva a algum político eleito do qual você gosta sobre ele. Se todos estiverem riscados, pense em como incorporar mais humilhação, sátira e ridicularização em sua vida diária.

## O exercício das exterioridades

Liste as três coisas mais recentes que você comprou, custando mais de 50 dólares. Para cada uma, tente avaliar qual alíquota de imposto de consumo específico deveria ter sido cobrada naquele item, tomando como base exterioridades negativas que o produto impõe a outras pessoas e ao meio ambiente. Doe essas quantias estimadas para a sua obra de caridade predileta.

## O exercício da seleção da vizinhança

Imagine que você é um adulto jovem, solteiro e sem filhos que acabou de se formar na faculdade. Imagine que seu país já contenha um milhão ou mais de vizinhanças diferentes que selecionam seus residentes para se enquadrarem em quase qualquer combinação concebível de características individuais, baseando-se na idade, orientação sexual, educação, ocupação, etnia, religião, política, hobbies, interesses, aspecto físico, as **Seis Características Centrais** e preferências quanto ao estilo de vida, atividades, normas sociais, normas sexuais, encantos locais e estética arquitetônica e paisagística. Anote os dez critérios que você utilizaria para selecionar uma vizinhança na qual você gostaria de viver para começar sua vida profissional. Então, escreva quanto mais você estaria disposto a pagar de aluguel por mês para viver numa comunidade desse tipo, em vez de em lugares onde você realmente viveu quando jovem.

# Leituras e consultas

Os tópicos abaixo estão listados aproximativamente na ordem em que aparecem no livro.

As referências encontram-se no formato padrão da American Psychological Association, salvo pelo fato de que também incluí o primeiro nome de cada um dos autores. Para obras com mais de dois autores, só é fornecido o nome do primeiro autor, seguido de et al. Abreviações: J. = Journal, NY = New York, U = University.

Para os leitores que quiserem mais detalhes e citações relativos a fatos, achados e ideias, o site do presente livro (provisoriamente www.geoffrey-miller.com) inclui uma lista completa com mais de 1.200 notas finais e 1.600 referências. Sempre que fatos, livros, pessoas, produtos ou organizações não estejam especificamente listados nas notas, os detalhes poderão ser acessados facilmente pela internet, procurando o nome em questão através do Google ou da Wikipedia. A não ser que haja alguma indicação em sentido contrário, todas as citações nessas notas finais são extraídas do *The Harper Book of Quotations*, de Robert Fitzhenry (1993).

## *A natureza do capitalismo e do consumismo*

Bowles, Samuel, et al. (2005). *Understanding Capitalism. N*.Y. Oxford U. Press

De Soto, Hernando (2003). *The Mystery of Capital*. NY: Basic Books.

Galbraith, John K. (1952). *American Capitalism*. NY: Houghton Mifflin

Hart, Stuart L. (2007). *Capitalism at the Crossroads*. Upper Saddle River, NJ: Wharton School Publishing.

Lindblom, Charles E. (2002). *The Market System*. New Haven, CT: Yale U. Press

Muller, Jerry Z. (2003). *The Mind and the Market*. NY: Anchor.

Reich Robert B. (2007) *Supercapitalism*. NY: Knopf.

## *A psicologia da felicidade* versus *o consumismo desenfreado*

Bruni, Luigino, & Porta, P. L. (Ed.). (2007). *Handbook on the Economics of* Happiness. Northampton, MA: Edward Elgar.

Easterbrook, Gregg (2004). *The Progress Paradox*. NY: Random House.

Frank, Robert H. (2000). *Luxury Fever*. Princeton, NJ: Princeton U. Press.

Frey, Bruno S. (2008). *Happiness*. Cambridge, MA: MIT Press.

Gilbert, Daniel T. (2006). *Stumbling on Happiness*. NY: Knopf.

Kasser, Tim (2002). *The High Price of Materialism*. Cambridge, MA: MIT Press.

Kasser, Tim, & Kanner, A. D. (2004). *Psychology and Consumer Culture*. Washington, DC: American Psychological Association.

Lane, Robert E. (2000). *The Loss of Happiness in Market Democracies*. New Haven, CT: Yale U. Press.

Nussbaum, Martha C., & Sen, A. (Eds.). (1993). *The Quality of Life*. NY: Oxford U. Press.

Scitovsky, Tibor (1992). *The Joyless Economy*. Oxford, UK: Oxford University Press.

Weiner, Eric (2008). *The Geography of Bliss*. NY: Twelve.

## *O consumismo e o capitalismo no contexto histórico*

Acemoglu, Daron, & Robinson, J. A. (2006). *Economic Origins of Dictatorship and Democracy*. NY: Cambridge U. Press.

Bernstein, William J. (2008). *A Splendid Exchange*. NY: Atlantic Monthly Press.

Carrier, James G. (2006). A *Handbook of Economic Anthropology*. Northampton, MA: Edward Elgar.

Cohen, Lizabeth (2003). A *Consumer's Republic*. NY: Alfred A. Knopf.

Clark, Gregory (2007). A *Farewell to Alms*. Princeton, NJ: Princeton U. Press.

Collins, Robert M. (2002). *More*. NY: Oxford U. Press.

Cross, Gary (2000). *An All-consuming Century*. NY: Columbia U. Press.

Davidson, James (1997). *Courtesans and Fishcakes*. NY: St. Martins Press.

Earle, Timothy (2002). *Bronze Age Economics*. Boulder, CO: Westview Press.

Fogel, Robert W. (2004). *The Escape from Hunger and Premature Death*, 1700-2100. NY: Cambridge U. Press.

Frank, Thomas (1997). *The Conquest of Cool*. Chicago, IL: U. Chicago Press.

Galbraith, John K. (1958). *The Affluent Society*. Boston: Houghton Mifflin.

Jardine, Lisa (1998). *Worldly Goods*. NY. W W. Norton.

Johnson, Allen, & Earle, T. (2000). *The Evolution of Human Societies*. Stanford, CA: Stanford U. Press.

Landes, David S. (1999), *The Wealth and Poverty of Nations*. NY. W W. Norton.

Leach, William (1993). *Land of Desire*. NY: Pantheon Books.

Sale, Kirkpatrick (2006*). After Eden*. Durham, NC: Duke University Press.

Schama, Simon (1997*). The Embarrassment Of Riches*. NY; Vintage.

Schor, Juliet B., & Holt, D. (ed.) (2000). *The Consumer Society Reader*. NY: New Press.

Wilk, Richard R. & Cliggett, L. (2004). *Economies and Cultures.* Boulder, CO: Westview Press.

Twitchell, James B. (1999). *Lead us Into Temptation.* NY: Columbia U. Press.

## *Globalização e consumismo através das culturas*

Bhagwati, Jagdish (2007). *In Defense of Globalization.* NY: Oxford U. Press.

Friedman Thomas L. (2000). *The Lexus and the Olive Tree.* NY: Anchor

Friedman, Thomas L. (2005) *The World is Flat.* NY: Farrar, Straus, and Giroux.

Levinson, Marc (2006). *The Box.* Princeton, NJ: Princeton U.Press.

McMillan, John (2003). *Reinventing the Bazaar.* NY: W W. Norton.

Sachs, Jeffrey (2006). *The End of Poverty.* NY: Penguin.

Sassen, Saskia (2006). *Territory, Authority, Rights.* Princeton, NJ: Princeton U. Press.

Sen, Amartya (2000). *Development as Freedom.* NY: Knopf.

Shiller, Robert J. (2003). *The New Financial Order.* Princeton, NJ: Princeton U. Press.

Singer, Peter (2004). *One World.* New Haven, CT: Yale U. Press.

Stiglitz, Joseph E. (2002). *Globalization and its Discontents.* London: Penguin Books.

## Biologia Evolucionista

Carroll, Sean B. (2006). *The Making of the Fittest.* NY. W W. Norton

Dawkins, Richard (2006), *The Selfish Gene.* Oxford, UK: Oxford U. Press.

Nowak Martin A. (2006). *Evolutionary Dynamics.* Cambridge, MA: Belknap Press.

Ridley, Mark (2003). *Evolution.* London: Blackwell.

Wilson, David S. (2007). *Evolution for Everyone.* NY: Delacorte Press.

## Comportamento Animal (Especialmente primatas e parasitas)

Alcock, John (2005). *Animal Behavior.* Sunderland, MA: Sinauer.

Combes, Claude (2005). *The Art of Being a Parasite.* Chicago: U. Chicago Press.

Maestripieri, Dario (Ed.). (2005). *Primate Psychology.* Cambridge, MA: Harvard U. Press.

Nelson, Randy J. (2005). *An Introduction to Behavioral Endocrinology.* Sunderland, MA: Sinauer.

Poulin, Robert (2006). *Evolutionary Ecology of Parasites.* Princeton, NJ: Princeton U. Press.

Strier, Karen B. (2005). *Primate Behavioral Ecology.* NY: Allyn & Bacon.

## Evolução humana

Boyd, Robert, & Silk, J. (2005). *How Humans Evolved.* NY: Norton.

Dunbar, Robin I. M. (2005). *The Human Story.* Londres: Faber & Faber.

Jobling, Mark A., et al. (2003). *Human Evolutionary Genetics.* NY: Garland Science

Sawyer, G. J., et al. (2007). *The Last Human.* New Haven, CT: Yale U. Press.

## Psicologia evolucionista

Buss, David M. (Ed.). (2005). *The Handbook of Evolutionary Psychology.* NY: Wiley.

Buss, David M. (2008). *Evolutionary Psychology.* NY: Allyn & Bacon.

Cartwright, John (2008). *Evolution and Human Behavior.* Cambridge, MA: MIT Press.

Crawford, Charles, & Krebs, D. (Eds.) (2008). *Foundations of Evolutionary Psychology.* NY: Taylor & Francis.

Dunbar, Robin I. M., & Barrett, L. (Eds.) (2007). *The Oxford Handbook of Evolutionary Psychology*. NY: Oxford U. Press.

Gangestad, Steven W, & Simpson, J. (Eds.). (2007). *The Evolution of Mind*. NY: Guildford Press.

Kenrick, Douglas T., & Luce, C, L. (Eds.). (2004). *The Functional Mind*. NY: Pearson.

Pinker, Steven (2002). *The Blank Slate*. NY: Viking.

Platek, Steven M., et al. (Eds). (2006). *Evolutionary Cognitive Neuroscience*. Cambridge, MA: MIT Press.

Segerstrale, Ullica C.O. (2001). *Defenders of the Truth*. NY: Oxford U. Press.

## O consumismo no contexto evolutionário

Conniff, Richard (2002). *The Natural History of the Rich*. NY: W.W. Norton.

Frank, Robert H. (2007). *The Economic Naturalist*. NY: Basic Books.

Gandolfi, Arthur E., et al. (2002*). Economics* as *an Evolutionary Science*. Piscataway, NJ: Transaction.

Neiva, Eduardo (2007). *Communication Games*. NY: Mouton de Gruyter.

Saad, Gad (2007). *The Evolutionary Bases of Consumption*. Mahwah, NJ: Lawrence Erlbaum.

Seabright, Paul (2005). *The Company of Strangers*. Princeton, NJ: Princeton U. Press.

Shermer, Michael (2007). *The Mind of the Market*. NY: Times Books.


## *A psicologia evolucionista de certos tipos de produtos*

Flesch, William (2008*)*. *Comeuppance,* Cambridge, MA: Harvard U. Press.

Gottschall, Jonathan, & Wilson, D. S. (Eds.). (2005). *The Literary Animal*. Evanston, IL: Northwestern U. Press. [ficção]

Hersey, George L. (1999). *The Monumental Impulse*. Cambridge, MA: MIT Press. [arquitetura]

Pollan, Michael (2007*)*. *The Omnivore's Dilemma*. NY: Penguin. [comida]

Salmon, Catherine, & Symons, D. (2001). *Warrior Lovers*. Londres: Weidenfeld & Nicholson. [ficção]

Wansink, Brian (2006) *Mindless Eating*. NY: Bantam. [alimentos]


## *Seleção sexual, evolução sexual, e diferenças sexuais*

Baron-Cohen, Simon (2004*)*, *The Essential Difference*. Londres: Penguin.

Buss, David M. (2003). *The Evolution of Desire*. NY: Free Press.

Campbell, Anne (2002*)*. *A Mind of her Own*. NY: Oxford U. Press.

Ellis, Lee (2008). *Sex Differences*. NY: Psychology Press.

Ellison, Peter T. (2003). *On Fertile Ground.* Cambridge, MA: Harvard U. Press.

Judson, Olivia (2002). *Dr. Tatiana's Sex Advice to all Creation.* NY: Owl Books.

Kauth, Michael E. (Ed.) (2007). *Handbook of the Evolution Of Human Sexuality.* NY: Routledge.

Mealey Linda (2000). *Sex Differences.* San Diego, CA: Academic Press

Thornhill, Randy, & Gangestad, S. W. (2008). *The Evolutionary Biology of Human Female Sexuality.* NY: Oxford U. Press.


## *Críticas sociais ao consumismo desenfreado e ao vício por trabalho*

Bell, Daniel (1996). *The Cultural Contradictions of Capitalism* NY: Basic Books.

Conley, Lucas (2008) *Obsessive Branding Disorder.* NY PublicAffairs.

De Graaf, John, et al. (2005) *Affluenza.* San Francisco: CA: Berrett Koehler.

Ehrenreich, Barbara (2001), *Nickel and Dimed.* NY: Henry Holt.

Frank, Thomas, & Weiland, M. (Eds) (1997). *Commodify Your Dissent.* NY: W. W. Norton.

Gini, Al (2000). *My Job, my Self.* NY: Routledge.

Hirsch, Fred (1995). *Social Limits to Growth*. Cambridge, MA: Harvard U. Press.

Hochschild, Arlie (2003). *The Managed Heart*. Berkeley, CA: U. California Press.

Klein, Naomi (2002). No *Logo*. NY: Picador.

Klein, Naomi (2008*). The Shock Doctrine*. NY Picador.

Lasch, Christopher (1991). *The Culture of Narcissism*. NY: W W. Norton.

Lasn, Kalle (2000*). Culture Jam*. NY: Harper,

Locke, John, L. (1999). *The De-voicing Of Society*. NY: Simon & Schuster.

Marcuse, Herbert (1956*). Eros and Civilization*. Londres: Routledge & Kegan Paul.

Marcuse, Herbert (1964) *One-dimensional Man*. Boston: Beacon Press.

Packard, Vance (1959). *The Status Seekers*. NY: David McKay.

Packard, Vance. (1960). *The Waste Makers*. NY: Van Rees Press.

Remnick, David (Ed.). (2001). *The New Gilded Age*. NY: The Modern Library.

Schor, Juliet B. (1992) *The Overworked American*. NY: Basic Books.

Schor, Juliet B. (1998). *The Overspent American*. NY: Basic Books.

Taylor, Mark C. (2004). *Confidence Games*. Chicago, IL: U. Chicago Press.

Whybrow, Peter C. (2006). *American Mania*. NY:W.W.Norton.

## Críticas ambientais ao consumismo desenfreado

Ayres, Robert U., & Ayres, L. W. (2002). A *Handbook of Industrial Ecology*. Brookfield, VT: Edward Elgar.

Borgerhoff Mulder, Monique, & Coppolillo, P. (2005). *Conservation*. Princeton, NJ: Princeton U. Press.

Brown, Lester R. (2008). *Plan B 3.0*. NY: W. W. Norton.

Diamond, Jared (2005). *Collapse*. NY: Penguin.

Hayden, Andres (2000). *Sharing the Work, Sparing the Planet*. Londres: Zed Books.

McDonough, William, & Braungart, M. (2002). *Cradle to Cradle*. NY: North Point Press.

McKibben, Bill (2007). *Deep Economy*. NY: Times Books.

Myers, Norman, & Kent, Jennifer (2004). *The New Consumers*. Washington, DC: Island Press.

Papanek, Victor (1995). *The Green Imperative*. NY: Thames and Hudson.

Rosenzweig, Michael (2003). *Win-win Ecology*. NY: Oxford U. Press.

Sale, Kirkpatrick (2007). *Human Scale*. Buffalo, NY: BlazeVOX Books.

Slade, Giles (2007). *Made to Break*. Cambridge, MA: Harvard U. Press.

Strasser, Susan (1999). *Waste and Want*. NY: Henry Holt & Co.

Weyler, Rex (2004). *Greenpeace*. Emmaus, PA: Rodale.

## *Poder corporativo, influência da mídia e os lobbistas*

Bakan, Joel (2004). *The Corporation*. NY: Free Press.

Frank, Thomas (2000). *One Market Under God*. NY: Doubleday.

Heinz, John P., et al. (1997). *The Hollow Core*. Cambridge, MA: Harvard U. Press.

Korten, David C. (2001). *When Corporations Rule the World*. West Hartford, CT: Kumarian Publishers.

Nestle, Marion (2002). *Food Politics*. Berkeley, CA: U. California Press.

Palast, Greg (2004). *The Best Democracy Money Can Buy*. NY: Plume.

Postman, Neil (2005). *Amusing Ourselves to Death*. NY: Penguin.

Rushkoff, Douglas *(1999)*. *Coercion*. NY: Riverhead Books.

Schlosser, Eric (2001). *Fast Food Nation*. NY: Harper Perennial.

Tye, Larry (1998). *The Father of Spin*. NY: Crown.

## Evolução, desenvolvimento e infância

Bjorklund, David F., & Pelligrini, A. D. (2002). *The Origins of Human Nature*. Washington, DC: American Psychological Association.

Bloom, Paul (2005). *Descartes' Baby*. NY: Basic Books.

Ellis, Bruce J., & Bjorklund, D. F. (Eds.). (2005). *Origins of the Social Mind*. NY: Guilford Press.

Harris, Judith R. (1998). *The Nurture Assumption*. NY: Free Press.

Hewlett, Barry S., & Lamb, M. E. (Eds.). (2005). *Hunter-gatherer Childhoods*. New Brunswick, NJ: Aldine Transaction.

Hrdy, Sarah B. (1999). *Mother Nature*. NY: Ballantine.

Salmon, Catherine, & Shackelford, T. K. (Eds.). (2008). *Family Relationships*. NY: Oxford U. Press.

Weisfeld, Glenn (1999). *Evolutionary Principles of Human Adolescence*. NY: Basic Books.

## Crianças como consumidores, socialização dos consumidores

Linn, Susan (2004). *Consuming Kids*. NY: New Press.

Louv, Richard (2008). *Last Child in the* Woods. Chapel Hill, NC: Algonquin.

McNeal, James U. (2007). *On Becoming a Consumer*. Boston: Butterworth-Heinemann.

Schor, Juliet B. (2004). *Born to Buy*. NY: Scribner.

## *Comportamento do consumidor, marketing, publicidade e* branding *em geral*

Aaker, David A. (2007). *Strategic Market Management.* NY: Wiley.

Baker, Michael J. (2005). *The Marketing Book.* Boston: Butterworth-Heinemann.

Batey, Mark (2008). *Brand Meaning.* NY: Routledge.

Buttle, Francis (2008). *Customer Relationship Management.* Boston: Butterworth-Heinemann.

Gerzema, John, & Lear, E. (2008). *The Brand Bubble.* San Francisco, CA: Jossey-Bass.

Hawkins, Del I., Best, R. J., & Coney, K. E. (2003). *Consumer Behavior.* NY: McGraw-Hill.

Kotler, Philip, & Armstrong, G. (2007). *Principles of Marketing.* Upper Saddle River, NJ: Pearson Prentice Hall.

Levitt, Theodore (1983). *The Marketing Imagination.* NY: Macmillan.

Neumeier, Marty (2005). *The Brand Gap.* Indianapolis, IN: New Riders/Hayden.

Schmitt, Bernd, & Simonson, A. (1997). *Marketing Aesthetics.* NY: Free Press.

Twitchell, James B. (2005). *Branded Nation.* NY: Simon & Schuster.

Wells, William D., et al. (2005). *Advertising.* NY: Prentice-Hall.

Walker, Rob (2008). *Buying In.* NY: Random House.

Weitz, Barton A., & Wensley, R. (Eds.). (2002). *Handbook of Marketing.* NY: Sage.

Zaltman, Gerald, & Zaltman, L. H. (2008). *Marketing Metaphoria.* Boston, MA: Harvard Business School Press.

## *A psicologia da economia e a tomada de decisão do consumidor*

Ariely, Dan (2008). *Predictably Irrational.* NY: HarperCollins.

Becker, Gary S. (1998). *Accounting for Tastes.* Cambridge, MA: Harvard U. Press.

Camerer, Colin (2003). *Behavioral Game Theory.* Princeton, NJ: Princeton U. Press.

Frank, Robert H. (2007). *Microeconomics and Behavior.* NY: McGraw-Hill.

Frey, Bruno S., & Stutzer, A. (Eds.). (2007). *Economics & Psychology.* Cambridge, MA: MIT Press.

Gigerenzer, Gerd (2007). *Gut Feelings.* NY: Viking.

Gladwell, Malcolm (2007). *Blink.* NY: Back Bay Books.

Glimcher, Paul W., et al. (Eds.). (2008). *Neuroeconomics.* NY: Academic Press.

Harford, Tim (2008). *The Logic of Life.* NY: Random House.

Haugvedt, Curtis P. et al. (2008). *Handbook of Consumer Psychology.* NY: Routledge.

Levitt, Steven D., & Dubner, S. J. (2005). *Freakonomics.* NY: William Morrow.

Schwartz, Barry (2004). *The Paradox of Choice.* NY: HarperCollins.

Shiller, Robert J. (2001). *Irrational Exuberance.* NY: Broadway.

Underhill, Paco (1999). *Why we Buy.* NY: Simon & Schuster.

## *Emoções e motivações relevantes para o comportamento do Consumidor*

Evans, Dylan, & Cruse, P. (2004). *Emotion, Evolution, and Rationality.* Oxford, UK: Oxford U. Press.

Gagnier, Regina (2001). *The Insatiability of Human Wants.* Chicago, IL: U. Chicago Press.

Lewis, Alan (Ed.). (2008). *The Cambridge Handbook of Psychology and Economic Behavior.* NY: Cambridge U. Press.

Lewis, Michael, et al. (Eds.). (2008). *Handbook of Emotions.* NY: Guilford Press.

Nesse, Randolph M. (Ed.). (2001). *Evolution and the Capacity for Commitment.* NY: Russell Sage.

Panksepp, Jaak (2004). *Affective Neuroscience.* NY: Oxford U. Press.

## Análises culturais do consumismo, marketing, publicidade e mídia em geral

Baudrillard, Jean (1998). *The Consumer Society*. NY: Sage.

Benjamin, Walter (2002). *The Arcades Project*. Cambridge, MA: Belknap Press.

Bloom, Paul N., & Gundlach, G. T. (Eds.). (2000). *Handbook of Marketing and Society*. NY: Sage.

Bourdieu, Pierre (1984). *Distinction*. Cambridge, MA: Harvard U. Press.

Brooks, David (2000). *Bobos in Paradise*. NY: Simon & Schuster.

Chomsky, Noam (2002). *Manufacturing Consent*. NY: Pantheon.

Cowen, Tyler (1998). *In Praise of Commercial Culture*. Cambridge, MA: Harvard U. Press.

Deleuze, Gilles, & Guattari, F. (1987). A *Thousand Plateaus*. Minneapolis, MN: U. Minnesota Press.

Douglas, Mary, & Isherwood, B. (1980). *The World of Goods*. Londres, UK: Penguin.

Ewan, Stuart (1999). *All-consuming Images*. NY: Basic Books.

Frank, Robert L. (2007). *Richistan*. NY: Crown Books.

Graeber, David (2001). *Toward an Anthropological Theory of Value*. NY: Palgrave Macmillan.

## *Análises culturais de certos tipos de produtos*

Agins, Teri (2000). *The End of Fashion*. NY: Harper. [Vestuário]

Battelle, John (2006). *The Search*. NY: Portfolio. [Google e ferramentas de busca]

Belk, Russell W. (2001). *Collecting in a Consumer Society*. Londres: Routledge.

Bradsher, Keith (2002). *High and Mighty*. NY: Public Affairs. [Veículos utilitários desportivos]

Chaplin, Heather, & Ruby, A. (2006). *Smartbomb*. NY: Algonquin Books. [Videogames]

Clark, Taylor (2007). *Starbucked*. Boston: Little, Brown, & Co. [Café]

Denton, Sally, & Morris, R. (2001). *The Money and the Power*. NY: Knopf. [Apostando]

Glasmeier, Amy K. (2000). *Manufacturing Time*. Londres: Guilford. [Relógios]

Blumenthal, Howard J., & Goodenough, O. R. (2006). *This Business of Television*. NY: Billboard Books.

Hart, Matthew (2001). *Diamond*. NY: Walker & Co.

Horst, Heather, & Miller, D. (2006). *The Cell Phone*. NY: Berg.

Illouz, Eva (1997). *Consuming the Romantic Utopia*. Berkeley, CA: U. California Press. [Produtos para namorar]

Johnson, Steven (2005). *Everything Bad is Good for You.* NY: Riverhead Books.

Kahney, Leander (2006). *The Cult of Mac.* San Francisco, CA: No Starch Press. [Computadores]

Kushner, David (2004). *Masters of Doom.* NY: Random House. [Jogos de computador]

Levy, Steven (2007). *The Perfect Thing.* NY: Simon & Schuster. [iPods]

Ling, Rich (2004). *The Mobile Connection.* San Francisco, CA: Morgan Kaufmann.

Manning, Robert D. (2000). *Credit Card Nation.* NY: Basic Books.

Mead, Rebecca (2007). *One Perfect Day.* NY: Penguin. [Casamentos]

Radosh, Daniel (2008). *Rapture Ready!* NY: Scribner. [Produtos cristãos]

Reichert, Tom, & Lambiase, J. (Eds.). (2006). *Sex in Consumer Culture.* Mahwah, NJ: Lawrence Erlbaum Associates.

Seagrave. Kerry (2002). *Vending Machines.* Jefferson, NC: McFarland.

Singh, Simon, & Ernst, E. (2008). *Trick or Treatment.* NY: W. W. Norton. [Medicina alternativa]

Steiner, Wendy (2001). *Venus in Exile.* NY: Free Press. [Arte moderna]

Velthius, Olav (2005). *Talking Prices.* Princeton, NJ: Princeton U. Press. [Arte contemporânea]

## *Teoria da sinalização custosa, mutações e indicadores de boa forma*

Bradbury, Jack W., & Vehrencamp, S. L. (1998). *Principles of Animal Communication.* Sunderland, MA: Sinauer Associates.

Hauser, Marc D., & Konishi, M. (Eds.). (2004). *The Design of Animal Communication.* Cambridge, MA: MIT Press.

Maynard Smith, John, & Harper. D. (2004). *Animal Signals.* NY: Oxford U. Press.

Ridley, Mark (2001). *The Cooperative Gene.* NY: Free Press.

Searcy, William A., & Nowicki, S. (2005). *The Evolution of Animal Communication.* Princeton, NJ: Princeton U. Press.

Smith, David L. (2007). *Why we Lie.* NY: St. Martin's Press.

Zahavi, Amotz, & Zahavi, A. (1997). *The Handicap Principle.* NY: Oxford University Press.

## *A natureza e psicologia do status*

De Botton, Alain (2004). *Status Anxiety.* NY: Penguin.

Frank, Robert H. (1985). *Choosing the Right Pond.* Oxford, UK: Oxford U. Press.

Lareau, Annette, & Conley, D. (Eds.). (2008). *Social Class*. NY: Russell Sage Foundation.

Seabrook, John (2001). *Nobrow*. NY: Vintage.

Silverstein, Michael J. (2006). *Treasure Hunt*. NY: Portfolio.

Silverstein, Michael J., & Fiske, N. (2003). *Trading Up*. NY: Penguin.

Thomas, Dana (2007). *Deluxe*. NY: Penguin.

## *Consumo desenfreado, bens posicionais e desigualdade*

English, James F. (2005). *The Economy of Prestige*. Cambridge, MA: Harvard U. Press.

Frank, Robert H., & Cook, P. J. (1995). *The Winner-take-society*. NY: Free Press.

James, Oliver (2008). *The Selfish Capitalist*. Londres: Vermillion.

Rothkopf, David (2008). *Superclass*. NY: Farrar, Straus, & Giroux.

Veblen, Thorstein (1899). *The Theory of the Leisure Class*. NY: Macmillan.

## *Alternativas ao consumismo: simplicidade voluntária, frugalidade*

Elgin, Duane (1993). *Voluntary Simplicity*. NY: Quill.

Fox, Nichols (2002). *Against the Machine*. Washington, DC: Island Press.

Hawken, Paul (2008). *Blessed Unrest.* NY: Penguin.

Honoré, Carl (2005). *In Praise of Slowness.* NY: HarperOne.

Luhrs, Janet (1997). *The Simple Living Guide.* NY: Broadway.

Merkel, Jim (2003). *Radical Simplicity.* Gabriola Island, British Columbia, Canada: New Society Publishers.

Stanley, Thomas (2000). *The Millionaire Mind.* Kansas City, KS: Andrews McMeel Publishing.

## *Evolução da Cultura e sociedade*

Baumeister, Roy F. (2005). *The Cultural Animal: Human Nature, Meaning, and Social Life.* NY: Oxford U. Press.

Barkow, Jerome H. (2005). *Missing the Revolution.* NY: Oxford U. Press.

Boyd, Robert, & Richerson, P. J. (2005). *The Origin and Evolution of Cultures.* Oxford, UK: Oxford U. Press.

Schaller, Mark, & Crandall, C. S. (Eds.). (2004). *The Psychological Foundations of Culture.* Mahwah, NJ: Erlbaum.

Sperber, Dan (1996). *Explaining Culture.* Oxford, UK: Blackwell.

## *Psicologia da cultura, modismos, modas e memes*

Blackmore, Susan (1999). *The Meme Machine.* Oxford, UK: Oxford U. Press.

Heath, Chip, & Heath, D. (2007). *Made to Stick*. NY: Random House.

Shennan, Stephen (2002). *Genes, Memes, and Human History*. Londres: Thames & Hudson.

Surowiecki, James (2005). *The Wisdom of Crowds*. NY: Anchor.

## *Percepção das pessoas e cognição social*

Ambady, Nalini, & Skowronski, J. J. (Eds.). (2008). *First Impressions*. NY: Guilford Press.

Cacioppo, John T., et al. (Eds.). (2006). *Social Neuroscience*. Cambridge, MA: MIT Press.

Cialdini, Robert (2008). *Influence*. Boston, MA: Allyn & Bacon.

Dalrymple, Theodore (2007). *In Praise of Prejudice*. NY: Encounter Books.

Fiske, Susan T., & Taylor, S. E. (2008). *Social Cognition*. NY: McGraw-Hill.

Fletcher, Garth J. O. (2002). *The New Science of Intimate Relationships*. Oxford, UK: Blackwell.

Funder, David C. (1999). *Personality Judgment*. NY: Academic Press.

Gosling, Samuel D. (2008). *Snoop*. NY: Basic Books.

Kenrick, Douglas T., et al. (2005). *Social Psychology*. NY: Allyn & Bacon.

Schaller, Mark, et al. (Eds.). (2006). *Evolution and Social Psychology*. NY: Psychology Press.

## *A internet, rede de relações sociais, games on-line e a nova mídia*

Boellstorff, Tom (2008). *Coming of Age in Second Life*. Princeton, NJ: Princeton U. Press.

Castronova, Edward (2005). *Synthetic Worlds*. Chicago, IL: U. Chicago Press.

Gillin, Paul (2007). *The New Influencers*. Sanger, CA: Quill Driver Books.

Kelly, Richard V. (2004). *Massively Multiplayer Online Role-playing Games*. Jefferson, NC: McFarland & Co.

Kirby, Justin, & Marsden, P. (Eds.). (2005). *Connected Marketing*. Londres Butterworth-Heinemann.

Li, Charlene, & Bernoff, J. (2008). *Groundswell*. Boston, MA: Harvard Business School Press.

Mansell, Robin, et al. (Eds.). (2007). *The Oxford Handbook of Information and Communication Technologies*. NY: Oxford U. Press.

Meadows, Mark S. (2008). *I, Avatar*. Indianapolis, IN: New Riders Press.

Tapscott, Don, & Williams, A. D. (2008). *Wikinomics*. NY: Portfolio.

Weber, Larry (2007). *Marketing to the Social Web*. NY: Wiley.

## Atratividade física, cultura da beleza e indicadores de boa forma física

Cooper, Pamela (1998). *The American Marathon*. Syracuse, NY: Syracuse U. Press.

Etcoff, Nancy (1999). *Survival of the Prettiest*. NY: Doubleday.

Farrell-Beck, Jane, & Gau, C. (2002). *Uplift*. Philadelphia, PA: U. Pennsylvania Press.

Hersey, George L. (1996). *The Evolution of Allure*. Cambridge, MA: MIT Press.

Jablonsky, Nina G. (2006). *Skin*. Berkeley, CA: U. California Press.

Kolata, Gina B. (2003). *Ultimate Fitness*. NY: Farrar, Straus, & Giroux.

Kuczynski, Alex (2006). *Beauty Junkies*. NY: Doubleday.

Morris, Desmond (1985). *Bodywatching*. NY: Crown.

Peiss, Kathy (1998). *Hope in a Jar*. NY: Henry Holt & Co.

Rhodes, Gillian, & Zebrowitz, L. A. (Eds.). (2001). *Facial Attractiveness*. Westport, CT: Ablex.

Rothman, Sheila M., & Rothman, D. J. (2003). *The Pursuit of Perfection*. NY: Pantheon.

Stearns, Stephen C., & Koella, J. C. (2008). *Evolution in Health and Disease*. NY: Oxford U. Press.

Voland, Eckart, & Grammer, K. (Eds.). (2003). *Evolutionary Aesthetics*. Berlim: Springer.

## *Indicadores de boa forma mental: língua, arte, música, humor, criatividade*

Dutton, Denis (2008). *The Art Instinct*. Londres: Bloomsbury Press.

Eysenck, Hans J. (1995). *Genius*. Cambridge, UK: Cambridge U. Press.

Levitin, Daniel (2006). *This is Your Brain on Music*. NY: Dutton.

Martin, Rod (2007). *Psychology of Humor*. Boston: Elsevier Academic Press.

Mithen, Steven J. (2005). *The Singing Neanderthals*. London: Weidenfeld & Nicholson.

Murray, Charles (2003). *Human Accomplishment*. NY: HarperCollins.

Nettle, Daniel (2001). *Strong Imagination*. Oxford, UK: Oxford U. Press.

Pinker, Steven (1994). *The Language Instinct*. NY: Morrow.

Provine, Robert R. (2000). *Laughter*. NY: Viking.

Simonton, Dean K. (1999). *Origins of Genius*. NY: Oxford U. Press.

Strauss, Neil (2005). *The Game*. NY: ReganBooks.

## Traços da personalidade

Canli, Turban (Ed.). (2006). *Biology of Personality and Individual Differences.* NY: Guilford.

Chamorro-Premuzic, Tomas, & Furnham, A. (2005). *Personality and Intellectual Competence.* Mahwah, NJ: Lawrence Erlbaum.

Funder, David C. (2006). *The Personality Puzzle.* NY: W. W. Norton.

Furnham, Adrian (2008). *Personality and Intelligence at Work.* Psychology Press.

Furnham, Adrian, & Heaven, P. (1999). *Personality and Social Behaviour.* Londres: Arnold.

John, Oliver P., et al. (2008). *Handbook of Personality.* NY: Guilford Press.

Matthews, Gerald, Deary, I., & Whiteman, M. (2004). *Personality Traits.* Cambridge, UK: Cambridge U. Press.

McCrae, Robert R., & Costa, P. T. (2003). *Personality in Adulthood.* NY: Guilford Press.

Millon, Theodore, et al. (Eds.). (2003). *Psychopathy.* NY: Guilford Press.

Nettle, Daniel (2007). *Personality.* Oxford, UK: Oxford U. Press.

Pervin, Lawrence A., & John, O. P. (Eds.). (1999). *Handbook of Personality Psychology.* NY: Guilford Press.

## Inteligência

Deary, Ian J. (2001). *Intelligence.* Oxford, UK: Oxford U. Press.

Deary, Ian J., et al. (2008). *A Lifetime of Intelligence.* Washington, DC: American Psychological Association.

Emery, Nathan, et al. (Eds.). (2008). *Social Intelligence.* NY: Oxford U. Press.

Geary, David C. (2005). *The Origin of Mind.* Washington, DC: American Psychological Association.

Herrnstein, Richard J., & Murray, C. (1994). *The Bell Curve.* NY: Free Press.

Jensen, Arthur R. (1998). *The g Factor.* Londres: Praeger.

Roberts, Maxwell J. (Ed.). (2007). *Integrating the Mind.* Hove, UK: Psychology Press.

Lynn, Richard (2008). *The Global Bell Curve.* Augusta, GA: Washington Summer Publishers.

Matthews, Gerald, et al. (2004). *Emotional Intelligence.* Cambridge, MA: MIT Press.

Sternberg, Robert J., & E. L. Grigorenko (Eds.) (2002). *The General Factor of Intelligence.* Mahwah, NJ: Lawrence Erlbaum.

Sternberg, Robert J., & Kaufman, J. C. (Eds.) (2002). *Evolution of Intelligence.* Mahwah, NJ: Lawrence Erlbaum.

## Genética do comportamento, genômica e neurogenética

Carey, Gregory (2002). *Human Genetics for the Social Sciences.* NY: Sage.

Jones, Byron C., & Mormede, P. (Eds.). (2006). *Neurobehavioral Genetics.* Boca Raton, FL: CRC Press.

Lesk, Arthur (2007). *Introduction to Genomics.* NY: Oxford U. Press.

Pagel, Mark, & Pomiankowski, A. (Eds.). (2007). *Evolutionary Genomics and Proteomics.* Sunderland, MA: Sinauer.

Parens, Erik, et al. (Eds.). (2005). *Wrestling with Behavioral Genetics.* Baltimore, MD: Johns Hopkins U. Press.

Plomin, Robert, et al. (2008). *Behavioral Genetics.* NY: Worth Publishers.

Ridley, Matt (2003). *Nature via Nurture.* NY: HarperCollins.

## Educação, credencialismo e inteligência

Bok, Derek (2004). *Universities in the Marketplace.* Princeton, NJ: Princeton U. Press.

Carson, John (2007). *The Measure of Merit.* Princeton, NJ: Princeton U. Press.

Karabel, Jerome (2005). *The Chosen.* Boston: Houghton Mifflin.

Miyazaki, Ichisada (1981). *China's Examination Hell.* New Haven, CT: Yale U. Press.

Molnar, Alex (2007). *School Commercialism.* NY: Routledge.

Murray, Charles (2008). *Real Education.* NY: Crown Forum.

Phelps, Richard P. (Ed.). *The True Measure of Educational and Psychological Tests.* Washington, DC: American Psychological Association.

Springer, Sally P., & Franck, M. R. (2005). *Admission Matters.* San Francisco, CA: Jossey-Bass.

Veblen, Thorstein (1918). *The Higher Learning in America.* NY: B. W. Huebsch.

Wolf, Alison (2003). *Does Education Matter?* NY: Penguin Global.

## *A evolução da moralidade, cooperação, confiança e capital social*

Binmore, Ken (2005). *Natural Justice.* Oxford, UK: Oxford U. Press.

De Waal, Frans B. M. (2006). *Primates and Philosophers.* Princeton, NJ: Princeton U. Press.

Fukuyama, Francis (1996). *Trust.* NY: Free Press.

Gazzaniga, Michael S. (2005). *The Ethical Brain.* Washington, DC: Dana Press.

Hammerstein, Peter (Ed.). (2003). *Genetic and Cultural Evolution of Cooperation.* Cambridge, MA: MIT Press.

Hauser, Mark (2006). *Moral Minds.* NY: Ecco.

Lin, Nan (2001). *Social Capital.* NY: Cambridge U. Press.

McCullough, Michael E. (2008). *Beyond Revenge.* San Francisco, CA: Jossey-Bass.

Ostrom, Elinor, & Ahn, T. K. (Eds.). (2003). *Foundations of Social Capital.* Northampton, MA: Edward Elgar.

Putnam, Robert D. (2000). *Bowling Alone.* NY: Simon & Schuster.

Ridley, Matt (1996). *The Origins of Virtue.* NY: Penguin.

Sinnott-Armstrong, Walter (Ed.). (2008). *Moral Psychology.* Cambridge, MA: MIT Press.

Skyrms, Brian (2003). *The Stag Hunt and the Evolution of Social Structure.* Cambridge, UK: Cambridge U. Press.

Sober, Eliot, & Wilson, D. S. (1998). *Unto Others.* Cambridge, MA: Harvard U. Press.

Wilson, David S. (2003). *Darwin's Cathedral.* Chicago, IL: U. Chicago Press.


## *Comunidades, coabitação, novo urbanismo e problemas de moradia*

Chiras, Dan, & Wann, D. (2003). *Superbia.* Gabriola, BC, Canada: New Society Publishers.

Etzioni, Amitai (Ed.). (1998). *The Essential Communitarian Reader.* Landham, MD: Rowman & Littlefield.

Flint, Anthony (2006). *This Land.* Baltimore, MD: Johns Hopkins U. Press.

Girouard, Mark (1985). *Cities and People*. New Haven, CT: Yale U. Press.

Jacobs, Jane (1993). *The Death and Life of Great American Cities*. NY: Modern Library.

Low, Setha (2005). *Behind the Gates*. NY: Routledge.

Mulgan, Geoff (2008). *Living and Community*. Londres: Black Dog Press.

Mumford, Lewis (1961). *The City in History*. NY: Harcourt.

Nelson, Robert H. (2005). *Private Neighborhoods and the Transformation of Local Government*. Washington, DC: Urban Institute Press.

Schama, Simon (1996). *Landscape and Memory*. NY: Vintage.

Waldheim, Charles (Ed.). (2006). *The Landscape Urbanism Reader*. Princeton, NJ: Princeton Architectural Press.

## *Caridade evidente, investimento ético e moral de negócios*

Bornstein, David (2007). *How to Change the World*. NY: Oxford U. Press.

Friedman, Benjamin M. (2006). *The Moral Consequences of Economic Growth*. NY: Vintage.

Gini, Al, & Marcoux, A. M. (2008). *Case Studies in Business Ethics*. NY: Prentice-Hall.

Hancock, John (1999). *The Ethical Investor*. Londres: Financial Times/Prentice Hall.

Handy, Charles, & Handy, E. (2006). *The New Philanthropists*. Londres: William Heinemann.

Harrison, Rob, et al. (Eds.). (2005). *The Ethical Consumer*. Thousand Oaks, CA: Sage.

Hollender, Jeffrey, & Fenichell, S. (2003). *What Matters Most*. NY: Basic Books.

Tapscott, Don, & Ticoll, D. (2003). *The Naked Corporation*. NY: Free Press.

Vogel, David (2006). *The Market for Virtue*. Washington, DC: Brookings Institution Press.

Zak, Paul J. (Ed.). (2008). *Moral Markets*. Princeton, NJ: Princeton U. Press.

## *Implicações das políticas, impostos sobre o consumo*

Crawford, Charles, & Salmon, C. (Eds.). (2004). *Evolutionary Psychology, Public Policy, and Personal Decisions*. Mahwah, NJ: Lawrence Erlbaum.

Doherty, Brian (2008). *Radicals for Capitalism*. NY: PublicAffairs.

Epstein, Richard A. (2003). *Skepticism and Freedom*. Chicago, IL: U. Chicago Press.

Frank, Robert H. (2007). *Falling Behind*. Berkeley: U. California Press.

Friedman, Milton (2002). *Capitalism and Freedom*. Chicago, IL: U. of Chicago Press.

Goodenough, Oliver R., & Zeki, S. (Eds.). (2006). *Law and the Brain*. NY: Oxford U. Press.

Kuran, Timur (1995). *Private Truths, Public Lies*. Cambridge, MA: Harvard U. Press.

McCaffery, Edward J. (2006). *Fair not Flat*. Chicago, IL: Chicago U. Press.

McCaffery, Edward J., & Slemrod, J. (Eds.). (2006). *Behavioral Public Finance*. NY: Russell Sage Foundation.

Mulgan, Geoff (2006). *Good and Bad Power*. Londres: Allen Lane.

Postrel, Virginia (1998). *The Future and its Enemies*. NY: Touchstone.

Rubin, Paul H. (2002). *Darwinian Politics*. New Brunswick, NJ: Rutgers U. Press.

Seidman, Laurence (1997). *The USA Tax*. Cambridge, MA: MIT Press.

Singer, Peter (2000). *A Darwinian Left*. New Haven, CT: Yale U. Press.

Somit, Albert, & Peterson, S. A. (Eds.). (2003). *Human Nature and Public Policy*. NY: Palgrave Macmillan.

Sowell, Thomas (2007). A *Conflict of Visions*. NY: Basic Books.

Tabb, William K. (2004). *Economic Governance in the Age of Globalization*. NY: Columbia U. Press.

Witt, Ulrich (2003). *The Evolving Economy*. Aldershot, UK: Edward Elgar.

Young, H. Peyton (1998). *Individual Strategy and Social Structure*. Princeton, NJ: Princeton U. Press.

## *O futuro do consumismo*

Gershenfeld, Neil (2005). *Fab*. NY: Basic Books.

Giddens, Anthony (2006). *Europe in the Global Age*. Malden, MA: Polity.

Gimore, James H., & Pine, B. J. (2000). *Markets of One*. Boston, MA: Harvard Business School Press.

Hutton, Will (2006). *The Writing on the Wall*. NY: Free Press.

Khanna, Tarun (2007). *Billions of Entrepreneurs*. Boston, MA: Harvard Business School Press.

Kurzweil, Ray (2005). *The Singularity is Near*. NY: Viking.

Meredith, Robyn (2008). *The Elephant and the Dragon*. NY: W. W. Norton.

Pine, B. Joseph, & Gilmore, J. (1999). *The Experience Economy*. Cambridge, MA: Harvard Business School Press.

Rifkin, Jeremy (2001). *The Age of Access*. NY: Tarcher/Putnam.

Rifkin, Jeremy (2004). *The European Dream*. NY: Tarcher/Putnam.

Sachs, Jeffrey (2008). *Common Wealth*. NY: Penguin.

Steffen, Alex (Ed.). (2006). *Worldchanging*. NY: Abrams.

Turner, Fred (2006). *From Counterculture to Cyberculture*. Chicago, IL: U. Chicago Press.

Von Hippel, Eric (2006). *Democratizing Innovation*. Cambridge, MA: MIT Press.

Wright, Robert (2001). *Nonzero*. NY: Vintage.

Young, Simon (2006). *Designer Evolution*. Amherst, MA: Prometheus Books.

Yunus, Muhammed (2007). *Creating a World Without Poverty*. NY: PublicAffairs.

## *Livros anteriores de Geoffrey Miller*

Miller, Geoffrey (2000). *The Mating Mind: How Sexual Choice Shaped the Evolution of Human Nature*. NY: Doubleday.

Geher, Glenn, & Miller, G. F. (Eds.). (2007). *Mating Intelligence: Sex, Relationships, and the Mind's Reproductive System*. Mahwah, NJ: Lawrence Erlbaum.

## *Outras publicações relevantes de Geoffrey Miller e Colaboradores*

Andrews, P. W., Gangestad, S. W., Miller, G. F., Haselton, M. G., Thornhill, R., & Neale, M. C. (2008). "Sex differences in detecting sexual infidelity: Results of a maximum likelihood method for analyzing the sensitivity of sex differences to underreporting". [Diferenças entre os sexos ao detectar a infelidade sexual: resultados de um método de máxima probabilidade para analisar a sensibilidade das diferenças sexuais] *Human Nature*, 19, 347-373.

Arden, R., Gottfredson, L., & Miller, G. F. (apresentado). "Does a fitness factor contribute to the association between intelligence and health outcomes?" [O fator de boa forma contribui para a associação entre inteligência e os resultados de saúde?] *Intelligence*.

Arden, R., Gottfredson, L., Miller, G. F., & Pierce. A. (no prelo). Intelligence and semen quality are positively correlated. [Inteligência e qualidade de sêmen estão positivamente relacionadas]. *Intelligence*.

Geher, Glenn, Miller, G. F., & Murphy, J. (2007). Introduction: The origins and nature of mating intelligence. [Introdução: Os primórdios e a natureza da inteligência para procurar parceiros sexuais] In G. Geher & G. Miller (Eds.), *Mating Intelligence: Sex, Relationships, and the Mind's Reproductive System* [A inteligência para procurar parceiros sexuais: sexo, relacionamentos e o sistema reprodutivo da mente]. (pp. 3-34). Mahwah, NJ: Erlbaum.

Greengross, Gil, & Miller, G.F. (2008). "Dissing oneself versus dissing rivals: Effects of status, personality, and sex on the short-term and long-term attractiveness of self-deprecating and other-deprecating humor". [Desacreditar de si mesmo versus desacreditar de rivais: efeitos do status, da personalidade e do sexo na atratividade de curto e de longo prazo do humor autodepreciativo e depreciativo de terceiros]. *Evolutionary Psychology*, 6, 393-408.

Griskevicius, V., Tybur, J. M., Sundie, J. M., Cialdini, R. B., Miller, G. F., & Kenrick, D. T. (2007). "Blatant benevolence and conspicuous consumption: When romantic motives elicit costly displays". [Benevolência ostensiva e consumo conspícuo: quando motivos românticos induzem a exibições custosas]. *Journal of Personality and Social Psychology,* 93, 85-102.

Haselton, Martie G., & Miller, G. F. (2006). "Women's fertility across the cycle increases the short-term attractiveness of creative intelligence". [A fertilidade da mulher através do ciclo aumenta a atratividade de curto prazo pela inteligência criativa]. *Human Nature,* 17, 50-73.

Hooper, Paul, & Miller, G. F. (2008). "Mutual mate choice can drive ornament evolution even under perfect monogamy". [A escolha mútua de parceiros sexuais pode instigar a evolução dos ornamentos até mesmo na monogamia perfeita]. *Adaptive Behavior, 16,* 53-70.

Kaufman, Scott, et al. (2007). "The role of creativity and humor in mate selection". [O papel da criatividade e do humor na seleção de parceiros sexuais]. In G. Geher & G. Miller (Eds.), *Mating Intelligence: Sex, Relationships, and the Mind's Reproductive System* [Inteligência na procura de parceiros sexuais: sexo, relacionamentos e o sistema reprodutivo da mente]. *(pp.* 227-262). Mahwah, NJ: Erlbaum.

Keller, Matthew C., & Miller, G. (2006). "Which evolutionary genetic models best explain the persistence of common, harmful, heritable mental disorders?" [Que modelos genéticos evolucionários explicam melhor a persistência de desordens mentais comuns, prejudiciais e hereditárias?] *Behavioral and Brain Sciences,* 29, 385-404.

Klimentidis, Y. C., Miller, G. F., & Shriver, M. D. (no prelo). "Genetic admixture, self-reported ethnicity, self-estimated admixture, and skin pigmentation among Hispanics and Native

Americans". [Mistura genética, etnicidade autodeclarada, mistura autoavaliada e pigmentação da pele entre os hispânicos e os nativos americanos]. *American Journal of Human Genetics.*

Mendenhall, Zack, & Miller, G. (em preparação). Conspicuous consumption in World of Warcraft: Auction versus vendor prices reveal the price premium for conspicuously cool weapons. [Consumo evidente no World of Warcraft: preços de leilão versus preços de fornecedores revelam o acréscimo no preço das armas visivelmente bacanas].

Miller, G. F. (1994). "Beyond shared fate: Group-selected mechanisms for cooperation and competition in fuzzy, fluid vehicles". [Além do destino compartilhado: mecanismos de cooperação e competição selecionados pelo grupo em veículos fluidos] *Behavioral and Brain Sciences,* 17, 630-631.

Miller, G. F. (1997). "Mate choice: From sexual cues to cognitive adaptations". [A escolha de parceiros sexuais: dos sinais sexuais às adaptações cognitivas] In G. Cardew (Ed.), *Characterizing Human Psychological Adaptations (Ciba Foundation Symposium* 208) (pp. 71-87). NY: John Wiley.

Miller, G. F. (1997). "Protean primates: The evolution of adaptive unpredictability in competition and courtship". [Primatas proteiformes: a evolução da imprevisibilidade adaptiva na competição e no namoro]. In A. Whiten & R. W. Byrne (Eds.), *Machiavellian Intelligence II: Extensions and Evaluations* (pp. 312-340). Cambridge, UK: Cambridge U. Press.

Miller, G. F. (1998). "How mate choice shaped human nature: A review of sexual selection and human evolution". [Como a escolha de parceiros sexuais formou a natureza humana: uma revisão da seleção sexual e da evolução humana]. In C. Crawford & D.

Krebs (Eds.), *Handbook of Evolutionary Psychology: Ideas, Issues, and Applications* (pp. 87-129). Mahwah, NJ: Lawrence Erlbaum.

Miller, G. F. (1998). Waste is good. *Prospect* magazine, Feb., 18-23.

Miller, G. F. (1999). Sexual selection for cultural displays. In R. Dunbar, C. Knight, & C. Power (Eds.), *The Evolution of Culture* (pp. 71-91). Edinburgo, Escócia: Edinburgh U. Press.

Miller, G. F. (2000). Marketing. In J. Brockman (Ed.), *The greatest inventions of the last 2,000 years* (pp. 121-126). NY: Simon & Schuster.

Miller, G. F. (2000). Memetic evolution and human culture. *Quarterly Review of Biology*, 75, 434-436.

Miller, G. F. (2000). "Mental traits as fitness indicators: Expanding evolutionary psychology's adaptationism". [Traços mentais como indicadores de boa forma: expandindo o adaptacionismo da psicologia evolucionista]. In D. LeCroy & P. Moller (Eds.), *Evolutionary Perspectives on Human Reproductive Behavior (Annals of the New York Academy of Sciences, Volume 907)* (pp. 62-74). NY: New York Academy of Sciences.

Miller, G. F. (2000). "Sexual selection for indicators of intelligence". [Seleção sexual para indicadores de inteligência]. In G. Bock, J. Goode, & K. Webb (Eds.), *The Nature of Intelligence (Novartis Foundation Symposium* 233) (pp. 260-275). NY: John Wiley.

Miller, G. F. (2000). "Evolution of human music through sexual selection". [Evolução da música humana através da seleção sexual]. In N. L. Wallin, B. Merker, & S. Brown (Eds.), *The Origins of Music* (pp. 329-360). MIT Press.

Miller, G. F. (2000). "Technological evolution as self-fulfilling prophecy". [Evolução tecnológica como profecia auto-realizadora]. In J. Ziman (Ed.), *Technological Innovation as an Evolutionary Process* (pp. 203-215). Cambridge, UK: Cambridge U. Press.

Miller, G. F. (2000). "How to keep our meta-theories adaptive: Beyond Cosmides, Tooby, and Lakatos". [Como manter nossas metateorias adaptivas: além de Cosmides, Tooby e Lakatos]. *Psychological Inquiry*, 11, 42-46.

Miller, G. F. (2001). "Aesthetic fitness: How sexual selection shaped artistic virtuosity as a fitness indicator and aesthetic preferences as mate choice criteria." [Boa forma estética: como a seleção sexual formou o virtuosismo artístico como um indicador de boa forma e as preferências estéticas como critérios de escolha de parceiros sexuais]. *Bulletin of Psychology and the* Arts, 2, 20-25.

Miller, G. F. (2002). "How did language evolve?" [Como a linguagem se desenvolveu?] In H. Swain (Ed.), *Big Questions in Science* (pp. 79-90). Londres: Jonathan Cape.

Miller, G. F. (2002). "The science of subtlety." [A ciência da sutileza]. In J. Brockman (Ed.), *The Next Fifty Years* (pp. 85-92). NY: Vintage.

Miller, G. F. (2003). "Fear of fitness indicators: How to deal with our ideological anxieties about the role of sexual selection in the origins of human culture." [Medo dos indicadores de boa forma: como lidar com nossas ansiedades ideológicas em relação ao papel de seleção sexual nos primórdios da cultura humana]. In *Being Human: Proceedings of a Conference Sponsored by the Royal Society of New Zealand (Miscellaneous series 63)* (pp. 65-79). Wellington, NZ: Royal Society of New Zealand.

Miller, G. F. (2006). "The Asian future of evolutionary psychology." [O futuro asiático da psicologia evolucionista]. *Evolutionary Psychology, 4*, 107-119.

Miller, G. F. (2006). "Asian creativity: A response to Satoshi Kanazawa." [Criatividade asiática: uma resposta a Satoshi Kanazawa]. *Evolutionary Psychology, 4*, 129-137.

Miller, G. F. (2007). "Sexual selection for moral virtues." [Seleção sexual para virtudes morais] *Quarterly Review of Biology, 82*, 97-125.

Miller, G. F. (2007). "Brain evolution." [Evolução cerebral]. In S. W. Gangestad & J. A. Simpson (Eds.), *The Evolution of Human Mind: Fundamental Questions and Controversies* (pp. 287-293). NY: Guilford Press.

Miller, G. F. (2007). "Mating intelligence: Frequently asked questions." [Inteligência na procura de parceiros sexuais: perguntas frequentes]. In G. Geher & Miller, G. F. (Eds.), *Mating Intelligence: Sex, Relationships, and the Mind's Reproductive System* (pp. 367-393). Mahwah, NJ: Erlbaum.

Miller, G. F. (2007). "Reconciling evolutionary psychology and ecological psychology: How to perceive fitness affordances." [Reconciliando a psicologia evolucionista e a psicologia ecológica: como perceber disponibilidade de boa forma] *Acta Psycholigica Sinica, 39*(3), 546-555.

Miller, G. F. (2007). "Runaway consumerism explains the Fermi paradox." [O consumismo desenfreado explica o paradoxo de Fermi]. In J. Brockman (Ed.), *What is Your Dangerous Idea?* (pp. 240-243). NY: Harper Perennial.

Miller, G. F. (2008). "Magnaminity, fidelity, and other sexually-selected virtues." [Magnanimidade, fidelidade e outras virtudes sexualmente selecionadas]. In W. Sinnott-Armstrong (Ed.), *Moral Psychology (Vol. 1): The Evolution of Morality: Adaptations and Innateness* (pp. 209-243). Cambridge, MA: MIT Press.

Miller, G. F. & Penke, L. (2007). "The evolution of human intelligence and the coefficient of additive genetic variance in human brain size." [A evolução da inteligência humana e o coeficiente aditivo de variação genética no tamanho do cérebro humano]. *Intelligence*, 35, 97-114.

Miller, G. F., & Tal, I. (2007). "Schizotypy versus intelligence and openness as predictors of creativity." [Esquizotipia versus inteligência e abertura como prognósticos da criativadade]. *Schizophrenia Research*, 93, 317-324.

Miller, G. F., & Todd, P. M. (1995). "The role of mate choice in biocomputation: Sexual selection as a process of search, optimization, and diversification." [O papel da escolha de parceiros sexuais na biocomputação: a seleção sexual como um processo de busca, otimização e diversificação]. In W. Banzhaf & F. H. Eeckman (Eds.), *Evolution and Biocomputation: Computational Models of Evolution* (pp. 169-204). Berlin: Springer-Verlag.

Miller, G. F., & Todd, P. M. (1998). "Mate choice turns cognitive." [A escolha de parceiros sexuais torna-se cognitiva] *Trends in Cognitive Sciences*, 2, 190-198.

Miller, G. F., Tybur, J., & Jordan, B. (2007). "Ovulatory cycle effects on tip earnings by lap-dancers: Economic evidence for human estrus?" [Efeitos do ciclo ovulatório no ganho de gorjetas de dançarinas eróticas: evidência econômica de estrus humano?] *Evolution and Human Behavior*, 28, 375-381.

Penke, Lars, Denissen, J. J. A., & Miller, G. (2007). "The evolutionary genetics of personality." [A genética evolucionária da personalidade] *European J. of Personality, 21,* 549-587.

Penke, L., Denissen, J. J., & Miller, G. F. (2007). "Evolution, genes, and interdisciplinary personality research." [Evolução, genes e pesquisa multidisciplinar da personalidade]. *European Journal of Personality, 21,* 639-665.

Prokosch, Mark, Yeo, R., & Miller, G. (2005). "Intelligence tests with higher g-loadings show higher correlations with body symmetry: Evidence for a general fitness factor mediated by developmental stability." [Testes de inteligência com cargas maiores de g mostram correlações mais elevadas com a simetria corporal: evidência para um fator de boa forma geral mediado pela estabilidade de desenvolvimento]. *Intelligence, 33,* 203-213.

Sefcek, J. A., Brumbach, B. H., V.squez, G., & Miller, G. F. (2006). "The evolutionary psychology of human mate choice: How ecology, genes, fertility, and fashion influence our mating behavior." [A psicologia evolucionista da escolha humana de parceiros sexuais: como a ecologia, os genes, a fertilidade e a moda influenciam nosso comportamento ao procurar parceiros sexuais]. *Journal of Psychology and Human Sexuality, 18,* 125-182.

Shaner, Andrew, Miller, G. F., & Mintz, J. (2004). "Schizophrenia as one extreme of a sexually selected fitness indicator." [Esquizofrenia como o extremo de um indicador de aptidão sexualmente selecionado]. *Schizophrenia Research, 70,* 101-109.

Shaner, Andrew, Miller, G. F., & Mintz, J. (2007). "Age at onset of schizophrenia: Evidence of a latitudinal gradient." [Idade do estabelecimento da esquizofrenia: evidências de um gradiente latitudinal]. *Schizophrenia Research, 94,* 58-63.

Shaner, Andrew, Miller, G. F., & Mintz, J. (2007). "Mental disorders as catastrophic failures of mating intelligence." [Desordens mentais como fracassos catastróficos da inteligência na procura de parceiros sexuais]. In G. Geher & G. Miller (Eds.), *Mating Intelligence: Sex, Relationships, and the Mind's Reproductive System* (pp. 193-223). Mahwah, NJ: Erlbaum.

Shaner, Andrew, Miller, G. F., & Mintz, J. (2009). "Autism as the low-fitness extreme of a parentally selected fitness indicator." [Autismo como o extremo do baixo índice de aptidão de uma seleção parental de indicadores de aptidão]. *Human Nature, 19*, 389-413.

Todd, Peter, & Miller, G. F.(1999). "From Pride and Prejudice to Persuasion: Satisficing in mate search." [Do orgulho e preconceito à persuasão: satisfação na busca de parceiros sexuais]. In G. Gigerenzer & P. Todd. (Eds.), *Simple Heuristics that Make us Smart* (pp. 286-308). Oxford, UK: Oxford U. Press.

Tybur, Josh, Miller, G. F., & Gangestad, S. (2007). "Testing the controversy: An empirical examination of adaptationists' attitudes towards politics and science." [Testando a controvérsia: um exame empírico das atitudes dos adaptacionistas em relação à política e à ciência]. *Human Nature, 18*, 313-328.

# Ficção

Certos romances e coletâneas de contos contêm alguns dos melhores pensamentos e escritos sobre o consumismo e suas alternativas. Os autores listados a seguir (com suas obras mais relevantes) parecem ser os que provocam mais consistentemente o pensamento.

Martin Amis, *Success; Money; London Fields; The Information; Pornoland*

Margaret Atwood, *The Edible Woman; The Handmaid's Tale; Oryx and Crake*

J. G. Ballard, *Crash; High Rise; The Atrocity Exhibition; The Unlimited Dream Company; Cocaine Nights; Millenium People; Super-Cannes*

Nicholson Baker, *The Mezzanine; Room Temperature; Vox; The Fermata; A Box of Matches*

Iain M. Banks, *Consider Phlebas; The Player of Games; The State of the Art; Use of Weapons; Excession; Look to Windward; The Algebraist; Matter*

Douglas Coupland, *Generation X; Shampoo Planet; Microserfs; Girlfriend in a Coma; Life after God; Miss Wyoming; Jpod*

Philip K. Dick, *We can Build You; Confessions of a Crap Artist; A Scanner Darkly; Lies Inc.*

Bret Easton Ellis, *American Psycho; Glamorama*

William Gibson, *Neuromancer; Virtual Light; Pattern Recognition; Spook Country*

Aldous Huxley, *Brave New World; Island*

Jeff Noon, *Vurt; Pollen; Nymphomation; Pixel Juice*

Chuck Palahniuk, *Fight Club; Survivor; Choke; Lullaby; Diary; Haunted; Rant; Snuff*

Frederick Pohl, *Midas World*

Neal Stephenson, *Interface; Snow Crash; The Diamond Age, Anathem*

Irvine Welsh, *Trainspotting; Ecstasy; The Acid House; Porno; Filth*

## Filmes

Muitos filmes abordaram de forma provocadora e criativa vários problemas na psicologia do consumo, marketing, design industrial, autoexibição, sinais de status e vida pré-histórica versus vida moderna, tais como:

*Amélie Poulan* (2001), *American Beauty* (1999), *American Psycho* (2000), *Apocalypto* (2006), *Artificial Intelligence* (2001), *A Scanner Darkly* (2006)

*Being John Malkovich* (1999), *Best in Show* (2000), *Blade Runner* (1982), *Boiler Room* (2000), *Boogie Nights* (1997), *Bowling for Columbine* (2002), *Brazil* (1985), *Breast Men* (1997)

*Cast Away* (2000), *Catch Me If You Can* (2002), *Charlie and the Chocolate Factory* (2005), *The Corporation* (2004)

*The Devil Wears Prada* (2006)

*Equilibrium* (2002), *Eternal Sunshine of the Spotless Mind* (2004), *Existenz* (1999)

*Fight Club* (1999)

*The Game* (1997), *Gattaca* (1997), *Glengarry Glen Ross* (1992), *Groundhog Day* (1993)

*I, Robot* (2004), *Idiocracy* (2006), *The Insider* (1999), *Into the Wild* (2007), *The Island* (2005)

*Jerry Maguire* (1996) *Koyaanisqatsi* (1982)

*Little Miss Sunshine* (2006), *Lord of War* (2005), *Lost in Translation* (2003) *Magnolia* (1999), *Manufacturing Consent* (1992), *The Matrix* (1999), *Mean Girls* (2004)

*Requiem for a Dream* (2000), *Robocop* (1987)

*Scarface* (1983), *The Shape of Things* (2003), *Sideways* (2004), *Strange Days* (1995)

*The Tao of Steve* (2000), *Thirteen* (2002), *The Truman Show* (1998), *Total Recall* (1990), *Trainspotting* (1996)

*Wall Street* (1987), *WALL-E* (2008), *What Women Want* (2000) *The Yes Men* (2003)

# Agradecimentos

Agradeço aos meus editores Rick Kot, Drummond Moir, Alban Miles e Ravi Mirchandani e aos meus empresários Katinka Matson e John Brockman por tudo.

Um obrigado muito especial a Rosalind Arden, Henry Baker, Jaime Confer, Chris Eppig, Carolyn Miller, Frank Miller, Daniel Nettle, Lars Penke, Carin Perilloux, Catherine Salmon, Andrew Shaner, Jill Sundie, Joshua Tybur e Michael Wewerka por lerem o rascunho do livro inteiro e darem retornos úteis.

Agradeço a Nelson Amaral, Atalanta Arden-Miller, John Baker, Richard Baker, Michael Church, Dylan Evans, Vladas Griskevicius, Ori Heffetz, Mia Kersting, Emily Maple, Leslie Merriman, Gad Saad, Randy Thornhill e Rhiannon West por trazerem um importante feedback para determinados trechos do livro.

Obrigado aos muitos outros amigos, colegas, pesquisadores, parentes e alunos que discutiram ou se corresponderam comigo sobre os temas deste livro durante os últimos dez anos: Paul Andrews, Tim Bates, Susan Blackmore, Jim Boone, David Buss, David Byrne, Ann Caldwell, Richard Conniff, Helena Cronin, Oliver Curry, David DeAngelo, Ian Deary, Damon DeLaszlo, Denis Dutton, Vince Egan, Rachael Falcon, Robert Frank, David Funder, Steve Gangestad, John Gardner, Glenn Geher, Gerd Gigerenzer, Dan Goldstein, Oliver Goodenough, Linda Gottfredson, David Hall, Richard Harper, Martie Haselton, Paul Hooper, Nicholas Humphrey, Chris Jenkins,

Satoshi Kanazawa, Hilly Kaplan, Anat Keinan, Matt Keller, Douglas Kenrick, Rebecca LeBredonchel, Andrea Levine, Gary McGovney, Zack Mendenhall, Ravi Mirchandani, Randy Nesse, Michael Norton, David O'Hanlon, John Orbell, Nando Pelusi, Steven Pinker, Matt Ridley, Andrew Shaner, Aubrey Sheiham, Catherine Randall, Peter Singer, Walter Sinnott-Armstrong, Ilanit Tal, Andy Thompson, Peter Todd, Paul Watson, Richard Webb, Ian Wedde e Ron Yeo.

# Índice

abertura, como uma das Cinco Grandes Características da personalidade, 287
   como características em várias teorias da personalidade, 218
   correlação com outras características, 231, 233, 234
   custos em constrangimento e perigo, 305
   diversidade de níveis, 287
   e cargas parasitárias, 291-2
   e emoções, 223
   e memes infecciosos, 296-9
   e o capitalismo de consumo, 288
   estudando o valor social para terceiros, 221, 222
   exemplo da escolha de carro, 241
   introdução, 45, 203-05, 287
   medindo, 226
açúcar, densidade de custo do produto, 88
*Adbusters* (revista), 30, 100
adesivos automotivos, 147, 202, 237, 244, 247, 346, 388
adolescentes, 20, 114, 115, 275
Adorno, Theodor W., 50
afabilidade, como uma das Cinco Grandes Características da personalidade, 331
   como características em várias teorias da personalidade, 218
   conformidade como indicador, 336-339
   correlação com outras características, 230, 231
   criando oportunidades para julgar, 112-113
   curva de distribuição em forma de sino, 227
   e emoções, 223
   estudando valores sociais para outros, 159, 160
   etiqueta como indicador, 333
   exemplo de escolha de automóvel, 242
   ideologia como indicador, 340-332
   introdução, 45, 208
   medição, 226
   presentear como indicador, 331-332
   vs. agressividade, 334-336
África do Sul, 340
água da torneira, 43, 60
água engarrafada, 65-66
AIDS, 295, 432

Allport, Gordon, 217, 218
altruísmo. *Ver* afabilidade, como um das Cinco Grandes Características da personalidade
amabilidade. *Ver* afabilidade, como um das Cinco Grandes Características da personalidade
*American Beauty* (filme), 55, 407
Amos, Tori, 30, 52
animais de estimação. *Ver também* Cães
como indicadores de conscienciosidade, 316
eletrônicos, 317
animais de estimação eletrônicos de bolso, 317
animais de estimação Tamagotchi, 230
ansiando por características, 279
anticonsumismo, 30, 52, 99, 402
antiguidade notável, 119
ar, densidade de custo do produto, 88
Armani, 165, 175, 360
arroz, densidade de custo do produto, 88
artesãos locais, 365
assertividade vs. afabilidade, 334-36
associações comerciais, 74
atitude de "se cortar", 298
automóveis. *Ver* carros
avaliação de crédito, 101, 325-27
aversão, 213-17
aviação privada, 394

baby boomers, 295
Badnarik, Michael, 348
Baker, Henry G., 55
Baker, Nicholson, 55

Baker, Virginia, 315
Banco Mundial, 30, 398
Barnard College, 288
batom, 89, 91, 123, 190, 193
Baudrillard, Jean, 22, 50
Baumgartner, Hans, 249
Beadle, Elias Root, 157
bebidas energéticas, para aumentar a inteligência, 284
Becker, Gary, 18, 61, 271
benevolência. *Ver* afabilidade, como uma das Cinco Grandes Características da personalidade
bens posicionais, 249
Berlin, Isaiah, 375
Bernays, Edward, 58
Bertelsmann (conglomerate de mídia), 71
bicicletas, densidade de custo do produto, 88
Blackmore, Susan, 69
bloggers, 79, 416
blue jeans, densidade de custo do produto, 88, 91
BMW, 30, 102, 139, 148, 172, 240, 242, 243, 281
Bonaparte, Napoleão, 449
boneca inflável, 306-307
Bostrom, Nick, 284
Botox, 86, 89, 92, 119
Boyd, Robert, 421
brinquedos, como estimuladores da inteligência, 277
Brooks, David, 354
Brown, Richard, 133
Brozek, John, 133

Bruckheimer, Jerry, 30, 47
*Bubos no Paraíso* (Brooks), 354
Buda e budismo, 20, 64, 65, 340, 352, 447
Buffett, Warren, 360
Burning Man (festival), 304
Bush, George W., 348
Buss, David, 42, 53

cadeiras, densidade de custo do produto, 88
cães
como indicadores de conscienciosidade, 316
    densidade de custo do produto, 88
    e as Cinco Grandes Características da personalidade, 215, 218-19
café, densidade de custo do produto, 88
Calvino, João, 63
Campbell Collaboration, 419
capitalismo de consumo. *Ver também* comportamento do consumidor; marketing
    alternativas ao, 20, 355-371
    ambivalência em relação ao, 29-31
    aspecto biológico, I
    aspecto social, I
    ativismo contra, 30, 382
como forma de enfeitar o pavão, 450
como funciona realmente, 124
como ilusão, 118-26
como semiótica, 22
contexto histórico, 10
conversas dentro do próprio grupo social sobre, 402-08
críticas socialista e ambientalista, 167

diferenças etárias na avaliação social, 114-117
e a pesquisa sobre as diferenças individuais, 45-46
e a psicologia evolucionista, 18, 35, 37, 41, 42, 43
e as atividades de fabricação caseira, 365
e o narcisismo, 65, 78-81
filmes que tratam do, 406, 508
formas de sinalização confiável, 168
humanizando, 396
vs. modo de vida dos homens Cro-Magnon, 11-16
cargas parasitárias, 291-3
caridade, 153
caridade evidente, 107-9
carne de vaca, densidade de custo do produto, 88
Carnegie, Dale, 376
carros
comparando índices de consumo de utilitários esportivos, 438
densidade de custo do produto, 88, 91, 93
e a exibição de características, 102, 240-44, 335-36
evitando a obsolescência planejada, 441, 442
híbridos, 35, 173, 336
inovações tecnológicas, 367-68
marcas verdadeiras vs. falsas, 133
nomes dos modelos, 335
carros de luxo, densidade de custo do produto, 61, 64, 65. *Ver também* BMW; carros; Hummer; Lexus

carros híbridos, 35, 173, 336
Cartel de diamantes De Beers, 93, 133, 332
Cartier, 58, 175
casas
construindo, 366
　densidade de custo do produto, 88
　evitando a obsolescência planejada, 436-40
Cattell, Raymond, 217
cauda do pavão como indicador de boa forma, 81, 129
CDs de música, density de custo do produto, 89, 92, 94
CDs Mozart Effect, 283
Chanel, 175, 192
Charles & Colvard, 134
Cheney, Dick, 209
Chevrolet, 122, 336
China, 133, 164, 181, 293, 429, 445, 446, 447
Chippendale, Thomas, 58
Christal, Raymond E., 217
Cinco Grandes Características da personalidade. *Ver também* afabilidade; conscienciosidade; extroversão; abertura; estabilidade
como elementos de prognóstico, 167-70
como partes das Seis Características Centrais mentais, 28, 146-70
comparação com a inteligência geral, 219
curva de distribuição em forma de sino, 227
　e cargas parasitárias, 210-11
　e marqueteiros, 178-86
　história do modelo, 215-220

independência entre, 230
introdução, 45-46
medindo individualmente, 225-226
Cinco Grandes Características resumo, 46
Clinton, Bill e Hillary, 189
Clock of the Long Now project, 439
cocaína, 89, 92, 284
coerência. *Ver* conscienciosidade, como uma das Cinco Grandes Características da personalidade
Cohen, Claudia, 90
colecionar, 319
coletivismo, 292-93
comportamento do consumidor. *Ver também* capitalismo de consumo
　e a hierarquia de Maslow, 39
　e as Seis Características Centrais mentais, 247
　transmitindo características através de produtos, 101-26
　vantagens do imposto sobre o consumo, 441-43
Comrey, Andrew, 217
comunidades. *Ver também* mundos de realidade virtual
　e pluriculturalismo, 408
Confiabilidade da sinalização, 161, 167. *Ver também* precisão conspícua; reputação conspícua; desperdício conspícuo
Confúcio, 67
conglomerados de mídia, 418
contracultura. *Ver* primitivismo eco-comunitário; hippies
falsificação, 130-36

conscienciosidade, como uma das Cinco Grandes Características da personalidade, 311, 339
  animais de estimação como indicadores, 315
  avaliação de crédito como indicador, 325-27
como característica em várias teorias da personalidade, 218
correlação com outros traços, 232, 233
cuidados pessoais como indicadores, 320-22
  domesticação como indicador, 318-320
  educação e emprego como indicadores, 327-30
  equipamentos caseiros de fitness como indicadores, 324
  estudando o valor social para os outros, 219-221
  exemplo da escolha de carros, 241
  introdução, 45, 205, 207, 311
  medindo, 226
  produtos que exigem muita manutenção como indicadores, 313-15
conservadores, 18, 19, 234, 294, 346. *Ver também* libertários
*Consumer Reports* (revista), 9, 55, 122, 162
consumismo. *Ver* capitalismo de consumo
consumo eticamente conspícuo, 445
consumo conspícuo
  como sinalização de boa forma, 149
  e a procura por parceiros sexuais, 24-25
  e a teoria de sinalização custosa, 159

  e os impostos sobre consumo, 427-428
  e Veblen, 157
  efeito do espírito centrífugo, 352
  entre as nações, 145
  estratégias de renúncia, 352-370
  legalizando alternativas ao, 423-51
  políticas alternativas, 444-52
*Corporation, The* (filme), 408
cosméticos, 186-89. *Ver também* batom
Cosmides, Leda, 53
Costa, Paul, 217
cuidados pessoais, 320-2
curva em forma de sino, 227
customização em massa, 377-8
custos da sinalização. *Ver* teoria da sinalização custosa
Coupland, Douglas, 55
CoverGirl, 191
Covey, Stephen R., 273
credencialismo educacional, 265-76
crianças. *Ver também* adolescentes
  estimuladores da inteligência, 277, 283
  indicadores de boa forma, 26
  instintos vs. sociedade moderna, 21-22
Cro-Magnons, 2, 20, 49

Dale, James, 162
Daly, Martin, 53, 155
Darwinismo social, 347, 349
David, Larry, 209
Davis, Miles, 383
Dawkins, Richard, 42, 69
Defoe, Daniel, 29
democracia

como conceito de marketing, 63-64
elites vs. massas, 66-67
densidade de custo de sangue e outros produtos corporais, 88, 89
Depp, Johnny, 138
desmaterialização do consumo, 173
desperdício conspícuo, 161-62, 166, 167, 168, 169, 170, 193
dia dos namorados, 332
diamantes
densidade de custo do produto, 89, 92, 93
em anéis, 140, 332
verdadeiros vs. falsos, 89-90, 92, 133
Diderot, Denis, 375
diferenças individuais
e pesquisa do consumidor, 45-47
principais dimensões da variação, 201
DiFranco, Ani, 52
Digman, John, 217
dinheiro
como ajuda para aumentar a inteligência, 283
contrafação, 130-136
densidade de custo do produto, 89
diplomas, 86, 90, 92, 230
diplomas universitários falsificados, 89, 92, 270, 271
Disney, 70, 175, 319
diversidade étnica, 409-10
doença mental, 77, 206, 208, 210, 303
DSM (Diagnostic and Statistical Manual of Mental Disorders) [Manual diagnóstico e estatístico das desordens mentais], 78

Duff, Patricia, 90
Dunbar, Robin, 103
Dürer, Albrecht, 58
DVDs pornográficos, densidade de custo do produto, 89, 94

Earley, Rebecca, 439
Earth First, 30
Eco-comumo-primitivismo, 20, 21, 451
*Economist* (revista), 30, 52, 56
economistas da Escola Austríaca, 18, 449
Ecstasy, 89, 92, 346
educação
adquirindo credenciais, 34, 265-76, 416
como indicador de conscienciosidade, 327
treinamento vocacional, 430
visão do capital humano, 271
Educational Testing Service (ETS) [Serviço de Testagem Educacional], 266, 267, 385
efeito do espírito centrífugo, 255-74
eficácia de previsão, 110-11
Electronic Arts, 96, 100, 214
elefante-marinho, 40
elevar a consciência, 406
Eliot, Charles William, 272
Elizabeth I (rainha), 209
emblemas, status, 116-17. *Ver também* marcas e branding
empatia. *Ver* afabilidade, como uma das Cinco Grandes Características da personalidade
Endless Pool, 322
Endossamento por celebridades, 138

Engels, Friedrich, 20
engenharia cultural, 70-72
Epicteto, 182
Epicuro, 20
Equifax, 101, 325
equipamentos de ginástica, 88, 322-24
espelhos, 64
esportes radicais, 306
estado vigilante, 435
estabilidade, como uma das Cinco Grandes Características da personalidade
    como característica em várias teorias da personalidade, 218
    correlação com outras características, 231, 233, 234
    e emoções, 224
    estudando os valores sociais para terceiros, 221
    exemplo da escolha de carros, 243
    introdução, 45, 210, 211
    medindo, 226
estabilidade emocional. *Ver* estabilidade como uma das Cinco Grandes Características da personalidade
etnocentrismo, 295
*Existenz* (filme), 55
Experian, 101
extroversão, como uma das Cinco Grandes Características da personalidade
    como característica em várias teorias da personalidade, 157
    correlação com outras características, 232
    estudando o valor social para terceiros, 159, 160
    exemplo da escolha de carro, 242
    exemplo de marketing do Hummer, 391
    introdução, 415, 211-12
    medindo, 226
Eysenck, Hans, 217

faca militar, densidade de custo do produto, 88
Facebook, 27, 247, 316, 393, 414
Fast-food, 30, 431
felicidade, verdadeira, definição, 428
Fessler, Dan, 294
*Fight Club* (filme), 231, 407
filmes que abordam o consumismo, 407, 508
Fincher, Corey, 288, 291, 292
Fincher, David, 304
Fórum Econômico Social, 30
Frank, Robert H. (economista), 43, 86, 347, 426, 427, 428
Frank, Robert L. (jornalista), 44
Frank, Thomas, 52
Franklin, Benjamin, 271
FranklinCovey, 273
Freud, Sigmund, 37, 58, 78
Friedman, Milton, 18, 61
Funder, David, 112
fator g, 45. *Ver também* inteligência geral

Galbraith, John Kenneth, 29
Galen de Pergamum, 216
games. *Ver* jogos de computador; jogos estratégicos
Gandhi, Mahatma, 20

Gangestad, Steve, 233, 348
Gardner, Howard, 265
gasolina, densidade de custo do produto, 88
Gates, Bill, 360
Gates, Fundação Bill e Melinda, 295
gays e lésbicas, 411, 413
Geher, Glenn, 233
General Electric ou GE, 58, 175
ginástica, equipamentos de, 88, 322
Gingrich, Newt, 449
Gladwell, Malcolm, 23
GOCASE (acrônimo), 212-3
Godin, Seth, 23
Goldberg, Lewis, 218
Golding, Faith, 90
Good Will Hunting (filme), 272
Gorbachev, Mikhail, 177
Gosling, Samuel, 215, 244, 247
gosto, 101
Gould, Stephen J., 264, 265, 347, 349
governo
  como solução de problemas, 395
  democracia como conceito de marketing, 63
  lobbistas, 74
  opções de políticas tributárias, 425
  tradição platônica-confuciana, 67
GQ (revista), 175, 372
Graham, Martha, 179
Grande quase-experimento social, 419
Greenpeace, 30
Greenspan, Alan, 426
Greer, Germaine, 29
Griskevicius, Vladas, 44, 149, 153, 337, 511

Grupo WPP, 71
*guanxi*, 206, 415

Habermas, Jurgen, 374, 406
Hamilton, W.D., 298
Hampshire College, 86, 288
Hardin, Garrett, 435
Hayek, Friedrich, 18, 61
heroína, densidade de custo do produto, 89, 92
hierarquia das necessidades de Maslow, 38-41
Hierarquia de Maslow, 38-41
Hilton, Paris, 78
hippies, 18, 20, 352, 476
Hirst, Damien, 351
Hitchens, Christopher, 375
Hummers, 9, 30, 86, 130, 139, 161, 165, 167, 391
humor, 134

ideologia
  como um indicador de afabilidade, 340
  falhas, 347-49
  odiosa, 19
*Idiocracy* (filme), 55
IMET (Innovations in Medical Education and Training), 182
implantes de seios, densidade de custo do produto, 89, 91
imposto de renda, 425, 426
Imposto Pigovian, 436
imposto sobre as vendas, 425. *Ver também* impostos sobre o consumo
impostos sobre cigarros, 428

impostos sobre o consumo
  alíquotas específicas por produtos, 431
  alíquotas que consideram a depreciação, 437-440
  comparação com o imposto de renda, 426
  determinando as alíquotas, 431-37
  diferenciais vs. progressivas, 440
  e obsolescência planejada, 436
  exemplos, 426
imposto único, 427
  proposta de FairTax, 426
  proposta progressiva, 427-8
  vantagens, 310, 321-23
imposto sobre o valor agregado (VAT), 425310. *Ver também* impostos sobre o consumo
imposto único, 311
*Inconvenient Truth* (filme), 408
Índia, 293, 352, 429, 445, 446-47
indicadores de aptidão, 24-5, 179
Indicadores de aptidão
  a cauda do pavão como, 81, 120, 161, 179
  como sinalização custosa, 129-30
  definição, 24, 128, 161
  e a evolução, 26-8
  e a reprodução, 25
  e os cosméticos, 186-192
  exemplos, 24
  falsos, 92
  inventando novos tipos, 26
  o papel do dinheiro, 27
  traços corporais humanos como, 179-83

Índice de Desenvolvimento Humano (IDH), 423
índices confiáveis, 112-13
individualismo, 292-3
indústria da moda, 439
Indústria do rap, 117
Inovação tecnológica, 367-68
instinto de artesanato, 170
instinto de autoexibição, 177. *Ver também* consumo conspícuo
*In Style* (revista), 30
integridade. *Ver* conscienciosidade, como uma das Cinco Grandes Características da personalidade
inteligência humana, 259. *Ver também* inteligência geral
inteligência. *Ver* inteligência geral; inteligência humana
inteligência criativa, 232, 233
inteligência emocional, 232, 265
inteligência genética, 260-2
inteligência geral, 259
  correlação com outros traços, 231, 232, 234
  definição, 45, 201, 259
  e a testagem da inteligência, 267-268
  e o credencialismo educacional, 265-76
  e simetria corporal, 262, 263
  e tamanho do cérebro, 261-3
  exemplo de escolha de carro, 240
  exemplo de marketing do Lexus, 392
  introdução, 45-46, 201, 203
  no acrônimo GOCASE, 212-3
  outros indicadores além das credenciais educacionais, 276-82

preferências pessoais, 220
produtos que incrementam, 283
produtos que indicam, 276-83
inteligência social, 232, 265
Interpublic, 71
investimento ativo online (day-trading), 280
iPods, 30, 81, 83, 160, 167, 173, 244, 281, 376, 378

Jaguar, 102
James, William, 201, 319
Janome Memory Craft machines, 278, 369
jatos particulares, densidade de custo do produto, 89, 92
Jeans Levi's, densidade de custo do produto, 88, 91
jogos de computador
   Second Life, 466, 199, 414
   The Sims, 95-99, 213
   World of Warcraft, 195-98, 199, 290, 414
Jogos de estratégia, 279. *Ver também* jogos on-line para multidões.
jogos de simulação, 66, 95, 195, 196, 199, 213, 414
jogos de simulação da vida, 66, 95, 195, 196, 199, 213, 414
jogos on-line para multidões, 195, 198, 414. *Ver também* mundos de realidade virtual.
Johnson, Samuel, 375
Joias em ouro, 131
Joyce, James, 276

Kahneman, Daniel, 54
Kamin, Leon, 264
Kant, Immanuel, 216
Kasparov, Gary, 279
Kinsey, Alfred, 29
Klein, Naomi, 30
Kuhn, Thomas, 254
Kurzban, Robert, 410

Lao Tse, 20
laptops, densidade de custo do produto, 88, 93
Las Vegas, 30, 222, 304
Le Guin, Ursula, 304
leis de edificação, 408
Lewontin, Richard, 347
Lexus, 102, 162, 370
Liberais, 234, 292, 343; *Ver também* primitivismo eco-comunitário; Modelo radical errado
libertários, 18, 235, 346, 348, 398, 435
Lincoln Town Car, 102, 103
lingotes, ouro e prata, densidade de custo do produto, 88, 89, 91
livros, densidade de custo do produto, 88
lobbistas, 74
Locke, John, 29
logos, como emblemas de status, 36
Loman, Willy, 59
L'Oreal, 123, 148, 192
Louis Vuitton, 175, 177
LSD, densidade de custo do produto, 90, 92
Lutero, Martinho, 63
Lynch, David, 299

maçãs, densidade de custo do produto, 88
maconha, densidade de custo do produto, 89
Mall of America, 30
Malthus, Thomas, 169
Máquinas de costura Singer, 278
maratonas, 184-5
marca Aveda, 192
marca Body Shop, 192
marca Bulgari, 175
marca Clinique, 192
marca Coca-Cola, 174
marca DuWop, 192
marca Ecco Bella, 192
marca Gucci, 175
marca Hermes, 175
marca IBM, 175
marca Intel, 175
marca Lancome, 192
marca Neutrogena, 192
marca Nokia, 175
marca NYX, 192
marca Olay, 192
marca Prada, 164
marca Tiffany, 17526
marca Toyota, 175
marca Urban Decay, 192
marcas e branding. *Ver também* propagandas; teoria da sinalização custosa; marketing
  brand equity, 174-75
  como emblemas de status, 163
  criticismo, 176
  diferenciação, 192
  eficácia maior, 362
  em cosmética, 192
Marcuse, Herbert, 50
Marketing. *Ver também* publicidade; marcas e branding; capitalismo de consumo
  como força cultural, 57
  comparação com produção, 60-61
  conceitos do valor da marca, 175
  definição, 57
  e a mentalidade consumista, 18, 22-24, 30, 77-100
  e elites vs. massas, 66-68
  e as Seis Características Centrais mentais, 247
  e psicologia, 54, 58
  E características de inteligência geral, 45
  metáforas para a seleção sexual, 47
  necessidade para o darwinismo, 45
  pré-requisitos para produtos, 391-3
  primórdios, 57-59
  ceticismo com, 61-62
Marx, Karl, 29, 50, 61, 99
Maslow, Abraham, 37
*Matrix* (filme), 55, 66, 407
McCrae, Robert, 217, 218
McDonald's brand, 175
McGrath, Pat, 191
Mead, Margaret, 20
memes
  infecciosos, 296-99
  relação com o marketing, 69
Mendenhall, Zack, 195, 197
mercados livres, 8, 22, 33, 289, 317, 318, 324, 327-28
Mercedes, 175, 242, 339

Microsoft, 30, 175
Mill, John Stuart, 413
M&Ms, 356, 377
Modelo Conservador Errado, 18, 19
Modelo Radical Errado, 19, 434
Moissanita, 133
Møller, Anders, 298
Mont Blanc canetas, 138
Moore, Julianne, 138
Mormons, 413
*Morte de um caixeiro-viajante* (peça), A, 59
Moss, Kate, 138
motivação. *Ver* Hierarquia de Maslow
motocicletas, 334, 431
motoserras, densidade de custo do produto, 88
Móveis Knoll, 170
Movimento Fair Trade [comércio--justo], 30, 444
Movimento Slow Food, 30, 353
Mundos de realidade virtual
  Second Life, 66, 199, 414
  The Sims, 95, 100, 213
  World of Warcraft, 195, 197, 290, 414
Murray, Damian, 289, 291
MySpace, 246, 299, 335, 414; *Ver também* Facebook

narcisismo
  aspecto autoestimulante, 84
  características citadas no DSM, 78
  características, 78, 84
  duas faces, 81-83
  e iPod, 83-84
  e o consumismo, 78, 84
  e produtos de alta densidade de custo, 87
  e *The Sims*, 95-100
  em massively multiplayer online games, 195-198
  ostentando o aspecto, 81, 84, 87
  produtos que sinalizam inteligência, 276, 282
Psicologia social, 106-108
National Rifle Association, 431
Navarette, David, 294
Necessidades de autoatualização (Maslow), 38
Necessidades de segurança (Maslow), 39
Necessidades fisiológicas (Maslow), 39
Necessidades sociais (Maslow), 39
Nestlé, 403
Netjets, 360
neuroeconomia, 175
neurose, *ver* estabilidade
New Urbanism, 30
NewsCorp, 70
Newton, Isaac, 209
Neiman Marcus, 372
Nietzsche, Friedrich, 50, 381
Nintendo Wii, 324
Noon, Jeff, 304
Norman, Warren, 217
Normas sociais

e anticonsumismo, 403
e plurialturalismo, 408
influências sobre o comportamento humano, 401
novidades culturais, 306-307
Nozick, Robert, 435

Obsolescência planejada, 171, 308, 309, 436
Odbert, Henry, 217, 218
Omnicon, 71
Volkswagen (Kombi), 60
O'Reilly, Bill, 297
Organização FairTax, 426
Organização Mundial do Comércio, 75, 403
Ötzi, o homem do gelo, 297

Packard, Vance, 86, 171, 309
Palahniuk, Chuck, 55, 299
Pearce, David, 284
Penke, Lars, 262
Penrose, Roger, 282-3
penteados, 321
percepção sobre as pessoas
 aprimoramento com a idade, 114
 avaliando traços da personalidade, 110-113
 limitações da evolução do sistema, 388-91, 395-96
Perelman, Ron, 90-91
perfume, densidade de custo do produto, 89, 91
Perna, Augie, 182

Piaget, Jean, 37
PIB per capita, 211, 212, 308-9
Pilotos particulares, 279
Pílulas anticoncepcionais Ortho Tri-Cyclen, 17, 25
Pinker, Steven, 19, 42
pistolas
 densidade de custo do produto, 89, 92
 tributando munições, 430-1
Pistolas Glock, 17, 61, 63
Platão, 66, 67, 415
pluriculturalismo, 408-12
política
 a indústria da ideologia, 346
 atitudes, 234
 comportamento, 341-4
 democracia como um conceito de marketing, 63
princípios evolucionários em, 42
 tradição platônica-confuciana, 67
política tributária, 425. *Ver também* impostos sobre o consumo
pontuação de IQ, 260, 265, 267, 268, 385, 388. *Ver também* inteligência geral
Porsche Boxster, 154
pós-modernistas, 18
precisão conspícua, 115-16, 117-19, 120, 122-23, 124, 138-39
preferências alimentares, 72-74
preferência por parceiros sexuais. *Ver* seleção sexual
presentear
 impacto no varejo, 331-332

solicitar presentes específicos, 369
Presley, Elvis, 383
previsibilidade. *Ver* conscienciosidade, como uma das Cinco Grandes Características da personalidade
Prince, Bart, 30
Princeton University, 288
princípio do handicap, 129, 131
Procter and Gamble, 58
produtos
   alternativas a comprar novos, de grife e produzidos em massa ao preço pleno de varejo, 355-70
   alugando, 358-9
   categorias, 34
   comprando novos, de grife e produzidos em massa ao preço pleno de varejo, 353-5
   customização em massa, 376-9
   desmaterialização, 173-4
   dificuldade em sinalizar os traços básicos, 109-114
   discordando das alíquotas do imposto sobre o consumo, 428-33
   feitos por si, 362-64
   genéricos, 362
   genuínos vs. falsificados, 131-136
   histórias sobre, 374-375
   marcas como emblemas de status, 163
   ostentação para mais, 370
   ostentando características louváveis para terceiros, 34
   para indicar inteligência, 282
   para o prazer, 34-5
   para realçar a inteligência, 283

pré-requisitos para a compra, 395
   réplicas, 362
   tipo de status, 34, 35
   tomando emprestado, 357
   traços exteriores positivos vs. negativos, 429
   transmitindo os traços do consumidor, 101
   usados, 360-1
produtos de alta densidade de custos, 87
produtos falsificados, 92, 131, 136
produtos que conferem status, 35, 36
Prokosch, Mark, 263
*Propaganda* (Bernays), 59
propagandas. Cf *também* branding; marketing
   como desperdício conspícuo corporativo, 258
   como links de sinalização, 137
   e sinalização de características, 120
   efeitos ambientais, 176
   ênfase na ostentação, 108-09
   maiores empresas de publicidade, 71
   para BMWs, 139
Provigil, 30, 284
Prozac, densidade de custo do produto, 89, 92
psicologia. *Ver também* Seis Características Centrais mentais; psicologia evolucionista; percepção das pessoas
   e marketing, 22-4, 55, 58, 64, 229
   relação com vendas, 58

psicologia evolucionista
  como ciência nova, 42
  e a hierarquia de Maslow, 38-41
  e as características humanas fundamentais, 24, 417-8
  e as preferências alimentares, 72
  e o consumismo, 18, 35, 43, 46
  e o fracasso dos sinais ideológicos, 347
  e os indicadores de boa forma, 26
  exibindo características, 118-20
  levantamento de atitudes políticas, 347-49
psicologia social, *Ver* percepção das pessoas; inteligência social
Publicis, 71
Putnam, Robert, 409-10

Quadros de Van Gogh, densidade de custo do produto, 90, 92

rádios de ondas curtas Grundig, 276
Rand, Ayn, 209
raridade conspícua, 166
Reed College, 288
rede de bolsas on-line, 359
Reforma Protestante, 63
refrigerantes
  consumo, 433
  densidade de custo do produto, 88
religião, 63, 345
relógios
  como produto que incrementa a inteligência, 283
  densidade de custo do produto, 88, 92
  por marca, 132, 166, 170

Rolex, 89, 92, 132, 137, 175, 377
  verdadeiros vs. falsificados, 132, 137
Rembrandt van Rijn, 135
Rentfrow, Peter, 244-45
reprodução. *Ver também* seleção sexual
  e indicadores de boa forma, 25, 26
  exemplo de elefantes-marinhos, 40
  papel dos cosméticos, 186-92
  processo de sinalização de qualidade, 142
reputação conspícua, 161, 162, 162, 167, 176
Revolução Industrial, 58, 450
Richards, Keith, 177
Richerson, Peter, 421
*Riquistão* (Frank), 44
Ridley, Matt, 42
Riqueza
  como pseudo-traço, 106-107
  definição, 101
  fontes, 101-102
Robins, Richard, 221
*Robocop* (filme), 61
robôs, como brinquedos, 319
Rogaine, 193
Relógios Rolex, 88, 92, 132, 133, 137, 165, 175, 377
Rose, Steven, 347
Rothbard, Murray, 18
roupa usada, 360
rubis, verdadeiros vs. falsos, 134
Rushdie, Salman, 304
Russell, Bertrand, 271

Saad, Gad, 43-4, 86
Sanger, Margaret, 29

Schaller, Mark, 288, 291, 292, 294
Schor, Juliet, 52
Schumpeter, Joseph, 449
Second Life (jogo de computador), 66, 199, 414
Seis Características Centrais mentais, 202. *Ver também* Cinco Grandes Características da personalidade; inteligência geral
    Cinco Grandes Características da personalidade como elementos, 245, 203, 235
    como elementos de prognóstico, 232
    como pré-requisitos para a compra de determinados produtos, 395
    curva de distribuição em forma de sino, 227
    definidos, 202
    e a pesquisa dos consumidores, 247-258
    exemplo de escolha de carro, 240
    exemplo de preferências musicais, 176-78
    independência entre, 230
    introdução, 201-213
    preferências, 219
    tatuagens, 237, 383-91
seleção sexual, 47, 129, 179, 187, 342. *Ver também* reprodução
sêmen, densidade de custo do produto, 89
semiótica, 128
*Senhor dos anéis, O*, 378
sequências de DNA, 183
Seres humanos. *Ver também* Cinco Grandes Características da personalidade; indicadores de aptidão; seleção sexual; traços, básicos humanos
Shortz, Will, 279
Shuanghuan Automobile, 133
Silicon Valley, 100, 450
Silverman, Sarah, 209
simplicidade voluntária, 20, 30, 353
Simpson, Jeffry, 233
sinais de qualidade, 134-41
Singer, Peter, 29, 347
Sinn, David, 215
sistema imunológico, 289-90, 294, 297, 298, 299, 305
Sistema Myers-Briggs, 217, 229
sistemas de sinalização, 137, 157, 163, 167, 404, 448
sites de relacionamento social, 386, 414
Skinner, B.F., 37
Smartfood, 281
Smashbox, 192
Smith, Adam, 57, 61, 86, 91, 354, 363
Smith, John Maynard, 347
Sociedade civil, 396-97
sociossexualidade, 154, 233
solicitude parental discriminativa, 141, 142
Salovey, Peter, 265
Spearman, Charles, 202
Staël, Madame de, 375
Stalin, Joseph, 209, 399
status
    buscando, 36, 43, 49, 344, 396
    como é conferido, 103-104
    como pseudocaracterística, 107

competição entre fêmeas, 25
definição, 103
mudando sinais, 444
tipos, 104
Sterling, Bruce, 62
Sternberg, Robert, 265
Stevens, Brooks, 308
Stigler, George, 18
Subaru, 240, 241, 243, 335, 368
sudoku, 279
Sundie, Jill, 44, 153
sutiãs, densidade de custo do produto, 89, 91
Syrus, Pulilius, 179

tábula rasa, 18, 116-117
Takahashi, 277
Takemoto-Chock, Naomi, 217
Tal, Ilanit, 301
tamanho do cérebro, 262-263
Tarantino, Quentin, 209, 304
Teaching Company, 272
telefones celulares
  densidade de custo do produto, 89, 92
  e a exibição de traços humanos, 239, 414, 417
  exemplo de consumo conspícuo, 404
  exemplo de precisão conspícua, 173
telescópios, 89, 91
televisores, densidade de custo do produto, 88, 91
Televisores Sony HD, densidade de custo do produto, 88, 91
Telluride, Colorado, 30
teoria da história de vida, 39, 158, 159

Teoria da sinalização, 127-9. *Ver também* teoria da sinalização custosa
Teoria da sinalização custosa
  análise racional, 138
  como motivo do comportamento econômico humano, 156
  confiabilidade dos sinais, 159, 160
  dilema, 158
  e a teoria do consumo conspícuo de Veblen, 157
  e o comportamento político humano, 340-45
  e o valor de marca, 175
  e produtos genuínos vs. falsificados, 131-36
  introdução, 128-29
  relevância, 140-46
teoria dos índices, 158
testagem genética, 387
testagem padronizada, 265-69
Testes SAT, 192, 193, 194
Thatcher, Margaret, 209
Teofrásio, 216
*The Sims* (jogo de computador), 95-100, 213
Thoreau, Henry David, 20, 29
Thornhill, Randy, 288, 291, 292, 295
Tibbetts, Elizabeth, 162
TimeWarner, 70
Todd, Peter, 53
Tomaselli, Fred, 105, 106
Tooby, John, 53
Toyota Camry, 88, 91, 93, 164, 336, 370
Toyota Land Cruiser, 172

traços básicos humanos. *Ver também* Cinco Grandes Características da personalidade; inteligência geral
a vontade de exibir, 381
alardear, 146-47
e sinais de qualidade, 145
físicos e mentais, 147
índices confiáveis, 158
não confiabilidade da ostentação, 237
novas tecnologias para ostentar, 415-8
o que é notado, 109, 114
ostentação desenfreada, 185
perspectiva evolutionária, 418
tatuagens, 237, 383-91
triatlon como clássico exemplo de exibição, 185
Traços da personalidade. *Ver* Cinco Grandes Características da personalidade
Traços físicos, 129, 186, 193
Traços mentais, 101-10, 195, 408; *Ver também* Seis Características Centrais mentais
tragédias das pessoas comuns, 435
transumanismo, 285
TransUnion, 101, 325
Triatlons, 184
Trium Global Executive M.B.A., 269
Trivers, Robert, 347
Tupes, Ernest C., 217
Tybur, Joshua, 149, 296, 348

Unabomber, 20
universidades, *Ver* credencialismo educacional

utilitários esportivos, comparando as alíquotas do imposto sobre o consumo, 437; *Ver também* Hummer

van Rijn, Rembrandt, 135
Vazine, Simine, 247
Veblen, Thorstein, 29, 43, 50, 84, 157, 160
vestuário, 360-61, 439
Vetter, David, 297
Viacom, 71
Viagra, 89, 92, 193
Vidal, Gore, 375
Virgin Galactic, 394
virtudes; *Ver* virtudes morais
Virtudes morais; *ver* Cinco Grandes Características da personalidade; caridade conspícua; inteligência geral
Vivendi Universal, 71
*Vogue* (revista), 123-24, 137, 175
von Hagens, Dr. Gunther, 181
von Mises, Ludwig, 18
Vontade de poder, 381

*Wall Street Journal* (jornal), 30
Watson, James B., 209
Web 2.0, 414
Weber, Max, 29
Wii, 324
Wilberforce, William, 29
Wilde, Oscar, 179
Wilson, E.O., 42, 347
Wollstonecraft, Mary, 29
Woolf, Virginia, 375
World of Warcraft (WoW), 195-97, 199, 290, 414

World Transhumanist Association, 284
Wright, Frank Lloyd, 170, 209
Wundt, Wilhelm, 216

xenofobia, 234, 294, 295

Xlibris, 276

Yeo, Ron, 263-64

Zahavi, Amotz, 128, 131
zircônia cúbica (CZ), 93

Este livro foi impresso no
Sistema Digital Instant Duplex da Divisão Gráfica da
DISTRIBUIDORA RECORD DE SERVIÇOS DE IMPRENSA S.A.
Rua Argentina, 171 - Rio de Janeiro/RJ - Tel.: (21) 2585-2000